廖平全集

主編　舒大剛　楊世文

14

醫書類

傷寒平議

傷寒講義

仲景三部九候診法

藥治通義輯要

難經經釋補證

巢氏病源補養宣導法

真藏見考

素問靈臺秘典論篇新解

上海古籍出版社

傷寒平議

廖平 撰
楊世文 校點

校點説明

《傷寒平議》評論共涉及八家，分别是陳修園《傷寒論淺注凡例》、《讀法》，張隱庵《傷寒集注凡例》，柯韻伯《傷寒注總論》、《傷寒翼》，黄坤載《傷寒説意》，錢天來《溯源集》，喻嘉言《尚論篇》、《瘟（當作温）證平議》，王安道《溯洄集》，郭雍《傷寒補正》。後附廖平《瘟（當作温）疫平議》、日本丹波元堅《傷寒述》。廖平對所列諸家傷寒之説皆有評述，並發表自己的看法。如評陳修園《傷寒論淺注》「陳氏醫學骨董氣太重」，「於傷寒所得甚浮淺」；張隱菴《傷寒集注》「不及（日本）丹波詳確」；柯韻伯《傷寒注》「最得古義，特不讀古書，未詳經旨」；黄坤載《傷寒説意》「不知寒爲冬病，風爲春病，二氣不同，得病自異，較喻嘉言尤荒唐」。推崇日本丹波元堅《金匱述義》據新得《醫心方》及續得醫書采集，「頗爲精審」；而《傷寒述義》一書，「節目條件最爲用心，頗多可采，至其總論綱領，則無一不誤」。廖平所論多有理據，批評頗能中肯綮。是書曾連載於《國學薈編》一九一六年第十、十一、十二期，一九一七年第一、三、六、八期。民國六年（一九一七）四川存古書局刊行，收入《六譯館叢書》，民國十二年（一九二三）重印。今即以該本爲底本進行點校。

目録

陳修園《傷寒論淺注》凡例①

一、仲景書本於《内經》，法於《伊尹》，陳氏醫學骨董氣太重，如《運氣》、《神農本草》、《伊尹湯液》，全不知託古之義。《漢·藝文志》及皇甫謐之言可考。蓋《内經》詳於鍼灸，《内經》亦有十一方。湯液治疾始自伊尹，扁鵲、倉公因之，不專用湯藥。至仲景耑以藥方仲景何嘗專用藥方，言刺灸者未之見耶？爲治，而集羣聖之大成。就所説仲景特主湯液一派，何以集大成？「羣聖」又指何人？醫門之仲景，即儒門之孔子，序中言「不能生知，願學知」，比儗不倫。但其文義高古，往往意在文字之外，注家不得其解，疑爲王叔和變亂，言叔和變亂者，皆誤讀「編次」二字。而不知叔和生於晉代，與仲景相去未遠，何至原書無存耶？《甲乙》序説本有原書，叔和編次者，《脈經》耳。《脈經》之僞卷，此數語亦足破之。若仲景另有原書，本有。叔和何能盡没？以至今日之所存者，此後人以《脈經》附《傷寒》耳。僅有叔和之此乃誤説。編次耶？叔和編次乃《脈經》耳。要知「平脈」、「辨脈」、二卷僞書出宋以後。「傷寒例」、「諸可與」、「不可與」等篇，爲王叔和所增。原在《脈經》中，後取之附《傷寒》。增之欲補其詳，非有意變亂也。此説是。然仲景即儒門之孔子也，此等門面語可删。爲叔和者亦游、夏不能贊一詞耳，茲故於其所增删之。竟以序例、「可

---

① 陳修園《傷寒論淺注》凡例：原作「陳修園傷寒凡例」，據陳氏原書補「論淺注」三字。

不可」與「平」、「辨」視同一律，亦可謂不辨五穀矣。

一、叔和編次《傷寒論》、《脈經》。有功千古，增入諸篇，不書其名，王道安惜之，此成本乃爾，叔和何從知之？然自辨其「太陽病脈證」篇至「勞復」止，皆仲景原文，不考古本，競以成本作爲仲景之手録，大誤。本以《千金》與《翼》最古，成本出南宋以後。其章節起止照應。王肯堂謂神龍出没，首尾相顧，鱗甲森然，各就其本立説，皆有此語。茲刻不敢增減一字，移換一節。用成本則省事，此何必張皇。○成本出《翼》而竄亂之，誤以爲真古本。

一、成無己注後諸家皆有移易。若陶節庵、《六書》。張氏《景岳全書》、程山齡輩無論矣，不注全書。而方中行、《條辨》。程郊倩、《後條辨》。喻嘉言、《寓意草》。程氏《後條辨》有成、方、喻及己四本異同表，今已附刊。程扶生、魏念庭、柯韻伯注，以方爲次，不依原文。皆有文學、有識見之人，而敢擅改。諸本異同，在今非其所急。《千金》、《外臺》已不必盡同，何論成本。皆由前人謂《傷寒論》非仲景原文，此「叔和編次」一語之誤。先入爲主，遂於深奥不能解之處，不自咎其學之淺，凡各本次第之所由分，卻不因此。竟歸咎於叔和編次之非。「叔和編次」一語出《甲乙·序》，本謂仲景自有原文，叔和編次仲景以爲《脈經》，不謂仲景無成書，由叔和始著録也。後人因此遂致生無限葛藤。遂割章分句，挪前換後，以成一篇暢達文字，如詩家之集李、集杜，雖皆李、杜句，究竟非李、杜詩也。亦未必然，總之用成本但云「用成本」三字足矣，何必衍此空論。余觀學者從仲景原文，「仲景原文」四字談何容易。用成本亦取其近古，然止半部耳。若《千金》之首一二卷，則宋以後無人讀之。細心體認，方知諸家之互相詆駁者終無一當也。《翼》本止爲「三陰」、「三陽」篇，專詳六經耳。若要方三法、正對三例，全在《千金》本。

一、宣聖云：「信而好古。」成無已注《傷寒論》，不敢稍參意見而增删移易，不知與舊本不同者多。蓋好由於信也。後輩不得仲景之旨，遂疑王叔和之誤，以致增爲三大綱《千金翼》如此。之説。後來誤説，何止三條。傳經爲熱、直中爲寒之論，以下不出論。今古、南北、貴賤之分，此説如何可駁？棄古方非，泥古方亦非。修園博好古之名，所讀尚屬死書也。三時正冬之異，種種繆妄，各明一義，不爲謬妄。皆由不信故也。所謂讀死書，如杜征南之於《左傳》，死於句下。惟張隱菴、張令韶二家俱從原文注解，何足矜貴。雖間有矯枉過正處，而闡發五運六氣、此爲附會。陰陽交會之理，天學正宗，醫家所略。恰與仲景自序撰用《素問》、《九卷》、《陰陽大論》之旨吻合。又不知《素問》本無此數卷，全本亦無。余最佩服。今照二家分其章節，原文中襯以小注，此則童子進學解之法，謬種流傳，浸及醫學，仲景之書如何可以童蒙法解？俱以二家之説爲主，而間有未甚愜心者，另於方中行、喻嘉言各家中嚴其采擇以補之。蓋以各家於仲景原文前者後之，後者前之，此諸本之自作。字句、藥品任意增減改易，古本相傳已多如此，今據一成本歸罪於諸家，大誤。既非全璧，而分條注釋，精思穎悟，不無碎金，總期於經旨明暢而後已。成本之謬誤，説詳《古本考》。

一、仲景《傷寒論》即《内經》《熱病論》。所言三陰三陽，各因其藏脈之理。二張會全部《内經》，以爲注解。以全部言，有得有失。余百讀之後，神明以浹。二張之書何必如此矜張？總之胸無所得，欲依託權門，以二家爲冰山。幾不知我即古人，此皆欺人語。古人即我，故每節總注，或注其名，或止注述字，不拘拘以形迹論也。至於各家有一得之處，必注其姓名，蓋以作家苦心，不容没也。其注之淺陋乖僻，爲諸家之最。

一、①是書雖論傷寒，而百病皆在其中。讀《傷寒》一部，便欲屏棄各書不讀，謂可通治百病，此爲一大惡派，學之者死。內而藏府，外而形身，以及血氣之生始，經俞之會通，神機之出入，陰陽《傷寒》中實不言此，推衍空理所致。之變易，六氣之循環，五運之生制②，上下之交合，水火之相濟，熱實寒虚，温清補瀉，無不悉備。大言欺人，實則所説空言虚理，《傷寒》之可貴全不在此。若所言皆魔道，不能自脱，又欲迷人。且疾病千端，治法萬變，統於六經之中，即吾道一以貫之之義。言《傷寒》者，以六經爲迷陣。若讀《靈》、《素》、《難經》，不於此求其實用，所言多難實用。恐墮入張景岳一流。作者乃詆景岳，可謂不自量矣。以「陰陽」二字，説到《周易》，説到音律，作者之演運氣，更彌近理，而大亂真矣。並及仙釋，此亦醫家通病。毫無下手工夫，駁景岳太甚。日本丹波《靈》、《素》二《識》於景岳所采最多。以醫推於《易》、律呂，張別爲一書，以廣其意，至於解經，並不濫及。其有下手處，作者恐適未見耳。止以人參、地黄自數錢以及兩數，爲真陰真陽之主藥，遺害無所底止。此別自一事。凡立方，自利言之則皆利，自害言之則皆害，自古無無弊之法，誤讀《傷寒》而死人者，不知凡幾，不能罪仲景也。今日修園之方，非舊日之景岳乎？急讀此書，便知悔悟。修園偏於熱。

---

① 一：原脱，據陳修園《傷寒淺注·凡例》補。

② 以上十字原爲小字，據陳修園《傷寒淺注·凡例》改。

一、此書原文中襯以小注，祇求經旨明暢，絶不敢騖及高遠，致讀者有涉海問津之嘆。不過中多不可解之語，以其唱十八扯耳。唯是漢文語短味長，以爲周秦古書，亦未爲不可。往往於一二虚字中寓其實理，且於無字中運其全神。余襯以小注，采各家之精華，約之於一言一字，讀者最宜於此處着眼。

一、余前刻數種采集固多，而獨出己見者亦復不少。惟此刻以二張爲主，又博采各家獨出之言，融會大旨而爲小注，去取則有之，杜撰則無也。能杜撰則可貴矣。千古英雄莫不由杜撰出，特惜其無杜撰之才學耳。

一、《傷寒論》及《金匱》諸方，出自上古及《伊尹湯液》，明造化之機，探陰陽之本，所有分兩煮法服等法，差之一粒，即大相徑庭。余另有《長沙方法歌》六卷附後。

一、《傷寒論》晉太醫令王叔和編次，誤。仲景自有原書，叔和撰次之爲《脈經》。仲景既無書，叔和又從何編次？豈如鄒夾云有師無書乎？語出《甲乙》序，可以覆按。宋臣林億等校正，北宋校書，成注出於南宋。今宋新校正本不傳，校語時見於他書。宋校本經非成本。《千金翼》無序例，《千金》首論「例」，《外臺》同。聊攝成無己注解。地已入金，故題金。此爲原本。以成爲原本，誤。謂爲有注之初本可耳。《補亡》本與成相先後，南北通行此二本。如「辨脈」、「平脈」二卷僞書。序例，前賢謂其出於叔和之手，余細繹文義，與「六經」篇不同。《脈經》文。至於「諸可」與「不可」篇，余以叔和之言定之。其實序例中亦有叔和自定語，偶失檢耳。叔和云：「夫以疾病至急，倉卒尋按，要者難得，故重集可與不可方治，列之篇後。」其爲叔和所作無疑。茲余於叔和所增入者，悉去之，「敘」、「例」、「可」、「不可」同爲《脈經》文，後人取以附入《傷寒》。而《脈經》中「可」、「不可」猶有完本，《金匱》諸脈法亦全在其中，即叔和編次仲景之實事也。所説皆失實。去之所以存其真也。此即方、喻、程之舊説。用其法而殺其人，且高自位置，可笑孰甚。

陳氏於傷寒所得甚浮淺。

《淺注》取村塾蒙童《四書進學解》體裁以注《傷寒》，是爲魔道。仲景書豈可以童蒙法解之者？只此一端。其淺陋可見。

動言仲景原文、伊尹湯液法、五運六氣，孔了聖經云云，此皆門外張皇語，深於《傷寒》學者不如此也。

看其淺注「首太陽之爲病」一條，已不敢再看。一云：「太陽主人身最外一層，有經之爲病，氣之爲病。」何以爲氣？《内經》云：「太陽之上，寒水主之。」又云：「其病有因風而惡寒，有不因風而惡寒。」又人身八萬四千毛竅，太陽外衛之氣。既不知惡風、惡寒之爲二證，「太陽外衛」四字不知由何得之？據寒水司令以解傷寒，去題何只萬里？承僞踵誤，捏造謡言，直謂不辨菽麥可也。

成本誤亂《翼》本，又止全書中部，説詳《古本考》。

《翼》本因雜證乃詳六經，後來囿於六經，穿鑿附會，皆爲謬誤。説詳《千金補》卷。

陳修園《傷寒淺注》讀法十二條，删二、三運氣兩條，今存十條。

仲景《傷寒論》六經，與《内經①·熱病論》六經宜分别讀。或以傷寒即熱病。日本丹波以熱病與傷寒異，均爲誤説。熱寒自異，然《熱病論》凡與《傷寒》同者，皆冠有「傷寒」字樣。其餘二篇，專言熱病，此論則寒熱雜見也。王叔和引《熱病論》文爲序例，冠於《傷寒論》之首。仲景書本祖此篇，如爲經作傳，序例引之是也。而論中之旨，反因以晦。好爲大言，其實無所見。甚矣，著作之難也！以下二三兩條論運氣，别有專説，故删之。

程郊倩云：經猶言界也，經界既正，則彼此輒可分疆；經猶言常也，經常既定，則徙更輒可窮變。仲景立方，止據常言，至於用方，則隨時、隨地、隨人變化。必謂《傷寒》不可用於南方與今時者固非；若拘泥《傷寒》，以爲其方可治百病，不必另立新方者亦非。六經署而表裏分，陰陽劃矣。凡虚實寒温之來，雖不一其病，務使經署分明，則統轄在我。有通有别，先别後通可也。不難從經氣淺而淺之，深而深之，亦不難從經氣淺而深之，深而淺之。解《傷寒》須明確切當，不可作禪語。

六經之爲病，仲景各有提綱。共爲三十六日，各互見一日，舊提綱之説，過於囫圇。「提綱」二字，相承舊説，

---

① 内經：原作「六經」，據陳修園《傷寒論淺注·讀法》改。

頗似《四書題鏡》，八比家心理，以之證經全不合，誤人多矣。太陽以「脈浮頭痛項强惡寒」八字提綱；詳始一日，略下五日。陽明「胃虛實」三字提綱；此何得爲提綱？當以《内經》「身熱而鼻乾」。詳二日病，一三四五六日略。少陽以「口苦咽乾目眩」《内經》作「胸脇痛耳聾」。六字提綱；詳三日病，略一二四五六日病。太陰以「腹滿而吐，食不下，自利益甚，時①腹自痛，若下之，此乃言醫誤矣，何以爲提綱？必胸下堅鞕」《内經》作「腹滿而嗌乾」五字。二十三字提綱；詳太陰四日病，略太陰一二三五六病。豈有以二十三字爲提綱之理？不過篇中一條。少陰以「脈微細但欲寐」六字《内經》作「口熱舌乾而渴」六字。提綱；詳少陰五日病，略一二三四六日不言。厥陰以「消渴，氣上撞心，心中疼熱，飢而欲食，食則吐蚘，下之初不止」二十四字《内經》作「煩滿而囊縮」五字。提綱。詳厥陰六日病，以上皆略。以提綱爲主，本經分日之證。參以論中兼見之證，每經再加以五日考，如三陰之汗證爲前三證，三陽之下證爲陽經五六日病，各經吐證皆屬第四日故。無遁情矣。自唐宋以後，皆以每經互文示例之一日病以爲綱要，後人提綱之説尤與《内經》不合，皆誤。

程郊倩云：仲景六經條中不但從脈證二字顛倒。染《脈訣》氣習太深。上認病，仲景先定證，然後以脈考其虛實，以脈認病，乃《難經》以後之誤説。要人兼審其病情。太陽曰惡寒，陽明曰惡熱，少陽曰喜嘔，太陰曰食不下，少陰曰但欲寐，厥陰曰不欲食，凡此皆病情也。以病情言，可備一説。

柯韻伯云：此條分六經發熱。太陽爲先天之巨陽，「先天」字下得怪。蓋不解《内經》先天、後天之義，又從

---

① 時：原作「益」，據陳修園《傷寒論淺注·讀法》改。

宋人轉入俗説之先後天。其發熱於營衛，此等語囫圇。故一身手足壯熱。陽明乃太、少兩陽相合之陽，不可十八扯，兩陽合明有別解。其熱發於肌肉，專説此二字可也。故蒸蒸發熱。二日在膚，如何可以劃分？試讀「太陽」篇，各種俱有。少陽爲半表半裏四字流俗相傳之誤，以爲傳經則少陽外二內三，然終不得爲半表半裏。古有半陰半陽之説，太陽在背爲陽，陽明在腹爲陰，少陽行身之側，在背腹之間，故有半陰半陽，亦爲誤説，不可從。之陽，半表半裏指病言，少陽何能在表裏之間？其熱發於腠理，時開時闔，故往來寒熱，此三陽發熱之差別也。太陽亦有此證。太陰爲至陰，讀《內經》不許斷章取義。無熱可發，此則大誤。因爲胃行津液以灌四旁，言經府病，不必牽引五藏，陳言通套語。故得主四肢，而發熱於手足，三陰無發熱，則亦無汗藥矣。既有汗藥，則必亦有熱時，互文見義。故三陰略於表證耳，不可死於句下。所以太陰傷寒手足自温，言此皆内因，不作表證解。太陰中風，四肢煩疼耳。少陰爲封蟄之本，若少陰不降，則坎陽無蔽，此等語似深妙，實淺陋。故有受風而脈沈、經云「五日少陰受之」云云，指少陰病第五日耳，初三日脈亦浮，同三陽，故有汗解之證。三陽入裏，脈亦沈，此爲大例。其中小小區別，更宜細考。發熱者，獨少陰有熱耶？或始無表熱，八九日來熱入膀胱，抵當乃有此説。致一身手足盡熱者。誤中又誤。厥陰以爲三陰皆有發熱，足證流俗之誤説，以三經本篇有表藥可知。當兩陰兩盡，一陽初生，不宜拋文，老實説爲佳。其傷寒也，有從陰而先厥後熱者，從陽而先熱後厥者，或陽退而熱多厥少，或陽退而熱少厥多，或陰陽和而厥與熱相應者，是三陰發熱之差別也。厥爲雜病，乃附併《金匱》語，非《傷寒》原文。

高士宗云：引此論惡寒。熱，陽氣也；風亦陽氣。寒，陰氣也。《傷寒》以惡風、惡寒分爲兩病。傷寒惡寒，傷風惡風，俗説多蒙混，非也。惡寒者，周身毛竅不得陽氣之衛外，故皮毛嗇嗇然灑淅也。人周身八萬四千毛竅。皮主肺，不由膀胱統轄，風寒由皮、膚而入，説詳《五診篇》。凡六經得病，皆始於皮、膚，以皮屬太陽，最爲大誤。試詳《五診》與華氏法，其誤自見。○此傷寒一魔。太陽，衛外之氣也，此句出何經典？若病太陽之氣，經病何必牽涉「氣」字？則通體惡寒。六經同。從頭項而至背膂，因邪中其經，乃自獨病，故病所在，即本經所循。太陽循行之經也，二句不誤。若病太陽之經，直以經氣分爲二門，此又白晝見鬼。則其背惡寒，不止背。惡寒之外又有身寒。身寒者，著衣重複而身常寒，乃三焦火熱之氣不能温肌肉也。温肌肉必待三焦火熱，亦出俗説。此非皮病内因矣。本論云「形冷惡寒者，此三焦傷也」，有别義。即身寒之謂也。

《靈樞·本藏篇》云：「三焦、膀胱者，《十二官相使篇》，三焦、膀胱之文當互易。○三焦爲包絡之府，膀胱爲腎之府，經傳明文已數十見矣。○以五藏六府言之，互配之後剩三焦一府，以五藏不數包絡，故以三焦附膀胱而言，此經明文。腠理毫毛診皮，《五診》詳矣。其應。」是太陽當爲三焦精液氣化之汗。又主通體之毫，而爲膚之次一層，此移華氏皮於太陽。故必首傷太陽也。三焦主津液氣化能出，所謂汗也。後人因「氣化」句，誤以移之膀胱，此又不解經文之誤。且以三焦出汗之職守移之膀胱，歧中又歧。然此事之誤，已千餘年矣。然亦有不從太陽，以下又傳經之誤説。而竟至陽明、少陽以及於三陰者。張令韶注云：「此又值三陰三陽所主之部位而受之也。」張説亦誤。《靈樞·病形篇》云：「中於面則下陽明，中於項則下太陽，中於頰則下少陽，其中於膺背、兩脇，亦中其經。」又曰：「中於陰者，常從跻臂始。」此皆不必拘於首傷太陽也。柯韻伯云：「本論太陽受邪，有中項、中背之别。中項則頭項强痛，中背則背强几几也。

陽明有中膺、中面之别。中面則目痛鼻乾，中膺則胸中痞鞕也。」少陽有中頰、中脇之别，中頰則口苦咽乾，中脇則脇下痞鞕也。此岐伯「中陽溜經」之義。四字又不通。其云：「邪中於陰，從䯒臂始，奈何？謂邪自經及藏，藏氣實而不能容，則邪還於府。故本論三陰皆有自利證，是寒邪還府也。卻非如是解。三陰皆有可下證，是熱邪還府也。」此岐伯「中陰溜府」①之義。邪客指直中言，還府則非藏病矣。「溜府」與「溜經」對舉，所説有誤。

張令韶云：傳經之法，傳經説，柯韻伯已駁之，不足論。一日太陽，先讀此「日」爲「曰」字，以後再求詳説。二日陽明，三日少陽，四日太陰，五日少陰，六日厥陰，六氣以次相傳，周而復始，一定不移，決無此説。此氣傳必扯「氣」因此耶？而非病傳也。夢中又夢。本太陽病不解，或入於陽，或入於陰，不拘時日，無分次第，二句好，何不專詳此義？如傳中。於陽明，則見陽明證，傳中。於少陽，則見少陽證，傳中。於三陰，則見三陰證。陽證如何能傳陰？凡言傳，自然而傳。醫誤壞證，不得言傳。論所謂陽明、少陽證不見者，爲不傳也。此指胃、胸言，邪由表入裏，爲傳本義。傷寒三日，三陽爲盡，三陰當受邪，華氏之表裏六層。其人反能食而不嘔者，病不入胸、腹、胃。此爲三陰不受邪也，此病邪之傳也。陰指裏證。須知正氣之相傳，自有定期，不説此一層，少一糾葛。病邪之相傳，隨其證而治之，而不必

① 中陰溜府：原作「中陰留府」，據陳修園《傷寒論淺注·讀法》改。

拘於日數，此傳經之大關目也。不然，以下當是駁再作經之説，而文不備，當有脱誤。豈有一日太陽則見頭痛發熱諸證，至六日厥陰不已，厥陰自有「六日病，十二日少愈」之文。七日此七日從何起算？來復於太陽，復又見頭痛發熱之證乎？此理甚明，可見舊解之誤。此必無之理也。因不解「再作經」三字，以致杜撰經氣之説以通之。不解，闕疑可也，造謡誑人不可也。且三陰三陽上奉天之六氣，下應地之五行，中合人之藏府，合而爲一，分而爲三，所該者廣。一切浮言泛語宜掃除。今人言太陽止曰膀胱，言陽明止曰胃，言少陽止曰膽，三陰亦然。據經言經，其説亦不大誤。是以有傳足不傳手之説。此等説何足分辨？不知藏府有形者也，三陰三陽又説上天去了。十二經本在人身，何曰無形？無形者也，《内經》每以手足合言，前人論六經亦兼手言。本易明瞭，別造經氣，仍無解於「傳足不傳手」。「無形」，所謂畫鬼神易於畫狗馬。無形可以該有形，有形不可以概無形，故一言三陽，而手足三陽俱在其中，卻與《内經》專指足之義大乖。一言三陰，而手足三陰俱在其中，所以六經首節止提太陽之爲病，而不言足太陽、足太陰之爲病，其義可思矣。全不讀《邪客》之故，能細讀則知經所以舉足之義，且臂非手三陰乎？況論中厥陰心包、少陽三焦、太陰肺之證頗多，節外又生枝。又，陽明燥結有不涉於大腸者乎？傳足不傳手，非也。此等不足道。説者誤，駁者亦誤。

《内經》云：「太陽爲開，陽明爲闔，少陽爲樞；太陰爲開，厥陰爲闔，少陰爲樞。」此數語數語至難解，舊説皆未安，此等當闕疑，從經明白簡易者推求，方是入門之路。何邵公、鄭康成好推衍疑難之條，致成迷罔。經猶不可，況於醫病？以學醫者不如治經者之深於文學也。爲審證施治之大關鍵。大言欺人。至於病發何經，或始終只在一經，或轉屬他經，此謂病變。或與他經合病、併病，各經自有各經之的證可驗，原不可以日數拘。此亦不待言。而一日太陽至六日厥陰之數，周而復始，謂之經氣，言「經」已足，何必加一「氣」字，使人迷罔。其日數一定不移。誤。醫者先審出確係那一經之病證，再按各經值日之主氣定其微甚，卜其生死，全用日家命理法，歧途更易亡羊。乘其所值之經氣而救治之，如宅墓之元運矣。此論中之大旨也。論中絶無此。其「一二日」、「八九日」、「十餘日」等字，詳《外臺》日數部考中。皆是眼目，不可只作「間」字讀也。若如所説，如倀引人。

或問張令韶曰：「傷寒六氣相傳，六經不相傳，歸之六氣，尤屬支離。正傳而非邪傳固已，此又張氏歧而又歧之誤也。不知無病之人正亦相傳否？正亦相傳，豈指營衛運行耶？不知營衛與俗法傳經迥然不同。不然正自正傳，邪自邪傳，兩不相涉，正傳可以不論，今以營衛當之。何以傷寒必計日數？」答曰：「無病之人，由陰而陽，由一而三，始於厥陰，終於太陽，無一不錯考營衛運行自知。周而復始，運行不息，莫知其然。無病之人，經氣之傳，無所憑驗，病則由陽而陰，由三而一，始於太陽，終於厥陰，自得病之日，即從太陽逆傳，一日一經，一逆則病，再逆則甚，三逆而死矣。本經再逆三逆，不指此營衛，則自有順逆。此等語如瘋魔，修園亦取之，真不識黑白。所以傷寒傳經，不過三傳而止，安能久逆也。經之順逆，豈可混同逆證之逆讀之。其有過十八日不愈者，十八日，三周也。雖病而輕不傳也，不傳則勢緩矣。總之毫無知識。

唐容川補曰：有病由陽而陰，正營。氣逆行，如天之五星逆行，退舍天順行。乃其變也。

《營衛運行篇》言順逆詳矣。必待病退，然後正氣復其常，則仍順行。而由陰出不病爲順，病爲逆，誤。陽，循行而不自覺。此言傳經之理，至爲精當，讀者當體會也。其説無所依據，多采流俗之談。

張隱菴《傷寒集注》凡例

一、《傷寒》原名《卒病論》。郭氏讀作「雜病」，是也。其新舊刊本，由《千金翼》至今。正文中有增〔一〕字者，二「一」字當删，增減不能拘定一字。有減〔一〕字者，有文法虚字各别者，有句語讀法不同者，有一節分爲二三節者，有重出不作衍文者，日本丹波《輯義》校之最詳。今悉詳確校正，當以茲刻爲定本。不及丹波詳確，或以讀《傷寒》改字爲非，是未見諸校本之異同。夫垂世之書，理宜畫一，猶四書五經，不容稍殊一字也。談何容易？好爲大言，入理未深耳。

《傷寒》係王叔和編次，誤，駁已别見。以仲祖遥遥華胄民，可以不必。「辨脈」、「平脈」爲卷一，叔和序例《千金翼》本無。合本論「痓、濕、暍」，《翼》目言並今本文乃在首，當因成本而改。復截太陽三十條爲卷二。此據成本，與唐本已大不同，何論叔和？夫叔和序例，自稱熱病證候，既非條例，又非大綱，與本論且相矛盾，混列其中，殊爲不合。與喻同誤。今先證後脈，論脈二篇乃僞書，非古本所有。首列六編，次列「霍亂」、《千金》以爲《傷寒》雜治。「易復」並「痓、濕、暍」、「汗、吐、下」，後列「辨脈」、「平脈」法。二編當删。編次之法，永爲定規。叔和序例，「例」應删去，以泯叔和立言之非，以息後人辨駁之釁。誤同喻。

一、注解本論，必明仲祖撰論之原，方爲有本。不過南宋後之成本。其序序乃後人擬補，在唐末，非仲景原文。有撰用《素問》九卷、《八十一難》、此指篇數言，《靈》、《素》同八十一篇。《陰陽大論》、《胎臚藥録》之説。「胎」讀爲「始」。《胎臚藥録》謂有證有方，始於《傷寒》。《素問》九卷者，《素問》八十一篇内有遺闕，故舉其卷；《靈樞》君臣問難八十一篇，八十一問爲《素問》，非今《難經》，此説是。毫無遺闕，故舉其篇。竟以《八十一難》當《靈樞》，可謂好爲奇論。不知隋唐人稱《靈樞》爲《九卷》，不指《素問》。《素問》有缺，始於全本，不必漢時已然。種種差誤，不可究詰。《陰陽大論》者，序例所引一段在《素問》七篇之外。《素問》大論七篇皆論五運六氣司天在泉，陰陽上下寒熱勝復之理。王啟玄乃補，丹波以爲古所未詳，《五行大義》亦未引及爲教外别傳，仲景未必據是書也。《胎臚藥録》者，如《神農本經》、長桑陽慶《禁方》之類。即指傷寒一百一十三方，乃求之幽渺，誤甚。其序又云：「經絡府俞，陰陽會通，玄冥幽微，變化難極，自非才高識妙，豈能探其理致哉？」此皆出《千金》，爲孫真人語。由是而才識之士須知仲景撰論，本《靈》、《素》，而補其未盡。必於《傷寒》原序僞補。玩索有得，後觀本論、集注，始無間然。原注：胎臚者，羅列之謂。

成無己注解本論，謂風則傷衛，寒則傷營，本論之明文，如何可駁？凡遇風寒，俱執是解。《内經》言風寒所傷病狀不同多矣，張氏曾徧注之，何以於此獨異其説？著書有早遲，未及追改耶？不知此二語乃《辨脈篇》中論神機二字怪。出入，二節寸口，二節趺陽，另有旨義，此則尤爲僞説，至不通。非别風與寒也。麻黄分别，《傷寒》有明文數條，如何可以混同？如謂風必傷衛，寒必傷營，何以《素問·玉機篇》云：「風寒客於人，使人毫毛畢直，風主疏洩。皮、膚閉而爲熱。」寒主束閉。《靈樞·五變篇》云：「百疾之始期也，必生於風雨寒暑，循毫毛而入腠理。」但言「入」，與華氏法同。《素問·皮部篇》云：「百病之始生也，必先於皮毛。」經文不分風寒，仲景乃分之。《靈樞・刺節篇》云：「虛邪之中人也，灑淅動形，起毫毛而發腠理。」經有風寒異傷之文，特此未引之耳。須知風寒皆爲外邪，先客皮毛，後入肌腠，留而不去，則入於經，留而不去，則入於府，此言其由淺而深，四時氣所同，而風寒所傷，則各有別。非必風傷衛，而寒傷營也。如此則直駁仲景矣。成氏倡之，諸家和之，固執不解，是舉一而廢百也，不亦誣乎？以下六條直駁仲景，不過假成氏爲名耳。張之成注，亦如喻之叔和。

《靈樞・刺節①真邪篇》黄帝曰：「官鍼奈何？」岐伯曰：「陰陽者，寒暑也。熱風與熱同類。則兹雨而在上，根荄少氣汁。人氣在外，皮、膚緩，本論以緩爲中風，指皮、膚言，即出此篇。腠理開，血氣減，本論之弱。汗大泄，皮淖澤，本論「緩」字出此。以上中風證。寒傷寒本證。則地凍水冰，人氣在中，與「外」異。皮、膚緻，本論「緊」字與「緻」義同，與「緩」反。腠理閉，與「開」反。汗不出，血氣强，本論之「强陽」。肉堅澀。本論之「澀」字。以上傷寒。治厥者，必先熨調，和其經，掌與腋、肘與腳、項與脊以調之。火氣已通，血脈乃行，然後視其病脈淖澤者，刺而平之，中風脈緩。堅緊者，破而散之，傷寒氣緊澀。氣下乃止。此所謂以解結者也。」亦如風寒分治，不可差誤。

① 節：原作「邪」，據《靈樞》改。

又篇：「虚邪之中人也，灑淅動形，起毫毛而發腠理。其入深，内搏於骨，以下五診法。則爲骨痺；搏於筋，則爲筋攣；搏於脈中，十二經動脈。則爲血閉，不通營行脈中。則爲癰；搏於肉，肉分爲絡即衛。與衛氣相搏，衛行脈外，經言營衛，分别詳矣。陽勝者則爲熱，胃實。陰勝者則爲寒，胃虚。寒則真氣去，去則虚，虚則寒。搏於皮、膚之間，其氣外發，腠理開，毫毛濕氣往來行，則癢留而不去，爲痺；傷營。衛氣不行，則爲不仁。」傷衛。

成氏謂脈緩爲中風，「緩」爲解涣，「緊」爲粟立，皆診皮名詞，説詳《診皮篇》。脈緊爲傷寒。此乃經明文，何以責之成氏？夫脈緩爲風，何以「太陽」篇云傷寒《準繩》與陸九芝皆以本論中傷寒多指大名言，統五種病不指證。隱菴全未悟此理耶？脈浮緩？緩爲風，本論明文。《陽明太陰篇》云，傷寒爲四時病之總名。脈浮而緩，《傷寒》本多脱誤，故貴詳校。即使單文孤證有可憑據，亦不可據駁大綱。脈緊爲寒，何以「太陽」篇云脈緊者傷寒之寒指時令，不指證言。必咽痛，在表則分，入裏則不分。《陽明篇》云脈浮而緊者必潮熱？寒入裏則化熱，此亦通例。須知陽邪傷陽，陰邪傷陰，同氣則不可言傷矣。正邪同類，兩不相持，其脈則緩。誤中又誤。寒邪傷陽，熱邪傷陰，邪正陰陽，兩相薄擊，其脈則緊，與前同。不當拘執。中風脈緩，傷寒脈緊。此例疑其門人所補，亦或别有淺人所爲。不然所駁成氏五條，皆屬本論明文。張氏於《傷寒》雖淺陋，亦決不至是。

一、①成氏謂傷寒惡寒，中風惡風。此亦大綱，不可駁。誠如斯言，何以本論云傷寒五病大名。四五日，身熱惡風？「風寒」二字，傳鈔易誤。此皆所謂單文孤證，如有所疑，闕之可也。何以太陽中風，嗇嗇惡寒？下文有「惡風惡熱」字須全引，如不可解，則闕疑。須知寒爲太陽之本氣，祗作「背」字讀，何以忽牽引氣運？風乃寒之動氣，風乃春病，此句尤怪誕。病太陽而皮毛凝斂則惡寒，因所傷者寒乃惡寒，此當精審其形狀，不可魯莽從事。病太陽而皮毛開發則惡風，本由皮之所以凝斂開發原因，風寒異氣之故。若如此所言，豈同一病忽束閉，忽疏洩耶？惡寒惡風，本由邪而分，《靈樞・刺節論》詳矣。論風寒之所以分，不可蒙混言之。若如所說，則桂枝、麻黃可以不必分別矣。隨皮毛之凝斂開發而言。如風邪始入，毛竅未開，春令毛竅本開。雖中風開乃中風，中風則愈淖澤。而亦惡寒。《靈樞・疾診尺篇》：「尺膚滑其淖澤者，風也。」又：「尺膚滑而澤脂者，風也。」按：本論以惡風、惡寒爲麻、桂之分，且云「常須識此，勿令誤」，則學者當有特別研究，不可輕聽人言。且謂始入，則亦非真病情。寒入於肌，邪傷腠理，雖傷寒而亦惡風，誤以大名爲一證小名。並非傷寒惡寒，中風惡風也。陸九芝以三舉爲三級，亦同此誤，不審何以輕率如此。

一、成氏謂傷寒無汗，中風有汗。夫傷寒既無汗，何以本論云傷寒大名。脈浮自汗出？中風既有汗，何以太陽中風不汗出凡加「不」者，皆證與病相反之詞。以此爲據，疑非隱菴之言。而煩躁？裏證大青龍，石膏專爲入裏而加。須知風在皮毛，亦必無汗，疏洩必汗。寒入肌腠，亦當有汗，束閉則無汗。

① 一：原無，據陳修園《傷寒論淺注・讀法》補。

並非傷寒無汗，中風有汗也。刺節二節詳矣，此説大誤。

一、成氏謂傷寒惡寒無汗，宜麻黄湯；中風有汗惡風，宜桂枝湯。誠如是也，此亦經之明文。數條專駁《傷寒》大綱，與所注《靈》、《素》亦不合，決①非隱菴筆墨，可斷然者。何以惡風此當爲「寒」字之誤。無汗而喘，宜麻黄湯？喘而汗出，病變非純麻黄證。麻黄杏仁甘草石膏湯？已非全方，不足疑。何以外證未解，當以汗解，宜桂枝湯？微惡寒者，「風寒」二字互異耳。表未解耳，可發汗，宜桂枝湯？「宜某湯」多爲後人所補，不可因小節變大綱。須知麻黄空細如毛，本經主治以經定藥，晚近誤説。麻黄通汗，六經表證非專在太陽。中風傷寒頭痛，似此怪論，駭人聽聞。凡病在皮毛，麻黄可用。麻黄發汗，桂枝斂汗，一洩一補，其道不同。桂枝氣味辛甘，本論用以解肌，凡病在肌腠，桂枝可用。陸九芝三級説，以桂枝主皮毛，麻黄主肉分，青龍又深於二方，與此以麻黄分深淺，同爲無知妄作，離經叛道之尤。非必麻黄治寒，而桂枝治風也。敢於非聖無法，當即火其書。夫風寒果當異治，其始固可分別，病傳於裏，用柴胡陷胸諸方，凡在經則分經，入裏則不分，其實一汗則六經皆汗，表藥亦不分。何以別其爲風、爲寒而異治耶？因入裏不分，遂創爲外亦不分，此等根據淺薄，不值一笑，隱菴大家，決不至此。

一、成氏謂風寒兩感，營衛俱傷，宜大青龍湯，則背謬殊甚。若以太陽中風《經》「太陽中風」，《千金》「治中風傷寒」，據經義，「中風」二字當爲衍文。脈浮。緊無汗惡寒，太陽傷寒二字當爲「中風」。脈緩有

① 決：原作「次」，據文意改。

汗惡風，便爲風寒兩感，則本論之風寒兩感多矣。青龍非兩感。兩感柯氏駁之，校「不汗出」已上爲表證，「煩躁」二字爲裏證，與小柴同爲半表半裏，故方中用石膏。喻嘉言云大青龍爲無汗而設，與麻黃證何異？因有煩躁一證兼見，則非此法不解是也。

按：大青龍即麻黃證之兼入裏煩躁，與小柴胡半表半裏同意。若桂枝證則與相反，萬不可用，亦如麻黃湯與桂枝之分别。下一條「大青龍發之」五字，當脱「不」字，徐靈胎之説是也。無少陰證，少陰爲多少之「少」。純陰證，謂無表證，專裏證。前條大青龍湯表證多，裏陰證惟見一煩躁，故曰少陰。不如「太陽」篇之純陰無少陰，謂如麻黃之純表證，但有表證，内無煩躁。《傷寒》中少陰，有指經者，有當作「純」字讀者，有當作「多少」字讀者，諸家以爲腎藏則入兩感，非也。

如太陽病項背几几，無汗惡風，傷寒二字多互文。汗出而渴。

傷寒此大名。五六日，中風，此小名。得病六七日，脈遲浮弱惡風。

婦人中風，發熱惡寒。亡陽乃傷惡寒，變爲非常。

陽明中風，當讀作「傷寒」。口苦咽乾，發熱惡寒，脈浮而緊。

陽明病，脈浮而緊，汗出不惡寒，陽明專惡熱。此爲變病。

陽明病，汗出多，微惡寒此則亡陽之惡寒。等證，非病反，則誤字誤讀，與前駁同。例而推之，皆爲風寒兩感，誤讀經文。何不用大青龍湯？成説誤，所駁則非考原文。脈浮緊，發熱惡寒，身疼痛不汗出，全爲傷寒證。下云「若脈微弱，汗出惡風者，不可服之」。後脈弱汗出惡風爲桂枝證，本論不可用麻黃，乃以爲兩感，此成氏之大誤。所以致背謬者，祇因原本未清，其始有風傷衛，寒傷營，傷寒脈緊無汗宜麻黃湯，中風脈緩有汗宜桂枝湯之説，成氏因原本大青龍二證一寒一風，不知後一條爲誤，遂依經立爲此説。以《傷寒類方》證之自明，此例駁此條是也。因之以駁經大綱明文，則誤之甚。因遂有風寒兩感，營衛俱傷，宜大青龍湯之説矣。似此狂悖，肆無忌憚，《傷寒》諸書，此爲尤甚。所謂始差毫釐，終失千里，使仲祖本論蒙蔽不明，直至今日，良可悲已。無知妄作，當急付之焚如。

大青龍湯正誤

「太陽」中篇：太陽中風，當爲「傷寒」。脈浮緊，皮緊爲傷寒。發熱惡寒，身疼痛，不汗出以上六候，俱爲傷寒表證。而煩躁者，入裏爲陰證。表證多，裏證少，故稱少陰。大青龍湯主之。喻：大青龍湯證爲太陽無汗而設，與麻黃湯何異？因有煩躁一證兼見，則非此法不解。按：石膏一味，專治入裏之煩躁。若脈微弱，中風屢言脈微弱。汗出惡風者，中風全謬。不可服之。中風不可服麻黃，與此同意。服之則厥逆，筋惕肉瞤，此爲逆也。風證汗出即不能。○當此重劑發汗則中，忌青龍，經有明文，成氏因下誤方，以爲風寒並治，誤矣。

【解】傷寒大名。指中風言，上條互易則得矣。脈浮在表。緩，皮、膚解緩，爲中風候。身不疼但重，乍有輕時，按：此十四字爲中風證，即解上「若脈微弱」三句，文有詳略，與上「傷寒證脈浮緊身疼煩躁」全反。無少陰證者，上條煩躁爲陰證一證，較外證爲少，故曰少陰。此無煩躁，故曰無少陰證。不可與一本無此二字。大青龍湯發之。此即解上「不可服之」一節。按此八字，徐靈胎以爲別有主方，誤以「大青龍當之」宜刪去。考諸方言「主」者，皆爲「主治」之義。發汗方從無稱「發」字，言「發之」者，徐欲刪去，是未詳「發」字之義。今於可與上加「不」字，讀爲「中風證，不可與大青龍湯發其汗」，則文義自明，無待刪節。

一、本論太陽、陽明、少陽三陽也；太陰、少陰、厥陰三陰也，在經乃有此分別。三陽三陰謂之六氣。本十二經絡所循之部分，推之六氣，失其旨矣。天有此六氣，人亦有此六氣。醫家運氣之説，丹波駁之詳矣，兹不贅。無病則六氣運行，上合於天。外感風寒，則以邪傷正，始則氣與氣相感，繼則從氣而入於經。世醫不明經氣，言太陽便曰膀胱，明文出《内經》，如何可駁？言陽明便曰胃，言少陽便曰膽，以真爲僞，以僞爲真，畫狗馬難於畫鬼神，此一大惡派，此例沈溺最深。跡其有形，亡乎無形，從其小者，失其大者，奚可哉！囿於運氣，求之虚渺。

一、傷寒傳經，並一日太陽二日陽明等，當以華氏法解之。自古未明，今愚略陳其概。夫陰陽之理，從陰而陽，此營衛運行之法。由一而三，三輪爲十二經。厥陰爲一陰，少陰爲二陰，太陰爲三陰，此《素問·陰陽別論》多屬法政，寧可闕疑，以附會傷寒六經，尤誤。少陽爲一陽，陽明爲二陽，太陽爲三陽。此出《内經》。《陰陽別論》乃別一説，不指人身經絡而言。讀《傷寒》當詳經絡，不當舍經絡而言運氣，遯於虚無。故《素問·至真要大論》論六氣司天，六氣在泉，皆始於厥陰，終於太陽。附會誤説。無病之人，六氣循行亦從厥陰營衛逆行始肝。而少陰，少陰而太陰，一周。太陰而少陽，少陽而陽明，陽明而太陽。順行由太陽而陽明，而少陽，而太陽，所説誤。若傷寒一日，祇可讀作「曰」字。太陽受病，則從陽而陰，由三而一。誤。須知本論中紀日者正言氣也，不過平列六經。傳經者言病氣也。正氣之行，每日相移，每日百營。邪病之傳，一傳便止。由表傳裏。《素問》云傳，乘之名也，乃從此乘彼之意也。傳經誤説。本論有脈静而不傳者，華氏法，四日在胸爲入裏，此「脈」字讀作「胸」，謂胸腹無病。下文「脈躁急」，别是一義。有不見陽明六日胃府病。少陽證四日胸病。爲不傳者，傳專指由表入裏，非如俗説六經相傳。有作再經者，《病源》：傷寒病七日，法當小愈，陰陽諸經病竟故也。今七日已滿，病反甚者，如再經病也。再經病者，是陰陽諸經絡重受病。按：非至厥陰翻出太陽，如所説。有過經十餘日不解者。十三日爲一節，十八日爲一節。夫病解，則其行復舊，仍從一而三；誤。不解，則從三而一。全不知《内經》華氏法。此紀日傳經之概也。誤中又誤。若謂風寒之邪，一日太陽，二日陽明，三日少陽而傳三陽，四日太陰，五日少陰，六日厥陰而傳三陰，則非矣。舊説雖誤，尚有經文可託，此則妄誕之至。嗟嗟，人同此心，心同此理，平日參究未明，並爲諸家所惑，妄立傳經、直中之説者，愚言未必無小裨也。傳經、直中皆出經文，駁傳經爲熱，直中爲寒可也，何以並經而駁之？

一、太陽、陽明、少陽、太陰、少陰、厥陰，乃人身經氣，當云經絡。而各有部分。太陽分部於背，陽明分部於胸，少陽分部於脇，以上以經脈言。太陰分部於腹，少陰分部於臍下，腹與臍下則非經絡，乃治雜病法。厥陰分部季脇、小腹之間，如七政麗天，各有方位。如此説，是不分淺深，故各爲直中，不相傳染。須知周身毫毛乃通體之太陽，而如天太陽不主皮毛，此誤說。六經各自有皮毛部分，何必統於太陽？故汗藥不分經，惟分證。分部，六氣位列於毫毛之内，而如七政，故曰通體太陽，如天分部。太陽如日，此人與天地相參，與日月相應之理。愈穿鑿，愈支離。經云：「三陽者，天爲業。」又云：「陽氣者，若天與日。」皆屬附會。本論云：「太陽病多者熱。」故病項背而循經者，屬分部太陽病，周身毫毛肌腠者，屬通體太陽，皮毛屬肺，不屬膀胱，何不竟改作太陰？以全不知華氏法，故誤至此。其餘病氣隨經，各有部位，入裏則不分經。學者所當體認者也。本論雖分經爲篇，而太陽詳於汗，六經汗證同載「太陽」篇中，陽明詳於下，六經證亦類集一篇，故經於汗表證多自太陽。作者不知此義，乃於太陽一經分大小總別，誤之甚矣。

一、①六氣紀日，自有一日太陽，二日陽明，以次相紀，皆誤說。日數甚多，注中毫不混亂，皆以正氣爲主，兼論病邪之有無，讀論者須識此，勿令誤也。此條無意。

一、本論大旨謂人以胃氣爲主，治傷寒者毋損其胃氣，雖有汗、下諸方，其中並無消食之法，燥屎多爲宿食，有食積之證，消食則雜證矣。並無絕穀之說。《病源》云，傷寒熱甚者不能食，言雜病以能食爲至。傷寒則否，何至教人絕穀？所彈過甚。故桂枝湯且啜糜粥，十棗湯糜粥自養，即汗、下諸方亦各丁寧誡慎，不可妄投，至吐尤其誡慎。以吐重於汗、下，亦誤。門外諸公謂仲景《傷寒》有汗、吐、下三法，三法如何能駁？此似祖東垣脾胃論說，而立言失當。又謂餓不死者傷寒也，專爲熱病言。冤哉！

---

① 一：原無，據張志聰《傷寒論集注·凡例》補。

一、中謂按之而痛，世醫便謂有食。謂食積爲燥屎耳。夫胃爲水穀之海，又爲倉廩之官，胃果有食，按必不痛。食積與飽不同，此言其常，過飽亦不可按。試將飽食之人按之，痛否？惟邪氣内結，正氣不能從膈出入，按之則痛。食積亦同，經之明文。又胃無穀神，藏氣虚而外浮，按之亦痛。痛狀自不相同。若不審邪氣虚實，概謂有食，傷人必多。又按者輕虚平按不得法，加以手力，未有不痛者。

一、①本論六篇，計三百八十一證，霍亂、易復、痓、濕、暍、汗、吐、下計九十三證，共四百七十四證，一百一十三方。成氏而後注釋本論，悉皆散叙平鋪，失其綱領旨趣，至今不得其門，視爲斷簡殘編，輒敢條裂節割。然就原本而彙節分章，理明義盡，至當不移，非神遊仲祖之堂，不易得也。小涉藩籬，便自揚如是，可醜也。今注中或合數節爲一章，或合十餘節爲一章，拈其總綱，明其大旨，所以分章也。章義既明，然後節解句釋，闡幽發微，並無晦滯不明之弊。不但注釋本論，兼晰陰陽血氣之生始出入，經脈藏府之貫通運行，於語言文字之中毫無隙漏，而語言文字之外亦復周詳。恃才揚己且不可，況無知妄作至此乎！不敢云盡善盡美，庶可謂本末兼賅。讀論者因證而識正氣之出入，空滑無義。因治而知經脈之循行，不先知此，何②以言治？則取之有

---

① 一：原無，據張志聰《傷寒論集注・凡例》補。

② 何：原作「句」，據文意改。

本，用之無窮。下語多顛倒失次。若必執書合病以求，此又如何可駁？不但非仲景教人之初心，亦且失後學明論之大法。愚謂本論乃無中生有之玄機，醫學當腳踏實地，不以此恍惚語自欺欺人。先後二天之妙用。又誤用宋人語，與運氣之先後天迥别。因證而識正氣，顛倒。因治而知經脈，經脈乃下手工夫。此無中生有之元機也。此等誑語，非醫學所宜。自太陽至少陰受病，皆一日起太陽；此用傳經説，與俗同。厥陰受病，則一日起厥陰，誤解。此先後二天之妙用也。誑語。若徒求之糟粕，凡學問須從切實入手，方有依據，何能以此騙人。毋怪乎終身由之而不知其道者衆也。

一、醫理闡自軒、岐，《傷寒》撰本《靈》、《素》，千百方書，皆屬旁門一筆盡掃古人，較喻氏尤狂悖。糟粕。獨《神農本經》、黄帝、《靈》、《素》、仲祖論略，精義入神，難乎窺測。學者能入仲祖之門墻，始克登軒、岐之道岸。但理非淺近，中道而立，能者從之，目不識丁者無論矣。語多不倫類。即儒理淵深，才識自負者，亦必潛心體認，尋繹再三，瞑目之際，章節旨義，宛列於前，如儒門書史，舉一言而前後豁然，斯爲有得，能如是也。又必開示後學，正文集注，熟讀講明。是刻之所以名集注者，竊效朱子集注經書，可合正文而誦讀之，並非彙集諸家也。依託朱子，語多不可解。

一、小便不利，諸家解釋俱屬膀胱。謂經云：「膀胱者，州都之官，津液藏焉，氣化則能出矣。」此乃説三焦之文，詳《靈臺祕典新解》。夫氣化則出者，謂三焦津液由汗而出。言膀胱津液溺得稱津液耶？得太陽，宗氣與太陽經絡無干。陽熱之氣化膀胱之寒水，誤中又誤。而後能出皮毛，此句卻得解。非津液下出之謂也。溺如何可稱津液？蓋外出者津液也，是。下出者水道也。是經與上下文義不可通。經云：「三焦者，決瀆之官，水道出焉。」二語乃指膀胱。是小便注於膀胱，而主於三焦。不知六府經文互異之故。本論熱結膀胱，則以小便通閉而驗血證，其餘小便通閉俱屬三焦。汗乃屬三焦爲津液，小便則爲穢水屬膀胱，不指三焦。蓋因讀者以「氣化則能出」句，以爲膀胱無上口，氣化乃出，故顛倒經文「三焦膀胱」四字，不知氣能出，指皮毛之汗，不指三焦水道也。說詳《蘭臺祕典篇新解》①。

一、凡身重，皆太陰脾土爲病。雜病乃如此，傷寒則爲外證邪氣所變。蓋太陰主肌肉，土氣不和，不能外通肌肉，故身重。非外感之證。若云身重不能轉側，又屬少陰。外感屬邪氣。

一、凡潮熱，皆太陰濕土爲病。雜病有此說。夫無病之人，日有潮而不覺病，則隨潮發熱，乃太陰受邪，濕熱外注也。所說亦雜病、久病，不屬四時新病。若云日晡所發潮熱，乃屬陽明。誤讀經文。

一、凡讝語，乃心主神氣內虛，言主於心，非關於胃。主胃不主心，神明之心乃腦，不可於胸中求心。經文之「心」，從俗言之，實則「胃」也。胃燥、譫語而用承氣湯者，乃胃絡不能上通於心，熱盛亂神所致。胃氣清而脈絡通之義。今人不明少陰讝語，凡解讝語，定屬陽明，謂法當下，豈理也哉？專駁經文，以此自異。

一、凡煩躁，俱屬少陰病。煩躁多屬在胸，爲四日病，今乃以歸之少陰，必有部分，乃可分證。「煩躁」二字與少

① 蘭臺祕典篇新解：原無「臺」字，據文意補。

陰全無關係。病少陰君火之氣則煩，《傷寒》詳胃熱，不言心火。病少陰陰寒之氣則躁，以煩躁分屬心胃，尤怪誕。所謂陽煩出於心，陰躁出於腎。膽大妄爲，全無忌憚。

一、腸胃燥實，用大小承氣，並無旁流之説。若大便旁流，便爲腸胃空虛，急宜温補。倘病人初鞕後溏，旁流糞水，猶謂內有燥屎而攻下之，必致殞軀。此係經文，何能獨斷？

一、下利膿血，屬厥陰心包之證。獨言心包，不知所本。包絡內虛，不能循經脈外行，則氣機下陷而便膿血。此出何經傳？不免杜撰。醫謂傷寒轉痢疾者，非也。若下瘀血，又屬太陽循經下入之證。所説皆誤。

一、《本草》、《靈》、《素》，聖經也；《傷寒》、《要略》，賢論也。賢論猶儒者之四書，聖經猶儒者之六經。奈千古以來，天下之醫祇求方技以行術，不求經旨以論病。仲祖序云「不念思求經旨，以演其所知，各承家技，終始順舊，舉世昏迷，莫能覺悟」者是也。語出《千金·論治》。夫本論雖傷寒，而經脈、藏府、陰陽交會之理，凡病皆然，故內科、外科、兒科、女科，本論皆當讀也。不明四書者，不可爲儒；不明本論者，不可以爲醫。經云：「非其人勿授。」論云：「傳與賢人。」此四字出《千金·脈法贊》，《翼》加此八字，「平脈」篇以爲仲景語，《脈經》亦然，皆出後人僞補。

柯韻伯《傷寒注》總論

病有發熱此下當有「不」字。惡寒者，如風熱。發於陽也；《内經》之熱病有餘證。無熱厥逆外寒。惡寒者，内寒。發於陰也。《内經》寒不足證。

無熱，指初得病時，不是到底無熱初無熱，後即有熱，何得以此分陰陽？大誤。○此爲《内經》有餘不足、寒病熱病之大例，闕分兩門，不及傳變，亦不專指傷寒。發。陰指陽證之陰，謂三陽經之陰，誤。非指直中於陰，此謂三陰經之陰。陰陽指寒熱，勿鑿分營衛經絡。風寒俱有發熱，非此條之義。按本論云，太陽病，或未發熱，或已發熱。已發熱即是發熱惡寒，未發熱即是無熱惡寒。本是一證，發熱有早遲，則同是一證，以此分陰陽，是悖論矣。須知此條不指傷寒而言，尤非分經。斯時頭項强痛已見，第陽氣閉鬱，尚未宣發，如此則本是陽證。其惡寒體痛，嘔逆脈緊，純是陰寒爲病，何以又云純陰？故稱發於陰，此太陽病誤以「陰」字屬太陽。發於陰也。直言無熱可也，以爲未發，則有發時，不能以爲陰。又《陽明篇》云：誤以「陽」屬陽明。病得之一日，不發熱而惡寒。斯時寒邪凝斂，身熱惡熱，全然未露，但不頭項强痛，是知陽明之病發於陰也。經平列四句，止解下二句，亦非。推此則少陽往來寒熱，但惡寒而脈弦細者，亦病發於陰，而三陰之反發熱者，三陰但就經文言，無發熱。便是發於陽矣。豈知以三表爲陽，三里爲陰耶？

發於陽者七日愈，有以九六對言者，有以五六對言者。發於陽者六日愈，經言七日愈，以循經一周，不分陰陽也。若六日未周，不得言愈，此「愈」字當爲「死」。解以陽數七，陰數六故也。此條最可疑。陰陽何得以六七日當之？自來説陰陽，從無以「六七」二字相對爲名詞者，經有別義。柯説直是敷衍舊説，毫無理趣。

寒熱者，水火之本體；水火者，陰陽之徵兆。言醫最忌此類泛語。七日言七愈，則所取者六數，非七。合火之成數，講《河圖》生成數，此又日家之説。六日言六愈，則所取者五，非六。合水之成數，木金之八九非陰陽耶？至此則陰陽自和，子午正陰陽偏勝之時，不得和。故愈。不能以空言了之，須詳實義。蓋陰陽互爲其根，陽中無陰，謂之孤陽，陰中無陽，便是死陰。説往何處去了。若是直中之陰，三陰舊有直中説。無一陽之生氣，何以又不説二陰？安得合六成之數而愈耶？此等空言迷語，最足以誤後人。名家不當打此誑語。《内經》曰：「其死多以六死爲六日，即此條兩感陰藏病。七日之間，「七」字衍。兩感六日死，《太素》有詳説。其愈皆以十此「十」當作「七」。日愈在七日，即此條之陽府病。以上。」由七始至十二日，是爲七日以上，若是「十」字，則遺以上三日矣。使死期亦合陰陽之數，據誤本立説，不能推詳其義。而愈期不合者，皆治者不如法耳。宋以後本或以此條爲首，其實不能解。經言愈、死，皆本六經立説，不能以空言了之。信如其説所引，愈日何以十日以上，迥與六七不同？

證誤 病有發熱身如炭。不惡寒者，棄衣而走。發於陽也；六府爲陽主天，氣熱爲其目。無熱手足厥逆，身冰冷。惡寒，重衣大火不知煖。者，發於陰也。五藏爲陰主地，形寒爲之標。

發於陽者，《素問》：「天以六爲制。」六氣爲天，凡言六合、六相、六官，皆爲天道。七日愈，天以六氣爲主，如支合爲六，六日一周，至七日爲踰日則愈。傷寒皆經府病，故從陽以爲七日則愈，與此同。發於陰者，《素問》：「地以五爲節。」五方、五土，凡以五起例之五帝、五行、五土，皆爲地法。十干合爲五，運其大數。蓋五運六氣以藏府分配，《漢書》「五、六爲天地之中和」是也。六日愈死，五運五日一周，五日而偏，踰日愈，故爲六日。一説「愈」字當作「死」。解以陽數天以六爲制。七也，六踰日則七，與傷寒同爲府。府熱不死，故曰雖熱盛不死。以陰數地以五制，藏病以五而偏。《内經》兩感爲藏病，經曰六日死者。此條陽府，以府六。經言陰，指藏病兩感。一以七愈，一以六死。六也。五爲本，加一爲六。經云：兩感其死皆以六日。府病輕，藏病重。《素問·熱病論》傷寒爲府。仲景之所祖述《靈樞》熱證爲藏病，故詳言五藏熱病死期也。○以「死」字爲正解。

問曰：凡病，欲知何時得，何時愈？答曰：假令夜半得病者，明日此「明日」以日數言，則指滿經之第二日。故經文從七日始，不謂止一日病。日中愈；此專指陽虚證言。蓋陽虚則半夜病，日中陽盛則愈。若實證則正相反，不可不知。日中得病者，陽盛則陰虚。夜半愈。陰盛則又相反。何以言之？日中得病夜半愈者，以陽陰虚則陽盛。得陰則解；夜半得病明日日中愈者，以陰陽虚則陰盛。得陽則解也。既論日數，又分時刻。若經未周，不愈也。一日之中分四時之説。

上文論日期合陰陽之數而愈，解七六爲奇偶，尚可備一説。然醫病與期課不同，不得空以支干數目了事。此論愈時，於陰陽反盛時解何也？陰盛極而陽生，陽盛極而陰生，陰陽之相生，正陰陽之相得，即陰陽之自和也。本以帝旺言，即前水火之義。若以長生言，則病時隔長生不遠，不得以子陽生、午陰生爲説。然此指病在一三日愈者言耳，此大誤，不可死於句下。如六七日愈者，此又自生荆棘。則六經各以主時解，三陰三陽亦分虚實，言一半隱一半，凡書皆如此，不獨仲景也。是又陽主晝而陰主夜矣。此又誤讀經文。凡經文皆據一端言，須推詳細例，不可囫圇。

問曰：脈有陰陽，何謂也？答曰：凡脈浮大滑動數，此名陽也；脈沈弱澀弦微遲，此名陰也。此《難經》誤説，「辨脈」引之乃誤書。柯氏删叔和而鈔「平脈」、「辨脈」，誤與程氏《後條辨》同。〇論脈詳《脈學輯要評》及各種診法篇中。

脈有十種，前列實是十一種。陰陽兩分，即具五法。誤中之誤。浮沈是脈體，大弱是脈勢，滑澀診皮。是脈氣，動診絡。弦「弦」當作「强」。是脈形，遲數是脈息，總是病脈，動如何爲病？脈不動，則死矣。而非平脈也。何以後忽分一半爲生，一半爲死？脈有對看法，有正看法，有反看法，有平看法，有互看法，有徹底看法。闢分六門，巧立名目，使人迷罔。如有浮即有沈，有大即有弱，弱與强對，大與小對。有滑即有澀，有數即有遲，可對舉者，止八種。合之於病，則浮爲在表，沈爲在裏，大爲有餘，弱爲不足，滑爲多血，澀爲氣少，滑澀診皮，多少皆以血言。動而搏陽，弦爲搏陰，數爲在府，遲爲在藏。《難經》誤説。詳《經釋補證》。此對看法也。如浮、大、滑、動、數，五脈。脈氣之有餘者，名陽，當知其中有陽勝陰病之機；沈、弱、澀、弦、弦爲陰脈，即「弱」字誤。微、遲，脈氣之不足者，名陰，當知其中有陰勝陽病之機。此正看法也。夫陰陽之在天地間也，泛引經文，如和尚念咒，此大誤事。有餘而往，不足隨之，不足而往，有餘從之，知從知隨，氣可與期。此天氣攸久之論，不可移以説一時之病。故其始爲浮、爲大、爲滑、爲動、爲數，其繼也反沈、反弱、反澀、反弦、反遲者，以爲陽脈變陰。是陽消陰長之機，其病爲進；各有所宜，非診得陽者則生，陰者則死。本經有明文，何嘗有此拘執。其始也爲沈、爲弱、爲澀、爲弦、爲遲，其繼也微浮大、微滑、微動、微數者，是陽進陰退之機，其病爲欲愈。此反看法也。以此定生死愈劇，真爲誤盡蒼生。經之所謂陰陽，別有所指，何嘗①是此十字耶？浮爲陽，如更兼大、動、滑、數之陽脈，是爲重陽，必陽盛陰虚之病矣；沈爲陰，而更兼弱、澀、弦、遲之陰脈，是爲重陰，必陰盛陽虚之病矣，此爲平看法。脈以彙從兼數種。如浮而弱、浮而澀、浮而弦、浮而遲者，此陽中有陰，其人陽虚，而陰氣早伏於陽脈中也；陰陽雜見。將有亡陽之變，當以扶陽爲急務矣；如沈而大、沈而滑、是皮脈無兼滑。沈而動、不動則死矣。沈而數者，此陰中有陽，其人陰虚，而陽邪下陷於陰脈中也，將有陰竭之患，當以存陰爲深慮矣。此爲互看法。如浮、大、滑、動、數之脈體雖不變，然始爲有力之强陽，終爲無力之微陽，知陽將絶矣；危語。沈、弱、澀、弦、遲之脈雖不變而爲陽，如忽然暴見浮、大、滑、動、數之狀，「忽然暴」三字，

① 何嘗：原作「何常」，據文意改。

考經言脈復生，忌此三字。是陰極似陽，知反照之不長，餘燼之易滅也。是謂徹底看法。更有真陰真陽之看法。所謂陽者，胃脘之陽也。此句得經，「陽」字真解。五種陽脈，皆爲病脈，不足貴矣。脈指色言。有胃氣，是知不死。所謂陰者，真藏之脈也，脈見真藏者死。又承舊誤，以真藏爲動脈。然邪氣之來也，徐而平和。二語引經，又有改易。此又不得以遲數定陰陽矣。駁已詳《脈學輯要》、《難經經釋補證》。

寸口脈浮爲在表，沈爲在裏，仲景以浮沈分表裏是也，不單據寸口，此亦出僞卷。數爲在府，遲爲在藏。此二句更爲《難經》誤說，駁詳《補證》。

寸口兼兩手六部而言，不專指右寸也。古說本如此。上古以三部九候決死生，《内經》、仲景同。是偏求法；陳修園亦用此名詞。以人迎、寸口、趺陽加入人迎，不用少陰，誤。辨吉凶，是扼要法。當云此仲景三部法，祖「動輸篇」者，別有九候法。自《難經》獨取寸口，歸之《難經》，甚是。並人迎、趺陽不參。序明明駁之。然氣口成寸，「成」當讀作「人」，詳《釋尺篇》。爲脈之大會，此《難經》八會誤說。脈無會寸口之理，經亦無此文。死生吉凶繫焉。誑語。則内外藏府之診，兩寸兼診六府，出《難經》。全賴浮沈遲數《難經》又以浮沈分藏府。爲大綱耳。此又駁《難經》七表八裏九道之誤矣。浮沈是審起伏，遲數是察至數，浮沈之間，遲數寓焉。凡脈之不浮不沈爲在中，不遲不數而五至者，謂之平脈，經之平脈，因人因地而分，不如此板執。以此説平脈，則病者或無病、不病者多有病也。是有胃氣，胃氣説指色言，此舊誤。可以神求，又説神話。不可以象求也。必使人淺近明白，方爲定法。若一見浮沈遲數之象，斯爲病脈矣。別有四方五態之分，詳《平脈考》。浮象在表，應病亦在表。浮脈雖有裏證，表其大綱也。沈象在裏，應病亦爲在裏。沈脈雖有表證，主裏其大綱也。數爲陽，陽主熱，而數有浮沈，浮數應表熱，沈數應裏熱，雖數脈亦有病在藏者，然六府爲陽，陽脈營其府，則主府其大綱也。以兩寸分藏府，《難經》有二三説，自相矛盾，遲數其一也。遲爲陰，陰主寒，而遲有浮沈，浮遲應表寒，沈遲應裏寒，雖遲脈多有病在府者，寸不診府，大誤。然五藏爲陰，而陰脈營其藏，則主其大綱也。脈狀種種，總該括於浮、沈、遲、數。《難經》、僞《脈經》，何以立二十四種名詞，後人乃又添至二十七八。然四者之中，又以獨浮、獨沈、獨遲、獨數爲準則，而獨見何部，即以何部深求其表裏藏府之所在，病無遁情矣。此即《三部九候篇》「獨」字之義，可惜屬之兩寸，則「獨」字之義淆矣。

凡陰病見陽脈者生，陽病見陰脈死。以藏府爲陰陽，如何分貴賤？此最誤之説。

起口用「凡」字，是開講法，如《左傳》「五十凡」。不是承接法，此與上文「陰陽脈」文同而義則異也。陽脈指胃氣言，所謂二十五陽者是也，《内經》之二十五陽當作「陰」字。五藏爲陰，五五本數乃二十五，六府以六起數，則爲三十六。説詳《講義》。五藏之陽和發見故生。陰脈指真藏言，誤解真藏脈。胃經之陽不至於手太陰，肺經兩寸，久無脈矣。五藏之真陰發見既不至於手太陰，又從何處見真藏來？太陰又不屬藏耶？故死。不知真藏説，詳《真藏考》。要知上文沈、濇、弱、弦、遲是病脈，不是死脈，各有生，各有死，不能如此呆板。其見於陽病最多。真藏脈至，脈不言至，言至皆非脈。如肝脈不言如，言如皆非脈。脈中外急，心脈堅而搏，肺脈大而浮，腎脈之如彈石，脾脈之如喙距，說詳《真藏》與《視色篇》。反見有餘之象，豈可以陽脈名之？若以胃脈爲遲，真陰爲數，能不悞人耶？陽陰既誤，貴陽賤陰尤誤。種種謬談，如喇嘛誦咒。

寸脈下不至關爲陽絶，尺脈上不至關爲陰絶，此皆不治決死也。若計餘命生死之期，期以月節尅之也。此《難經》謬說，僞卷鈔之。一切皆莫須有之談，此等最爲迷藥。同是一脈，妄分三截，又以機鋒說之，使人迷罔。

陰陽升降，以關爲界。陽生於尺而動於寸，陰生於寸而動於尺，陰陽互根之義也。寸脈居上而治陽，尺脈生下而治陰，上下分司之義也。寸脈不至關，則陽不生陰，是爲孤陽，陽亦將絶矣。要知不至關，非脈竟不至，是將絶之兆，而非竟絶也，正示人以可續之機。此皆不治，言皆因前此失治以至此，非言不可治也，正欲人急治之意，是先一着看法。夫上部有脈，下部無脈，仲景之下部無脈，指少陰，不指寸口之尺。尚有吐法；上部無脈，下部有脈，尚爲有根，此又《難經》說。即脈絶不至，不指寸口。尚有灸法。豈以不至關便爲死脈者？看「餘命生死」句，則知治之而有餘命，不爲月節所尅者多耳，「月節」二字，又添出一層魔鬼。此又深一層看法。脈以應月，每月有節。節者，月之出也。失時不治，則寸脈不至關者，遇月建之屬陰，必尅陽而死；尺脈不至關者，遇月建之陽支，則尅陰而死。此是次死期之法。若治之得宜，則陰得陽而解，陽得陰而解，陰陽自和而愈矣。脈不以四時變更，不因陰月陽月而變，所言皆杜撰與誤解。○論脈以下皆出「平脈」、「辨脈」僞卷。

問曰：脈欲知病愈未愈者，何以別之？曰：寸口、關上、尺中六字爲後人所羼，原文止作三處。三處上趺陽、中寸口、下少陰三處，即三部。《難經》説乃以寸、關、尺爲三部，仲景無之也。大小、或大或小，各得其平。浮沈、遲數同等，即《内經》之所謂平脈。雖有寒熱不解者，外證。此脈陰陽爲和平，雖劇當愈。柯氏誤以《難經》之脈説仲景，其誤至反經違傳。近來仲景學未爲不發達，而講仲景診法實無一書。故先刻仲景診法，繼《内經》三部九候後以傳也。

陰陽和平，不是陰陽自和，不過是純陰純陽，無駁雜之謂耳。誤解經文，大小句尤誤。究竟是病脈，以兩寸言，則爲偏勝。是未愈時寒熱不解之脈。既是如此，仲景何以謂之平脈，乃毫不致疑，何也？雖劇當愈，非言不治自愈，正使人知此爲陰陽偏勝之病脈。陽勝者當治陽，陰劇者當治陰，誤以《難經》寸、關、尺説此三處，不知上六字爲後人僞加。必調其陰陽，使其和平，失此不治，反加劇矣。既出《内經》，又重見仲景，此説如何可駁？乃柯氏立意正與經反，不知仲景據人寸少陰三部而言，各得其平，以陰脈陽脈各有本象，故小有不同，仍爲平脈。若兩寸本同部位，如同等偏勝則爲病脈，所以言當急治。此在諸書中是爲用心之條，特誤在不知仲景三部不在兩寸耳。

傷寒一日，「日」字初可作「曰」讀，必讀爲「日」，則以六經六日爲互文例。六經各有六日，共三十六日，各分舉一日以示例。太陽受之，由背項直中，不傳經。脈太陽動脈診委中穴在足彎。若靜者兼作「浮」字讀。爲不傳；傳謂本經由表傳至裏，不謂與他經相傳。頗欲吐，若躁煩，四日在胸，五日在腹，六日在胃，乃有此腹内病與煩躁。脈數急者，與靜對，所謂躁也。爲傳也。傳入胸、腹、胃，名三陰。上言病，今言脈。

太陽主表，六經皆有表，不獨太陽，此承舊説之誤。故寒邪傷人，即太陽中於項背，下太陽，經有明文。先受。柯氏既駁傳經，何以仍守此謬。太陽脈浮，既屬太陽，則非兩寸明矣。若見太陽之浮不兼傷寒之緊，緩緊皆指皮，非脈，亦與緊無關。即所謂靜也。脈靜證亦靜，在表不内傳。無嘔逆煩躁可知。以此知不傳胸、腹、胃。今又有發熱惡寒，頭項强痛，不須七日衰，一日自止者，正此不傳之謂也。止在本經，不盡日數。若受寒之日，頗有吐意，嘔逆之機見矣。若表證決無此。若見煩躁，陽氣重可知矣。當作「邪入裹」。脈數急，陰陽俱緊此傷寒特證，與中風異者。之互文。傳者，即《内經》「人傷於寒而傳爲熱」傷寒之熱，多指發熱，不以煩躁爲熱。之「傳」，不論上下文，斷章取義，最爲醫學大惡道。細檢原文，觀其上下自悟。乃太陽之氣，生熱而傳於表，即發於陽者傳七日之謂，此二句因不信傳經，故作此不可解語以罔人。非太陽與陽明、少陽經絡相傳之謂也。柯氏既據邪客藏府病形直中立説，何以又牽混至此。「欲」字、「若」字，是審其將然，脈之數急，是論其已然，因脈定證之法也。因脈定證，《難經》誤説，後來《脈訣》祖之，與《傷寒》反。

傷寒二三日，此指表證三陽日數。陽明少陽證胃、胸之證。不見者，獨有表病。爲不傳此爲三陽不傳三陰。也。此「傳」字指入府裹病言，非爲後世傳經之俗説。考《邪客篇》言風寒中於面膺則下陽明，中於項背則下太陽，中於頰則下少陽，何經受邪則何經發病，絶不連坐傳染。故經文有三陽合併病，有二陽合併病。當受邪時，三陽同受則爲三陽俱病，二陽同受則爲二陽俱病，同受風邪則同受病，不受風邪則不病，此經所以特立合病、併病之名。若太陽受邪必傳非陽，則可以不必立合病、併病之名目矣。且三陽陽病非醫誤，絶無傳三陰之理，後人誤造傳經之説，遂誤讀經文「傳」字爲「傳染」之「傳」，遂爲傷寒一大障礙，此必須辭而闢之者也。若無陽明少陽證，則爲不傳也，此爲太陽經背項獨受邪，陽明行身之前，少陽行身之側，二經不受邪，故不病。

傷寒一日太陽，以太陽之一日示病例。二日陽明，三日少陽者，是言見症之期，六日病舉一日示例。非傳經之日也。此句是。岐伯曰：《邪客篇》此一節爲傷寒六經綱要，知此則一切傳經之説雪消冰解矣。「邪中於面則下陽明，陽明由面得之，不因太陽而傳。中於項則下太陽，身後得病，亦不傳他經。中於頰則下少陽。」行身之側，各經受邪，各自生病，不相連坐。其中膺陽明。背、太陽。兩脇，少陽。亦中其經。此説《活人書》以後言之者少。柯氏引此，是其高人一等處。蓋太陽經部位最高，高下不穩。故一日發；以六經各有六日，合爲三十六日。舉六日以示例，亦如《禹貢》九州田賦各有九等，共爲八十一等。經互文，舉九等分派九州，見一而隱八，共爲八十一等也。陽明經位次之，故二日發；陽明至鼻而止。柯氏不能消此六日字，故附會舊説如此。少陽經位又次之，如此則仍爲傳經矣。故三日發。少陽至額，高於陽明。是氣有高下，病有遠近，過其至所謂故也。此三句未確，當曰身前、身後、身側。夫三陽各受寒邪，「身」作「身當」。不必自太陽傳之，如諸家言二陽必自太陽傳來者，未審斯義耳。當作「邪客」之義。若傷寒二日，當陽明病，「當」字仍入傳經甲裏。若不見陽明表證，是陽明之熱不傳於表也。謂自内出外耶？三日少陽當病，不見少陽表證，是少陽之熱不傳於表也。柯氏不信傳經，最有識，所言得失參半，明而未融也。

傷寒三日，日數屬六部，六經同。三陽皮、膚、肌。爲盡，一日一部，至三日而三部周矣。柯氏誤解此「盡」字。三陰胸、腹、胃。柯氏又誤以此三陰爲三陰經。當受邪。病當入裏。其人反能食胸不病。而不嘔，胃不病。此爲三陰不指三陰經。不受邪也。華佗、仲景、《病源刪繁》、《千金方》、《外臺》皆云：一日在皮，二日在膚，三日在肌，爲三表在外，故爲陽；四日在胸，五日在腹，六日在胃，可吐下而已。病入胸腹，不在皮、膚，是爲三裏，故謂之陰。此陰陽以表裏言，非三陽經、三陰經也。三陽爲皮、膚、肌，三陽爲胸、腹、胃。凡嘔者，皆胸、胃之病候寒。本經凡不食與嘔，三陽經同有此病。

受寒三日，不見三陽表症，不見表症，何以爲病？太誤。是其人陽氣沖和，不與寒爭，寒邪亦不得入故。如此則不病矣，何以云傷寒三日乎？誤解「盡」字也。若陰虛而不能支，則三陰受邪氣。誤解「三陰」二字。岐伯曰：《邪客篇》，文與前引相連。「中於陰者，誤以此三陰經説華氏三部。從臂胻始。」故三陰各自受寒邪，不必陽經傳授，所謂太陰四日、少陰五日、厥陰六日者，華氏日數。亦以陰經高下爲見症之期，二句有小誤。非六經部位以次相傳之日也。此二句好。三陰受邪，亦有表證，用桂枝汗之。病爲在裏，胸、腹、胃三部乃爲裏。〇三陽經言「裏」字多矣。故邪入太陰，則腹滿而吐，六經病皆有華氏六層，故同有汗、吐、泄、下四法。所引三陰證即作三陰之裏證，亦無不可。食不下；腹爲病。邪入少陰，欲吐不吐。三陰經以裏證示例。本論各有表證脈浮發汗之方，每經同有華氏六日病。邪入厥陰，飢①而不欲食，食即吐蚘。因不解傷寒一日條以「吐、燥、煩」爲裏證，故此單摘三陰證相似之文以相蒙混，非三經提綱之文，不足爲據。所以然者，邪自陰經指府病言，非傳經之三陰。入藏，《邪客篇》明文。藏氣實原無内傷之病，故下藏病，詳内傷。而不能容，藏氣實，則邪不能入。則流於府。經作「還之於府」。府者，胃也，入胃則無所復傳，華氏六部止於胃。故三陰受病，已入於府者，可下也。三陰受病以入府統之，以下與華氏汗、吐、下三法若合符節，則三陰指胸、腹、胃，非三陰藏之經明矣。若胃陽有餘，則能食不嘔，不論三陰三陽，表證當汗皆不嘔。可預知三陰之不受邪矣。此又誤。蓋三陽皆看陽明之轉旋，仍囿於傳經之説，與誤解經三陽爲樞。三陰以爲陰經，誤。之不受邪者，三陰三陽同以胃病爲止，故六經同有下證。藉胃爲之蔽其外也，更不通六經。同有胃病，必有傳經説，乃以胃府在外，藏氣在内。則胃不特爲六經出路，而是爲三陰外蔽矣。胃陽盛，則寒邪自解；變爲下證，何云自解？胃陽虚，有温補證。則寒邪深入陰經而爲患；胃陽亡，則水漿不入而死。愈説愈遠。要知三陰受邪，關係不在太陽，而全在陽明。不詳經義，故如此支離，又與不傳經説自相矛盾。

傷寒六七日，此指愈期立説。無大熱，其人躁煩者，病在胸腹。此爲陽去表證已解。入陰裏證方興。故也。外三部爲經病，内三部爲府證，在經時則循經求病，病易分入府，則六經之證皆同。所謂分經，固在外不在裏也。

上文論各經六經之經。自受寒邪，此條是論陽邪自表入裏證也。本經自分表裏，爲六日部

① 飢：原作「肌」，據柯琴《傷寒來蘇集》卷一《傷寒總論》改。

分。凡傷寒發熱經證。至六七日，熱退身涼爲愈，此無大熱則微熱常存。即爲表未全解。病之來也，六日而周，其去也亦六日，先病先解，必十二乃全愈。若内無煩躁，此裏證。亦可云表解表與煩躁不相干。而當有「不」字。了了矣。經之「不了了」，正謂病未全除。傷寒一日即見煩躁，不知煩躁爲華氏裏證，故愈推愈誤。是陽氣外發之機；内而非外。六七日此六七日不如此解。乃陰陽自和際，誤說。反見煩躁，是陽邪内陷之兆。似是而非。陰者指桂而言，非指三陰也。《内經》、華佗、仲景皆云入裏應吐、下。或入太陽之本，以下皆誤。而熱結膀胱；或入陽明之本，而胃中乾燥；或入少陽之本，三「本」字怪。而下硬滿。以上三陽。或入太陰，而暴煩下利；或入少陰，而口燥舌乾；或入厥陰，而中疼熱；以上三陰。皆如陰之謂。此一節更無理趣，以誤解經之「陰陽」二字故也。

太陽病，舉太陽以示例，實則六經皆同。頭痛一日所得之病。至七日以上此用經愈期說。自愈者，專指頭痛言。經所謂七日巨陽病衰，頭痛少愈，一日之病七日愈，二日之病八日，以此下推，尚有五日病未全愈，故曰少愈。以行其經「其」指本經言。本經自有之，華氏六部。盡故也。一日所得七日解，一日解一層，故十二日，非七日暴全愈。○皮①、膚、肌三日在表，胸、腹、胃三日在裏，此以六日爲經，非足三陽三陰之經。若欲再作經者，《病源》以爲前病已愈，新病復發，舊説再作經，爲厥陰更傳太陽，絶無此理。故當以爲新病，非舊病傳。鍼足陽明，直中之病不必始太陽，以爲必從太陽始，皆囿於舊解。使經不傳，則愈。「經盡」指太陽六日六部

① 皮：原無，據文意補。

言。欲再作經，謂陽明受邪，直中又發病，故鍼之，如太陽之鍼風府。

舊説傷寒日傳一經，六日至厥陰，七日再傳太陽，八日再傳陽明，謂之再經。自此説行，而仲景之堂無門可入矣。夫仲景未嘗有日傳一經之説，亦未有傳至三陰而尚頭痛者。此又誤解《傷寒》。曰頭痛者，是未離太陽可知；頭痛上承「太陽病」三字，下連十七字讀，即《熱病論》之「七日巨陽病衰，頭痛少愈」也。曰行，則與傳不同；經亦有言傳者。曰其經，則指本經，專指頭一部分言。而非他經矣。發於陽者七日愈，六日入胃，不指厥陰肝經。柯氏天分最高，而工力甚淺。天分高，故敢於發大難；工力淺，故推衍皆誤。明而未融，不能不望補正。是七日乃太陽一經行盡之期，不是六經傳變之日。病無傳經之理，更無傳至厥陰，又再傳太陽之理，前人已有明説，此當以新受風寒再病解之方合。岐伯曰：「七日太陽病衰，頭痛少愈。」此一日所得之證，舉以示例者，七日愈。以下五日病，必至十二日乃全愈。有明證也，故上《熱病論》愈當作七日，不當作「十」。故不曰傳足陽明，而曰欲再作經，再發前病，俗所謂翻。是太陽過經不解，已解。復病陽明，以下當别爲一條。前言七日愈，此謂新病，連合解之，文義反晦。而爲並病也。又誤。此當别爲一條。新病、並病不得稱爲再作經。鍼足陽明讀作太陽，鍼風府，經有其義，亦可。之交，截其傳路，仍囿俗説。使邪氣不得再入陽明之經，此句又誤。陽明受邪乃病，鍼之上得云散其邪，不得云再入。則太陽之餘邪亦散，此不待言。非歸併陽明，使不犯少陽之謂也。活讀「陽明」字，隨邪所在，鍼之亦可。本論傳經之説，惟見於此。不止此長。蓋陽明經起於鼻額旁，納太陽之脈，故有傳經之義。此又誤論，經絡則不交者少。目痛、鼻乾是其罪也。若腳攣急，便非太陽傳經矣。陽明經出大指端内側，太陽經出小「小」字當作「中」。指端外側，營衛運行由太陰始，由厥陰終，少陰在其中，舊本多顛倒。按：足少陰由中指至湧泉，不誤。足之湧泉，即手之勞宮，知手少陰亦當在中指。少陰在中指，則太陽當在中指、四指之間。經絡不相連接。謂起處不交則可。十二經脈足傳手，手傳足，陽傳陰，陰傳陽，手太陰傳手陽明大腸，又大腸傳足陽明胃，由胃傷太陰爲第一輪，餘仿此。與傷寒之六經先陽後陰，先太後詳《營衛運行篇》。少之次第迥別。營衛運行先陽明而後太陽，由太陽而少陽，一定之部分。不知太陽乃在外主皮毛之誤説。傳六經，陽明傳少陽之説何據乎？此説最不可通。細審仲景轉屬、轉係、並病、合病上條爲並合，此條爲新病。諸條，傳經之妄，不辨自明矣。

風家表如巨陽一日皮。解舉一日太陽以示例。《熱病論》：一日巨陽，頭項强痛。又：「七日巨陽病衰，頭痛少愈。」而不了了者，經所舉巨陽一日之病，至七日而頭項强痛，可以少愈。經所未舉後五日之病尚在，故不能全愈。所謂六分去一，病來六日，解亦須六日也。十二日愈。巨陽一日皮病，二日膚病，三日肌病，四日胸病，五日腹病，六日胃病。其解也，七日皮病解，八日膚病解，九日肌病解，十日胸病解，十一日腹病解，十二日胃病解。一經如此，五經從同，舉太陽一日以示例。六經凡全愈，皆以十二日，此言其正期也。生病一輪，病愈又一輪，故十二日。一部一日，皆指華氏言。傳經之説，非邪客病形不足以駁之。然非深明華氏六日法，則傳經之説附會依託，終不能了徹。柯氏引論數條，意專在駁傳經，可謂英雄能自樹立，惜未明華氏法，所以千創百孔。然自《活人》後，惟吴氏緩有此説，柯氏亦人杰哉！

不了了者，餘病未除也。七日表解後，單指一日皮病。復過一候，五日一候。而五藏元氣始充，此又支離。故十二日此十二日以全愈言。病六日而周，解亦六日而全。柯氏以五日一候説之，大誤。精神慧爽而愈。此亦附會「不了了」而言。此雖舉風家，傷寒概之矣。其實不惟包風寒，且並不止太陽。

凡六經皆同此例，每經各有六層，若如舊説，直中厥陰，豈不一日而盡耶，可知其誤。如太陽七日病衰，頭痛少愈，頭痛一日病，以下尚有吐、泄、下三等之證，詳見《本論》。曰衰曰少，非全愈。皆表解而不了了之謂也。謂尚有下五日病證未能全愈。六經部位有高下，誤。不當言「高下」。故發病有早遲之不同。此又疑心生暗鬼，可見讀《内經》不熟。如陽明二日發，八日衰，華氏法有六日，足有六經，一經各有六日，是爲三十六日。以足之六經配華氏之六日，爲互文見義法。據經文太陽一至七，是太陽本經自有六日也。陽明從二起算，不承太陽之一日，自立門户，不受傳也。由二日以推八日，此陽明自有六日，前不連太陽，後不接少陽，知三十六日，六經互舉一日以示例，則諸經皆迎刃而解矣。厥陰至六日發，十二日衰，厥陰六日有六層，故汗、吐、下三法最備。則六經皆自七日解，絶句。而十二日愈，下五日病皆愈。若誤治，又不在此例。

仲景分别六經，各經俱有中風傷寒脈症治法。叔和時「太陽」篇存者多而失者少，古本詳略，别有精義。他經存者少而失者多。「陽明」篇尚有中風、脈症二條，少陽經只症一條而不及脈，三陰俱有中風欲愈脈，俱無中風脈症。以《傷寒論》爲全書，不亦疏乎？

上論《傷寒》診病大略。柯注本《傷寒》，不用各家編次，自以方分類，爲特别一孤本。凡解《説文》者，多據大徐本。而朱氏《通訓定聲》不以形係，而以聲次，閲者多不知其用心之所在。朱氏於許氏原文多所删改，使依原本，閲者取别本相校，則變古之實迹顯然，或以羼亂而輕之，故移其章次，使人目迷五色，其中删改形迹，雖歷久亦難於校對。柯氏之於《傷寒》，亦同此意。其中或篇删其條，條删其句，句改易其字，日本丹波《輯義》多爲表出。其詆《傷寒》非全書者，以便於改羼耳。

柯本「太陽」篇以方標目，以下仍用舊本次序，正與《翼》本暗合，最得古義。特不讀古書，未詳經旨，乃欲平分六經，使數條相等，如人家子孫分受産業者，然最爲大謬，以囿於六經俗説故也。

黃坤載《傷寒説意》五目 舊首「六經解」、「六氣解」，駁已別見，略之。

營衛解 營衛詳《營衛運行篇》，黄説多誤。○黄氏不知寒爲冬病，風爲春病，二氣不同，得病自異，較喻嘉言尤荒唐。

肺主於氣，氣行皮毛則爲衛。氣不專在皮毛，大誤。肝主於血，血行經絡則爲營。此肝主血爲海，配肺氣海，此説是。然肺藏衛氣，肝藏營血，氣血實物，營衛則爲動詞，二字明文雖同而不同。而實則皆出於中焦，以氣血乃水穀之變化。中焦者，消磨水穀，變化氣血之樞軸也。《靈樞·營衛生會》：人受氣於穀，穀入於胃，以傳於肺，五藏六府皆以受氣。水穀同化氣，由氣化血。矢溺①皆爲濁穢，由腹與膀胱下行，西醫説誤。其清者爲營，濁者爲衛；營在脈中，以血言有血管。衛在脈外，指未化液之前，既化流質，亦由絡收吸。營周不休，五十而復大會，復大會則爲百營。陰陽相貫，如環無端。一順一逆。蓋水穀之氣有清有濁，血由氣化，故以清濁言，實則同實異名，《内經》詳矣。水穀入胃，脾陽消腐，散其精華，化生氣血，内自藏府，外達經絡，所謂氣血二管。精專者行於脈中，命之曰營；慓悍者行於脈外，命

---

① 矢溺：原作「失溺」，據文意改。

之曰衛。營衛專指運行言。營者脈中之血，血中之氣，是爲營氣，營氣在脈，隨宗氣流行。穀精之化營氣，其大氣之搏而不行者，積於胸中，名曰宗氣。衛上焦，營下焦，宗氣在中焦。宗氣貫心肺而行呼吸，營氣之行，單提營衛，又認誰送？以息往來，血之流動，氣送之也。二者並行，不分賓主。平人一日一夜一萬三千五百息，一息脈六動，氣行六寸。人之經絡六陽六陰以及任督兩蹻，計合十六丈二尺。一日之中漏下百刻，以分晝夜。二百七十息，水下二刻，氣行十六丈二尺，是謂一周一萬三千五百息。水下百刻，脈行八百一十丈，人氣五十營於身，一日之度畢矣。並行合數止以八丈一尺，計「五十營」當爲「百營」。營氣初行常於平旦寅時，大誤，大會在子午，以卯酉配，二分平旦、日暮，非大會。從手太陰之寸口始，此用《難經》八會説，大誤。以肺主氣而朝百脈也，朝百脈，乃胸中肺朝於孫絡，非百脈朝寸口。自手之太陰陽明，注足之陽明太陰，自手之少陰太陽，注足之太陽①少陰，自手之厥陰少陽，注足之少陽厥陰，終於兩蹻任督，此説是。周而復始，陰陽相貫，營周五十，晝夜各五十營。明日寅時又會於氣口，此營氣之度也。衛氣者，不行宗氣，而自行於脈外，黄氏竟分營衛爲二道，不同途。晝行陽經二十五度，夜行陰經二十五周。其行於陽也，常在平旦寅時，從足太陽之睛明始，睛明乃兩蹻之始終，以爲足太陽，誤。睛明在目之内眥，《靈樞·衛氣行》：平旦陰盡，陽氣出於目，目張則氣上行於頭，循項下足太陽至小指之端，別入目内眥，下手太陽至小指之端。其

① 太陽：原作「少陽」，據《傷寒説意》卷首改。

散者别於目鋭眥，下足少陽至名指之端，上循手少陽之分，至名指之端，别入耳前，下足陽明至中指之端。其散者從耳下，下手陽明，入次指之端。其至於足也，入足心，出内踝，下入足少陰經。陰蹻者，足少陰之别，屬於目内眥，自陰蹻而復合於目，交於足太陽之睛明，以上皆誤説，詳《營衛運行》。是謂一周。如是者二十五度，日入陽盡，而陰受氣矣。其入於陰也，常從足少陰之經而入於腎，腎注於心，心注於肺，肺注於肝，肝注於脾，脾復注於腎，是謂一周。如此者二十五度，平旦陰盡而陽受氣矣。其出於陽也，從腎至少陰之經，而復合於目。陰陽所説皆誤，全不知「順逆」二字之解。一晝一夜亦周五十。營衛運行以十二經順行始肺終肝，逆行始肝終肺。説詳《運行圖》。黄氏自命大醫，於此全無領悟，何也？故少陰主内，太陽主外。太陽、少陰在中一輪，黄氏前已明言，此又以爲終始，大誤。衛氣自陽而起，至陰而止。出於陽則寤，入於陰則寐，此衛氣之度也。糊亂引用，全不解文義矣。營起於氣口，衛起於睛明。一派糊塗。營氣之行陰陽之間，衛氣之行夜陰晝陽，起止不同，道路各異。非同行於一經也。營衛之説久晦，不足爲黄氏責，然自命爲深通《靈》、《素》，實則全不辨理路，與喻嘉言相似。若元臺、景岳、隱菴決不至是。

風寒解

春傷於風，冬傷於寒，《内經》之明文，喻嘉言亦有明説。冬氣嚴束，故無汗；春氣疏洩，故自汗。知爲二時病，由時令分，則一切繁冗不必言矣。張隱菴《傷寒集注》以風寒同爲冬病，所以不得真解，其餘各家亦同誤。

風者，天地之生氣，春生。寒者，天地之藏氣。冬藏。四時之氣，春生，夏長，秋收，冬藏。木旺於春，木氣發生，則陽出地上而東升，風動而冰解，則生氣得政。撫引冗文，又生枝節。水旺於冬，水氣生權，則陰至地下而西斂，寒凝而凍合，則藏氣得政。是風乃陽春。氣之發揚，寒乃陰冬。氣之翕聚，氣之不同也。自非同時之病。風之中人，必因金水之外斂。金水主衛，衛性收斂，而風性發洩，衛氣不啟，泄之以風，而愈欲收斂，斂而莫達，則内閉營血，而生裏熱。知風寒之異時、異氣，則傷營、傷衛不待煩言，而真解自得，似此則愈説愈亂耳。寒之傷人，必因木火之外泄。木火主營，營性發泄而寒性閉蟄，營血不秘，閉之以寒，而愈欲發泄，泄而不透，則外束衛氣，而生表寒。風爲春氣，此句最好。三春之月，以下又糊塗。天温日明，人血淖液，此風不病人，虚風乃病人，經有明文。而衛氣浮宣，襲之以風，不能傷也。值氣凉言傷風由於凉，誤。而竅閉，得風氣之疏洩，是以傷衛。寒爲冬氣，三冬之月，天寒日陰，人血凝濇，而衛氣沉藏，傷之以寒，不能傷也。忽閉忽泄，大誤。值氣温而竅開，言傷寒由於温，誤。得寒氣之閉斂，是以傷營。風寒之傷，每由解衣、失被，所謂觸冒，專就平常言之，非。營傷則衛鬱，宜麻黄以泄衛，衛傷則營鬱，宜芍藥以泄營。以芍藥當對麻黄，一發一收，自是一説。營衛發達，則表邪退矣。《素問・玉機真藏論》：「風寒客於人，使人毫毛畢直，皮、膚閉而爲熱。」寒乃如此，風則反是。當是之時，可汗而發也。桂枝、麻黄發汗方，桂枝「解肌」，不得謂之「發汗」。汗貴乎早。《陰陽應象論》：「善治者，治皮毛，此五診法説。其次治肌膚，表宜汗。其次治筋脈，其次治六府，在府宜下。其次治五藏。此《雜病》《傷寒》不言藏。治五藏者，半死半生也。」營衛感傷，在皮毛之部。桂枝、麻黄治皮毛之方。皮毛邪散，後日之變無由生矣。於此失治，未幾而或入三陽之府，但主胃。或入三陰之府，風寒不入藏，經有明文，此爲誤。於是乎治府、治藏，危證叢生，工之最下，而法之最拙者也。風寒客邪也，病則不關於客氣，而視乎人身之主氣。此説是仲景方爲平人而設。强弱別有加減，巴州刻《傷寒辨證》，大概每病强弱分立兩方，專爲此例。主氣偏陽，則陽鬱爲熱而入府；胃實者如此。主氣偏陰，則陰鬱爲寒而入藏。此「藏」可作「胃」字解，胃虚寒，三陰温藥是。無非主氣爲之也。其始感也，氣寒之裹束，寒乃爲裹，束風則疏洩。在表遷延日久，入陽明而傳三陰。無此理。陽明不傳，經有明文，若胃實變胃寒，皆醫之誤，爲壞證、雜病。則皆本氣之爲病，非盡係風寒之爲屬也。不知直中，黄氏之昧。桂枝、麻黄表散風寒之劑，此外悉因主氣立法，不專表散之劑矣。解風寒外感，則知氣血内傷。仲景傷寒諸法非第爲外感之金科，並爲内傷之玉律。本有雜病互見。内傷之人未必盡由於外感，而外感之家無不悉本於内傷。解此，則内外同歸，主客一致矣。此説甚佳。

傳經解經之「六日」、「六經」同華氏「六層」，不謂經脈，舊説皆誤。

人之經脈自皮毛皮、膚。以至筋骨腹胃。不過六層。華氏之六層、六經則不分深淺，舊説皆誤。太陽在表，次爲陽明，次爲少陰，六經不分層次，各有屬地，有六經，故六次言之不分先後、深淺。次爲太陰，次爲少陰，次爲厥陰。以六經分六層，不言直中誤。厥陰者，經脈之在裏者也。亦自分六層，故有表藥二方，經互文見義，後世知之鮮。風寒感襲，受自皮毛，故太陽先病。平列六經，必有所先。惟仲景詳汗法於太陽耳。經脈鬱隆，不得外泄，次第淫浸，相因而發，日傳一經，六日乃徧，此一定之事。此説華氏六層，不指六經。不以風寒温熱而異同也。《病源》諸病同以日計。温病内熱素積，感必盡傳。此則近於兩感矣。風寒之家起於外感，不緣内傷。或一兩經而即已者，不知中風即温病。此本氣之旺而外感之輕，不至成病者。及其成病，則挨次徧傳。誤。此風寒之大凡也。雖徧傳六經，竟以六層代經則得矣。而未經汗解，則太陽表證必不能罷。各經各自有表證，不總屬太陽。太陽不罷，則不拘傳在何經，凡在六日之内者，亦不拘日。總以太陽當作「發汗」。爲主，寒宜麻黄，風宜桂枝，無用餘方也。六經通例，故三陰亦用之。若在經失解，裏氣和平，則不至内傷。胸、腹、胃爲内。如裏氣非平，表鬱裏應，陽盛則入陽明之府，陰盛則入三陰之藏。陽盛入府，陰盛入藏，以藏配府，最爲大誤。傷寒不當言藏，言藏則爲兩感。爲之易其文曰：胃盛則爲陽明之下，胃寒則爲太陰之温。府熱則宜凉泄，承氣。藏當作「胃」。寒則宜温補，四逆。凡人陽盛則生，陰盛則死。風寒傳藏，陰盛而滅微陽，早用温補，固難盡生；此又誤用扶陽抑陰説。風寒傳府，陽盛而爍微陰，遲用凉泄，亦或致死。較之前在營衛，所謂表。順逆霄壤，此誠危急存亡之秋也。仲景爲六經分篇，而太陽一經不皆表證，六經皆同此例，各有汗、吐、下三法。其中有陽盛而入府者，陰盛而入藏者。三陽止作皮、膚、肌讀，三陰止作胸、腹、胃讀，凡以三陰經爲藏病，皆誤説。但病入藏府而經證未罷，是以屬之太陽。當云表證，不當專屬太陽。雖屬太陽，而内入藏府，是皆太陽之壞證也。胃自分寒熱，屬本經，非壞病。至於陽明之篇則全是府病。六經各有六層，陽明表證爲經病入裏，經多稱爲陰，特陽明詳於下耳。陽明經病。此指經言。乃府病連經，而非止經病也；經中下證之陽明專屬胃，不指經。三陰之篇則全是藏病，裏證。三陰經證，胃寒爲主，兼雜證病，已入府則不分經。乃藏病連經，而非止經病也。三陰略表證耳。「少陽」之篇則半是府病，半是藏病。此説大誤，以小柴胡爲少陽專方，不知六經同用之。少陽本論半表半裏，指病而言，文在「太陽」篇中，柴胡爲六經半表半裏，不可汗、下之通方，後人乃以半表半裏指少陽。經言柴胡爲少陽專方，並云少陽禁汗、吐、下者，皆誤解經文者也。居表陽裏陰之界，劉河間《宣明論》亦指病，不指經。陽盛則傳府，陰盛則傳藏。故藏府兼有少陽經證，易作「六經通用小柴胡」，則通矣。乃藏病、府病之連經，而非止經病也。若但是經病，則全統於太陽一經，易作「詳於『太陽』一篇」，則得矣。不必另分六經之篇也。此爲詳略互見。然六經亦各備其文，故三陰亦有七汗方。此義自仲景而後，千載無知者。若如所説分經府，前人言之詳矣，大言無實。郊倩程氏比之諸家，微有一綫之螢光，而誤以藏府之病爲經證，因謂傷寒不傳經，謬矣。傷寒不傳經，爲柯氏最佳之説。至喻嘉言輩，其於此理一字不解矣。喻、黄同爲大言無實，無優劣可分。

裹氣解《傷寒》：

陽明病者，胃家實也。一本作「寒胃實」。詳「陽明」篇，下證胃寒，詳「三陰」篇，温證與此説略同。

風寒之傷人也，不能爲寒，不能爲熱，視乎人之裹氣而不變者也。裹氣和平，則府熱不作，藏陰不動，終始在經，不能内傳。《邪客篇》言「邪不能入藏，歸居於府」，是也。但當發散其表邪，實則表，方亦自當分虚實。不必用温清補泄當作「温下」。之劑也。裹氣非平，而表邪外束，府陽盛者，則陽鬱而生内熱；胃實之證。藏胃。陰盛者，則陰鬱而生内寒。三陰多屬胃寒。寒熱之分途，全在乎中氣。太陰以濕土主令，陽明從燥金化氣。陽旺之家，則陽明司氣，胃府生其燥熱；陰旺之家，則太陽當權，脾藏生其濕寒。濕寒者，水氣也；燥熱者，火氣也。以上運氣説，不當以説傷寒，張隱菴此弊尤甚。脾以陰土而含陽氣，陽升則化火；胃以陽土而含陰精，陰降則化水。水寒而流濕，火熱而就燥。土者，乃水火之中氣也。故火盛則燥熱傳於戊土，水盛則濕寒傳於己土。不關藏胃寒以致此耳。此藏府寒熱之由來也。以下牽纏五行説，全祖《難經》，節之。

風寒原委

四時之氣，木旺於春，水旺於冬。春木升發，則陽氣敷布而爲風；冬水蟄藏，則陰氣凝肅而爲寒。春非無寒，究竟風多而寒少；冬非無風，究竟風少而寒多。春之有寒者，春行冬令，非春氣之正也。春傷於風爲正。冬之有風者，當作「温」。冬行春令，非冬氣之正也。感春之風者，謂之中風，其間雖有傷寒，而不及中風之多也；以中風爲春病，惟黄氏有此説。此其悟解高妙，所以能自成家。感冬之寒者，謂之傷寒，爲四時本氣正病。其間雖有中風，而不及傷寒之多也。血氣在經，當作「運行」。是曰營衛。營行脈中，爲衛之根；當作「爲衛所化之血」。衛行脈外，爲營之華。當作「爲營未化之氣」。平人衛氣在外，衛之所以得名，指已入氣管而言。而内交於營，營血在内，而外交於衛。「交」即「會」，一日百會，子午二時爲復大會，不可言「内」、「外」。營衛調和，是以無病。衛司於肺，營司於肝。肺爲氣海，肝爲血海。衛行始肺終肝，營行始肝終肺。黄氏此説得經旨，足證前人之誤。肺金下行則生腎水，足少陰在中一輪。是以衛氣清降而産陰精；此句小誤。肝木上行則生心火，手少陰亦在中一輪。是以營血温升而化陽神。同上，小誤。氣行皮毛，此又誤。衛氣清降則腠理闔，闔則中風而不傷寒；血行經絡，衛氣同行經絡，如北斗月將，一順一逆。營血温升，則孔竅開，開則傷寒而不中風。此又小誤。傷寒營者，因冬日之天温傷寒不可言温，别有冒觸之蹤迹。而竅開也；風傷衛者，張隱菴乃不信風傷衛，寒傷營，以爲出於《脈經》，可謂奇矣。 因春日之氣涼而竅闔也。中風不可言氣涼，亦因冒觸。 營傷則衛病，以營血閉束其衛氣，故衛鬱而表寒，以寒性閉澀，而血性發揚。寒性束閉，風氣疏散，衛初如霧，不入經隧，與風性同。故傷之營後，如瀆行於脈中，與寒氣同，故傷之。所説不得本義。 血發揚而竅開，寒已收之，而愈欲發揚，發而不透，則外束衛氣而生表寒。 衛傷則營病，以衛氣遏逼其營血，故營鬱而裏熱，以風性浮散，而氣性斂肅。 氣斂肅而竅闔，風以泄之，而愈欲斂肅，斂而不啟，則內遏營血而生裏熱。風寒外襲，營衛裹鬱，是以病作。 營衛二氣，分司於肺、肝，而總統於太陽。外感皆由皮始，讀太陽作皮，非以經言。 故太陽經有風傷衛氣、寒傷營血之不同也。 風寒外感，病在經絡，經絡藏府，各相表裏。此又誤入兩感中裹，以下誤説，節之。

營衛之氣第宜外發，不宜內陷。流行終始，不內陷，亦不外發。 寒傷營者，如此則不必分，但以深淺言之足矣。 營閉其衛，衛氣外發，則汗出而病解；傷寒無汗。 風傷衛者，衛閉其營，自汗如何言「閉」？當作「泄」。 營血外發，則汗出而病愈。「汗出」當作「汗止」，接寒、風二氣不同，有汗、無汗亦異，治法自當有差別。麻、桂之别，仲景詳矣。 後人亦主芍藥斂汗，所以求異於麻之發汗也。 本論於桂，亦屢言發汗，與麻黄同，則不可通。 擬讀桂枝之「發」爲「伐」，謂其證自汗。「伐」即收斂使止之義。 府熱則營血內陷無此理。 而不外發，誤已入府，不關營衛。 藏寒則衛氣內陷而不外發。營衛止詳外證，入裏則不言之矣。 故傷寒衛病，府陽盛者多生，藏陰盛者多死。又用其扶陽之誤説。 以藏陰盛則衛氣內脱，府陽頽敗而死也；不知所謂，不敢强解。 中風營病，藏陰旺者多生，府陽盛者多死。 以府陽盛則營血內蒸，藏陰涸轍而死也。 府陽盛則衛氣不陷，設其過盛，則生内熱，一用清散，則衛發而汗出；藏陰盛則營血不陷，設其過盛，而生内寒，稍用温散，則營發而汗出。病已入裏，謂之府病，藏病乃用散藥汗之，獨不可解。大抵先不詳營衛名義，故支離荒謬如此。若陰陽和平之家，營病則多外熱，外熱入府，則宜清裏，裏陽非虚，不至内寒也。衛病則多外寒，外寒入藏，則宜温裏，裏陰非虚，不至内熱也。衛氣之發，賴乎陽明，衛病者不可泄戊土之陽氣，故衛熱盛滿者，仲景有緩攻之法。營血之發，賴乎太陰，營病者不可竭己土之陰精。故府熱傷陰者，仲景有急下之條也。

風寒之邪，感在經絡，經絡雖病，萬不至死。擅改經文以自圓其説。陽盛入府，藏陰消亡；陰盛入藏，府陽頹敗，則九死不復一生。若藏陰已動，而府陽未絶，足以温其凝冱；府熱既作，而藏陰未竭，足以潤其枯燥，則病極危劇，而不至於死。然陰陽偏勝，均有死理，究竟陰亡而死者少，陽亡而死者多。以陰易長，而陽易消。死於陽敗者，不止八九；死於陰虧者，未能一二。若傷寒、温病之外，凡諸傷雜病之門，則陰虧而病死者，絶無而僅有矣。偏僻，與經不合。

錢塘錢天來《溯源集》

自序大抵與方、喻同爲一派，可以參觀。

夫天地間風寒暑濕之邪，不言燥。皆可爲病，今若中之，失治而致夭枉者多矣。雖古聖立法，載在《靈樞》、《素問》兩經之中，奈其義淵深，人莫能解。迨漢長沙守張仲景憫宗族之淪喪，傷橫夭之莫救，乃勤求古訓，博采衆方，撰用《素問》、《九卷》、《八十一難》、《陰陽大論》、《胎臚藥録》，並《平脈辨證》，爲《傷寒卒當作「雜」。病論》，合十六卷。《外臺》作十八卷。實祖述黄、岐之經義，論廣伊尹之湯液，追神農、體箕子而作也，其書統載於《金匱玉函經》中。《外臺》凡今本《傷寒》、《金匱》合爲十八卷，同稱《傷寒》。唐慎徽《本草》則合二書同稱爲《玉函》，今趙氏《傷寒》本亦稱《玉函》也。華佗見之而嘆曰：「此書可以活人。」《外臺》引華佗與仲景同，隋唐以前皆宗之，然失檢「仲景同」三字。晉玄晏先生皇甫謐作《甲乙經》，其論治傷寒，唯長沙一人而已。宋文潞公《藥準》云：「仲景書爲羣方之祖。」所以後起諸賢雖千變萬化，各鳴其所得，宋元以後不讀古書，多杜撰條例，變亂古法，所當釐正者也。而無能踰越其矩度者。踰越者多矣。自西晉太醫令王叔和編次仲景方論十卷，誤讀《甲乙》序。

附入己意，爲三十六卷，誤讀高湛《養生論》。而《卒當作「雜」。病論》六卷《外臺》作八卷。早已遺亡，不復得覩矣。即今《金匱》書未亡。至宋成無己尊奉叔和，又注爲《傷寒論》十卷。兼《明理論》三卷數之，爲十三卷。今所行於世者，究僅七卷，錢蓋據張本合《傷寒》、《明理》共十卷之本爲説，實則原注本《傷寒論》十卷，《明理論》三卷。因《傷寒》八、九、十卷文少，故後人合並於七卷，非有佚文也。本書實止七卷，非有缺佚，舊分數《傷寒注》十卷，《明理論》三卷者，「十」當爲「七」字之誤。而前後舛錯，六經混淆，此囿於方、喻之誤説。使讀之者茫無緒端，檢閲者漫難尋討。如少陽諸證雜入「太陽」篇中，誤以柴胡爲少陽專方，喻已有此説。合病、併病散處三陽前後，結胸、痞證曾不分别陰陽，臟結三條分隸四卷首尾，中風、傷寒紛出，麻黄、桂枝雜陳，成本與《翼》不同。壞病無從安置，疑爲久遠遺失，以爲壞病無方。温病不知方法，謂非作者所長，專治風寒，不知瘟熱。致後人不知隨證之治，而壞病遂無治法，壞病歸入雜證，此誤説。概以麻黄、桂枝治温，桂枝正治，春傷於風，與瘟不同。而温病每致云亡。凡此皆叔和編次之失，無己注釋之病也。自立不用成本，加以罪名。及宋奉議朱肱《活人書》一出，始變長沙之定法，而攪亂經文，可稱作俑。自立條目，與經别行，不得指爲變亂。明節庵陶華《截江網》、《殺車搥》告成，盡廢仲景之原文，而掩爲己有，實爲僭竊；不依經作注疏體亦是一體，不得以爲非。新安方有執痛闢其非，《條辨》因之而作；大抵囿於此派。江右喻嘉言指摘其謬，《尚論》由此而成：三方鼎立，最爲謬誤。方、喻因此改易經文次第，最爲大誤。讀《千金翼》古本，其謬自見。然皆經義未馴，豈能澄清其濁亂？陰陽莫辨，安能洞悉其淵微？予以魯鈍之質，自知譾劣，恐未得經旨，因注《素問》五篇，此法最好。《靈》、《素》四時病，仲景之所祖，錢書未見。今就《太素》四時病編爲一册，欲讀《傷寒》，不可不先考此編。然後更發仲景書讀之，《内經》如經，仲景如傳説。遇隱義未明，必披羅經傳，鈎玄索隱，或沈思默想，輒閣筆連旬。仲景之文或有脈無證，或有證無脈，或有方無法，或有法無方，凡遇艱難，無不殫心竭慮，不敢少有怠忽。錢氏不能無誤，用功則自當如此。務必闡發微妙，極盡精深，真所謂爬羅剔抉，刮垢磨光者也。至於疑似之間，鮮不盡力申明，若見昔人誤謬，亦必極其辨論，雖或負罪於前賢，亦或有裨於後世。但自愧學力粗疏，識見短淺，或理深未達，或舛錯難明，姑存疑而有待，倘發端於後起。虞山錢後人錢天來甫識。

日本丹波元堅《傷寒輯義》跋云：「錢天來辨訂不遺餘力，然或失太繁，亦不無膠柱。」案，此爲定評也。

錢天來《傷寒溯源》凡例

《傷寒論》一書，按長沙公自序，原云《傷寒卒雜。病論》，合十六卷，至西晉王叔和編次之後，其《卒病論》六卷早已云亡，誤。後人不得復見。相傳謂叔和又次爲三十六卷，《太平御覽》引高湛《養生論》。至宋成無己因王氏之遺書，叔和書乃《脈經》，非《傷寒》。又注爲《傷寒論》十卷，非唯仲景之舊不得復覩，即叔和之書亦杳不可見矣。成注十卷，原本共二十二篇，今所論七卷，本篇目亦同。弟叔和所作《傷寒序例》一篇，非叔和作。其妄用經文，創立謬説，亦殊不足觀，此有唐以後人所羼補，且非成本之舊，于叔和更無干。不若遺亡之爲愈也。誤説。其成氏注本原云十卷，原本本爲十卷，今坊间張卿子本乃爲七卷，蓋合八、九、十爲一卷，辨汗、吐、下後脈證治法。○十卷名與《翼》同，而所録乃廿五方，非也。今行於世者，究僅七卷，非有脱佚，此又錢氏之未審。以「辨脈」、「平脈」爲第一卷，其言原係仲景原文，亦不爲過。以此二篇爲仲景原文，當是誤於《脈法贊》。但第二卷「傷寒例」一篇乃王叔和所作，非仲景原文，因何亦列於七卷之中，序例鈔《千金》、《外臺》而成，中有仲景原文，與《病源》、《千金》論姓名可考。而反居仲景六經之前，非唯文理背謬，且冠履倒置，序例居本書之前，刊書之通例。棼亂錯雜矣。頗襲《尚論》之誤。其第七卷雖有霍亂、陰陽易及瘥後諸復證，允爲仲景原文，《翼》本原文止此。而後之諸可與不可又非長沙之筆矣。仲景原有三例，見《千金》，叔和補輯成此本。何以知之？此《脈經》語，舊説早明。其卷首云：「夫以疾病至急，倉卒難尋，故重集諸可與不可與治，比之三陰三陽爲易見也。」如此語氣，確爲叔和所集。《千金》引叔和别有一序，當與此條合爲《脈經》原序。仲景有汗、吐、下三例，成本亦止三門，《翼》本作十五章，《脈經》所補之原文。況大法春宜汗及春宜吐、秋宜吐、秋宜下之説，於理未通，誤。均屬可删，此又多與柯氏誤同。故皆去之。按：《千金翼》十卷，「傷寒」下目「宜忌」第四，「辨汗、吐、下後方」第五，成本八卷以下與《翼》目次相合，知由《翼》本而出。但就三陽三陰六經之證治正變之不同，剖明其立法之因，《明理論》三卷。闡發其制方之義而已，《明理藥方論》一卷。共二十二篇，成注原作二十二篇。仍分十卷，悉依仲景之舊。成本可不可止汗、吐、下三門。

太陽一經，《千金翼》「太陽」篇七法，共一百六十二證，陽明七十五證，少陽九證，三陰除雜證，本經正文尤少，故讀者能通太陽全篇，於傷寒思過半矣。而分上、中、下三篇者，以桂、麻、青龍三方爲大綱。其源始於宋許學士叔微。所謂三方鼎立，實始於《千金翼》誤改本。駁詳《柯氏平議》。明新安方中行先生作《傷寒條辨》，遂因其說，而分三篇，以風傷衛爲上篇，寒傷營爲中篇，此兩篇猶可分。風寒兩傷營衛爲下篇。青龍仲景經文實止一條，下一條「大青龍發之」五字，乃解説徐靈胎説是也。據此著書，所謂燕巢幕上，失所依據。江右喻嘉言先生作《尚論篇》，亦不改其法，而仍爲三篇。大誤。雖不知長沙立論時作何次序，而以理推之，可稱允當。《千金翼》太陽共七法，前三法如許説，後四法爲柴胡、承氣、結胸、雜療。於三方鼎立外，別有四法。今不敢變易其法，仍作三篇。承方、喻之誤。陽明一經，舊本分篇。《翼》本不分篇。而仲景原文中已先設問答。云病有太陽當作「陰」。陽明，有正陽陽明，有少一作「微」。陽陽明，此即仲景分篇之義也。此不足據。據此分篇，大都不失作者之意，故亦未爲不可耳。當分經病、府病、半表半裏，與胃實胃虚爲四法。《尚論》雖分三篇，喻氏自分之。而於太陽當爲「陰」，謂脾泄病屬胃中虚冷。「陽明」篇内又以能食者爲中平聲。風，讀作「熱」。不能食者爲中寒，張隱菴注讀此「中」字爲平聲，則上文當爲「中熱」可知。分作二段，胃實、胃虚分二門是。庶令讀者了然，自無疑惑。至於少陽一經，舊説多誤。如半表半裏、禁汗禁下，種種拘忌是也。成氏注本及方注皆短簡寂寥，不滿數節，《千金翼》原止九條。即喻本稍有所增，亦不過廿條而已。其餘柴胡湯證，應在《少陽篇》者，皆誤入「太陽」篇中，不詳經義，反以爲誤説。詳《柴胡湯辨誤》。經絡溷淆，半表半裏指病，不指經。篇帙紊亂，殊不成篇。今以少陽首條「往來寒熱，胸脇苦滿，與《熱病論》提綱不合。小柴胡主之」一條爲主病，小柴胡乃病在半表半裏之專方，少陽之經病、府病當另詳之，柴胡非少陽專方。遂以小柴胡爲主方。誤。推其變證不同者，如柴胡桂枝湯、柴胡桂枝乾薑湯及柴胡芒硝湯、柴胡加龍骨牡蠣湯，皆小柴胡湯之變法也，此《千金翼》所謂汗、吐、下後之雜證方。悉隸於後，而成一篇，庶令散亂者各歸本篇，易於尋討。囿於六經分篇，必求篇帙匀稱，此入六經迷陣，至死不悟。又以合病、併病附讀於後，以盡三陽經之變態，而三陽之證治終矣。太陰條治無多，傷寒之正對法不過數條，吐下利皆雜證。而霍亂一證亦屬太陰《千金》作「傷寒」，雜方不當附入。寒邪所致，故以之附後而作何得稱「作」？一篇。霍亂爲雜證，《金匱》有專門。《千金翼》列入傷寒正本，成本因之，詳例究非是。少陰屬坎，雖爲陰藏，直指少陰爲藏，則以篇中多雜病，非傷寒正對法。而真陽藏於寒水之中，乃陰極陽生之處，最不宜於無陽，故專重陽氣。言傷寒當單考《類經》疾病門之經文，已不勝其用，不可泛及運氣、政治、陰陽、五行各類説法，以其別爲一門，非説病。然陽邪熾盛，耗竭真陰，使津液喪亡，亦非細故。大抵祖述方、喻耳，不足辨。前輩皆雜亂不分，《尚論》已分兩篇，殊爲合法，厥陰除首四條，下皆所附厥下利嘔噦之雜證。大抵「三陰」篇其正對法不過十數條，餘皆雜證。以三陰諸治法已詳「三陽」篇，而尤以太陽爲詳，幾占全書之半。故讀者先詳考「太陽」篇，以下五篇皆迎刃而解矣。今更爲條分縷析，而爲前後兩篇，庶令涇渭分流，則陰陽易辨。少陰證四十五條其首冠以「少陰」字者，大德本全有，爲六經所無之事。今分爲四門，少陰經病、如傷寒治法。少陰藏病、死證五條、難治二條。三讀「少」爲「純」，如「太陽」篇之純陰證，四讀「少」爲「微」，如多少之少，如大青龍所謂無少陰證是也。厥陰一經，其經循身之側，一「側」字足包之。爲陰氣已極，此爲陰陽五行家説。治病者不當襲用，徒使人迷罔。猶天地之陽氣已長，且欲出地，故爲陰陽相半之經，《千金翼》卷十厥陰病狀第三目下云附厥利嘔噦。按利嘔，《金匱》其文皆同。以三病附厥陰，亦如錢氏之以霍亂附太陰，此四病非厥陰外感證，王安道以爲三陰附有雜證是也。所以厥熱互見，難以分篇。《千金翼》厥陰五十六條首四條有「厥陰」字，爲本經正文。以下言厥廿五條，下利二十條，嘔三條，噦二條，其中厥利並見者數條，冠以「傷寒」者廿二條，以「下利」二字標目者十二條。即下利諸證，亦有陰陽寒熱之分，爲三陰之所並有，當提歸《金匱》，使不致擾亂《傷寒》。雖已見於「少陰」篇中，此爲「少陰」篇之下利雜證，實則與少陰無干。而又匯於此篇之盡處者，亦以厥陰經陰中有陽，多癰膿便血之證，故又總聚於一篇之中也。知爲所並雜證，則別爲一事，不相牽涉可也。其陰陽易及瘥後諸復證乃病後遺證，亦在《厥陰篇》後者，以六經所盡故也。辨脈法未注及已注之《素問》五篇，皆《傷寒論》之根柢，近刻《太素四時病補證》，與此義同，此乃讀《傷寒》之根源。統俟續刻。論中壞病一則，舊本皆虛懸於三陽證治之中，從未有着落用處。壞病下云：「知犯何逆，以其法治之。」壞病者，傷寒誤治變爲雜證，已離脱傷寒關係，入於雜病，其病種類亦多，非僅此明文二條。俗醫張皇此事，不知經義。前人皆不悟仲景所以立法之故，而每嘆爲脱簡之餘，惜其無有治法，致喻氏別立一門，亦間置於諸篇之中，而不知隨證治之及以法治之之實在何處。在雜證中。誰知執柯伐柯，其則不遠，若一悟其理，便知燈即是火，何必道邇求遠，焉用嘆息爲哉！今以太陽病「桂枝不中與也」一條，列於「太陽」上篇，桂枝湯正治之後，其下文誤汗、誤下、誤吐、誤用温鍼之諸變已成雜證。逆證即壞病也，其下所系之方即壞病治法，所謂隨證治之之實也。此説是。謂之壞者，蓋爲醫所壞，而誤治之變證也。以本未壞之太陽病，而以誤汗、吐、下温鍼壞之，故稱壞病。又以「本太陽不解轉入少陽」者此「少陽」當作「陽明」，故下云此屬胃以釋此陽明指府，不指經病。已入府在裏，故禁汗。後人乃讀爲少陽禁汗，不知此專屬陽明之微陽。陽明以發汗亡津液而成陽明府證也。一條，列於「少陽」篇，小柴胡湯正治之後，其下文誤汗、吐、下、温、鍼諸變證，即少陽壞病，此又承俗醫之誤。以法治之之實也。條例井井，治法森森，有何疑嘆？其所以晦而不明者，皆由編次之失，以致顛倒錯亂，令人無從察識耳。此又近誣矣。能善讀經文，則不必有此説。結胸、痞證，《千金翼》古本「太陽」篇七法，桂枝風第一，麻黄寒第二，結胸在第六法。其病之陰陽虛實各異，而從來舊注皆云結胸爲風傷衛陽邪陷入所致，痞證爲寒傷營陰邪陷入所致，入裏則不分風寒，亦並不分經。古法最爲簡捷，舊説多誤。此千載之誤。細閲論中，究竟中風亦有心下痞者，傷寒亦有結胸者，更有中風傷寒並見而但作心下痞者，有但傷寒而心下滿硬痛者爲結胸，但滿而不痛者爲痞，參伍錯綜，全無定法，豈可以風寒營衛分一定之痞結乎？此説是。所以不能分隸分上中兩篇之內，方、喻三方鼎立之法，至此而窮。故先挈其綱領一篇，方列條目於後，別成一卷，介於三篇之中。在中風、傷寒兩篇之後，以見風寒均有此二證之意，且以便於繙閲。《千金翼》七法，方、喻止取前三法，後四門即以附於前三門中，如柴胡四、承氣五、結胸六、雜療七，皆無所附隸，圖窮匕首見矣。

温病及風温原屬春夏温熱之邪。嘗竊推仲景之旨，本以青龍爲治温之主劑，專治傷寒表重裏輕者，不治風證。白虎爲治暑之主劑，其病源屬太陽，不拘六經。且大青龍湯已作「太陽」下篇首條之主治，此乃誤中之誤。故亦當附於「太陽」下篇之後。其痓、濕、暍三證，叔和雖云三種宜應別論，然邪由營衛而入，其證原屬太陽，故亦稱太陽病，所以附於太陽之末。《千金翼》在太陽之前，亦後人誤移者。

注中辨論雖多，若非反復詳明，恐不能啟蒙發瞶，故詞繁而不殺。然不敢盜襲前人一言半句，以欺罔後學，苟有引用，必曰某經、某篇、某人、某書，使讀者皆可考尋，亦不似成氏以下諸家，動輒以「經云」二字爲名。若果出之《靈》、《素》篇中及《金匱》、《傷寒論》者，固稱允當。其有出自王叔和序例中，語亦謬稱「經云」，其中實有經言。至有荒謬無稽之談，亦概稱「經曰」，令學者無從稽考。雖荒唐背謬之語，亦誤認爲聖經賢傳而聆信之，致令經學淆亂，傳論失真。如叔和《傷寒例》中引用《素問・熱病論》以作證據，遂改「人之傷於寒也，則爲病熱」句爲「凡傷於寒，則爲病熱」，又增「尺寸本「人寸」之誤。俱浮者，太陽受病」、「尺寸俱長者，讀作上聲，謂「長大」，不作「長短」解。陽明受病」等語，雜入己意，大改經文。其他誤謬，靡所止極。又如朱奉議之擅改《傷寒》方論，陶節菴之抹殺仲景原文，叛經壞法，惑亂後人，莫此爲甚。更復有以前人之注爲己有，而反議論其是非者，尤堪捧腹。茲所援據，非敢誇多鬬靡，政不欲踵前弊耳。康熙丁亥十月既望虞山錢潢識。

許學士《發微》論桂枝麻黃青龍證云：仲景論表證，專就表證言，與《千金翼》同。非如方、喻統論「太陽」全篇。一則桂枝，二則麻黃，三則青龍。桂枝治中風，麻黃治傷寒，與三級說不同。青龍治中風見寒脈，傷寒見風脈。許拘於原文之「中風傷寒」四字，乃爲此說。非如後人青龍統治風寒之狂悖。此三者人皆能言之，而不知用藥對病之妙。且脈浮而緩者，中風也，脈浮緊而清者，傷寒也，仲景以桂枝、麻黄對之；至於中風脈浮緊，前一條。傷寒脈浮緩，後一條。仲景皆以青龍對之，何也？下條「可與大青龍發之」，「可」上當有「不」字。予嘗深審三者，果於證候、脈息相對用之，無不應手而愈。以許氏之誤，下條當爲上條之解説。蓋中同《傷寒》爲互文。下條脈浮緩即上之脈微弱；無少陰證，即上條之煩躁。煩躁爲裏陰證，表證多，裏證止一煩躁，故曰「稍有陰證，不可與大青龍發之」，即上不可服，服之爲逆。若主方，當如上文曰「主」之，不可言「發」。「發」即發汗之「發」。徐靈胎刪此六字，不如加一「不」字之爲得也。

太陽中風，實指麻黄證，與解傷寒當互易。脈浮，發熱惡寒，身體疼痛，不汗出以上爲表證。而煩躁者，惟二字爲裏證，故解曰少陰證。大青龍湯主之。主之爲主治，與解「發」不同。若以下言禁。脈微弱，桂枝脈。汗出惡風者，純爲中風。不可服也，猶麻黄證禁桂枝湯。服之則厥逆，筋惕肉瞤，過汗所致。此爲逆也。傷寒、中風分別最嚴。許氏以爲寒、風同治，麻、桂互用，大誤。

[解]此爲上條解説之文。傷寒此舉大名，當讀作「中風」。脈浮緩，中風脈解「脈微弱」句。其身不疼，與上「身體疼痛」不同。但重，乍有輕時，中風證。無少陰證者，解「煩躁」句，「少」讀作「稍」，陰證，謂裏證爲陰。[不]補此字。可與大青龍湯發之。中風禁汗，此解「不可服也」句。

王安道《溯洄集》

四氣所傷論

《素問·生氣通天論》篇曰：「春傷於風，即傷寒之中風。邪氣留連，秋傷於燥，此爲留病。乃當作「夏」。爲洞洩；夏傷於暑，當作「熱」。秋爲痎瘧；中隔長夏。秋當作「長夏」。傷於濕，上逆而欬，發爲痿厥；冬傷於寒，寒專屬冬時。春必病溫。」此四時正病。《陰陽應象論》篇曰：「春傷於風，夏長夏。生飧泄；夏傷於暑，秋必二「必」字讀作「正」。痎瘧；秋傷於濕，冬生欬嗽；冬傷於寒，春必病溫。」與經氣同。王啟玄注云：王注就文敷衍，未合經意。「風中於表，則內應於肝，肝氣乘脾，故洞洩或飧泄；夏善病洞洩，濕氣所生之病，留邪亦同，不必用五行說。以下皆同。夏暑已甚，秋熱正夏爲熟，秋當爲燥。復收，兩熱相攻，則爲痎瘧；秋濕長夏爲濕。既勝，冬水復旺，水濕相得，肺氣又衰，故乘肺而爲欬嗽。冬病例如此。其發爲痿厥者，蓋濕氣內攻於藏府則欬逆，外散於筋脈則痿弱也。厥謂逆氣也，冬寒且凝，春陽氣發，寒不爲釋，陽怫於中，寒怫相持，故爲溫病。」以上《生氣通天篇》注。《傷寒論》當爲叙例，不可直稱《傷寒》。引《素問》後篇八句，成無己注云：「當春之時，風氣大行，傷寒中風即春病，一曰春温，又曰風温。中風非冬日正病，舊説多誤。春傷於風，春以風爲正病，傷風惡風，傷寒惡寒不相通。冬病無汗，春病自汗。風氣通於肝，春病不必説藏。肝以春適旺，此乃《難經》誤説。風雖入之，不能即發，此又誤。惟冬温、春寒乃有此説。至夏肝衰，然後始動。風淫末疾，則當發於四肢。此又牽涉無辜。夏以陽氣外盛，風不能外發，故攻内而爲飧泄。不知《周禮》四時病，故牽合五行言之，皆誤。當秋之時，濕氣大行，燥氣。秋傷於濕，濕則干於肺，燥傷肺。肺以秋適旺，言表病，何必推生旺？雖入之不能即發，及春陽出，而陰爲内主，然後寒動搏陽，而爲温病。」成注亦同。王海藏曰：「木在時爲春，運氣説不當蔓引。在人爲肝，在天爲風。當春之時，發爲温令，此春氣温和，所以爲温病。反爲寒折，是三春之月行三冬之令也，《外臺》有此説，言冬伏温爲時行，與此不合。以是知水太過矣。水既太過，金肅愈嚴，是所勝者乘之而妄行也。所勝者乘之，則木虚明矣。木氣既虚，火令不及，是所生者受病也。誤説。故所不勝者侮之，是以土乘木之分，變而爲飧泄也。傷寒之法，四時固在，所不拘六經，亦不可泥令。以華氏法言，六經中各有汗、吐、下三法，合爲三十六日病，此一讀法也。專就「三陽」篇論太陽詳汗表證，陽明詳下裏證，少陽詳半表半裏之間證，劉河間詳之。此專就三陽分汗、吐、下三法也。至於就「太陽」一篇論文最繁，自有汗、吐、下三法，是首一篇已包括六經治法。故讀《傷寒》者，不可拘於篇目也。冬傷於寒者，是冬行春令也。寒乃冬正氣，與春氣無干。當寒而温，火勝冬温，「温」字非「火」。而水虧矣。水既已虧，則所勝妄行，土有餘也，所生受病；木不足也，所不勝者侮之；火太過也，一切皆《難經》誤説。火土合德，濕熱相助，故爲温病。全不得「濕」字之義。不病於冬，而病於春者，謂留病耶？以其寒水居卯之分，方得其權，大寒之令，復行於春，腠理開泄，少陰不藏，房室誤讀「不藏精」三字。勞傷，辛苦之人，陽氣泄於外，腎水虧於內，喻嘉言、黄坤載皆承此誤說。當春之月，時强木長，無以滋生化之源，故爲温病耳。」全不知四時所傷皆屬正氣，不可牽涉五行。夫春傷於風，夏傷於暑，冬傷於寒，辭理皆順，「時」字傷「令」字也。獨秋傷於濕，說作「令」字傷「時」字，讀者不可疑也。春傷於風，夏傷於暑，長夏傷於濕，秋傷於燥，冬傷於寒，以五氣配五時，《内經》之明文。經偶不計長夏，以四時論，遂以長夏之濕移之於秋，濕與秋時令不相合，所以於秋與上三時特異，由不知互見之義也。此四說，皆母所亢而害其所承之子也。更大誤。經本易明，有此誤說沈霾。若說「秋」字傷「濕」字，其文與上三句相通，其理與法不得相通也。「濕」字本「燥」字之誤，添一說多一層魔障。大抵理與法通，不必拘於文也。此等說法，使閱者何能明了？實作者亦不明了，徒引陳言俗語，以充篇幅耳。或謂春傷於風，是人爲風所傷，非也。此更誤，而無情理矣。若是，則止當頭痛、惡風、自汗，此正病。何以言夏爲飧泄哉？長夏濕盛，當有此病。今言春傷於風，即是時傷令也，明矣。添出時令，夢中又夢。

愚按：此四傷，諸家注釋皆不得經旨者，蓋由推求太過故也。駁四家是。孟子曰「道在邇而求諸遠，事在易而求諸難」，此之謂歟！此說尚是。但只輕輕平易說去，則經旨自明，而無穿鑿之患矣。四家皆染《難經》五行誤說。何以言之？夫風暑熱。濕當有「燥」。寒者，天地之四五。氣也。所謂四時正氣。其傷於人，人豈能於未發病之前，似說留病，即病有傷，即病不必言此。預知其客於何經絡、在表通以汗解，一汗則諸經皆解。此表證特分經以詳病，汗則不再分經，此表化六爲一之治法。若入裏，則無經可分。何藏府、皆直中，《邪客病形》詳矣。何部分，而成何病乎？不讀《邪客病形篇》耶？幾經所說，多言其常。先定其常，乃再推其變，以常者教人變法，多在自悟。死於句下，動生支節，未見有合也。及其既發病，未發先知，若必病發而後知，經何由而作？然後可以診候，始知其客於某經絡、在表可分。某藏府、入裏則不分。某部分，成某病耳。學者乃如此，不可以例聖神。注釋者苟悟病因之始，病原之理，則於此四傷不必拘時，必審寒熱溫涼。不勞餘力，自迎刃而解矣。夫洞洩也，痎瘧也，欬與痿厥也，此皆《金匱》雜病。溫病也，皆是因其發動之時，經分四種傷，本不拘時，不過借四時以定其本。形證昭著，乃逆推之，而知其昔日致病之原爲傷風、傷暑、傷濕、傷寒耳，不知四時正病祖《周禮》、《内經》。非是初受傷之時，能預定其今日必爲此病也。不讀古書，故如此。且夫傷於四氣，正氣與時行不同。有當時發病者，正病。有過時發病者，留病。有久而後發病者，閒時。有過時之久二句文義未安。自消散而不成病者。此條難解，文義不詳。何哉？蓋由邪氣之傳變聚散不常，當云「深淺不同」。及正氣之虛實大抵傷寒三陽詳實證，三陰詳陰證，不必拘於經部分篇。不等故也。《病源》、《千金》、《外臺》有詳説。且以傷風言之，其當時春日溫和。而發則爲惡風、不惡寒。發熱、頭疼、自汗、以上表證。欬嗽、喘促此裏證，未詳。等病，其過時與久而發，則爲癘風、熱中、寒中、偏枯、五藏之風等病。竟以五等雜證續列於下，不知《傷寒》專詳外因之經病、府病，與内因雜病各爲一門，不可牽混。隋唐以前，金元以下，實無人如此拉雜言之。王氏解悟不優，遂直造此妄談，亦可憫矣。是則洞洩、飧泄者，乃過時而發之中之一病耳。屢與經文立異，何耶？因洞洩、飧泄之病生，以形診推之，則知其爲春傷風，藏蓄不散而致此也。不讀古書，所以致此。苟洞洩、飧泄之病未生，病因病變亦如影響，未能先知。孰能知其已傷風於前，有冒觸之踪迹。將發病於後邪？如能於平脈望色研究，則不爲此等語矣。假如過時之久自消散而不成病者，不成病，何又云過時？人亦能知乎？經所謂邪不能傷，雖感邪不病，言之詳矣，何謂不能知？世有《太素》脈法，此宋人僞造之法。雖或預知死亡之期，引此僞書，比擬不倫。然亦是因診之昭著而始能知耳。望色審脈。夏傷暑爲痎瘧，冬傷寒爲温病，意亦類此。但秋傷濕，燥。上逆爲欬嗽，爲痿厥，其因病知原，則與三者同，其令行於時，則與三者異。因一字誤，遂生種種僞説。夫春之風、夏之暑、冬之寒，皆是本時之令也，不必分時與令，糾轕五行，動成迷罔。濕乃長夏之令，何於秋言之？由此求之，即知爲字誤與省文之義。蓋春、夏、冬，每一時各有三月，故其令亦各就其本時而行也。若長夏則寄旺於六月之一月耳。土分寄四方，六月亦止壬十八日。秋雖亦有三月，然長夏之濕令每侵過於秋而行，經文不詳耳，不可望文生訓。故曰秋傷於濕。或問余曰：五運六氣七篇所叙燥之爲病甚多，何哉？余曰：「運氣」七篇與《素問》諸篇自是兩書，作於二人之手，其立意各有所主，不可混言。王冰以爲七篇參入《素問》之中，本非《素問》元文也。余今所推之義，乃是《素問》本旨，當自作一意看。請陳四氣所傷所病之義。夫風者，春之令也，中風爲春病。春感之，偶不即發而至夏，邪既不散，則必爲疾。其所以爲洞洩者，洞洩，長夏之病。長夏善病泄，泄留病至此時而發，亦爲洞洩也。風蓋天地浩盪之氣，飛揚鼓舞，神速不恒，人身有此腸胃之職，其能從容傳化泌泄，經但云風傷衛，此非傷寒之風。而得其常乎？故水穀不及分别，而並趍下，以其爲飧泄，亦類此義。暑者，夏之令也。熱爲夏令，與冬寒相對。夏感之，偶不即發，而至秋又傷於風與寒，不當有「寒」字。故爲痎瘧也。所云「風瘧」，「瘧」當爲秋病。寒者，冬之令也，冬感之，偶不即發，而至春其身中之，陽雖始，爲寒邪所鬱，閉束。不得順其漸升之性，然亦必欲應時而出，故發爲温病也。春正病爲温，緩留病至此亦爲温，所説皆誤。若夫秋傷濕，其令行於時之義，上文已論之矣。前篇《生氣通天》。所謂上逆而欬，發爲痿厥，不言過時，似是當時即發者，但既與風、暑、寒三者並言，則此豈得獨爲即發者乎？全指即發。然經無明文，終亦不敢比同，全屬誤解。後篇偶引二條，便自加前篇、後篇之名，不知著書體例。便斷然以爲冬發病也。雖然濕本長夏之令，當分夏與長夏爲二，則「燥」字自出。侵過於秋耳。縱使即發，亦近於過時而發者矣，長夏病濕，近醫所謂暑證，多屬陰證，每用燥濕藥。此當只以秋發病爲論。濕以上皆由不知夏有正夏、長夏之分，秋「濕」爲「燥」字云。秋當爲燥，喻嘉言已補之。苟知其誤，數言可了，似此牽附，如理亂絲，愈説愈不通。從下受，故於肺爲欬，謂之上逆。立解多誤，以爲秋正病，則不必如此穿鑿。夫肺爲諸氣之主，令既有病，則氣不外運，又濕滯經絡，故四肢痿弱無力而或厥冷也。後篇所謂冬生欬嗽，既言過時，固與前篇之義頗不同矣。誤説。夫濕氣久客不散，至冬而寒氣大行。肺寒而和受傷，故濕氣得以乘虚上侵於肺，發爲欬嗽也。嗽爲秋本病，一言可了。經亦言其常耳，文詳《周禮》。觀者以此意求之經旨，其或著乎？徒增迷罔耳。或者見《素問》於病温、痎瘧等間以必言之，「必」多爲「正」字之誤。遂視爲一定不易之辭，讀經何得如此拘泥。而曰此必然之道。嗟夫！果可必耶？果不可必耶？説詳《傷寒講義》。《素問》之或言必，或不言必者，蓋不可膠爲一定故也。經有言病證與病因同見者，如春傷於風，春必正病温；夏傷於暑，夏必正病熱；長夏傷濕，病洞洩；秋傷於燥，秋必正病瘧；冬傷於寒，冬生欬痺。上句言四時證，下句言所傷之氣。後人移「冬傷」一句於前，遂成差誤。

説詳《傷寒講義》。經中每有似乎一定不易之論，而卻不可以爲一定不易者。以下尤支離，不得旨要。如曰熱厥，因醉飽入房；而得熱中消中者，皆富貴人也；新沐中風，則爲首風。如此之類，豈一一皆然哉？讀者當活法，勿拘執也。此句是。

夫王啟玄之注，雖未免泥於「必」字，及未得經旨，然卻不至太遠也。若成無己之説，則似太遠矣，然猶未至於甚也。至王海藏立論，則推求過極，欲異於人，殊不知反穿鑿，綴緝乖悖經旨，有不可勝言者，此先儒所謂如大軍游騎出太①遠而無所歸矣。下有駁王注、成注、海藏説。説固誤，駁亦支離，因節之以省繁冗。經曰：「木發無時。」倘風不傷於春而傷於他時，不遇夏之陽氣外盛，將外發乎？將内攻乎？況風屬陽，與夏同氣，果欲外出，則當隨其散越之勢而出，安有不能之理乎？原書本誤，用《外臺》天行説，而首尾未貫。且暑爲夏令，孰不知之？今以暑爲季夏，爲濕土，得不怪哉？海藏惟此一條爲得解，今反攻之，適自敗。且既有明説，猶不自悟，亦太難矣。夫冬果行春令，人若感此，則成冬温病矣，此爲天行，《病源》、《千金》、《外臺》甚詳。安得爲春温病乎？冬温爲天時，春温爲正病之留者，乃不解耶？其謂大寒之令冬當大寒，而反温在先。復行於春，至春乃反大寒，邪不得出。温病方作。謂至夏時乃作，言温者指冬傷之温氣。設使大寒之令不復行於春，其温病當作者，遂不作乎？非大寒束於春時，則至春可發，不必待至夏時。況今之春爲温病者，全不讀古書，稱心而談，無往不誤。比比皆是，即春時中風即發之春

① 太：原作「在」，據王履《醫經溯洄集》卷上改。

温。未嘗見其必由大寒復行於春必先有冬温一層，而後言復行。引古書不全，割截言之，如何能通？而後成也。全不知隋唐人天行時氣之説，故致此誤。又如以制物皆爲所勝，受制者爲所不勝，與經所謂氣有餘則制己所勝而侮所不勝，乃傳之於其所勝，死於其所不勝之旨全反矣。餘如因時傷令、令傷時之説委曲衍説者，固不暇悉辯也。嗚呼！予非好斥前人之非，所駁者未必非前人之誤，特以暴易暴，不覺兩敗俱傷耳。蓋爲其有害大義，晦蝕經旨，以誤後人，王氏晦説行，則沈蝕愈深耳。故不敢諛順而嘿嘿耳。然而潛逾之罪，固已自知，其不得辭矣，但未知觀者以爲何如？

傷寒三陰病或寒或熱辨

嘗讀張仲景《傷寒》，於三陰多用熱劑。① 觀仲景此論，則傷寒三陰必有寒證，而宜用温熱之劑也。及讀劉守貞之書有曰：言傷寒以經府爲主，不可言藏；皮、膚以爲表爲陽，胸、腹、胃爲裏爲府，河間大誤。按：《宣明論》未見此四語，俟考。傷寒邪熱在表，府病爲陽，邪熱在裏，藏病爲陰。俗妄謂有寒熱陰陽異證，誤人久矣。寒病有矣，以雜病爲寒病。非汗病以外感風寒爲汗病。之謂也，寒病止爲雜病，「三陰」篇多雜病之説。終莫能爲汗病。汗、吐、下三法乃爲傷寒專方。且造化汗液之氣者，乃陽熱之

① 據《醫經溯洄》卷上，以上廖平多有删節。

氣，非陰寒之所能也。麻黄、附子、細辛，非汗藥乎？雖仲景有四逆湯證，是治表熱裏和，誤以寒藥下之太早，表熱入裏，下利不止，及或表熱裏寒自利，急以四逆温裏，先其所急。利止裏和，急解其表也。非不用汗，有先後耳。如表急，則亦先解表。故仲景四逆湯證，復有承氣湯下之者，由是傷寒汗病。經直言熱病如此則凡汗皆熱證矣。而不言寒也。經言三陰證者，邪熱在藏在裏，以藏與裏爲陰當下熱者也。《素問》論傷寒熱病論提明傷寒。有二篇，《刺熱》專言熱。名曰熱，竟無寒，理兼《素問》並《靈樞》諸篇專熱。運氣造化之理，推之則爲熱病，誠非寒也。

觀劉守貞此論，則傷寒無問在表在裏，與夫三陽三陰皆一於爲熱，而決無或寒者矣。此劉之誤説。《内經》熱病共四篇專論藏熱病者，如《刺熱》、《熱論》是也。至《素問·熱病論》篇論傷寒。凡爲仲景所祖述，皆提明傷寒，如人之傷於寒也。傷寒一日云云，專説傷寒，不可概指爲熱病。兩説不同，其是①非之判，必有一居此者。如扶醉人。由是彼此反復，究詰其義，而久不能得。雖至神疲氣耗，不舍置者，自謂此是傷寒大綱領。入迷陣。此義不明，則千言萬語皆未足以爲後學式。況戕賊民生，何有窮極也哉？意謂成無己之注必有所發明者，遂因而求之，然亦止是隨文而略釋之，竟不明言何由爲熱、何由爲寒之故。多設疑陣，欲以成其傷寒專爲即病而作之誤説而已。此非其不欲言也，蓋止知傷寒皆是傳經，胃實則熱，胃虚則寒，邪氣一也。因人體而變異，又皆直中不傳經。故疑於六經所傳誤説。俱爲熱證，而熱

① 是：原作「實」，據《醫經溯洄》卷上改。

無變寒之理，熱如何能變寒？熱爲胃實，寒爲胃虚，皆由病人氣稟自化，非病能使之然。黄氏《稟氣篇》是也。遂不敢別白耳。以寒爲本藏當作「身」字。之寒歟？安得當熱邪傳裏入深之時，反獨見寒三陽詳熱，三陰詳寒，寒非熱極而變，所説皆誤。而不見熱者？水流濕，火就燥，本身寒者感寒，本身熱者感熱，內外相應，陽體不感寒，陰體不感熱，不分內外也。且所用傷寒爲後人所移。温熱藥，能不助傳經之熱邪乎？入迷太深。以寒爲外邪之寒歟？二者合乃成病。今當以互文起義讀之，不可死於句下。豈有傳至三陰而反爲寒哉？誤用傳經説，故不可通。成氏能潛心乎此，則必悟其所以然矣。凡所駁皆欲伸己説，故多誤解。自仲景作《傷寒論》以來，靡或遺之而弗宗，至於異同之論興，而漁者走淵，木者走山矣。宜乎後人不能決於是而非之際，故或謂今世並無真傷寒病，此又魔語。又或以爲今人所得之病俱是內傷。外感必有內因是也，至名爲內傷則誤。又昧者，至謂《傷寒論》中諸温藥悉爲傳經熱邪而用者，以三陽爲熱，不敢指明，以自相衝突。以三陰經屬陰故也。王氏不能自解。又其太謬者，則曰論中凡有「寒」字，當作「熱」字看。此等怪説，何必提及。嗚呼！末流之弊，一至此乎！於是澄心静慮以涵泳之，一旦劃然若有所悟者，又遇一大魔。然亦未敢必其當否也，姑陳之以俟有道之正。太奇創，頗似程郊倩《條辨》序。夫三陽之病，其寒邪之在太陽也，寒鬱其陽，束閉其衛。陽不暢而成熱，身熱爲正傷寒。陽雖人身之正氣，既鬱則爲邪矣。用麻黄發表以逐其寒，則腠理通，而鬱熱泄，故汗而愈。以上言麻黄證。苟或不汗不解，何以解桂支之自汗？其熱不得外泄，「外」字誤。則必入裏，故傳陽明、傳少陽，仲景之「少陽」作「胸」字讀，「陽明」作「胃」字讀，皆不指經，入裏則不分經矣。而或入府也。王氏不解「府」字專指胃言。若夫三陰之病，則或寒或熱者，何哉？三陽經中亦有寒證，用温藥者大誤。蓋寒邪之傷人也，或有在太陽「太陽」統作「皮、膚、肌」讀。經鬱熱，然後以次而傳至陰經者；或有太陽不傳陽明、少陽，傷寒二經不見爲不傳者，指胸、胃言，非傳經。而便傳三陰經者，此又如何傳法？總之傳經皆誤説。或有寒邪不從陽經始，而直傷陰經者；此説得之。或有雖從太陽而始，不及鬱熱，即入少陰，而獨見少陰證者；太陽之「少陰」二字，「少」當爲「屯」，古「純」字。即本條所謂純陰，本條一作「純」，一作「屯」。「屯」誤爲「少陰」，後人遂以兩感藏府解之，不知傷寒不當言兩感。或有始自太陽，即入少陰，此則兩感矣。而太陽不能以無傷者；或有直傷即入，而寒便變熱，此又怪不解及陰經之下證。始寒而終熱者。其鬱熱傳陰，與變便變熱，則爲熱證；以胃實故。其直傷陰經，即從太陽即入少陰，則爲寒證。以胃寒故，且三經多雜證。其太陽不能無傷，則少陰脈證而兼見太陽標病。不知三陰表證。其始爲寒，而終變熱，又誤解《内經》寒積爲熱之説。則先寒證，而後見熱證。説瘧有此悟，而非證。此三陰之病所以或寒或熱也。三陽詳胃實而有濕，三陰詳胃虚而有下，乃互文見義，數言可了，凡此誤而又贅。苟即三陰經篇諸條，展轉玩繹以求之，理斯出矣。全不解三陰之義。夫其或傳經，或直傷，六經皆直中。或即入，或先寒後熱者，何也？邪氣暴卒，本無定情，而傳變不常故耳。故經曰：牛頭馬嘴，乃加「故曰」，唐宋以後，同此迷罔。「邪之中人也，無有常。或中於陽，或中於陰。」全不管上下文義，使果解得此數語，則不發此怪論矣。夫守貞者，絶類離倫之士也，豈好爲異説以駭人哉？蓋由其以温暑爲傷寒，而仲景之方每不與温暑對，故略乎温熱之劑，而例用寒凉，河間之喜用寒凉，以時地之故，非因誤讀《傷寒》。由其以傷寒一斷爲熱而無寒，何遂至此？故謂仲景四逆湯爲寒藥，誤下表熱裏和之證，及爲表熱裏寒自利之證而立。凡温藥皆屬雜證專方，因與傷寒相涉，故用之，非傷寒主方。又謂温裏止利，急解其表，此仲景明文。又謂寒病止爲雜病，此説絶佳。説詳《傷寒金匱合編》。嗟夫！仲景《傷寒論》①專爲中而即病之傷寒作，不兼爲不即病之温暑作。二句是王氏著書宗旨，最爲怪謬。故每有三陰之寒證，此屬胃寒。而温熱之劑之所以用也，本爲雜證，涉及傷寒。以病則寒，以時則寒，其用之也固宜。後人不知此意，是以愈求愈遠，愈説愈鑿。王氏以用温藥爲非，大誤。若知此意，則猶庖丁解牛，動中肯綮矣。自欺欺人。且如寒藥誤變爲壞證。仲景多無方，此《傷寒》之壞病，即《金匱》之雜證，惟汗、吐、下三法乃專爲傷寒正方。下而成裏寒者，固無不謂爲必無矣。不因寒藥誤下而自爲裏寒者，其可謂之必無乎？此雜證之寒，由其人虚。殊不知陰經之每見寒證者，本由寒邪，身寒招實。不由陽經直傷於此，陽經以傳言，無變寒之理。與夫雖由太陽而始，不及鬱熱，即入於此而致也。解爲直中，則省糾葛。雖或有因寒藥誤下而致者，蓋亦甚少。成雜證。仲景所用諸温熱之劑，何嘗每爲寒藥誤下而立？雜證各由氣稟。況表裏寒之證，亦何嘗每有急解其表之文也？經有明文。夫裏寒外熱之證，乃是寒邪入客於内，迫陽於外，或是虚陽之氣自作外熱之狀耳，非真熱邪所爲也。邪不必加以寒熱。觀仲景於裏寒外熱之證，但以温藥治裏寒而不治外熱，經不云救裏以四逆，救表以麻桂乎？則知其所以爲治之意矣。若果當急解其表，豈不於裏和之後

---

① 傷寒論：原作「傷寒證論」，據《傷寒溯洄集》卷一改。

明言之乎？經有明文，未之見耶？且三陰寒病既是雜病，劉河間説。何故亦載於《傷寒論》以惑後人乎？不惟三陰有雜病，「三陽」篇亦有。總之凡病名藥方見於《金匱》者，皆雜證。因其與傷寒相涉而及之，亦有不相涉而類及之者，如下文所言是也。其「厥陰病」篇諸條之上，又何故每以「傷寒」二字冠之乎？有冠，有不冠，當合六經考之。夫《内經》所叙三陰病，一於爲熱者，言其常也，丹波以《内經》熱病與傷寒不同治法，是也。仲景所叙三陰病，兼乎寒熱者，言其變也，陽明詳熱而略寒，三陰詳寒而略熱。並行而不相悖耳。後人謂傷寒本無寒證，此説自不誤，特文未詳耳。得非知常而不知變歟？然世之恪守局方，此又一事。好用温熱劑者，乃反能每全於寒證，無他，其守彼雖偏，治此則是。但能合證，不論其餘。學者能知三陰固有寒邪所爲之證，則仲景創法之本意，可以了然於心目之間，而不爲他説所奪矣。或曰：傷寒之病，必從陽經鬱熱而傳三陰，誤。今子謂直傷陰經，即入陰經而爲寒證，寒熱各異，非陰即寒。其何據乎？予曰：據夫仲景耳。仲景曰：「病發熱[不]原本當有「不」字。惡寒者，發於陽經病府。也；無熱惡寒者，發於陰也。此論内傷。發於陽者，七日愈；以行經盡。發於陰者，六日愈。」「愈」當作「死」，説詳《太陽篇解》及《柯氏平議》。夫謂之無熱惡寒，則知其非陽經之鬱熱矣。不循本義，隨文生訓，指鹿爲馬。謂之發於陰，則知其不從陽經傳至此矣。誤説，不知經文本義。謂之六日愈，「死」字誤作「愈」，遂就「愈」字立説，諸家同此誤。則知其不始太陽，而止自陰經發病之日，爲始數之矣。仲景又曰：「傷寒一二日，至四五日而厥者，厥即雜證，厥見《内經》，因寒致此。必發熱。」傷寒病厥五日，熱亦五日。設六日當復厥，不厥者，自愈。傷寒厥四日，熱反三日，復厥五日，其病爲進。

夫得傷寒，未爲熱，即爲厥者，豈亦由傳經入深之熱邪而致此乎？凡說傳經，皆誤。今世人多有始得病時便見諸寒證，以其素禀多寒故。而病無或熱者，亦有熱者，可以兩抵。此則直傷陰經，即入陰經者也。苟不能究夫仲景之心，但執凡傷於寒，則爲病熱之語此又誤解《内經》，詳說《太素》。以爲治，其不夭人夭年者，幾希矣。

張仲景傷寒立法考

此篇專爲麻、桂難用而作。仲景各方無一可通用者，何止二方。按：《準繩》太陽汗法共二十一方，陽明汗四方，太陰汗二方，少陰汗二方，厥陰汗三方。三陰皆有汗藥，共三十二方。少陽小柴胡加桂枝，亦汗法也。

夫傷於寒，有即病者焉，正病即發。有不即病者焉。晚發留病。即病者，發於所感之時；不即病者，過時而發於春夏也。傷寒如此，温熱可推。非獨冬寒乃有留病，郭白雲説詳矣。即病謂之傷寒，不即病謂之温與暑。此指留病之變，暑當作「熱」，暑乃長夏濕病。夫傷寒、温、暑，其類雖殊，此指四時正病，其狀各殊。其所受之原則不殊也。同爲外感，由經入府。由其原之不殊，故一以傷寒而爲稱。仲景以傷寒兼詳各病，《内經》以熱爲傷寒之類是也。由其類之殊，故施治不得以相混。汗、吐、下同，而方各異，不可混同。以所稱而混其治，拘泥古方之誤。宜乎貽禍後人，以歸咎於仲景之法，而委廢其大半也。宋以下以傷寒不可用，皆泥古者所激而成。後人乃不歸咎於已見之未全，而歸咎於立法之大賢，可謂溺井怨伯益，失火怨燧人矣。夫仲景法之祖也，後人金元以下。雖移易無窮，用仲景方改治他病。終莫能越其矩度，因病制方，其法同。由莫能越而觀之，則其法、其方果可委廢大半哉？按：《準繩》太陽汗二十一方，從桂枝加減合併者共十六方，則謂於桂枝加減乃仲景舊法，何得斥以爲不用、難用？因欲以麻、桂二方爲通治法，遂限仲景於冬時，逾時皆不可用。是陽尊之，而陰抑之，其委棄豈止大半而已哉，不知其用心所在。雖然立言垂訓之士猶不免失於此，四大家。彼碌碌者固無足誚矣。夫其法、其方委廢大半而不知返，日惟簡便是趨，如羌活湯遍治三陽。此民生之所以無藉，而仲景之心之所以不能別白矣。嗚呼，法也，方也。仲景專爲即病之傷寒設，此指治寒以辛熱諸方言。不兼爲不即病之溫暑設也。溫熱亦有本病，時節不同，方亦異。後人能知仲景之書本爲即病者設，如麻、桂。不爲不即病者設，溫熱取汗，不用辛溫。仲景於酒客尚忌桂枝，何況溫熱？原書以辛凉取汗之方多矣，況解肌湯有芩、黄、膏、青乎？〇仲景《傷寒》本與《金匱》合爲一書，《外臺》、《千金》皆可證。《金匱》中有外證，《傷寒》中亦多兼雜病。蓋由外感得者，爲四時病；不由外感得者，爲雜病，厥陰所列厥利嘔噦是也。能通《傷寒》，便可通治百病。今乃囿《傷寒》於一時，凡四時病皆謂其缺，即冬傷於寒之留病亦謂其無。大抵迷信四大家，欲遵其晚法，不得不推倒仲景耳。則尚恨其法散落，留病多變狀。所存不多，《肘後》、《千金》、《外臺》多所增補。而莫能禦。夫粗士妄治之萬變，此指壞證言。果可憚煩而或廢之乎？是知委廢大半，仲景於麻、桂加減，凡二十餘方，河間於二方加減，何得云廢棄？又何以云大半？真屬誣罔。而不覺其非者，由乎不能得其所以立法之意故也。今人雖以治傷寒法治溫暑，用《傷寒》中寒凉方以治溫熱。亦不過借用耳，非借用，惟王氏一人創此怪論。非仲景立法之本意也。王氏以本書方專治傷寒即病，死於句下。不知傷寒諸病悉具，不專爲傷寒也。猶六書假借，雖移易無窮，終非造字之初意。夫仲景立法，天下後世之權衡也，故可借焉，合乃能假，不合不能假，藥方與文字又不可同論。以爲他病用。安知非特爲他病方。雖然，豈特可藉以治温暑而已？《傷寒》書實兼包四時病法。凡雜病之治，《傷寒》與《金匱》本爲一書，實有雜病。莫不可借也。今之文字有借義即本義者，是在讀者之善悟耳。今人因傷寒治法可藉以治温暑，實則温熱方亦可治傷寒，惟變所適耳。遂謂其法通爲傷寒、温暑設，全書實如此，有明文可證。吁，此非識流而昧原者歟？苟不余信，請以證之。夫仲景之書，三陰經王氏不解三陰流別，亦死於句下。寒證居熱證什之七八，不能專就三陰概全書。須知三陽與三陰反，三陰專爲虚寒，則三陽不全爲温熱乎？彼不即病之温暑，但一於熱耳，府病胃實，詳「陽明」篇。何由而爲寒哉？府病虚寒，詳《太陰篇》。就三陰寒證而詳味之。然後知余言之不妄。但以寒熱分，則謂太陰爲寒，陽明爲温熱，又何以駁之？或者乃謂三陰寒證本是雜病，中實多雜病。爲王叔和增入其中，《雜病論》之《金匱》，亦叔和耶？又或謂其證之寒，蓋由寒藥誤治而致者，皆非也。以傷寒病必如三陰，此大誤。夫叔和之增入者，「辨脈」、「平脈」與「可汗」、「可下」等諸篇而已，其六經病篇必非叔和所能贊辭也。但厥陰經中下利嘔噦諸條，與《金匱》重出。卻是叔和因其有厥逆而附，三陰有雜病是也。「三陽」篇中雜病尤多，今以《金匱》爲據。「三陽」篇與《金匱》病名證治相同十數條三陰爲叔和附，又何以解於三陽？王氏好爲偏僻，全不顧全經，似止讀麻、桂二方與三陰篇者，真可詫怪。遂並無厥逆，而同類者亦附之耳。此三陰有雜病之鐵證。至若以藥誤治而成變證，則惟太陽爲多，縱使三陰證亦或有寒藥誤治而變寒者，然豈應如是之衆乎？胃實，胃寒分兩大派。「陽明」篇亦有雜證，不獨三陰。夫惟後人以仲景書通爲傷寒、温暑設，遂致諸温劑皆疑焉而不敢用。王氏説直以全書皆爲傷寒，而後敢用温劑，是本書全無温熱。必全書皆温熱劑，如三陰可也，而何以解於三陽之攻下乎？一偏之論，不思甚矣。韓祇和祇和難用之説，觀不可汗條下已詳矣，何嘗謂凡取汗，不問病狀，可通用二方耶？王説大誤，亦韓氏立方有以激之。雖覺桂枝湯之難用，不能據二方推之全書。但謂今昔之世不同，仲景於麻、桂各有禁忌，何嘗以爲可通用？然未悟仲景書本爲即病之傷寒設也。仲景之汗法不專用辛温，又何以解之？且其著《微旨》一書，又純以温暑病狀。作傷寒立論，審證立名。而即病之傷寒反不言及，此證甚輕，不詳亦無大害。此已是捨本徇末，全不能窺仲景藩籬。此駁未的。又以夏至前胸膈滿悶、嘔逆氣塞、腸鳴腹痛、身體拘急、手足逆冷等證，證一層。視爲温暑，四時病皆有此候，王氏《準繩》所謂與雜病同者也，祇和以爲温暑，必别有所據，非有此證，遂可以定病由。謂與仲景三陰寒證脈理同，此據脈言。而證不同，遂别立温中法以治。夫仲景所叙三陰寒證，則無以解於陽明下證。乃是冬時即病之傷寒，大誤。三陰多府證，亦有藏病，即病何遂至此？故有此證。太拘泥，如何可通。今欲以仲景所叙三陰寒證，求對於春夏温暑之病，不亦惛乎？據三陰概全書。豈王氏未遍讀全書，以仲景專用温劑耶？雖然祇和未悟仲景立法本旨，王氏乃全未解。而又適當温暑病作之際，其爲惑也固宜。因證用藥，並無可議。以余觀之，其胸膈滿悶、嘔逆、氣塞等證，此等證，各有病因。若非内傷冷物，内因。則不正暴寒所中，此分内外。或過服寒藥所變，或壞病。内外俱傷於寒之病也。此不分外内，似兩感矣。且祇和但曰寒而當温，然未嘗①求其所以爲寒之故。能求其故，竟以全爲冬病，真是癡人説夢。則知温暑本無寒證矣。仲景一書何嘗專用温藥？何嘗專治寒病？是知有麻、

---

① 未嘗：原作「未常」，據文意改。

桂，不知有連、膏。

考之仲景書，雖有陰毒之名，而其所叙之證，此段辨陰毒一門，仲景與後世名同實異，别爲一事，尚無大誤。不過面目青、身痛如被杖、咽喉痛而已，並不言陰寒極甚之證。據所言，病未嘗不甚。況其所治之方，亦不過升麻、甘草、當歸、鼈甲而已，並不用大温大熱之藥。是知仲景所謂陰毒者，非陰寒之病，乃是感天地惡毒異氣如瘟疫。入於陰經，故曰陰毒耳。以陰毒爲寒疫，非正寒病。後之論者，指《陰證略例》言。遂以爲陰寒極甚之證爲陰毒，乃引仲景所叙面目青、身痛如被杖、咽喉痛數語並而言之，卻用附子散、正陽散等藥以治。竊謂陰寒極甚之證，固亦可名爲陰毒，然終非仲景所以立名之本意。王氏重讀「毒」字。觀後人所叙陰毒與仲景所叙陰毒自是兩般，豈可混論？後人所叙陰毒，亦只是内傷冷物，或不正暴寒所中，或過服寒藥所變，或内外俱傷於寒而成耳，内外傷正寒病。非天地惡毒異氣所中者也。寒疫誤，此段駁陰證，治略。

朱奉議作《活人書》，累數萬言，於仲景《傷寒論》多有發明。其傷寒即入陰經《内經》邪中臂踹内廉，則中三陰。爲寒證者，諸家不識，而奉議識之。此本《内經》明文，唐以前皆如此，故朱氏猶守其説，至金元後全以傳經立説，不言直中矣。與王氏意同，故取之。但惜其亦不知仲景專爲即病者立法，此王氏病根。考此説别無取義，大抵好辨喜攻耳。故其書中每每以傷寒、温暑混雜議論，竟無所别。王氏以仲景書專爲冬病，無異時，無别證。況又視《傷寒論》爲全書，王氏以爲但治一寒病。遂將次傳陰經熱證傳經與直中並言，太誤。次傳遂爲熱，尤怪。與即入陰經寒證牽合爲一立説，仲景皆直中，無傳經。後人誤解經，妄造此説。且謂大抵傷寒陽明證宜下，王氏似未讀此書。少陰證宜温，而於所識即入陰經之見，又未免自相悖矣。胃實宜下，胃虚温，王氏乃專以一温方蔽全書。夫陽明證之宜下者，固爲邪熱入胃，其少陰證果是傷寒傳經熱邪，亦可温乎？《活人》本指大概言。若如此駁，則癡人前不得説夢，徒爲辨駁，毫無取義。況温病、暑病之少陰尤不可温也。《活人》謂全書中有温暑，豈謂條條皆温暑耶？讀書不用心，以至於此。自奉議此説行，而天下後世蒙害者不少矣。王氏説乃爲罪魁，崇金元而非仲景矣。迨成無已作《傷寒論注》，又作《明理論》，其表章名義，纖悉不遺，可謂善羽翼仲景者。然即入陰經之寒證，隋唐無書不詳直中，乃以此爲獨得之奇，亦淺陋矣。又不及朱奉議能識，況即病立法之本旨乎？全失本書之旨，不過王氏一人妄談而已。宜其莫能知也。王又何敢議聊攝。惟其莫知，故於三陰諸寒證止隨文解義而已，然則王氏專詳三陰，並不讀三陽矣。未嘗明其何由，不爲熱而爲寒也。此何待言？其實成注已言之真矣。至於劉守詳出，亦以温暑作傷寒是。立論，而遺即病之傷寒，即病傷寒，今人所謂感冒，世補齋所立《不謝方》指此病而言，仲景著全書乃專謂此等病。則其書豈不較《醫方捷徑》、《筆花醫鏡》尤淺陋哉？此等無稽之談，洋洋道之，後人乃以大家稱之。《準繩》全録此篇之文，亦可謂不辨黑白矣。此爲王氏病根。其所處辛凉解散之劑，方從仲景脱化，王乃以爲非，尤怪。固爲昧者，有中風傷寒錯治之失而立，不爲壞證。以王氏言傷寒，絶不用辛凉。蓋亦不無桂枝、麻黄難用之惑也。二方傷寒。本文屢申禁忌難用二字，河間是也。既惑於此，則無由悟仲景立桂枝、麻黄湯之有所主，用桂枝、麻黄湯之有其時矣。仲景汗法有温熱，用附子、細辛；有寒凉，用石膏、芩、連者，共二三十方。今以二方專冬一時，用其餘數十方概行取銷耶？故其《原病式》有曰：夏熱用麻黄、桂枝之類熱藥發表，須加寒藥，仲景於桂、麻加熱、加凉，各有數十法。又云：酒家、衄家皆不可用。河間此言，何有可駁？不然，則熱甚發黄，或斑出矣。此説出於龐安常，而朱奉議亦從而和之。殊不知仲景立桂枝湯、麻黄湯，本不欲用於夏熱之時也。限二方於冬時，猶可言。以方熱熱，以推之全書，真屬狂怪。苟悟夫桂枝、麻黄湯本非治温暑之方，則羣疑冰泮矣。以冬時定用温方，尤屬囈語，病因人而異，方亦相證而行。據王氏説，是冬時三月不問病由，概用温方，夏時概用寒藥，記得十餘方，便可稱神醫。此等無知狂談，不審後人乃信用之。何也？夫寒之初客於表也，閉腠理，鬱陽氣而爲熱，何以不言無汗？故非辛温之藥，不能開腠理以泄其熱，此麻黄湯所由立也。寒傷營，專屬冬時可也。至於風邪傷表，春傷於風，乃春時病，與冬寒分門别户，亦以爲冬，大誤。雖反疏腠理而不能閉，自汗。春氣疏洩，冬寒束逼，所以二病相反。然邪既客表，則表之正氣受傷而不能流通，故亦發熱也，經云：衛氣不和故。必以辛甘温之藥酒家、衄家各有禁忌，非通用方。發其邪，則邪去而腠理自密矣，此桂枝湯所由立也。經之桂枝本爲解肌，又調和營氣，營氣和則愈。其所以不加寒藥者，仲景立方本爲中人設。實者加凉，虚者補温，並無一定。作者全不識此義，謂之讀死書可也。蓋由風寒在表，又當天令寒冷之時，而無所避故也。桂枝加減，本經最詳。後人不知仲景立法之意，故有惑於麻黄、桂枝之熱，有犯於春夏之司氣而不敢用，於是有須加寒藥之論。夫欲加寒藥於麻黄、桂枝湯之中，此乃不悟其所以然，故如此耳。

若仲景爲温暑立方，必不如此。變麻、桂爲膏、連、知、芩。必别有法，但惜其遺佚不傳，按：郭白雲有《傷寒補亡》。若如此説，則傷寒外當補春、夏、長夏及秋四大部書。書多難證奈何？一笑。〇欲推崇金元，故以仲景僅能醫一冬病，又病之最輕者，然後四大家乃能出頭。然四大家初不敢爲是説。使後人有多歧之患。若知仲景《傷寒論》專爲即病傷寒作，則知麻黄、桂枝所以宜用之故。誤中又誤。冬時一方，何可通行？又據冬立説，但麻黄一方可也，桂枝不宜牽入。除傳經熱證之外，其直傷陰經，與太陽不鬱熱即傳陰經，諸寒證皆有所歸著，而不復疑爲寒藥誤下而生矣。王氏何敢議河間！

若乃春夏有惡風惡寒，純類傷寒之證①，蓋②春夏暴中風寒之新病，非冬時受傷，過時而發者，有新病、有留病，《内經》有明文，不能偏廢。經云「冬傷於寒，春傷於風」云云者，不過舉其多者言。春、夏、秋三時皆有寒，寒不過爲冬氣，非冬以外無寒。此自舊説。不然，則或是温暑將發，而復感於風寒，既主冬時，證不當中風，方不當桂枝。或因感風寒而動乎久鬱之熱，遂發爲温暑也。春夏本有傷寒，今乃又以爲温暑，真乃牽混。仲景曰：太陽病《準繩》以經言六經病名例爲經病，兼雜病言之。《金匱》亦有六經病明文，《内經》尤多是也。發熱而渴，不惡寒者，傷寒惡寒，何又惡風？不惡寒者，專惡風也，乃爲外傷。名爲温病。《序例》：春曰温和，又曰春温。《内經》：春傷於風。即仲景中風。故温曰風温，此温病乃中風。觀此則知，温病不當惡寒，專惡風。而當渴。「渴」當爲「汗」字之誤。其惡寒此則傷寒。而不渴者，渴爲病變，不入提綱。非温病矣。仲景雖不言暑病，濕家即暑。然暑病與温病同，四時同類。但復過一時，而加重於温病耳。復過一時，又用留病之説。《内經》云：熱重於温熱，乃夏正病。長夏爲暑，故暑多用温方，與熱病反。其不惡寒，熱病則惡熱，一定之例。而渴則無異也。渴不渴無一定，看其微甚耳。春夏雖有惡風、惡寒表證，其桂枝、麻黄二湯終難輕用，此又用此語。勿泥於發表不遠熱之語也。熱病以辛凉發汗，《千金》、《外臺》詳矣。於是用辛凉解散，庶爲得

---

① 此句「純」原作「紀」，又脱「之」字，據《醫經溯洄集》改、補。

② 蓋：原作「治」，據《醫經溯洄集》改。

宜。仲景無此等方耶？苟不慎而輕用之，誠不能免夫狂躁、斑黄、衄血之變，而亦無功也。雖或者行桂枝、麻黄於春夏而效，藥與證對則效，何能拘時？王氏全不知醫道。乃是因其辛甘發散之力，偶中於萬一，斷不可視爲常道而守之。冬則可不問病狀，而常守之耶？大誤。今人以敗毒散、參蘇飲、通解散、百解散之類，不問四時中風傷寒，一例施之，此等魔語，豈不較蘇氏聖散子爲酷耶？千回百折，乃出大魔鬼。此王氏全篇主意，直欲廢仲景而宗此旨耳。雖非至正之道，較之不慎而輕用麻黄、桂枝於春夏以致變者，則反庶幾。醫道敗壞實由此，不審病而守方之習所致。然敗毒散等若用於春夏，亦止可治暴中風寒之證而已。其理不足，又回護遷就。其冬時受傷，過時而發之温病、暑病，此説出仲景引經言。則不宜用也。其文迂曲糾葛，由於失解。仲景既不論此病，論傷寒不必引之可也。用則非徒無益，亦反害之矣。縱或有效，亦是偶然。彼冬時傷寒用辛凉發表，而或效者，亦偶然也。内熱人宜之。凡用藥治病，其既效之後，須要明其「當然」與「偶然」，則精微之地，安有不至者乎？惟其視「偶然」爲「當然」，所以循非踵弊，莫之能悟，而病者不幸矣。空爲此等空語，其實全無道理。若夫仲景於三陰經每用温藥，正由病之所必須此句通。與用之有其時耳。此句大不通，豈可以時定方？餘有别論，兹不再具。若概以三陰寒證視爲雜病而外之，得無負於仲景濟人利物之至仁，而誤後世乎？自近代先覺當指劉、朱。不識傷寒、温暑異治之端緒，遠代先覺又何如？自創不通乖僻之論，宜先覺不知。但一以寒凉爲主，不知此亦原出仲景。而諸温熱之劑，悉在所略。然則王氏專用温，乃由麻、桂二方。致使後之學者視仲景書，欲仗焉而不敢以終決，仲景亦不自謂其方可通行。欲棄焉則猶以爲立法之祖而莫能外，世上無此癡人，亦無此事實。總之王氏病根在求通套，不分人體，不論病狀，但分時定方，以求簡易，大失醫旨。甚則視爲文具，又甚則束之高閣。王氏較此二派尤甚。而謂其法宜於昔，不宜於今，由治亂動静之殊，仲景立方依中立制，本聽人加減，有熱不用是也。治静屬水，亂動屬火，故其温熱之藥，不可用於今屬火之時也。因時因地，原自不同。噫，斯言也，其果然耶？否耶？但能明乎仲景本爲即病者設法，則桂枝、麻黄自有所用，其用亦微矣。諸温之劑皆不可略矣。略帶一筆，即將全書温熱諸方掃過耶？若謂仲景法不獨爲即病者設，則凡時行及寒疫、温瘧、風温等病，亦通以傷寒六經病諸方治之乎？不獨有四時病，更詳《雜病》。《傷寒例》曰：冬温之毒，與傷寒大異，爲治不同。細分之則不同，何可通治？又曰：寒疫與温及暑病相似，但治有殊耳。此説原不誤。是則温暑及時行寒疫、温瘧、風温等，《傷寒》、《金匱》所包。仲景必别有治法，今不見者，亡之也。所以留待王氏補之耶？觀其所謂爲治不同，所謂温瘧、風温、温毒、温疫脈之變證方治如説，豈非亡其法乎？不亡。決不可以傷寒六經病諸方通治也。「通治」二字，絶不通。今補温、濕、暍、瘟、瘧。《素問》謂人傷於寒，則爲病熱者，言常而不言變也。王氏未嘗不知寒有熱證，乃又以寒爲變，真屬顛倒。仲景謂或熱或寒，而不一者，備常與變而弗遺也。因人因證而異，何可分常變？仲景蓋言古人之所未言，大有功於古人者，雖欲偏廢，可乎？立説不通，又欲回護，迂曲牽纏，愈説愈不通。叔和搜采仲景舊論之散落者以成書，此又誤讀《甲乙經》序。功莫大矣。實則《脈經》耳。但惜其既以自己之説混於仲景所言之中，不知所指。又以雜脈、雜病紛紜並載於卷首，成本乃如此，《千金》、《外臺》皆不然，乃以咎叔和。故使玉石不分，主客相亂。開《條辨》之派。若先備仲景之言，而次附己説，明書其名，則不致惑於後人而累仲景矣。叔和實如此，後人刊本之誤，乃不然耳。昔漢儒收拾殘編斷簡於秦火之餘，加以傳注，後之議者，謂其功過相等，叔和其亦未免於後人之議歟？余欲編類其書，以傷寒例居前，略仿《外臺》。而六經病次之，專言汗、吐、下三法者。相類病又次之，此屬雜病。差後病又次之，診察、治法、治禁、治誤、病解、未解等又次之。其雜脈、雜病與傷寒有所關者采以附焉，其與傷寒無相關者皆删去。如此庶幾法度純一，而玉石有分，主客不亂矣。然有志未暇，姑叙此，以俟他日。

柯氏《傷寒翼》

全論大法第一

按仲景自序言：「作《傷寒雜病論》，合十六卷。」則《傷寒》、《雜病》未嘗分兩書也。《外臺》引十八卷，前二卷爲《千金》本，後八卷爲《翼》本，合《金匱》爲一書，同稱《傷寒》。柯説極是，惟未考《外臺》，不信《金匱》。以今成本爲《傷寒》全書，雜病即在其内，則誤。凡書中不冠「傷寒」者，即與「雜病」同義，此用《凖繩》説。如太陽之「頭項强痛」，陽明之「胃實」，少陽之「口苦咽乾目眩」，太陰之「腹滿吐利」，少陰之「欲寐」，厥陰之「消渴氣上撞心」等證，《内經》病表中凡六經之病無論内外同有此證。是「六經之爲病」，不是「六經之傷寒」，乃是六經分司諸病之提綱，非專爲傷寒一證立法也。《内經》病表以五藏分病者若干條，六府分病者若干條，十二經分病者若干條，六經分病者若干條，傷寒不過其中之一條。故《凖繩》以本論凡稱六經病者，雜證傷寒同。此説最佳。然惟柯氏能專就此義著爲專書，所以不可及。觀五經提綱皆指内證，此互文見義之法，故與《熱病論》專言表證者不同。惟太陽提綱爲寒邪傷表立；太陽獨詳汗法耳，其實五經之表證皆同。五經提綱皆指熱證，此誤説，日本丹波元堅主之。惟太陰提綱爲寒邪傷裏立。以陽明、太陰分寒熱，亦誤。然太陽中暑發熱而亦惡寒，此不能指爲陰寒之寒。太陰傷熱亦腹痛而吐利，六經同有虚、實、過、不及，如何可執一？俱不離太陽主外，太陰亦有汗法，用桂枝湯。主内之定法，此又誤。六經同有表裏證，太陽詳於表，五經詳於裏，但有詳略，並無内外。而六經分證皆兼傷寒、雜病也，明矣。此説是。因太陽主表，其提綱爲外感立法，故叔和將仲景之合論全屬傷寒，此説誤。不知仲景已自明其書不獨爲傷寒設，别有《金匱》。所以「太陽」篇中先將諸病綫索逐件提清，比他經更詳也。太陽一經已兼六經之法，善讀者專詳太陽，下五篇皆在所包。其曰：「太陽病或已發熱或未發熱，必惡寒、體痛、嘔逆，脈陰陽俱緊者，名曰傷寒。」是傷寒另有提綱矣，此不特爲太陽傷寒之提綱，即六經傷寒總綱亦不外是。故詳考太陽，以下可迎刃而解。觀仲景獨於「太陽」篇别其名曰傷寒，曰中風，曰中暑，曰温病，曰濕痺。而他經不復分者，則三隅之舉可以尋其一貫之理也。其他結胸、藏結、陽結、陰結、瘀熱、發黄、熱入血室、讝語如狂等證，皆爲雜證病名，多見《金匱》。其人本有病，因外感而發，或爲醫誤壞證，或爲病後遺證，共爲三事。或因傷寒，或非傷寒，此指並附之純雜證言。紛紜雜沓之中，正可以思傷寒、雜病合論之旨矣。蓋傷寒之外皆雜病，以《金匱》爲證。病名多端不可以數計，故立六經而分司之。在經分經，入裏則不分。傷寒之中最多雜病，内外夾雜，虚實互呈，故將傷寒、雜病而合參之，正以合中見涇渭之清濁，此扼要法也。叔和不知此旨，謂痙、濕、暍三種宜應别論。三病《千金》皆冠以「傷寒」字，《翼》亦併於太陽桂枝法下。則中風、温病何得與之合論耶？此又誤傷寒專治寒矣。以三證爲傷寒所致，與傷寒相似，故此見之。則中風非傷寒所致，温病與傷寒不相似者，何不爲之另列耶？霍亂是肝邪爲患，陰陽易，瘥後勞復，皆傷筋動血所致，咸當屬於厥陰，誤。何得另立篇目？别立是。叔和分太陽三證於前，分厥陰諸證於後門。後人分開類證之端，豈知仲景約法能合百病，兼該於六經，而不能逃六經之外？只在六經上求根本，不在諸病名目上尋枝葉，乃叔和以私意紊亂仲景之原集，於勞復後重集「可發汗」、「不可發汗」諸篇。如弱反在關，濡反在巔，微反在上，而氣不下，不知如何名反。豈濡、弱、微、澀等脈有定位乎？此《脈法贊》羼補，非原文。此類姑不悉辨。其云大法：「春夏宜發汗，冬宜吐，秋宜下。」設未值其時，當汗不汗，當下不下，必待其時耶？言大法，不過有此一説，不可死於句下。而且利水、清火、補、温、和解等法概不言及。此皆雜證治法。所以今人稱仲景有汗、吐、下三法，寔由於此。《千金》汗、吐、下三例爲《傷寒》原文首卷。夫四時者，衆人所同，受病者因人而異，汗、吐、下者，因病而施也。立法所以治病，非以治時。自有此大法之謬，後人因有隨時用藥之迂論：隨時用藥，不可拘泥，亦不能盡廢其説。麻黄、桂枝湯者，謂宜於冬月嚴寒，而三時禁用；論白虎湯者，謂宜於夏，而大禁秋、冬後與立夏之前。後人拘泥，但得其意，不必拘其法。夫必先歲氣，毋伐天和、寒、熱、温、凉之逆，用爲平人飲食調理之常耳。此養生調氣別一法。仲景因證立方，豈隨時定劑哉？實則寒、風、熱、濕、暍即因時立名，不能拘一時節，然其立名之本義則出四時也。當知仲景治法悉本《内經》。按岐伯曰：「調治之方，必別陰陽。陽病治陰，陰病治陽。定其中外，各守其鄉。如此之類，多屬政治學，非治病專篇。外者外治，内者内治。從外之内者，治其外；從内之外者，調其内；從内之外，而盛於外者，先調其内，後治其外；從外之内，而盛於内者，先治其外，後調其内；中外不相及，則治主病。微者調之，其次平之，盛者奪之，寒、熱、温、凉序之。以屬隨其攸利。此大法也。」以政治爲主，其法可通於治病。論傷寒者宜專引《類經·疾病門》注之爲是。仲景祖述靡遺，憲章昭著。本論所稱發熱惡惡上當有「不」字。寒，發於陽，無熱惡寒，發於陰者，是陰陽之別也。此爲一節，陰陽以寒熱言，與下文別一事。陽病製白虎、承氣以存陰；陰病製附子、茱萸以扶陽；外者用麻、桂以治表；内者用硝、黄以治裏。其於表虛裏寔，表熱裏寒，發表和表，攻裏救裏，病有深淺，治有次第，方有輕重，是定其中外各守其鄉也。太陽當讀作「陰」。陽明併病，小發汗；太陽、陽明合病，背腹亦稱陰陽。用麻黄湯，是從外之内者，治其外也。陽明病發熱汗出，不惡寒，反惡熱，用梔豉湯，是從内之外者，此句有語病。調其内也。發汗不解，蒸蒸發熱者，從内之外而盛於外，調胃承氣，先調其内也。表未解，而心下痞者，從外之内，而盛於内，當先解表，乃可攻痞，是先治其外，後調其内也。中外不相及，是病在半表半裏，此句好。指病，不指經，舊説多誤。大小柴治主病也。半表半裏不用汗、下，然小柴胡近於汗，大柴胡近於下。俗以和解稱二方，本論無此説。此即所謂「微者調之，其次平之」，用白虎、梔豉、小承氣之類。盛者奪之，則用大承氣、陷胸、抵當之類矣。所云「觀其脈證，知犯何逆，以法治之」，全指雜病言。則「寒、熱、温、凉序之，以屬隨其攸利」之謂也。若拘四時以拘法，不可拘經，不過言其常。限三法以治病，三法爲正對，雜病方藥是補救法。遇病之變遷，則束手待斃矣。以知常變，辨正奇，爲入手第一要義。且汗、下、吐之法亦出於岐伯，而利水、清火、調補等法悉具焉。此皆雜證法。其曰：「有邪者清形以爲汗，在皮者汗而發之，實者散而瀉之。」此汗家三法。不如《翼》三法之分。中滿者瀉之於内，入裏有吐、泄二法。血實者已是雜證，非傷寒。宜決之，是下之二法。高者因而越之，謂吐下者引而竭之，利非傷寒正方。謂利小便；所引治法，經文多屬内因，與雜病法每不合於傷寒。慓悍者，按而收之，是清火法。氣虚宜製引之，是調補法也。清、補皆屬雜病。夫邪在皮毛，猶未傷形，當作「入裏」。故仲景製麻黄湯急汗以發表邪；入肌肉，是已傷其形，故用桂枝湯歠稀熱粥以解肌。大誤。是清形以爲汗。若邪正交争，内外皆實，寒熱互呈，故製大青龍，於桂、麻中加石膏以瀉火。麻、桂分治，故《千金翼》太陽首桂次麻，又次青龍與第四之柴胡，皆半表半裏，今混合三方以爲深淺，即陸九芝三級之所本。此説誤人最深，所宜急正之。是散而瀉之也。序中方駁三方鼎立，乃承其誤，何也？吐劑有梔豉、瓜蒂分胸中虚實之相殊；下劑有大小承氣、調胃、抵當，雜證。分氣血深淺之不同；利水有豬苓、真武寒熱之懸絶；清火有石膏、芩、連輩輕重之不等。陽氣虚，加人參於附子、吴茱萸中以引陽；陰氣虚，加人參於白虎、瀉心中以引陰。以上皆雜證方。諸法並然，質之岐伯，纖毫不爽，前聖後聖，其揆一也。愚更有議焉，仲景言平脈、辨證爲《傷寒雜病論》，是脈與症亦未嘗兩分也。非後來之「辨脈」、「平脈」二篇。夫因病而平脈，則平脈即在辨證中。病有陰陽，脈合陰陽。發熱不惡寒發於陽，無熱惡寒發於陰，是病之陰陽也，當列全論之首。《外臺方》從二卷起，一卷不見引用，當爲總論。首引經言、華佗云、仲景同，當爲首卷之文。《千金》有引仲景二論，與《内經·熱病論》文同入首卷，又比《千金》三要、三例，補足爲二卷。大、浮、動、滑、數名陽；沈、濇、弱、弦、微名陰，是脈之陰陽也。誤，詳「脈評」。此條當爲之繼。叔和既云「搜采仲景舊論」，録其「證候」、「診脈」。是知叔和另立脈法，從此搜采耳。即《脈經》，柯能悟及此。試觀「太陽」篇云：「脈浮者，病在表」，「脈浮緊皮。者，法當身疼痛」，「脈浮數者，法當汗出愈」諸條脈法不入「辨脈」、「平脈」篇，此是僞篇。是叔和搜采未盡，猶遺仲景舊格也。此又誤説。由此推之，知寸口脈浮爲在表，及寸口脈浮而緊，皮。脈浮而數諸條皆從此等采出。《脈經》搜采《傷寒》、《金匱》，校今本多數十條，以今《傷寒》、《金匱》皆有脱佚故。脈有陰結、陽結條，未始不在陽明中風、中寒之間；脈多不分經，此誤。洒淅惡寒而發熱者，未始不在少陽寒熱往來之部；不必如此拘泥。脈陰陽以腹背言。俱緊皮。者，未必非少陰之文。少陰之誤解，諸家皆同。陰陽相搏條，未必不在傷寒脈結代之際。古無此體，宋以後《脈訣》乃專以脈别編爲書，若《脈經》與《千金》十卷中論脈與後《脈訣》大異。或有上下之分，諒無平、辨之則矣。「平脈」、「辨脈」亦如《千金》之「平脈」、《翼》之「脈色」，祖述《難經》，雜綴成書，有何體辨可言？曰平、曰辨，皆叔和搜采之説，仲景所云各承家技者是也。世徒知序、例爲叔和之文，而不知仲景之書皆係叔和改换。承方、喻之誤。獨爲《傷寒》立論，十六卷中不知遺棄幾何！十六卷包《金匱》言，與王安道同誤。而六經之文夾雜者亦不少，此又誤説。豈猶然仲景舊集哉？如疑余見之謬，請看序例所引《内經》，莫不增句易字。古本常例，不足論。彼尚敢改岐伯之經，况乎仲景之論耶？欲識真仲景者，逐條察其筆法，知《考工記》自不合於《周官》，此卻不然。褚先生大不侔於太史矣。世皆以《金匱要略》爲仲景《雜病論》。此書如何可駁？則有若之似聖人，考《金匱》雜病八卷、《外臺》古本同稱《傷寒》，於柯説並無妨礙，且互相發明，非謂《傷寒》中有雜證，遂不許《金匱》爲雜證專書。惟曾子爲不可强乎？柯氏鄙棄《金匱》，是未讀《脈經》、《病源》、《千金》、《外臺》之過，此爲大誤。

六經正義第二《千金》詳三法，《翼》雖以六經分篇，仍以三例爲主，平分六經，最爲迷陣。大抵宋以下皆由六經附會，非古法。

按仲景自序云，雖未能盡愈諸病，其留心諸病可知。因不信《金匱》，故爲此游移之説，使信《金匱》，直切言之。故於諸病之表裏陰陽分爲六經，《内經》本以經統諸證。令各得所司，清理脈證之異同，寒熱之虛實，使治病者只在六經中下手，經病祇爲證之一種，《内經》言藏府病者多矣。行汗、吐、下傷寒三治。和解、温補等法，雜病治法。而無失也。夫一身之病俱受六經範圍者，六經即十二經，藏府病又在其外。猶《周禮》分六官而百職舉，此卻不倫類。司天分六氣六氣即十二次。而萬物成耳。傷寒不過是六經中一證，本論亦自分經、府，然入裏則不分經。叔和不知仲景之六經是經略之經，此又誤説，以華氏六層言之可也。而非經絡之經，妄引《内經·熱病論》作序例，此爲仲景所祖，何得以爲妄引？以冠仲景之書，而混其六經之政治，六經之理因不明，而仲景平脈、辨證能盡愈諸病之權衡廢矣。以上皆誤説。夫熱病之六經專主經脈爲病，但有表裏之實熱，並無表裏之虛寒。本論所言虛實，皆屬雜病。雖因於傷寒，而已變成熱病。此證專屬留變。故竟稱熱病，而不稱傷寒，《内經》之一種，非通例。即温病春病。之互名。故無惡寒證，但有可汗、可泄之法，外感三法。並無可温、可補之例也。雜證乃有之。觀温病名篇亦稱《評熱病論》，《評熱》乃詳藏熱之獨病。其義可知矣。分解未清。夫叔和不於病根上講求，但於病名上分解。故序例所引《内經》既背仲景之旨，亦舛岐伯之意也。誤説。夫仲景之六經，是分六區地面，所該者廣，囿於六經迷陣，附會穿鑿，宋後通病。雖以脈爲經絡，上乃以爲經絡，是自相矛盾。而不專在經絡上立説。入裏則不分經。凡風寒濕熱、外因。内傷内因。外感，統上四門言。自表及裏，華氏六層。有寒有熱，或虛或實，雜證。無乎不包，故以傷寒、雜病合爲一書，《外臺》、《金匱》。而總名爲《傷寒雜病論》。所以六經提綱，各立一局，不爲經絡所拘，弗爲傷寒畫定也。《千金》不然，《翼》乃以經分篇。然仲景既云撰用《素問》，當於《素問》之六經廣求之。言六經即十二經，故《太素》解六經，皆兼手足言之。俗説傷寒傳足不傳手者誤。按《皮部論》云：皮有分部，脈有經紀，其生病各異。别其分部，左右上下陰陽所在，諸經始終，此仲景創六經部位之原。因而非創。又曰：

陽主外，汗之三陽。陰主内，吐、下之三陰。故仲景以三陽主外，汗解。三陰主内。吐泄。又曰：在陽者主入，在陰者主出，以滲於内。故仲景又以陽明主内，少陰亦有反發熱者。病在經三陰同以汗解，故有五汗方。故仲景又於表劑中用附子，是固其滲也。又曰：少陰之陰名曰樞儒，此《陰陽别論》，其説不明晰，可闕疑。讀《内經》不熟，專好引此不解之條。其入於經也，從陽部注於經。其出者，從陰部注於骨。二句又誤。故仲景製麻黄附子湯治發熱、脈沉，無裏證者，無裏證何以用附子？是從陽部注經之義也；製附子湯治身體骨節痛，手足寒，背惡寒，脈沉者，是從陰内注於骨之義也。以上皆誤説。又《陰陽離合論》：「太陽爲開。」故仲景以之主表，誤引經文，全屬附會。而以「脈浮，惡寒，頭項强痛」爲提綱，此一日病，爲太陽綱。立言與《熱論》頗同，諸證皆同。而立意自别陽明爲闔。故以之主裏而以胃實言府而略經病。爲提綱，太陽詳汗，陽明詳下，著書之體則行腹部位不必引此疑似之文。

然，卻不必附會經義。雖有目痛鼻乾此指表證。等證，而所主不在是。以府證主之，亦不知表裏之分。少陽爲樞，少陰亦爲樞，故皆主半裏半表證。以少陽爲半表半裏，是承諸家之誤。以少陰亦然，更爲荒謬之杜撰。少陽爲陽樞，歸重在半表。誤。故以「口苦、目眩」爲提綱，而不及於胸脇痛鞕。所稱「提綱」，互文起義，又與《内經》不盡同，何以穿鑿至此？少陰爲陰樞，其「欲寐」、「不寐」、「欲吐」、「不吐」亦半表半裏證。此尤大誤。雖有舌乾、口燥等證，而不入提綱，歸重在半裏也。每經各有六層病，互文起義，讀之則得矣。豈唯陽明主裏，三陰皆主裏，詳裏而略表，又多雜證。而陰陽異位。何必以位言之？故所主各不同，陽明主裏證之陽，陽道實，故以胃實屬陽明；太陰主裏證之陰，陰道虚，故以自利屬大陰。

本論中「胃實」一作「胃寒」。胃中虚冷者數見，以藏府分虚實，承前人之誤。太陰爲開，又陰中至陰，故主裏寒自利；此乃雜證之附入者。厥陰爲闔，凡言傷寒，雖舉《内經》明切之條，以論病諸篇爲主，若運氣、政治類皆不當引用。又爲陰中之陽，故主裏熱而氣逆；亦不看唐以前書，故望文生訓。少陰爲陰中之樞，故所主或寒或熱之不同，或表或裏之無定，無一經不如此，乃出杜撰。與少陽相似也。請以地理喻，六經猶列國也。近於小説矣，最是迷罔初學。腰以上爲三陽地面，不當用上下例此，又誤入迷網。三陽主外而本乎裏。心者，言六經，與心何干？大誤。三陽夾界之地面也。自巔頂前至額顱，後至肩背，下至手足，内合膀胱，是太陽地面，不如以太陽經所循一句説之。此經統領榮衛，主一身之表證，不能包攬其他之五經。猶近邊禦敵之國也。華氏三陽爲表，何等明切。内自心胸，至胃及腸，外自額顱，由面至腹，下及於足，是陽明地面。陽明行身之前，一語足矣。由心至咽出口頰，上耳目，斜至巔，外自脇，内屬膽，是少陽地面。比太陽差近陽明，猶京畿矣。以少陽爲京畿？怪誕。腰以下爲三陰地面，直中手三陰在手内廉。三陰主裏不及外。不知華氏法。腹者，三陰夾界之地也。前明云陽明行腹，此可以爲陰。自腹由脾，及少腹、魄門，爲太陰地面；自腹至兩腎及膀胱、溺道爲少陰地面；經文本自明白，此則治絲而棼。自腹由肝上膈至心，從脇肋下及小腹、宗筋，爲厥陰地面。此經通行三焦，足經皆通三焦。主一身之裏證，猶近京夾輔之國也。以厥陰配少陽爲京畿，全不知厥字之義。太陰、陽明同居異治，猶周、召分陝之義。我則以二腰爲包絡，以配二公。四維部位有内外出入，上下牽引之不同，皆同。猶先王分土域民，犬牙相制之理，若經絡之經是六經道路，非六經地面矣。以地面易道路，誤襲《難經》上下説，以致成此大錯。六經之有正邪、客邪，合病、併病，屬脾、屬胃者，猶寇賊充斥，或在本境，或及鄰國，或入京師也。是又混入傳經誤説矣。太陽地面最大，誤。内鄰少陰，外鄰陽明，故病有相關。如小便不利本膀胱病，少陰病而亦小便不利者，是邪及太陽之界也；如此是大亂之道。腰痛本腎病，俗以兩腰爲腎乃誤説，腎據經當爲衝、任兩腰，用馬氏説爲包絡。太陽病而亦腰痛者，是邪及少陰之界也。據《内經》腰痛亦分十二脈，不僅腎與膀胱。六七日不大便及頭痛身熱者，是陽明熱邪侵及陽明之界也。語欠分明。頭强痛兼鼻鳴乾嘔者，是太陽二字可删。風邪侵及陽明之界也。心胸《傷寒》之「心」字有指胃脘言者，讀與胸同，不可分爲二。是陽明地面，而爲太陽之通衢。誤如此，又何分？因太陽主榮衛，無此説。心胸是營衛之本，更誤。榮衛還周不休，猶邊邑之吏民士卒會於京畿，往來不絶也。西人動脈管、静脈管即經絡之分。經爲血管動脈，絡爲氣管静脈。如喘而胸滿者，是太陽外邪入陽明地入裏。

面而騷擾，故稱爲太陽陽明合病。若頭不痛，項不强，胸中痞硬，氣衝咽喉不得息者，此邪不自太陽來，乃陽明實邪結於胸中，猶亂民聚於本境而爲患也。心此指腦言。爲六經之主，所謂心主。故六經皆有心煩證。本論之心煩、心下痛滿，祗能作胸解，與真心無干。如不頭項强痛，表證。則煩不屬太陽；煩爲裏證。太陽不來往寒熱，表。則煩不屬少陽，裏。不見三陰證，則煩不屬三陰矣。入裏不分經，此爲贅疣。故心憒憒，心怵惕，心懊憹，皆指胸言。一切虛煩皆屬陽明。以心居陽明之地面也。此句大誤。陽明猶京師，《内經》有此説，乃政法學説。故心腹皆居其地。邪在心爲虛煩，以心爲真心，承俗解之謬。在腹爲實熱，以心爲陽而屬無形，腹爲陰而屬有形也。無形有形之分，尤爲杜撰，迷誤後人。夫人身之病動關心腹，陽邪聚於心，陰邪聚於腹。竟以心與腹對，更爲離奇。肝爲陰中之陽，故能使陰邪之氣撞於心。作上焦解方得。陽明主在裏之陽，故能使陽邪入聚於腹耳。一切皆杜撰。更請喻以兵法之要，在明地形，必先明六經之路，纔知賊寇所從來。六經經病可以如此解？知某方是某府來，此則與華氏法大相反對。某方是某郡去，來路是邊關，三陽是也，去路是内境，三陰是也。六經來路各不同：皆同。太陽是大路，少陰是僻路，不分大、僻。陽明是直路，太陰近路也，陰陽直中，各有其部。少陰後路也，厥陰斜路也。六路之分皆杜撰。柯氏亦讀《邪客》，言直中，不審何忽如此顛倒！客邪不分主客。多從三陽來，正邪多從三陰起，《靈樞》以爲中於臂胻内廉是。猶外寇自邊關至，亂民自内地生也。大端一誤，以下愈衍愈差。《易》曰：「失以豪釐，差之千里。」惜柯氏《内經》之學甚淺，故敢於杜撰。明六經地形，始得握百病之樞機；二句是。詳六經來路，乃得操治病之規直中其來同，不分六路。則。如以症論：傷寒，大寇也，病從外來；中風，流寇也，病因旁及；外、旁之分杜撰。雜病，亂民也，病由中起。此句是治傷寒，止汗、吐、下三正法，餘皆雜證，乃詳藏病耳。既認爲何等之賊，又知爲何地所起，發於其境，便禦之本境。以部分説六經，最足提醒初學。如柯氏言，則又魔障叢生，功不敵過，惜哉！。移禍鄰郡，即兩路來攻，如邪入太陽地面，即汗而散之，猶陳利兵於要害，乘其未定而擊之也。六經同。邪之輕者在衛，重者在營，營、衛分輕重，杜撰。尤重者在胸膈，入裏耳。猶寇之淺者在關外，其深者在關上，又與脈之關上混。尤深者在關内也。以喻華佗法六層。是麻黄爲關外之師，誤。桂枝、葛根爲關上之師，更誤。大、小青龍大青龍汗劑，小青龍爲雜證專方矣。爲關内之師也。陸九芝三級之説最不可通，乃出自柯氏，誤中又誤，不可究詰矣。凡外寇不靖，内地盜賊必起而應之。此則兩感説矣。因立兩解法，故有大小青龍，誤解青龍。及桂枝、麻黄加解諸方。如前軍無紀，致内亂蜂起，當重内輕外，因有五苓、十棗、其人本有雜證，因外感而發者。陷胸、瀉心、抵當等湯也。亦有因誤治成壞證者。○頗似《水滸》、《西游》，因其迷人，故特駁之。細讀《千金》九卷，其迂語自見也。

邪入少陽地面，誤用半表半裏説。宜雜用表裏寒熱攻補之品，承俗誤。爲防禦、解利之法。如偏僻小路，利於短兵，不利於戈、矛、戟，利於守備，不利於戰争也。六經本同一治法，俗誤以爲差別，此又從而點綴，似《水滸》、《西游》，更引人入迷途。邪之輕者入腠理，重者入募原，尤重者入脾胃。全不知華氏説。小柴胡腠理之劑也，病在半表半裏，而偏於汗者。大柴胡，募原之劑也，此又近於下者，大柴胡下劑，乃以募原當之，尤誤。小建中、半夏瀉心、黄芩、黄連四湯，少陽脾劑也。此雜證治法，屬脾尤誤。柴胡加芒硝、龍蠣二方，少陽胃劑也。如太陽少陽有合、併病，是一軍犯太陽，一軍犯少陽矣。用柴胡、桂枝湯，是兩路分擊之師也。麻桂各半，略似之。甚至三陽合、併病，是三面受敵矣，法在獨取陽明。陽明之地肅清，則太、少兩路之陽邪不攻自解。但得兩寇寧，而外患自息。此白虎之所由奏捷耳。若陽邪不戢於內地，用大承氣以急下之，是攻賊以護主；若陰邪直入於中宮，用四逆湯以救其裏，是强主以逐寇也。頗似《草木春秋》，乖著書之體。陽明以下詳陽明。爲內地，當分表裏。陽明界上即太陽、少陽地面，在前在側不相干。邪入陽明之界，近太陽地面。腹與背正成反比例。雖不犯太陽，太陽之師不得坐視而不救。竟以太陽爲一軍官耶？故陽明之營衛病，即假麻黃、桂枝等方以汗之。六經之表，同以汗解。陽明表證自以汗解。麻桂雖在「太陽」篇中，六經同用之。柯氏竟以一篇爲大營頭，其方即其兵卒，非柯氏不能有此大錯。邪近少陽地面，雖不入少陽，少陽之師不得高壘而無戰。故陽明之腠理病，即假柴胡以解之。「太陽」篇中柴胡證乃多於少陽本篇。是陽明之失守，非太陽之不固，即少陽之無備，牽涉無辜，有如秦法之連坐。所以每每兩陽相合而爲病也。自是别一原因。若邪已在陽明地面，華氏六層何所指。必出師奮擊，以大逐其邪，不使少留。故用梔豉、瓜蒂之吐法以迅掃之。四日入胸，用吐。在表，同用汗。若深入內地，不可復驅，則當清野千里，使無所摽掠，是又白虎得力處也。若邪在內庭，又當清官除盜，此二承氣所由取勝。如茵陳、豬苓輩又爲失紀之師立法矣。

太陰亦內地，少陰、厥陰是太陰之夾界也。以經絡所在言之耶？太陰以下太陰。居中州，雖外通三陽，而陰陽既已殊塗，心腹更有膈膜之藩蔽。故寒水之泛，太陽外屬者輕，由少陰内受者重；風木之邪，自少陽來侵者微，因厥陰上襲者甚。自生荆棘，可一筆删之。如本經正邪轉屬陽明而爲實，言轉屬，則非本經明甚。猶師老勢窮，可下之而愈。如陽明實當作「虚」。邪轉屬本經而成虚，則邪盛正衰，温補挽回者甚難。蓋太陰、陽明地面雖分，並無阻隔。陽明猶受敵之通衢，甲兵所聚四戰之地也。如讀《天下郡國利病書》。太陰猶倉廩重地，三軍所依，亦盗賊之巢穴也。故元氣有餘，則邪入陽明；元氣不支，則邪入太陰。陽盛入陽明，陰盛入太陰演爲此説。在陽明地面，則陳師鞠旅，可背城借一取勝須臾；在太陰地面，則焚劫積蓄，倉廩空虚，枵腹之士無能禦敵耳。以著書爲兒戲，所謂韓信亂點兵。

厥陰之地，《傷寒》厥陰原文只四條，「諸厥」以下之「下利嘔噦」，《千金翼》本目下有「併」字，《玉函》别爲一卷，皆柯氏所謂「雜證下利」，以下文全見《金匱》中刻古本，低一格書之，何氏竟讀爲真《傷寒》原論，大誤。相火遊行之區也。其平氣則爲少火，牽涉運氣，皆屬支離之言。若風寒燥濕之邪一入其境，悉化爲熱，即是壯火。畫鬼神，不如畫狗馬。少火爲一身之生機，而壯火爲心腹之大患。且其地面通達三焦，三焦作何解？何獨厥陰通達之？邪犯上焦，則氣上撞心，心中疼熱，消渴，口爛，咽痛，喉痺；文多混入「少陰」篇。逼入中焦，則手足厥冷，脈微欲絶，此證何以定屬中焦？飢不欲食，食即吐蚘；移禍下焦，則熱利下重，或便膿血。此乃雜證，《金匱》之文。爲害非淺，猶跋扈之師矣。仲景製烏梅丸方，寒熱並用，攻補兼施，通理氣血，調和三焦，爲平治厥陰之主方，猶總督内地之大師也。柯氏不信《金匱》，故宜有此。

其與之水以治消渴，茯苓甘草湯以治水，炙甘草以復脈，當歸四逆以治厥，是間出鋭師，分頭以救上焦之心主，上焦屬之心主？怪。而安神明也。用白虎、承氣輩清胃而平中焦之熱實，白頭翁、四逆散清脾而止下焦之熱利，是分頭以救腹中之陰，而扶胃脘之元氣耳。鄧書燕説，徒亂人意。

胃爲一府而分陰陽二經。本論胃家實，一作「虛」。謂胃經有虛實二證可也，何得改證字作經字，謂一府有二經耶？少陰一經而兼陰陽兩藏者，十二經者，六府六藏也。經有以五藏六府立説，不見心主，而以三焦膀胱皆屬腎説者，因有腎主二府之謬解，柯氏闢分二經、二藏，尤爲杜撰。皆爲根本之地故也。此襲《難經》重腎之誤説。邪有陰陽兩途，此句是。藏分陰陽二氣。同是一藏，但分虛實耳。如陽邪犯少陰之陽，以下多屬雜證，詳《古本考證》。反發熱，心煩，欬，渴，咽痛；陽邪犯少陰之陰，則腹痛，自利，或便膿血；陰邪犯少陰之陽，則身體骨節痛，手足逆冷，背惡寒而身踡卧；陰邪犯少陰之陰，則惡寒，嘔吐，下利清穀，煩躁欲死。仲景製麻黄、附子、細辛、黄連、阿膠、甘草、桔梗、豬膚、半夏、苦酒等湯禦陽邪犯少陰之陽也；其製桃花、豬苓等湯禦陽邪入少陰之陰也；附子、吴茱萸、四逆等湯禦陰邪犯少陰之陽也；通脈四逆、茯苓四逆、乾薑附子等湯禦陰邪入少陰之陰也。少陰四十五條冠「少陰」字，四十三爲他經所無。考少陰本論不過十條，其餘皆爲雜病、死證與不治，爲少陰藏病。其餘二十餘條，少陰皆當讀作「純陰」，爲雜證，與「厥陰」篇同。少陰三陰多雜證，不與傷寒相干。柯引以説六經者，以六經爲外内之純名也。爲六經之根本，《内經》無此説。而外通太陽，此句是。内接陽明。杜撰。故初得之而反發熱，與八九日而一身手足盡熱者，是少陰陽邪侵及太陽地面也。以下皆誤以雜證方藥爲傷寒。自利純清水，心下痛，口燥舌乾者，少陰陽邪侵陽明地面也。出太陽，則用麻黄爲鋭師，而督以附子；入陽明，則全仗大承氣，而不設監制。猶兵家用嚮導與用本部不同法也。其陰邪侵入太陰，則用理中、四逆加人尿、豬膽等法，亦猶是矣。嗟乎！不思仲景之所集，安能見病知源也哉？說愈巧而愈謬。

此書有大瑜，不免又有大瑕。柯氏悟境過人，故能發前人所未發，疑前人所不疑。而風疾馬良，去道愈遠。如六經分路，演爲兵事、輿地等説，由心自造，影響離奇，駁不勝駁，亦以於宋以下諸家盤旋，而不讀唐以前書之過也。

柯韻伯《傷寒翼》

《傷寒翼》自序以《傷寒》中有雜證，能自樹立，足以名家。按：惟汗、吐、下三法爲風寒正治，温、補、利、水諸方，凡與《金匱》同者，皆雜證也。

世之注《傷寒》者百餘家，究其所作，不出二義：一則因論本文爲之注疏，依經立說。猶公、穀說《春秋》也；柯氏喜用經說。一則引仲景之文而爲立論，刺取經文，別爲論說。猶韓嬰說《詩》而爲《外傳》也。然引徵者固不得斷章取義之理，自唐以後，醫家引經皆用此法，望文生訓，全不顧上下文義，此爲一絶大病。而注疏者反多以辭害義之文。惟徐靈胎爲最佳，以讀古書少創解。初不知仲景先師著《傷寒雜病》十六卷，《外臺》引作十八卷，同稱《傷寒》。良法大備，比《靈》、《素》已具諸病之體，《類經》之「疾病門」曾輯爲《内經病表》。而明鍼法之巧妙。至仲景復備諸病之用，《金匱》，顧氏有宋本目録。而詳方藥之準繩，其常傷寒。中之變，雜證。變雜證。中之常，傷寒。靡不曲盡。兩書本爲一書，互文相起。使全書具在，柯氏以「雜證即在傷寒中」，不信《金匱》爲仲景書，別立門户，則考之未審。尋其所集，盡可以見病知源。分傷寒、雜證。自王叔和編次《傷寒》、《雜病》，分爲兩書，此又誣叔和矣，《外臺》所據猶十八卷，合《傷寒》、《金匱》同稱《傷寒》。今當據《外臺》合二書爲一古本。於本論削去雜病。《千金翼》本乃獨著《傷寒》，《金匱》則散見各證。然論中雜病留而未去者尚多，此是柯氏特見，凡《金匱》雜病目幾全見於《傷寒》六經中。是叔和有「傷寒」之論之專名，《外臺》通稱「傷寒」。終不失傷寒、雜病合論之根蒂也。以傷寒統雜病，於叔和有恕辭。名不附實，是非混淆，此下忽深詆叔和。古人精義弗彰，是以讀之者鮮，而旁門歧路，莫知適從，自是讀者不精，不能爲古本咎。豈非叔和編次之謬以禍之歟？《傷寒論》中有先得雜病後得外感，有因風寒、誤治成雜證二門可也。不必歸咎叔和，反成虛構。世謂治傷寒即能治雜病，豈知仲景《雜病論》即在《傷寒論》中。亦不必如此武斷，何以爲《金匱》地耶？且傷寒中又最多雜病夾雜其間，《千金》爲傷寒專病與方，《翼》本則雜病、方論互見矣。與雜病合論，則傷寒、雜病之症治井然。再立先後雜證二門。今傷寒與雜病分門，而頭緒不清，頭緒本自分明，柯氏未詳耳。必將以雜病混傷寒而妄治之矣。以汗、吐、下三法爲專方。三法以外皆爲雜證，本病自相出入，不能謂醫者蒙混之。乃後人專爲傷寒著書，自朱奉議出而傷寒之書二「書」字皆當作「病」。日多不分雜證。而傷寒之病日混。此說王安道於「三陰」略有發明，柯氏乃特立成家。非其欲傷寒之混也，由不識何病是傷寒也。據《千金方》，三例法當以汗、吐、下爲斷。陶節菴出而傷寒之書當作「病」。更多。不分雜證。非真傷寒多也，即《金匱》中雜病病目全見本論中。亦盡指爲傷寒也。誤以論全爲傷寒證方。世錮於邪説，不分雜證。更以仲景書難讀，而不知仲景書皆叔和改頭換面，誤。非本來面目也。成本不足論，惟《千金翼》、《外臺》爲二古本。冠《脈法》序例於前，此據今通行成本言。集《可汗》、《不可汗》等於後，《千金方》本原有宜汗、吐、下例，與《脈經》相同，蓋《千金》仲景原文，成本乃叔和《脈經》語耳。列痓、濕、暍於太陽之首，成本如是，今本《千金翼》亦同，考「太陽桂枝法」目下云：「並痓、痓、濕、暍」，則當在「桂枝法」後。○《外臺》在第十一卷與今《金匱》同，《千金翼》有「並」字，此當由後來刊本誤移於前。霍亂、勞復等於厥陰之外，雜鄙見於六經之中，是一部王叔和之書矣。以成本爲叔和書，大誤。林億諸公校正，不得仲景原集。成本成於林校後約百年。林所校各醫書，今惟《素問》尚爲舊本，餘皆非原書，後人翻刻，不過鈔録林本序録，實非林之原書。惜哉！。惑於《傷寒論》之名，又妄編三百九十七法，一百一十三方之數，數目字古本繙刊最易誤，不足言。況其數目不合於成本，王安道言之詳矣。以附會叔和所定之《傷寒》。《千金翼》本乃恰合此數，是林校乃《翼》本。與成本不同。於是欲知仲景之道更不可得。《千金翼》「傷寒」九卷序言「依類比方」云云，則亦非原本。《外臺》所據乃全書。成無已信古篤好，矯然特出，惜其生林億之後，林亦無辜受此牽涉。欲爲仲景功臣，無由得其真傳，故注仲景之書，而仲景之旨多不合，作《明理論》，而傷寒之理反不明。《明理論》最爲雅切，迥非後人所及，惟傳經等法間有誤説。因不得仲景傷寒、雜病合論之旨，故不能辨許叔微「三方鼎立」之謬，另有駁文詳後。反集之於注，「青龍」兼治風寒之誤，柯氏不及徐靈胎之明審。開疑端於後人，豈非爲三百九十七法等説所誤乎？許説之誤，今《千金翼》有其文，與林無干。由是方中行有《條辨》之作，而仲景之規矩準繩更加敗壞。名爲翻叔和之編，實以滅仲景之活法也。方、喻皆承「三方鼎立」之説，改變經文。考《翼·太陽篇》本爲七法：一二爲汗，五六爲下，三四半表半裏，在汗、下之間，七爲雜療。前三門尚未及七法之半，方、喻以此分經，則原文之吐下無從位置，三方不過一汗法。許偶承《翼》本之誤，不知其貽禍至如此之酷。盧子由《疏抄》未見。不編林億之數目，不宗方氏之三綱，意甚有見。「三綱」之説爲《傷寒》一大迷陣。而又以六經謬配六氣，以運氣爲主，又《傷寒》一大迷陣。增標本、《内經》標本別自一義，與《傷寒》

無干，後人好引之，亦畫鬼神之伎倆。形層、本氣、化氣等説。講仲景譚運氣，此大魔障。遠之張隱菴，近則陸九芝，深入魔境不可解脱。别有詳説，故不贅。仲景之法，又可堪如此撓亂哉？近日作者蜂起，尚論愈奇，去理愈遠；嘉言。條分愈新，古法愈亂；程應旄。仲景六經，反茅塞而莫辨，不深可憫耶？夫仲景之六經爲百病立法，《準繩》已以本論言六經者，爲兼雜證。不專爲傷寒一科，「六經」出《靈》、《素》雜病，不止傷寒乃言之，前人多昧此理。傷寒、雜病治無二法，即咸歸六經之節制。六經各有傷寒，非傷寒中獨有六經也。六經百病皆分藏府經絡，詳《内經病表》，王氏《準繩》以本論舉六經病者，雜病與傷寒同。故《内經病表》，太陽經數十見，莫不「頭項强痛」，是不獨傷寒也。治傷寒者但拘傷寒，不究其中有雜病之理；據《千金》汗、吐、下三例立爲傷寒專方，以餘方屬之雜證。又輯言雜證者别爲一門，如「酒家」、「衄家」、「亡血」、「胸有水氣」、「中熱」、「中寒」之類，爲病人平素之本病，因風寒而發動。醫者不知此，不足以治傷寒。治雜病者治傷寒宜先詳雜病，然後知其人之平脈、宜忌，而不致誤病後轉變，更易治。以《傷寒論》爲無關於雜病，而置之此又當於《金匱》中求之，雜證由傷寒壞病而變者爲一門。不問。讀《金匱》者，亦不可不讀《傷寒》。將參贊化育之書，悉歸狐疑之域，不分外内因，其弊誠如所譏。愚甚爲斯道憂之！於仲景書究心有年，愧未深悉，然稍見此中微理，敢略陳固陋，柯氏悟境爲諸家所不及。名曰《傷寒論翼》。不兼雜病者，謂不論《金匱》。恐人未知原文合論之旨，以雜病爲不足觀耳。其當與否，自有能解之者。甲寅春，慈谿柯琴序。

三方鼎立駁義 許以爲「三綱」，方、喻以爲「三峰」，柯、陸以爲「三級」，皆誤。

《千金翼》卷九「傷寒總序」云：「尋方之大意，不過三種：指上部《千金》三例言之，不指本書篇首之三法。一則桂枝，汗法。此句原文不誤。○《外臺》引叔和：言汗主桂枝，言下主承氣。二則麻黄，據吐法，《外臺》藜蘆、瓜蒂，仲景作瓜蒂、梔豉。○以汗言，則麻、桂同，青龍爲麻黄之重劑，柴胡亦以汗解。三則青龍。」下法當爲承氣湯，據下言汗、吐、下，則此三種當指《千金》之三例。今本作「麻黄」、「青龍」、「柴胡」者，蓋淺人因本書目録而校改。此之三方，汗爲「桂枝」，吐當爲「瓜蒂」，下當爲「承氣」。統六經而言，故汗、吐、下後，方在下卷第五、六經正文及宜忌之後，若如本書前四法，則全爲汗法，且止太陽七法之前四方，不足括傷寒大法，明矣。凡療傷寒者不出之也。三種汗、吐、下爲正治，以外皆雜證方藥。因風寒而連類及之者，非正治。其柴胡太陽言在第四。等諸方，按《千金》第九，發汗、吐、下後十七方以竹葉湯、桂枝麻黄各半湯爲首，原本當爲此方。後人誤據本書目録而改之者。皆是吐、下、發汗後即《千金》三例後之第九之汗、吐、下後諸條。不解之事，按發汗、吐、下後病狀，《翼》亦有在六經宜忌之後，不當以上卷太陽第四之「柴胡湯」當之。非是正對之法。如「十棗湯」、「五苓散」、「四逆湯」、「抵當湯」皆其人舊有此病，因風寒而發，亦或爲風寒誤治之壞症，故以爲非正對之發。若全屬風寒外感，則三法已足矣。○《千金》上卷止三例，成「可」、「不可」同。《外臺》第一卷引華佗法，傷寒此三法即《千金》之三例。一日在皮，二日在膚，三日在肌，發汗則愈。此爲第一，桂枝法。四日在胸，宜服藜蘆丸，不能吐者，服小豆瓜蒂散吐之則愈。此爲第二，吐方在太陽第六結胸法末。五日在腹，六日入胃，入胃則可下也。此爲第三例，下爲太陽承氣湯第五法。○《内經》、《傷寒》同。

《千金翼·太陽篇目》：《千金》「傷寒」上卷止汗、吐、下三法，下卷則爲雜證。成本「可」、「不可」亦止汗、吐、下三門，餘俱雜證。

太陽病用桂枝湯法第一 並痙濕暍病狀。○疑後人以此與一則桂枝合，遂校改下三目，而三方鼎立之説成矣。

太陽病用麻黄湯法第二 以上二門爲表病汗法。○淺人據此改「瓜蒂」爲「麻黄湯」。

太陽病用青龍湯法第三 按：此三目專爲太陽一篇七法之三，不統全經。○「青龍」非治風寒兼方，駁義見張隱菴《傷寒平議》，兹不贅。○淺人據此改三日「承氣」爲「青龍」。

太陽病用柴胡湯法第四 十五證，方七首，詳於少陽多矣。或乃以爲少陽專方者，大誤也。○此下二門爲半表半裏，不用汗、下法。○淺人據此改「桂枝加芍藥」等湯爲柴胡。

太陽病用承氣湯法第五 下法在第五，末詳下法，乃以柴胡以下專醫三種之壞病，其誤可知。

太陽病用陷胸湯法第六 瓜蒂散一方在陷胸之末。○以上二門爲裏證下法。

太陽病雜療法第七 二十證，方一十三首，大抵皆爲壞病。成本無此門，散入太陽中，大誤。

陽明病狀第八 「梔子湯」吐法在陽明之首。

少陽病狀第九

傷寒下 《傷寒》不重經絡，以暫病由外得之，雜病内因，乃重分《經》、《翼》，本詳雜證，故分經立篇也。

案。

太陰病狀第一

少陰病狀第二四十餘條中，作純者當過其半。所謂純陰，即本論云無表證也。

厥陰病狀第三附厥利嘔噦。○按：所附「下利嘔噦」數十條，全見《金匱》。厥，《金匱》未詳，此《傷寒》附雜證之鐵

傷寒宜忌第四十五章。按：所列與《脈經》及成本不同，知此爲仲景原文，叔和加補乃爲《脈經》本。

發汗、吐、下後病狀第五十五方。○三十證，成本删此門，雜凑「太陽」篇中與上雜療同，大誤。

千金發汗後雜療方共十四方，皆汗後救變方。

桂枝加芍藥半夏人參湯《千金翼》序所云「柴胡湯」乃汗、吐、下後方當指此。

茯苓桂枝甘草大棗湯

桂枝甘草湯

厚朴半夏甘草人參湯

芍藥半夏附子湯

甘草乾薑湯

芍藥甘草湯

玄武湯方見少陰門。

五苓散方見結胸門。

小承氣湯方見承氣湯門，一云調胃承氣湯。

四逆湯方

茯苓桂枝白朮甘草湯

茯苓四逆湯

梔子生薑湯

《翼》本汗、吐、下三種方後救變方證

發汗、吐、下已後，以下總稱汗、吐、下三種法者數條，足見三法爲傷寒之總訣。不解，煩躁，茯苓四逆湯。

傷寒吐、下、發汗後，三法全。心下逆滿，氣上撞胸，起即頭眩，其脈沉緊，發汗即動經，身爲振摇，茯苓桂枝白朮甘草湯。

發汗、吐、下後，三法全。虛煩不得眠，劇者反覆顛倒，心中懊憹，梔子湯。若少氣，梔子甘草湯；若嘔者，梔子生薑湯。

傷寒下後，下法。煩而腹滿，卧起不安，梔子厚朴湯，下以後發其汗，下、汗二法。必振寒，又其脈微細，所以然者，内外俱虛故。與下文「表裏俱虛」條同。

發汗若下之，汗、下二法。煩熱，胸中窒者，屬梔子湯。吐爲邪在胸專方。

下以後復發其汗者，則晝日煩躁不眠，夜而安靜，不嘔不渴而無表證，其脈沉微，身無大熱，屬附子乾薑湯。皆屬雜證方，不關汗、吐、下三法。

太陽病，先下而不愈，因復發其汗，表裏俱虛。不可再汗，下條附子乾薑湯。其人因冒此當別爲一條，即上條附子乾薑湯之附條。胃家，當發汗出自愈。

解所以然者，汗出表和故也。表和裏未和，故下之。

發汗以後，麻葛證。不可更行桂枝湯。汗劑總名。若汗出出上當有「不」字。而喘，無大熱者，因有熱，乃行石膏。可與麻黄杏仁石膏甘草湯。謂麻黄湯加石膏耳。傷寒吐下後七八日不解，熱結在裏，表裏俱熱，此即屬雜證。時時惡寒，大渴，舌上乾躁而煩，欲飲水數升者，白虎湯。方見雜療中，無表證用此方。

傷寒吐下後未解，不大便五六日至十餘日，其人日晡所發潮熱，不惡寒，獨語，猶如見鬼神之狀，劇者發則不識人，循衣妄撮，怵惕不安，微喘直視，脈弦者生，澀者死。微者但發熱，譫語者承氣湯，若不便者勿復服。

大下後口燥者，裏虛故也。按：成本末條名汗、吐、下後方，與《翼》同。而所列乃廿五加減方，足見成本由《翼》本而出。

霍亂病狀第六《千金》在下卷雜治中。〇成本亦同，此成本出於《翼》之證。

陰陽易已後勞復第七。成本同止此。

喻嘉言《尚論篇》

尚論張仲景《傷寒論》大意

後漢張仲景著《傷寒卒病論》郭白雲說「卒」爲「雜」，文剥是也。十六卷，據《外臺》當爲十八卷。當世兆民賴以生全，傳之後世，如日月之光華，旦而復旦，萬古常明可也。斯民不幸，至晉代不過兩朝相隔，其《卒病論》六卷已不可復覩，按：舊說以《雜病論》即今本《金匱》。《外臺》與《傷寒》合爲一書，同稱《傷寒》。《病源》傷寒、雜病，凡《金匱》所有之「百合」、「黄疸」、「奔豚氣」皆在《傷寒》中。《千金》「傷寒」共爲二卷，上卷六經文，下卷稱《傷寒雜治》，有「百合」、「狐惑」、「陰陽毒」等證方，今在《金匱》中。此唐以前《傷寒》、《金匱》合爲一書之舊式。喻乃稱爲「不可復覩」，是不知舊本一書，《雜病》即《金匱》未嘗亡也。即《傷寒論》十卷，想亦劫火之餘。本書具在，且經叔和編次爲《脈經》。何得如此恍惚？不過以便改易耳。僅得之讀者之口授，故其篇目先後差錯，方氏既有移置，喻本又加重訂，故其說如此。賴有三百九十七法，《溯洄集》駁之是也，刊寫數目字最易，必求其數亦拘。一百一十三方之名目可爲校正。此宋校正語，程德齋因之作《鈐法》，喻承其誤，故如此。太醫令王叔和附以己意編集成書，《脈經》非《傷寒》。共二十二篇。此出《太平御覽》，乃字誤，說詳《脈經考證》。後人德之，稱爲仲景之徒。仲景實表彰於叔和。究竟述者之明不及作者之聖，此何待言。祇令學者童而習之，白首不得其解。此等論説皆屬影響。雖有英賢輩出，卒莫能舍叔和疆畛。何必定舍叔和，其實叔和之疆域，喻氏不能知之。追溯仲景淵源，於是偶窺一斑者，各鳴一得。如龐安常、朱肱、許叔微、韓祇和、王寔之流，喻氏之學去四賢尚遠。好爲大言，幾如劉四罵坐。非不互有闡發，然終不過爲叔和之功臣止耳，未見爲仲景之功臣也。空爲此説，乃實不知叔和，何論仲景？今世傳仲景《傷寒論》，喻氏所據乃淺陋本。乃宋秘閣臣林億所校正、新校正在北宋，成本出南宋。宋校本已不傳，空有一序文而已，以《素問》對觀自見。宋人時聊攝已屬金，提要作「金人」是。成無己所詮注之書也。林億不辨朱紫菽粟，忽又罵校書人，怪。謂：「自仲景於今八百餘年，惟王叔和能學之。隋唐以前書無不尊叔和者，知之故不得不尊之。後人罵叔和，皆不知叔和者。其間如葛洪、陶弘景①、胡洽、徐之才、孫思邈輩皆不及也。」此説極是。又傳此何人之傳，成出在林百年以後。稱成無已注《傷寒論》十卷，深得長沙公之秘旨，殊不知林、成二家過於尊信叔和，往往先傳後經，將叔和緯翼仲景之辭且混編爲仲景之書，況其他乎？後人刊本取《脈經》附《傷寒》而行，林校不如此。如一卷之「平脈」，此卷又當在林、成之後。二卷之「序例」，《外臺》引甚詳。其原文不雅馴，疑心生暗鬼，不知雅馴二字真解。反首列之，此後來書坊刊本之誤，且「序例」在本書前，爲後來之通例，《外臺》亦如此。以錯亂聖言。則其所爲校正、新校正亦當首「序例」，至「平脈」後人僞書，決非所有。所爲詮注者，乃仲景之不幸，斯道之大厄也。元泰定間程德齋作《傷寒鈐法》，喻氏次序祖此書。尤多

① 陶弘景：原作「陶景」，據喻昌《尚論篇》卷首改。

不經。學之而小有移置，用鄧析法而殺其人。國朝王履並三百九十七法、一百一十三方亦疑之，謂仲景書甚平易明白，本無深僻，但王叔和雜以己意，遂使客反勝主，而仲景所以創法之意淪晦不明。今欲以傷寒例居前，《外臺》首列六家即此。六經病次之，《外臺》十卷以上。類傷寒病又次之，《外臺》十一卷至十八卷爲《金匱》雜病。今按《金匱》中有傷寒表裏證，《傷寒》中無表裏證者，即雜病。至若雜病、雜脈、雜論與傷寒無預者，皆略去。計得二百八十三條，並以「治」字易「法」字，而曰二百八十三治，按：從「今欲」以下一段《溯洄》在末結處，與上數數目不連。王虛有此説，未著書如此，顛倒聯綴，似王氏有成書止二百八十三，删去百一十條矣。雖有深心，漫無卓識，二語空滑。亦何足取。萬曆間方有執作《傷寒條辨》，喻氏祖程《鈐方》，辨而作《尚論篇》，序中實已序明。後來閩林氏刻方書，痛詆喻氏爲攘善，世補齋據此以譏喻氏爲盜書，則過矣。始先即削去叔和「序例」，《千金翼》九、十二卷爲《傷寒》最古之本，不載「序例」。大得尊經之旨，然未免失之過激，不若愛禮存羊，取而駁正之。是非既定，功罪自明也。詳下駁義。其於「太陽」三篇改叔和當作「成本」，非叔和本。之舊，以風寒之傷營衛者分屬，卓識超越前人。《千金翼》亦以麻、桂合青龍分爲三大綱。此外不達立言之旨者尚多，大率千有餘年。若明若昧之書，唐以上何至如此？欲取而尚論之，如日月之光昭宇宙，必先振舉其大綱，然後詳明其節目，始爲至當不易之規。誠以冬、春、夏、秋，時之四序也，冬傷於寒，春傷於温，當作「風」。夏秋傷於暑熱當作「熱、暑、暍」。者，四時序中主病之大綱也。舉三百九十七法，程氏後《條辨》又出而改喻本以祖《鈐法》，作《條辨》者已有三大定。分隸於大綱之下，然後仲景之書始爲全書。亦一人之見。其「冬傷於寒」一門，仲景立法獨詳於春、温病、風温。夏、惡熱、中濕。秋中暍，秋傷於燥。三時者，蓋以春、夏、秋時令雖有不同，其受外感則一，自可取治傷寒之法錯綜用之耳。互文起義，此説較《溯洄》明通多矣。仲景自序云：「學者若能尋余所集，思過半矣。」可見引伸觸類，合《傷寒》、《雜病》讀之。治百病有餘能，況同一外感乎？《溯洄》乃以爲專治冬時之即病，過矣。是春、夏、秋之傷温、風。傷熱，正夏如此，長夏傷濕，秋乃傷燥。明以冬月傷寒爲大綱矣。至傷寒六經中，又以太陽一經爲大綱，不如用華佗法，以汗、吐、下爲三大綱之切實。而太陽經中又以風傷衛、寒傷營，喻氏不知營、衛二字實義，駁詳《營衛運行》中。風寒兩傷營衛爲大綱，「太陽」篇中多雜病，發黄、水氣之類無表裏證方，治與《金匱》同者是也。何也？大綱混於節目之中，無可尋繹，祗覺其書之殘缺難讀。今大綱既定，然後詳求其節目，始知仲景書中矩則森森，毋論法之中更有法，即方之中亦更有法。通身手眼始得一一點出，讀之而心開識朗，不復爲從前師説所誤。浸假繇其道而升堂入室，仲景彌光，而吾生大慰矣。知我罪我，亦何計哉！不當引用至聖語，區區一醫書，何以目空一世？

尚論仲景《傷寒論》先辨叔和編次之失

嘗觀王叔和彙集扁鵲、二字當删，《難經》出叔和後。仲景、華元化先哲脈法爲一書，名曰《脈經》。其於仲景《傷寒論》當並《金匱》言。尤加探討，宜乎顯微華貫，曲暢創法製方之本旨，《脈經》

責以方，非是。以啟後人之信從可也。《傷寒》、《雜病》別有專書通行。乃於彙脈之中，間一彙證，不該不貫，猶曰彙書之常也。至於編述《傷寒》全書，誤讀《甲乙》序，駁已詳《脈經考證》。苟簡粗率，仍非作者本意，責非其罪。則吾不知之矣。如始先「序例」一篇，蔓引贅辭，「序例」《外臺》所引六家與成本大異，如「節氣」一段當爲後人附入，且《外臺》云六家，叔和在第三。引至《千金》而止，以責叔和，太誤。其後「可」與「不可」諸篇，此《脈經》，後人取以附《傷寒》者，《脈經》猶有明文。獨遺精髓，《脈經》別爲一書，與原書另行，何以責其全録原文？「平脈」二篇，妄入己見。與《脈經》真本反者多，乃後人僞書。總之，碎翦美錦，綴以敗絮，盲瞽後世，無繇復覩黻黼之華。移此以譏成注尚可。況於編述大意、私淑原委，自首至尾不敘一語，竟以全書爲叔和編次，大誤。明是賈人居奇之術，深文巧詆，無如考證未確何。致令黃岐一脈斬絶無遺。悠悠忽忽，沿習至今，所謂千古疑城，莫此難破。好逞筆鋒，喻氏之病。兹欲直溯仲景全神，不得不勘破叔和。世補齋謂其直攻仲景，不過借叔和爲名是也。如太陽經中，證緒紛繁，後學已難入手矣。乃更插入温病、合病、併病、少陽病，以用柴胡指爲少陽病，不知小柴胡乃半表半裏，六經通治，非少陽專方，舊説皆誤，詳河間《宣明》書。過經不解病，坐令讀者茫然。諸本或分或合，或前或後，無大關係。張皇言之，是買櫝還珠之氣習。譬諸五穀，雖爲食實，設不各爲區別，一概混種混收，亦有喜雜會者。鮮不貽耕者、食者之困矣。比儗不倫。如陽明經中漫次仲景偶舉問答一端，「胃家實也」句並非提綱。隸於篇首，綱領倒置，後先差錯，且無扼要。諸本提綱與《熱病論》多不合，又每經各有六日病，《内經》迭舉一日以示例，後人指爲提綱。拘此求病、分經，大失華佗之旨。至於春温夏熱之證，當另立大綱。與序中一段矛盾。顧自名篇者，與《溯洄》

誤説相似。迺懵然不識。此等大關一差，則冬傷於寒，春傷於温，夏秋傷於暑熱之旨盡晦。序中不云同爲外感，取傷寒治法，綜錯用之乎？致後人誤以冬月之方施於春夏，以時分病，誤同《溯洄》。而歸咎古方之不可以治今病者，誰之過歟？讀死書者爲癡人，所謂如扶醉人，左右皆失。至於霍亂、病陰陽易、差後勞復等證，不過條目中事耳。迺另立篇名，與六經並峙，又何輕所重，而重所輕耶？仲景之道，人但知得叔和而明，孰知其因叔和而墜也哉！大誤。

尚論仲景《傷寒論》先辨林億成無己校注之失

王叔和於仲景書不察大意，妄行編次、補綴，尚存闕疑一綫。觀其篇首之辭，謂痓、濕、暍，《金匱》有之，以居「太陽」篇首，成本之大誤。雖同爲太陽經病，以爲宜應別論者，其一徵也。今日並無一完全宋新校正本《傷寒》，此語不知何人所加，且深言之，成本當亦不至此，輾轉翻刊，不可究詰矣。觀其篇中，此專指「可不可」篇爲叔和語。謂：「疾病至急，倉卒尋按，要旨難得，故重集可與不可方治者，其一徵也。」觀其篇末，成本不在篇末，果屬何本？亦想當然耳。補綴《脈法》分爲二篇。上篇辨脈。仍仲景之舊，以首「脈法贊」，後人誤爲仲景語耶？下篇平脈。託仲景以傳，中多祖《難經》，乃南宋以後所附。猶未至於顛倒大亂者，其一徵也。前後二徵均誤説。第其不露補綴之痕，反以「平脈」本名易爲「辨脈」，而陰行一字之顛倒，此吾所爲譏其僭竊耳。誤中又誤。若夫林億之校正、此真本不傳。成無己之詮注，則以

「脈法」爲第一卷矣。此自刊本之誤，疑此亦出成後，後人誤以爲成注耳。按仲景自叙云，平脈辨證，世補齋駁此甚詳，《千金》十卷至二十卷亦稱「脈證」，何嘗似後世「脈訣」？此二篇晚出，詳《脈經考證》。爲《傷寒卒雜。病論》合十六當作「八」。卷，則「脈法」洵當隸於篇首。誤中又誤。但晉承漢統當作「魏」。仲景遺書未湮，叔和補綴之言不敢混入，姑附於後，不爲無見。以此二卷爲叔和真書，洵屬不辨黑白。以喻氏不讀唐以前書故，每留此巨誤，授人笑柄。二家不察，竟移編篇首。原在卷末，從何得來？真屬夢囈。此後羚羊掛角，無跡可求，詎能辨其孰爲仲景，孰爲叔和乎？以同《難經》、不同《難經》辨之，則真僞自見矣。然猶隱而難識也。其序例一篇，明係叔和所撰，此亦後人採綴，中有叔和説，又有後人語，何得全歸叔和？何乃列於首二卷？豈以仲景之書非序例不能明耶？即使言之無弊，亦無先傳後經之理。此尤無賴。況其蔓以贅辭，橫插異氣，寸瑜尺瑕，何所見而崇信？若是致令後學畫蛇添足，買匵還珠，煌煌聖言，千古無色。是二家羽翼叔和以成名，比以長君逢君無所逃矣。至其注釋之差，十居六七。是先已視神髓爲糟粕矣，更安望闡發精理乎？不知所指，好逞筆鋒，故語無歸宿。

瘟證平議 喻嘉言

論春温大意並叔和四變之妄

喻昌曰：春温之證，《内經》云：《金匱真言》。「冬傷於寒，春必讀作「正」。病温。」序例引經言「春氣温和」。又云：「冬不藏精，春必病温。」《金匱真言》：「精者身之本，藏於精，春不病温，夏不汗出，秋成風瘧。」以精與汗相對成文，後人乃誤繙爲二語，實則經無此文。此論温起之大原也。《傷寒論》曰：「太陽病發熱而渴，當作「汗」。不惡寒者，專惡風。爲温病。即《傷寒》之中風。若發汗已，身灼熱者，名曰風温。《内經》云：『汗出而身熱者，風也。』風温春傷於風，爲中風，春氣温和，病由風得，故一名風温，黄坤載亦詳言之。爲病，脈陰寸。陽人。俱浮，病在表。自汗出，中風自汗，以上爲中風常證。身重多眠，睡鼻息必鼾，即桂枝之鼻鳴。語言難出。此中風之重者。若被下者，以下詳誤治。小便不利，直視失溲；風温脈浮，當以汗解。若被火一説疑作「吐」。者，微發黄禁火熏。色，太陽發黄，失汗故也。劇則如驚癇，時瘈瘲，太陽中風之痓痙。若火熏之，一逆尚引日，再逆促命期。」此條文多誤，當以《千金方》引，宜萎蕤湯主之。此論温成之大勢也。讀「温」爲「瘟」，喻之大誤。仲景以冬不藏精之温名曰風温。誤讀《素問》，又誤解《傷寒》，竟敢以二誤湊成一少陰瘟證，其罪大矣。其「脈陰陽俱浮」，正謂少陰腎「太陽」篇之少陰當爲純陰，竟讀爲少陰腎，則成兩感矣。喻氏不知外感與兩感之别。與太陽膀胱，一藏一府同時病發，直說成《熱病論》兩感。所以其脈俱浮也。以陽爲寸，陰爲尺，大誤。〇仲景言浮脈皆宜汗，明文最多。喻乃以爲禁汗，且經止禁下與火熏，並無禁汗之文。發汗後，此别一條。身反灼熱，自汗出，身重，多眠睡，鼻息必鼾，語言難出，一一盡顯少陰本證，世補齋以此爲陽明證。則不可復從太陽爲治。況脈浮自汗，更加汗之，醫殺之也。經有忌下、火文，不言禁汗。所以風温證斷不可汗。此句流毒無窮，不知從何生出。即或誤下、誤火，亦經氣傷而陰精盡，皆爲醫促其亡，而一逆再逆，促命期矣。於此見東海西海，心同理同，先聖後聖，其揆一也。不知所指，喻書故多恍語。後人不察，惜其有論無方，詎知森森治法，全具於太陽、少陰諸經乎？牽率少陰，大抵欲以「冬不藏精」立爲少陰瘟證，誤中之誤，如隔萬重。乃《温病條辨》獨宗其法，直盲人瞎馬。晉王叔和不究仲景精微之藴，以喻與徐靈胎比，徐詳考隋唐諸書，學有本源。喻之迷誤在力攻叔和，遂謂晉以後盡爲謬傳，不讀唐以前書，師心自用，以致如此荒謬！栽風種電，爲不根之譚，喻乃多此弊。妄立温瘧、風温、温毒、温疫四變，說詳郭白雲。不思時發時止爲瘧，瘧非外感之正病也。全不考《内經》。春木主風，而氣温、風温即是温證春病傷風。之本名也。此二句忽然開朗。久病不解，其熱邪熾盛，是爲温毒。温毒亦病中之病也。至温字當作「瘟」。疫，則另加一氣，乃温氣而兼瘟氣，將「温」、「瘟」二字捏合爲一，吴鞠通率挪《傷寒》以爲「瘟疫」，實此書作俑。又非温證之常矣。與春傷於風之温矣。今且先辨温瘧：温瘧，正冬不藏精之候。誤。但其感邪本輕，故止成瘧耳。黄帝問温瘧「舍於何藏」，原無「何」字。岐伯對曰：「温瘧者，得之冬，中於風，所以謂之温。寒氣藏於骨下文誤作「腎」字。髓之中。初由外至内，與傷寒同，後由内出外亦同，不得謂瘟與外感反。至春則陽氣大發，《外臺》以爲春大寒束閉，邪乃不得出。邪氣不能自出，因遇大暑，腦髓爍，肌肉銷，腠理發泄，邪與汗俱出，此病藏於腎。此「腎」字當爲「骨」，即上文「藏於骨髓」字，以形體言，不謂入腎、藏腹中也。其氣先從内出之於外也。惟瘧時發時止，乃有此說。如是者，陰裏。虛而陽表。盛則熱矣，外熱。衰則氣陽氣。復反入，舍於骨。入則陽虛，表。陽虛則寒生外寒。矣。以骨爲巢穴，出入均在形骸之外，不入腹中。故先熱而後寒，名曰温瘧。」以上《内經》文。此可見温瘧爲冬不藏精，經云冬中於風，與不藏精不合。不藏精爲過煖汗出傷風，則爲病名矣。故寒邪得以入腎，更可證「腎」當爲「骨」。又可見温瘧遇温，據上文，冬傷於風，即時行冬温春寒之所本。此當爲「寒」，不作「温」字讀。尚不易發，必大暑、大汗始發之。叔和反以重感於寒立説，叔和重感，《内經》瘧證詳矣。豈其不讀《内經》乎？抑何不思之甚耶？

今且再辨風温。春月時令本温，且值風木用事，「風温」二字自不可分之爲兩。此説最是。凡病温者悉爲風温，如初春地氣未升，無濕温之可言濕乃長夏之氣。也；天氣微寒，無温熱之可言也；熱專屬夏病。時令和煦，無温疫之可言此亦就其常言之，變則不如此。也。其所以主病之故，全係於風。試觀仲景，於冬月正病，以寒統之；春月正病，定當以風統之矣。此説極是。〇《傷寒》之中風傷寒，近人多不分時，因寒屬冬，每以中風爲冬時之風。必如此解，則一疏洩，一閉束；一有汗，一無汗；一惡風，一惡寒；一無熱，一發熱；一傷衛，一傷營；兩兩對峙，不相蒙混矣。夫風無定體，在八方則從八方，在四時則從四時。春之風温，夏之風熱，經云「夏傷於暑」，讀作「熱」。秋之風凉，經云「秋傷於濕」，讀作「燥」。冬之風寒，自然之道也。叔和因仲景論温條中重挈風温，故謂另是一病。後人乃有此分，別出今本「序例」，

《外臺》引叔和説所無，不知何人説，必以爲出叔和，誤矣。不知仲景於温證中特出手眼，致其叮嚀。風温與瘧不相通。喻或以瘧《内經》亦稱風瘧，與温上加風同，遂合而論之，特文不相屬，疑有脱誤。見冬不藏精之人，與上文所説不相接。兩腎間喻氏首倡異議，以「冬不藏精」爲房勞，前人駁之者多矣。黄氏坤載又直以「冬不藏精」爲冬傷於寒之變文，謂寒不指風寒言，乃寒水司令之氣，變本加厲。是春日温病皆爲兩感藏病，同因房勞，又何以解於翁媪童稚之亦有此病？背經造阱，真是無知妄作。先已習習風生，瘧由風寒而得，《經》之明文，非内傷，非兩感。因經文「骨」誤爲「腎」，遂謂瘧爲藏病，誤矣。且經云：「夏不汗出，秋成風瘧。」，則瘧不當屬春。又經温瘧與寒瘧對，寒温指病人身之寒熱言，尤不當附會春之温氣。得外風相招而病發，直説成兩感。必全具少陰之證。因「骨」字之誤，遂直以瘧爲腎藏，因腎又附會「冬不藏精」之爲房勞，尤誤中之誤。故於温字上加一風字，以别太陽證之温耳。太陽證之温果何所指？熱、濕、暍與風温全出「太陽」篇中，蓋欲以瘧爲風温耳。叔和妄擬重感重變，以今本序例爲叔和，誤。乃後人作賦云「風温濕温兮，發正汗則危惡難醫」，此何足辨。又云「因知風温汗不休，當用漢防己」，隔靴搔癢，於本來面目安在哉？喻氏所言去題何止千里。今且再辨温毒。夫温證中之有温毒，亦如傷寒證中之有陽毒、陰毒也。《傷寒》不以寒毒别爲一證，則温病何得以温毒更立一名耶？説詳郭白雲，參觀自得。況温毒復有陰陽之辨：太陽温證病久不解，結成陽毒；少作「純」。陰温證病久不解，結成陰毒。叔和不知風温爲陰邪，《内經》云：「夫寒者，陰氣也，風者，陽氣也。先傷於寒而後傷於風，故先寒而後熱。」按：喻以風爲陰邪，與經反。故但指温毒爲陽毒，以致後人襲用黑膏、紫雪，陰毒當之，慘於鋒刃，其階厲亦至今未已耳。其温疫一證，另辨致詳。

詳論温疫以破大惑 首段七行空言，節之。

喻昌曰：《傷寒論》欲明冬寒、春温、夏秋、暑熱之正，自不能併入疫病，以混常法。《傷寒》不言疫是也，吴鞠通乃牽引《傷寒》，何也？然至理已畢具於《脈法》中，《脈法》乃僞書，何足據。叔和不爲細繹，叔和不見此等僞書，從何而繹之？乃謂重感於寒，變爲温疫。此段非叔和語。又謂春時應煖而復大寒，夏時應大熱而反大凉，秋時應凉而反大熱，冬時應寒，而反大温，此非其時而有其氣，是以一歲之中，長幼之病多相似者，此則時行之氣。此段《小品》引爲經言，序例稱爲《陰陽大論》。《外臺》云仲景《傷寒》同，是此段文先在《傷寒論》中，何得以爲叔和語？叔和所有二首，《外臺》引有明文。又謂冬温之毒與傷寒大異，冬温復有先後，更相重沓，亦有輕重，爲治不同也。以下《外臺》無，今「序例」有之，不知誰所附會，以責叔和，大誤。又謂今本「序例」非叔和書，大抵出《外臺》以後，淺人鈔補而成。從春分節以後至秋分節前，天有暴寒者，皆爲時行寒疫也。蓋以春、夏、秋爲寒疫，三時不得以爲寒。冬月爲温疫。冬又不得爲温。所以又云三月四月或有暴寒，春寒折束冬温。其時陽氣尚弱，爲寒所折，病熱猶輕；《外臺》之時行法。五月六月陽氣已盛，爲寒所折，病熱則重；此説尤誤，熱乃即病，與寒無干。七月八月陽氣已衰，爲寒所折，三「爲寒所折」皆失解。病熱亦微。後人奉此而廣其義，誤説何足論。謂春感清邪在肝，夏感寒邪在心，秋感熱邪在肝，冬感温邪在腎。以五藏言皆屬兩感。塤篪遞奏，舉世若狂矣。嗟嗟！疫邪之來，果寒折陽氣，乘其所勝，而直入精神魂魄之藏，人無噍類久矣。外證不得言藏。更有謂疫邪無形象、聲臭、定時、定方可言，是以一歲之中，長幼莫不病此，至病傷寒者百無一二。自楊、吳、王書通行後，吾蜀醫士亦同此弊，幾以十病九爲瘟疫矣。治法非疏裏，則表不透；非戰汗，則病不解。愈摹愈遠，究竟所指之疫仍爲傷寒、傷温、傷暑熱之正病。以癘疫言，本數年、數十年而一見，此說最足破時醫之誤。疏裏則下早可知，戰汗則失汗可知，祇足自呈敗闕耳。夫四時不正之氣，感之者因而致病，初不名疫也。隋唐人謂之「時行」。因病致死，病氣、尸氣混合不正之氣，斯爲疫矣。不僅此。以故鷄瘟死鷄，豬瘟死豬，牛馬瘟死牛馬。此以屍氣、病氣立說，故引六畜爲比。吾蜀豬瘟通行數十年，病狀多經解剖而無醫法，可慨也。推之於人，何獨不然。所以饑饉、兵凶之際，疫病盛行，如此，則瘟疫乃非常之大災，平常豐和之歲必無此病矣。乃自《温病條辨》等書出，診者遂十病七八，指爲瘟病，或遂謂千百中無一正傷寒者，何也？大率春夏之交爲甚。蓋温暑、濕熱之氣交結互蒸，人在其中，無隙可避，病者當之，魄汗淋漓；一人病氣足充一室。況於連牀並榻，沿門闔境共釀之氣，益以出户尸蟲，載道腐墐，燔柴掩席，委壑投崖，種種惡穢，上溷蒼天清淨之氣，下敗水土物産之氣。如此大疫，迥非尋常可蒙混。人受之者，親上親下，病從其類，有必然之勢。如世俗所稱大頭瘟者，頭面腮頤腫如瓜瓠者是也；所稱蝦蟆瘟者，喉痺失音，頸筋脹大者是也；所稱瓜瓤瘟者，胸高脇起，嘔汁如血者是也；所稱疙瘩瘟者，徧身紅腫，發塊如瘤者是也；所稱絞腸瘟者，腹鳴乾嘔，水泄不通者是也；所稱軟腳瘟者，便清泄白，足重難移者是也。劉氏《說疫》詳之。小兒痘瘡尤多，此自是別證，寒地無之，一發不再發。喻有此言，黄坤載遂以爲疫證，非也。以上疫證不明治法，咸委之劫運，良可傷悼。大率瘟疫、痘疹古昔無傳，以瘟比痘疹，自是一説。果如此，則合瘟而附會《傷寒》者，皆非喻云，如是吴鞠通何以首列桂枝耶？不得聖言折衷，是以墮落叔和坑塹。此又誤。曾不若俗見摸索病狀，反可顧名思義也。如吴鞠通書，但存其藥方，刪去一切不通論説可也。昌幸微窺仲景一斑，既爲古昔所無，何又牽率仲景。其《平脈篇》中云：《平脈》爲僞書，此段尤其中至爲荒唐之文。「寸口脈陰陽俱緊者，法當清邪《内經》以風霧中於頭。中於上焦，《内經》云：「清邪中上，濕邪中下。」上指頭，下指足。喻氏貌襲其文，而義大反。濁邪中於下焦。《内經》以濕病從足起。清邪中上名曰潔也，《平脈》襲《難經》，全診兩手，盡廢諸法，不得不杜撰脈名，尚在理想之中。若高卑等名詞，諸書既不見，何苦造之？其父殺人，其子行劫，誠哉！。濁邪中於下名曰渾也。陰中於邪，必内慄也。」凡二百①六十九字，既以赤文緑字比之，何不將二百六十九字大書特書，爲之疏解？乃僅以其字數言，此段全無理由。喻氏不過藉以嚇詐，自欺欺人。故於他處亦無引用。喻氏眩販誑詐，下同市儈耳。

「寸口脈陰陽俱緊」者，仲景真書，寸口與陰陽不同見。法當清邪中於上焦，濁邪中於下焦。吴鞠通專主三焦，由此作俑。清邪中上名曰潔也，濁邪中下名曰渾也。「潔」、「渾」二字生造名目，與改脈名同。陰中於邪，必内慄也。陰盛生内寒。表氣微虚，裏氣不守，故使邪中於陰也。此寒雜病。陽中於邪必發熱，熱證。頭痛，項强，頸攣，腰痛，脛酸，與太陽經病同。所爲陽中霧露之

① 百：原脱，據喻昌《尚論篇》卷首改。

氣。故曰「清邪中上，濁邪中下」。陰氣爲慄，足膝逆冷，便溺妄出，表氣微虚，裏氣微急，三焦相溷，内外不通，上焦怫鬱，藏氣相熏，口爛食齗也。中焦不治，此詳中焦，謂雜病。胃氣上衝，脾氣不轉，以脾胃爲中焦。胃中爲濁，營衛不通，血凝不流。以上中焦。若衛氣前通者，前後指下焦言。小便赤黄，與熱相搏，因熱作使，遊於經絡，出入藏府，熱氣所迫，過則爲癰膿；若陰氣前通者，陽氣厥微，陰無所使，客氣内入，嚏而出之，聲嗢咽塞，寒厥相逐，爲熱所壅，血凝自下，狀如豚肝，陰陽俱厥，脾氣孤弱，五液注下，下焦不闔，清便下重，令便數難，臍築湫痛，命將難全。下文喻氏引此文，以爲三焦之根據。並附會各種瘟證，删補改易，與原文多所出入，何以自圓其説？

闡發奥理全非《傷寒》中所有事。乃論疫邪從入之門，以其詳三焦。變病之總，所謂赤文緑字，開天闢地之寶符，人自不識耳。説疫之高者，每託始於《素問》遺編，喻氏一語不及，而求生活於「平脈」僞書，亦可哀矣。篇中大意，謂人之鼻氣通於天，鼻口之分，出於喻氏杜撰。故陽中霧露之邪者爲清邪，從鼻息而上入於陽，入則「平脈」作「陽中於邪」。發熱，頭痛項强，頸攣，與太陽傷寒同。正與俗稱大頭瘟、蝦蟆瘟之説符也。與傷寒頭痛無别。人之口氣通於地，故陰中口屬六府，鼻通五藏，則陰陽二字適相反。水土《内經》作「濕」。之邪者爲飲食濁味，飲食乃内病，非外證，何得以此易濁邪？從口舌而下，原文作「濁邪中於下陰氣」云云。入於陰，陰陽二字顛倒錯亂。入則其人必先内慄，足膝逆冷，便溺妄出，清便下重，臍築湫痛，以上八字「平脈」無。正與俗稱絞腸瘟、軟足瘟之説符也。然從鼻從口所入之邪，必先注中焦，從上焦而入，何以先注中焦？以次分布上下，説與水穀同矣，大誤。故中焦受邪，因而不治。以上皆喻氏語。中焦不治，「平脈」有「胃氣上衝脾氣不轉」八字。則胃中爲濁，營衛不通，血凝不流，以上「平脈」語。其釀變即現中焦，俗稱瓜瓤瘟、疙瘩瘟等證，則又陽毒癰膿，二字「平脈」有。陰毒遍身青紫之類也。此三焦定位之邪也，若三焦邪溷爲一，「平脈」作「相溷」。内外不通，藏氣熏蒸，四字「平脈」無。上焦怫鬱，則口爛食斷。以上「平脈」在中一段。衛氣前通者，「平脈」有「小便赤黄，與熱相搏」八字。因熱作使，遊行經絡、「平脈」有「出入」二字。藏府，「平脈」有「熱氣所過」四字。則爲癰膿。若營氣前通者，因召客邪，嚏出，聲嗢咽塞，熱壅不行，則下血如豚肝。此上「平脈」語有删改。然以營衛漸通，故非危候。若上焦之陽、下焦之陰兩不相接，則脾氣於中難以獨運。斯五液注下，下焦不闔，而命難全矣。以上「平脈」語。傷寒之邪先行身之背，次行身之前，次行身之側，襲傳經誤説，三經不分内外。由外廓而入瘟疫之邪，則直行中道，流布三焦。三焦，州都之宮，津液所藏，主汗出，外屬形骸，與藏府各别。鼻口直入藏府，與三焦形膜無關，謂外感三焦病可也，藏府受邪不以三焦分。上焦爲清陽，故清邪從之上入；《内經》指風寒言，不指瘟疫。下焦爲濁陰，故濁邪從之下入；竟以上下分陰陽，怪誕。不知《内經》以下爲足，上下二字不言焦。中焦爲陰陽交界，竟可如此畫界，真成笑柄。陰陽同實異名之謂何？凡清濁之邪必從此區分。甚者三焦相溷，上行極而下，下行極而上，故聲嗢咽塞，口爛食斷者，亦復下血如豚肝，非定中上不及下，中下不及上也。三段不通，又變爲此説。傷寒邪中外廓，故一表即散。疫邪行在中道，真中藏府，不得以「中道」混其名義。故表之不散。傷寒邪經以皮、膚、肌爲表，或曰三陽，或統稱太陽。發汗則三陽經與三陰經同汗，故一表而愈，六經同以汗解。入胃府，此爲府證不分經。則腹滿便堅，故可攻下。疫邪在三焦，喻氏之説前無所承，自以爲發千古之秘，後來言瘟證多祖之，不惟「平脈」篇不足依據。試問三焦與藏府有無關係？仲景《傷寒》有無三焦實義？鼻與肺通，下循五藏；口與胃連，下循六府。散漫不收，從鼻從口，皆直貫藏府，何得言散漫？惟氣由水穀化，經乃以無隧道言。下之復合。編造謡言，有如目見。自欺欺人，市儈不如。此與治傷寒表裏諸法有何干涉？古書瘟疫亦有汗、吐、下法。仲景言三焦用汗、吐、下三法者多矣。奈何千年憒憒，喻氏喜創新説，而不能圓通，乃好爲大言。試折衷以聖言。竟以「平脈」爲聖言耶？抑以鼻口、三焦爲聖言耶？從前謬迷，寧不涣然冰釋哉？治絲而棼，徒使後人迷罔耳。治法未病前先飲芳香正氣藥，則邪不能入，避瘟，《千金》有專門，《外臺》亦有之。此爲上也。邪既入，急以逐穢爲第一義。邪在藏府，又以藏爲陽，府爲陰，如何逐法？上焦如霧，升而逐之，此指營衛之氣，非鼻入之藏。兼以解毒；中焦如漚，如漚，謂氣化流質從孫絡漸積，如秧苗之露。疏而逐之，兼以解毒；下焦如瀆，決而逐之，此謂營血隨經而行。喻氏全屬誤解，敢於大言創法，實由不讀唐以前書。兼以解毒。營衛既通，既邪由鼻口入，直中藏府，與營衛有何關涉？乘勢追拔，勿使潛滋。喻氏爲大魔，《條辨》爲小魔，魔鬼横行，殺劫何時了？詳定諸方，載春温方後。

有問：春、夏、秋蒸氣成疫，豈冬温獨非疫耶？疫定在三時，冬則無瘟，創爲新奇，肆無忌憚。

余曰：冬月過温，腎氣不藏，誤讀「腎」字。感而成病，少陰房勞之誤説。正與不藏精之春温無異。以冬病歸之春。計此時有春無冬，三氣即得交蒸成疫。然遇朔風驟發，定須冬風乃能散蒸鬱，三時遂無北風耶？則蒸氣化烏有矣。是以東南冬月患正傷寒者少，謂無朔風之寒。患冬温及痘瘡者最多；謂無北風散之。西北則秋冬春皆患正傷寒，以北風寒。殊無瘟疫、痘瘡之患矣。四方分治是也。若如此説，竟成杜撰臆造。此何以故？西北土高地燥，即春夏氣難上達，何況冬月之凝沍；東南土地卑濕，爲霧露之區，蛇龍之窟，其温熱之氣得風以播之，尚有可耐，設旦暮無風，水中之魚，衣中之虱且爲飛揚，況於人乎？蒸氣中原雜諸穢，如此則凡氣皆能病人矣。益以病氣、屍氣，如此又爲常事。無分老幼，觸之即同一病狀矣。此時朔風了不可得，故其氣轉積、轉暴，雖有薰風，但能送熱，不能解凉。盛世所謂解愠阜財者，在兵荒反有注邪布穢之事矣。叔和以夏應大熱而反大寒爲疫，詎知大寒正疫氣消弭之候乎？誤説。故疫邪熾盛，惟北方始能消受。北方常有凉風，又何以有蒸鬱之氣？

宋郭雍《傷寒補亡》郭氏多詳瘟疫。

傷寒温疫論一條

雍曰：傷寒時氣，症類亦多。或名「傷寒」，或名「温病」，黄坤載亦以爲春曰風病。或曰「時行」，或曰「温疫」，《外臺》有「寒」、「温熱」、「時行」、「癘疫」四門。或曰「温毒」，或以爲輕，或以爲重，論説不一，益令人惑。大抵其病往往有一種：即時發者必輕，《溯洄》以爲《傷寒》專爲此病而作，大誤。經時而發者必重也。有一時、間時之分。且如傷寒一病，仲景「序例」、《千金》引《小品》，以爲經言。以爲：「冬傷於寒，中而即病者，名曰傷寒。」蓋初感即發，無藴積之毒氣，雖爲傷寒，而其病亦輕。仲景「序例」。又曰：「不即病，寒毒藏於肌膚，至春變爲温病，温爲春病名，由冬寒，與傷風同名。至夏變爲熱病。」夏爲熱病，長夏乃濕，當以此句爲正。是則即傷於寒，又感於温。又感風邪。兩邪相搏，合爲一病。風寒兼受。如人遇盜，又有同惡濟之者，何可支也？故傷寒冬不即發，遇春而發者，比於冬之傷寒爲重也。此專指桂麻合證。又有夏至而發者。蓋寒毒淺近在膚腠，華氏二日。正氣易勝，故難久留，是以即發，其毒稍深，則入於肌肉，華氏三日。正氣不能勝，必假春温之氣開疏腠理而後可發，是以出爲温病。此又冬病發於春時，不重感風邪者。又其毒之盛者，經時既久，深入骨髓，《內經》由皮至骨，有九層説。非假大暑消爍，則其毒不可動。此冬傷於寒，至夏爲熱病者，《外臺》歸之時行，冬傷於温，遇春寒束閉，立夏乃發，郭以爲正傷寒，偶不同。所以又重於温也。故古人謂冬傷於寒，輕者夏至當作「立夏」。以前發爲温病；甚者，夏至以後發爲暑病也。夏至以後爲長夏。濕令暑病多陰，與熱證不同，不可誤認爲一。此三者，温熱。其爲傷寒本一也，惟有即發、不即發之異。隨脈當作「時」。變動，遂大不同。又有冬不傷寒，至春感不正之氣而病。其病春傷於風，正病温。無寒毒之氣爲之根，雖名温病，當作感風，而病爲正氣。不正之氣專屬「時行」。又比冬傷於寒，至春再感温氣爲病輕。然春温、「序例」「春氣温和」，後人讀爲「瘟」者，大誤。冬寒之病乃由自感、自致之病也。「序例」所謂「四時之正」，以下説「時行」。若夫一鄉、一邦、一家皆同患者，是則温之爲疫者然也，專指春時病。非冬傷於寒自感、自致之病也。「序例」所謂「冒觸」，有得病之蹤跡可尋，時行則無之。蓋以春時應煖而反寒，夏熱反涼，秋涼反熱，冬寒反煖，氣候不正，「序例」所謂「不正之氣」，《外臺》稱爲「時行」。盛强者感之必輕，衰弱者得之必重，故名温疫。亦曰天行、時行也。設在冬寒之日，而一方、一鄉、一家皆同此病者，亦時行之寒疫也。然則夏當名「熱疫」矣。大抵冬傷於寒，經時而後發者，有寒毒爲之根，再感四時不正之氣而病，則其病安得不重？如冬病傷寒，春病温氣，正病。與夫「時行」、「瘟疫」之類，此指時行瘟疫之即發者而言。皆無根本蘊積之類。纔感即發，中人淺薄，不得與寒毒蘊蓄，有時而發者同論也。惟温毒一病，既非傷寒，又非温病。乃在冬時先感冬温不正之毒，後復爲寒《外臺》作「春寒」，此當脱「春」字。所折，膚腠閉密，其毒進不得入，退不得泄，必假天氣暄熱，去其外寒，而後温氣得通。《外臺》以爲「時行」之重者。鬱積既久，毒傷肌膚，故斑如錦文，或爛爲瘡，而後可出。郭於《病源》、《千金》、《外臺》研究最深，如同經傳。喻嘉言絶不談及，自以仲景後，一人直接醫統，故以爲晉以下皆失，不考古書，妄立邪説，不及徐靈胎遠矣。仲景「序例」。曰：「其冬有非節之煖，名爲冬温。」冬温之毒與傷寒大異，謂此温毒也。冬時温，非正氣。亦有所感輕淺則易出，所感深重則非節之煖，人人皆感，故每爲疫。其實先温後寒，所以與傷寒大異。以氣之正、不正分。然四時之氣有正有不正，何也？《大論》曰：「序例」之《陰陽大論》。「春氣温和，夏氣暑熱，秋氣清凉，冬氣冰冽，此則四時正氣之序。」所謂四時正氣之病也。又曰：「春時應煖，而反大寒；夏時應熱，而反大凉；秋時應凉，而反大熱；冬時應寒，而反大温：此非其時而有其氣。」是以一歲之中，長幼之病，多相似者，此則時行之氣，是謂不正之氣毒傷人者也。雍案：《傷寒》名例已見於初卷，今辨析時行温疫，詳言著於篇下。

温病六條 録二條

雍曰：醫家論温病多誤者，蓋以温爲别一種病。不思冬傷於寒，至春發者，謂之温病。留病。冬不傷寒，而春自感風寒「寒」字可删。温氣而病者，亦謂之温。即病。及春據《病源》、《外臺》，「春」

字當作「冬」。有非節之氣冬應寒而反温。中人爲疫者，亦謂之温。時行。三者之温，一留病，一即病，一非時。自不同也。《素問》曰：「冬傷於寒，春必病温。」留病不必感風亦病。又曰：「凡病傷寒而成温者，先夏至當作「立夏」。日爲病温。」立春、春分九十日。此皆謂傷寒而成温者，連二時。比之傷寒、冬。熱病夏。爲輕，三時。而比之春温之疾爲重也。即春爲輕。其治法與傷寒此專指冬時方而言。皆不同。冬傷寒，麻；春中風，桂。或有冬不傷寒，至春自傷風[寒]字衍。而病者，春時本有寒病，據四時立説，則界劃宜清。初無寒毒爲之根源，不得謂之傷寒，第可名曰温病也。自喻嘉言後，每讀此「温」字爲「瘟」，皆由喻氏作俑。又或有春冬温。天行非節之氣中人，長幼病狀相似者，此則温氣成疫也，故謂之瘟疫。以時行爲瘟疫，則與四時病所感同。瘟疫之病多不傳經，仍由外至内。故不拘日數，治之發汗、吐、下，隨症可施行。後人乃有「禁汗」之誤説。其冬不傷寒，至春觸冒、觸冒亦審證，風寒時近，皆可審按。若瘟疫天行，多不知病所得。自感之温，治與疫同，又輕於疫也。汗、吐、下三法爲外感之總訣。或曰：春時觸冒、自感之温，古無其名，何也？曰：假令春時有觸冒，自感風[寒]而病發熱、惡[寒]、當作「風」，又汗自出，春氣疏洩也。頭疼、身體痛者，桂枝證。既非傷寒，傷寒惡寒，無汗。又非疫氣，不因春時温氣而名温病，當何名也？如夏月之疾，由冬感者爲熱病，不由冬感者，亦爲熱病。不由冬感者爲暑，長夏乃爲暑。爲暍。秋乃名暍。春時亦如此也。此處少有參差。《活人書》「萎蕤湯方」云：治風温，春傷於風，爲傷寒之中風，亦名「温病」，亦曰「風温」，舊説多誤。兼療冬温，此爲時行。及春月中風[傷寒]，病分四時，則

「風」、「寒」二字不可混用。即其藥也。曰：何以辨其冬感、春感之異？此爲時行。曰：但傳經郭氏詳言華氏法，此當爲華氏六層，非俗説之「傳經」。皆冬感也，皆以傷寒治；以麻黄爲主。不傳經者，謂直病耳，有觸冒可尋。皆春感也，皆以温氣治之。今於諸家方論下，别而言之，庶幾易明。然春温之病，古無專治之法，桂枝即是主方，郭未悟此理。温疫之發兼之也。内如有熱，自不用桂、麻，别有苦凉之劑。

《活人書》曰：「春月傷寒，謂之温病。」冬傷於寒輕者，夏至以前發者爲温病，蓋由春温煖之氣而發也。宋以前讀「温」字爲「温煖」，後人乃移作「瘟」，吴鞠通牽引傷寒説「瘟」，是爲大誤。雍曰：「此謂傷寒之温也。」《傷寒》書中之温。即《素問》所謂「凡病傷寒而成温病者」謂留病。是也。其治與傷寒同，故朱氏自注曰：「非徒温疫也。」又曰：「治温病桂枝解肌。與冬月傷寒、麻黄。夏月熱病不同，葛根、白虎。蓋熱輕故也。」以温熱相較。雍曰：此謂春温非傷寒者，即病。若傷寒成温，留病。則其熱輕於熱病，而重於冬月傷寒也。專以熱相比。蓋冬月傷寒爲輕，指即病。至春發爲温病爲重，留重於即。夏月熱病爲尤重也。歷三時尤重，即發熱亦重。朱氏注曰：「春秋初末，陽氣在裏，其病稍輕，縱不用藥治之，五六日亦自安。」即此推之，則此春温之病，乃謂非傷寒成温者。即發。又曰：「升麻湯、解肌湯最良。」仲景立方多爲中法，因證、因人而異。以桂枝言，其禁忌多矣，加減法共十八九變，非刻定死方也。王安道乃以《活人》、河間之加減爲廢仲景書，遂以仲景專爲冬時即病著書，種種顛倒，使人迷罔，此皆刻定死方之派誤之。熱多者，小柴胡湯主之；不渴，外有微熱者，小柴胡加桂枝也；嗽者，小柴胡加五味也，煩躁，發渴，脈實，大便閉塞者，大柴胡微利也；虚煩者，竹葉湯次第服之。此治春温之法。其傷寒成温者，並依傷寒治之。治温疫之法並同春温，與傷寒同。而加疫藥也。三法何等直切，自喻嘉言別創新例，而魔術迷人，每解彌甚。又曰：「一歲之中，長幼疾多相似，此温疫也。」四時皆有不正之氣，春夏亦有寒凉時，秋冬亦有暄暑時。人感疫癘之氣，一歲之中病無長幼悉相似者，此則時行之氣，俗謂之「天行」是也。老君神明散、務成子螢火丸、方見《千金》。聖散子敗毒散主之。《活人》所引多《病源》、《千金》、《外臺》舊説，古法多有存者，喻氏乃一切不讀，並云晉以後皆非正傳，師心自用，創造無數新例，皆不讀唐以前書之過也。雍曰：此謂春温成疫之治法也。若夏暑成疫，秋濕成疫，冬寒成疫，皆不得同治，各因其時而治之。此四時外感分治之總訣。況一歲之中，長幼疾狀相似者，即謂之疫。如瘧利相似，咽喉病相似，赤目相似，皆即疫也，皆謂非觸冒自取之，以此爲證。因時行之氣而得也。

風温温毒四條 古無風温病名，由宋人誤創此病，當删。

《千金方》曰：「温風之病，脈陰陽俱浮，即所謂人寸俱浮。汗出體重，皆外證。其息必喘，偏於熱。其形狀不仁，默默欲眠。此由外感所致，非裏證。○《傷寒》文多誤，當據《千金》校改。下之者，小便難；發其汗者，必譫語；自汗、汗多不可再傷津。加燒鍼，則耳聾難言；但吐之，則遺矢，便利。汗、吐、下俱忌。如此疾者，宜服萎蕤湯。」《傷寒》文多誤，又無方。《活人書》曰：「脈尺人。與「序例」同爲字誤。

寸以手三部言，尺無在寸上者。俱浮，即《千金》「陰陽俱浮」。頭痛身熱，常自汗出，體重，其息必喘，四肢不欲收，嘿嘿但欲卧者，與桂枝證同而較重。風温也。」全同《千金》，蓋本之立説。

病人素傷於風，因復傷於熱，考經云：「春傷於風。」又曰：「春氣温和。」風與温名異實同，皆謂春病。《活人》變温爲熱，則又身熱病，非温病矣。風熱温。相搏，則發風温，主四肢不收，頭疼，身熱，常自汗出不解，與桂枝症大同小異。屬在少陰厥陰，四字文義不接，當有脱誤。不可發汗。無論何病，在表則可發汗，入裏則不可發汗。舊説不分表裏，但以經與證名爲斷，皆非也。汗出則譫語，獨語，内煩躁，擾不得卧，若驚癇，目亂無精。無論何病皆如此，不獨風温。治者復發其汗，如此死者，醫殺之也。「入裏禁汗」爲總訣。

《活人書》曰：「風温不可發汗，以汗多熱盛。宜萎蕤湯。風温身灼熱者，知母葛根湯；風温加渴甚者，栝蔞根湯；風温脈浮，身重，汗出，漢防己湯。」風即温，文出仲景本作。凡風爲病，誤作風温，上文「風温」二字又陰陽交脱文，本屬二條，奪漏差迕，成此大錯，急當辨正。

《活人書》曰：「初春病人肌肉，發斑隱疹，跡如錦文，或欬，心悶，但嘔者，此名温毒也。以温毒爲冬温之留病。温毒發斑者，冬時觸冒寒毒，至春始發。此以冬寒留病，發於春爲温毒。病初在表，症如傷寒，或已發汗、吐下，而表症未罷，毒氣不散，或發斑，黑膏主之。原注：成瘡者，自作瘡毒治，不可用黑膏。又有冬月温煖，人感乖戾之氣，冬未即病，至春或被積寒所折，毒氣不泄，至天氣暄熱，温毒始發。《外臺》本云：「冬感温，至春寒爲寒氣所折，不得發，至夏乃發。」。則肌肉斑爛，癮疹如錦文，而欬，心悶，但嘔清汁，與上條小異。葛根橘皮湯主之。」雍曰：不必初春，春夏皆發。其斑與傷寒不同，此指冬即病言。癮疹如錦文，而不作瘡爛者是也。其發瘡膿爛者，即時行熱毒，豌豆瘡也。即今之痘疹。二者初症皆先有表證如傷寒，又有癮疹赤白二種，初無表證，暴感温氣而作，其毒輕淺，風尸之類也。又有一種，偏身如錦，初亦無表證，暴感而作，如丹如疹，其毒亦輕，皆詳見「小兒瘡疹後斑瘡癮疹論辨」中。雍曰：仲景言風温、温毒二證，又與二説不同。仲景之言曰：「傷寒過十三日以上，不間，尺當作「人」。寸陷者，《内經》獨陷下者病。大危。若更感異氣，變爲他病者，當依後壞病症而治之。變成《金匱》雜證。若陽脈浮滑，人迎盛。陰脈濡弱者，寸口小。更遇於風，變爲風温。陽脈洪數，陰脈實大者，更遇温熱，變爲温毒，温毒爲病最重，此乃傷寒後四種壞病，此病最爲重也，又非但前所謂風温、温毒而已，其用藥亦當不同。」然則仲景所言「傷寒壞病」，中風、温毒也。諸家所言者，冬春自感風温、温毒也，其治之輕重不得不異也。四種壞病中，又有濕温一證，見第八卷「不可汗門」中。《序例》此條不見於《千金》、《外臺》，疑後人據《難經》僞説所補者。

雍曰：天行温疫，雖證不多，用藥亦多。端如《千金方》言辟温疫氣，並斷温疫相染諸方及《千金翼》彈鬼丸、神明白散、太乙流金散、螢火丸等方，前人雖嘗選用，更嘗缺省。收其遺逸用之。大抵治疫尤要先辨寒温，然後用藥。取陰陽表裏之在傷寒也。故龐安常又述其治寒疫諸方，蓋以赤散、解聖散之類，皆宜治寒疫，若施之温疫，則益熱矣。《千金》本爲《傷寒》上卷，首「辟瘟」，即「治未病」之義，故先之。

傷寒相似諸證十四條

雍曰：《活人書》論痰證、食積、虛煩、腳氣此皆久病内因，非外感汗病。四者，皆見《金匱》，爲雜證。皆與傷寒相似，而實非傷寒。讀《傷寒》以辨雜證，爲入手之要訣。醫者見其發熱，惡寒，多作傷寒治之，因兹夭横甚多，故特立此名，使覽者知其非傷寒也。四者正病，脈必不浮。雍取此論而廣之，然虛煩一證已置之前卷者，仲景言病有本是霍亂，今是傷寒者。由雜病新感變傷寒。孫真人言傷寒後虛煩，故以霍亂、虛煩二病次於前卷痓、濕、暍之後。今獨取朱氏之説，繼之以瘡毒、蠱毒、溪水、瘴霧諸證類傷寒者，皆當辨證而後用藥也。亦《千金》首「辟瘟」之義。

《活人書》曰：論痰證。「病有憎寒發熱，似傷寒。惡風自汗，似中風。寸口脈浮，表脈。胸膈痞滿，以下入裏。氣上衝咽喉不得息，而頭不疼、項不强者，以此定非太陽表證。此爲有痰也。雖類傷寒，但頭不疼，項不强爲異。宜服柴胡半夏湯、半表半裏，加半夏去痰。金沸草散、大半夏湯。若氣上衝咽喉，不得息者，用瓜蒂散吐之。病在胸。古法，服瓜蒂散，詳服瓜蒂散法。用一錢匕，藥下便卧，欲吐且忍之。良久不吐，以三錢匕，湯二合和服，以手指摘之便吐，不吐復稍增之，以吐爲度。若吐少，病不除，明日如前法再服之，但不可令人虛也。吐之禁忌。藥力過時，不吐，飲熱湯一升以助藥力。吐訖便可食，無復餘毒。若服藥過多者，飲水解之。」雍曰：凡吐後須服糜粥二三日，忌生冷油膩物。

又曰：論食積。頭疼脈數，發熱惡寒，似傷寒。而身不疼痛，以此定非傷寒。左手此《難經》法。脈平和者，以此定爲食，左當爲右，寸口無病。食積也。《内經》寸口主中，以左爲人迎，右爲寸口。人迎脈大，食積。雖類傷寒，而左手人迎當如寸口。脈平和，此用「左爲人迎，右爲寸口」之誤説，沈守中《良方》序：「今人診脈，但詳兩手六脈，古人則診十二經動脈。」身不疼痛者是也。《甲乙經》出《内經》。云：人迎此指頸脈，不在左手。緊盛，傷於寒，氣口緊盛，傷於食。蓋氣口主中，人迎主外，以此別之。傷食之證，明人多主此説，大誤。曰脾胃伏熱，因食不消，發熱，故以傷寒。若膈實、吐嘔者，食在上脘，宜吐之；若心腹滿，宜下之。治中湯、五積散、黑神丸可選用也。雍曰：巢氏言脾胃有伏熱，因食不消，所以發熱，狀似傷寒，但身不疼，頭不痛爲異。二十一卷宿食病似傷寒候。

又曰：食積病亦類時行，但食病當速下之，時行病當待六七日下之。郭氏最重《病源》，隋前古法也，方、喻以下，不看古書矣。

又曰：此論脚氣。傷寒頭疼，身熱，支節痛，大便秘，或嘔逆而脚屈弱者，脚氣也。按：傷寒只傳六經，故證與脚氣相似，然終不同者，孫真人云：卒起脚屈弱不能轉動者，此爲異耳。其脈弦强。而浮者起於風濡，而弱者起於濕，洪而數者起於熱，遲而濇者起於寒。風濕寒熱，亦如四時。風者汗而愈，濕者溫當作「燥」。而愈，熱者下而愈，寒者熨而愈。脚氣之病，始得不覺，由他病如外感。乃知毒氣入腹，則少腹頑痺不仁，令人吐嘔，死在旦夕矣。然脚氣之候，必先從脚起，或先緩弱、疼痛，寒勝爲痛痺。或行起忽倒，今所謂中風。或兩脛腫滿，或不腫，脚膝枯細，或心中忪悸，或少腹不仁，病久入深，營不榮，故爲不仁。不仁者，皮膚頑木不知是也。或舉體轉筋，或見食吐，遂惡聞食氣，或胸滿氣急，或遍體酸疼，皆脚氣候。黄帝所謂「緩風痺」是也。頑弱名緩風，疼痛爲濕風痺，「痺」者閉也，閉而不仁，故名「痺」。宿患瘴毒，得熱更增。雖形候旺盛，猶在於表，未入腸胃，不妨温瘴。雖暴壯熱，煩滿，秘塞，正須温藥汗之；汗之不散，不妨寒藥下之。若服利藥不瘥，成黄疸，不瘥爲屍疸。病前熱而後寒者，發於陽；無後。熱而惡先。寒者，發於陰。發於陽者表證。攻其外，發於陰者裏證。攻其内。一日、二日發汗必愈；三日以上宜吐之；四日在胸，宜吐。五日以上當下之。此同華氏法。雍曰：《要方》參《千金翼方》十卷皆有方宜用。《要方》、《千金》與《翼》本《傷寒》同在九、十卷。

問曰：「瘴作瘧何如？」巢氏曰：「此病生於嶺南一帶山瘴之氣。其狀發寒熱，休作有時，皆由山谿源嶺瘴濕毒氣故也。其病重於傷寒暑之瘧，鯪鯉湯主之。此又休作無時，其初皆類傷寒也。」巢氏以此附「瘟疫」，喻嘉言所云「由口鼻入」者，專屬「瘴蠱」。

問曰：「霧氣如何？」在四時病之外。《千金》三十九卷①曰：「患霧氣者，心内煩悶，少氣，頭痛，項急，起則眼眩，又身微熱，戰掉不安，時復憎寒，心中欲吐，吐時無物者，豬膚湯主之。」雍

---

① 三十九卷：原作「十卷」，並小注曰：「分本卅九卷。」據郭雍《傷寒補亡論》卷一八改。

曰：頭痛，項急，身熱，憎寒，皆傷寒類也。問曰：「温瘧類傷寒何如？」《素問》三十三篇岐伯曰：「温瘧者，得之冬，中於風寒，氣藏於骨髓之中，至春則陽氣大發，邪氣不能自出，因遇大暑，腦髓爍，肌肉消，腠理發泄，或有所用力，邪氣與汗皆出。此病藏於腎，當作「骨」。其氣先從内出之於外也。如是者，陰虚而陽盛，陽盛則熱矣。衰則氣復，反入則陽虚，陽虚則寒矣。故先熱而後寒，名之曰温瘧。」雍曰：温瘧始感之氣與傷寒同，及其發出之時與傷寒異。故不爲傷寒，而爲瘧也。温瘧之證，寒中三陽，所患必熱，小續命湯去附子減桂一半主之。大煩躁者，紫雪最良；大便秘者，脾約丸、神效丸、五柔丸、大三脘散、木瓜散主之；頭痛身熱，肢體痛而腳屈弱者，是其人素有腳氣，此時發動也。腳腫者，檳榔散主之。腳氣方論，《千金》、《外臺》最詳。大熱，越婢湯、小續命湯、薏苡仁酒、脾約丸、神效丸皆要藥，仍鍼灸爲佳，用補藥與湯淋洗皆大禁也。雍曰：此其大致也。前言「閉而不仁」，故名痺。不仁者，痺之一證，非痺皆不仁也。腳氣與痺各詳本證論之。

雍曰：凡射工毒、水毒、瘴霧、瘖瘍、斑豆等證，其初如傷寒。故孫真人於《傷寒》後附「溪毒」一證，溪毒即射工，今詳其狀類以明其證，與傷寒别，是亦疑而辨之也。

孫真人曰：「江南有射工毒蟲，一名短狐溪毒，一名蜮，其蟲形如甲蟲，無目而利耳，有一長角在口前如弩，担其角端，曲如上弩，以氣爲矢，因水勢以射人，人或聞其在水中鉍鉍作聲，要須得水没其口，便以口中毒射人。此蟲畏鵝，鵝能食之。其初始證候，先要寒噤，寒熱筋急，仍似傷寒，亦如中風，便不能語，朝蘇晡劇，寒熱悶亂，是其證也。始得三四日，急治之，稍遲者七日死。」又曰：「中人瘡有三等。」巢云四等。又曰：「其蟲小毒輕者，及相逐者，射著人影者，皆不即作瘡，先病寒熱，自非其地之人不知其證，便謂傷寒，作治乖謬，是以致禍。」方見《千金》二十，按宋本在第十卷。雍曰：巢言含沙射人影便成病，此取杜元凱之説。又曰：「中人頭面尤急；腰以上去人心近，多死；腰以下小腹，不治亦死。」

孫真人曰：「凡山水有毒蟲，人涉水之時，中人似射工而無物。其診法初得之惡寒，微似頭疼。」巢云：「偏頭痛，目眶痛，心中煩懊，四肢振，掀腰背，百節皆强，兩膝痛，或翕翕而熱，但欲眠，旦醒暮劇，手足逆冷至肘膝。二三日，腹中生蟲蝕人下部，肛中有瘡，不痛不癢，令人不覺。不急治之，六七日上蝕五藏，下利不禁，良工不能治矣。水毒有陰陽，覺之，急視其下部，若有瘡正赤如截肉者，爲陽毒，最急；瘡如鯉魚鱗者，爲陰毒，猶小緩；要皆殺人不過二十日也。」初中水毒時，當以小蒜作湯試之，方治詳見《千金》。巢氏曰：「東南郡縣山谷溪源有水毒病，亦名溪溫。以其病與射工診候相似，故通呼溪病。」其實有瘡是射工，無瘡是溪毒也。又曰：「水毒有雌雄，脈洪大而數者爲陽，是雄溪，易治，宜先發汗及浴；脈沉細而遲者爲陰，是雌溪，難治。欲審知是中水毒者，手足指冷爲是，不冷非也。又呼爲蜚病。」

巢氏曰：「嶺南從仲春至仲夏行青草瘴，季夏至孟冬行黃芒瘴，先熱後寒。」自餘諸瘧疾，見本病門。以上當與《千金・辟瘟門》相參。

問曰：「傷寒亦變瘧乎？」《千金》三十五卷《千金》止三十卷，此當是後人以九十三卷本改者。曰：時行後變成瘴瘧者，大五補湯主之。

問曰：「酒病似傷寒，何如？」巢氏曰：「酒有毒而性尤熱，飲之過多，故毒熱氣流溢經絡，浸淫府藏而生諸病也。或煩躁壯熱而似傷寒，或灑淅惡寒，有同温瘧，或嘔利不安，或嘔逆煩悶，隨藏氣虚寒而生病焉。」雍曰：凡癰疽病及豌豆疱瘡之類，初證多類傷寒，各見本門，更不重出也。誤說。

瘟疫平議①　陸九芝《世補齋醫書》。

温熱病説一

「傷寒」、「温病」、「熱病」、「時行」，《病源》、《千金》、《外臺》同一汗、吐、下治法，惟藥有小異耳。

○温爲春病，即中風，喻、黄已明言之。熱爲夏病，熱與寒反，冬與夏反，同爲四時病，同以汗、吐、下三法治之。六經固不拘，而汗、吐、下三法則同。陸氏專以屬陽明，亦誤。觀其所列諸方，固不離乎三法，言三法則不必專屬陽明府證。

余既取《難經》「傷寒有五」之文，《難經》不足據。以四時言，則五病當爲寒一、風温二、熱三、暑濕四、燥五。明仲景撰用《難經》之意，凡温熱之治，中風即温熱，與寒反。即當求諸《傷寒論》中者，無疑義矣。而其「二曰傷寒」與「四曰熱病」、「五曰温病」，則傷寒自是傷寒，温即中風。熱自是温熱，正有不可不辨者，而余謂此亦最易辨也。何以辨之？則仍辨以《傷寒論》太陽、陽明兩經之證。辨病則不據經，此説大誤。以經言之，太陽在外，陽明在内；此誤據傳經俗説。以證言之，太陽當云在經。爲表，陽明當云入府。爲裏。陽明經證。經稱外證亦爲表。傷寒由表入裏，其始僅爲太陽證。當云經證，六經所同。温熱由裏出表，此句誤襲俗説。其始即爲陽明證。古法治温熱亦分表裏，單言陽明，亦分經府。苟

① 瘟疫平議：本書書眉作《瘟病平議》。

非能識傷寒，何由而識温熱？同是一法，説成兩歧則大誤。苟非能識傷寒之治，何由而識温熱之治人？苟於太陽、陽明之部位，既從兩經歷歷辨之，一背一腹，何能鬭分兩病？不知傷寒二經名義多不指經脈言。再勘定其人之所病，或僅在於太陽，或已在於陽明，經病不能如此截分。三日已後入裏，則不分經。如病已在胸、腹、胃，則六經所同。在表乃分經，入裏則不分經。經之太陽多指表言，陽明多指胃言，因致此誤耳。而寒與温當作「熱」。之分途，自截然而不爽，故必能識傷寒，而後能識温熱也。用藥之法，傷寒起自太陽。此句誤。惟辛温始，可散邪，不得早用辛涼。不知温即中風。温熱起自陽明，誤。惟辛涼始可達邪，不得仍用辛温。不當以經分，當以時證分。寒與温皆稱汗病，病之初皆當汗解。六經五病皆同。而辛温之與辛涼則有一定之分際，而不可混者，三句是。故必能識傷寒之治，陸氏誤以傷寒、中風同爲冬病。而後能識温熱之治也。且夫《傷寒論》之有青龍、白虎也，分證不分經，熱自用涼，寒自用熱，所説皆誤。蓋因傷寒初起，失用温散，寒邪内傳，便成温熱。寒不變温熱，此謂由經入府耳。治不改就寒涼。故兩方並用石膏，而其分則在一用桂、麻，以汗解。一不用桂、麻。經云：無表證用白虎。有桂、麻者，不可用於温熱病，青龍既有石膏，有裏熱非此不解。專屬陽明之候，温熱自爲温熱，入府自爲入府，二者本屬兩事，誤爲一事，是傷寒無裏證，温熱無表證矣，最爲舛謬。但可用於傷寒病欲轉陽明之候。知傷寒有府證，何能專主温熱？無桂、麻者，則既可用於傷寒病已入陽明之候，即可用於温熱病發自陽明之候。不自府發，大誤。此又因讀《病源》、《千金》、《外臺》不熟之故。蓋其時，陰爲熱傷津、傷液，惟寒涼之撤熱力，始以救陰。熱之不撤，説入府是。陰既有不克保者。所以芩、連、膏、黄皆以治温，非以治寒。但當云傷寒入府，「病熱」與「熱病」同，則文義俱明矣。只除去起首桂、麻二物，熱病無表證，自不用麻、桂，有表證不當用白虎則奈何？則《傷寒論》中方大半皆治温、治熱方矣。此自是通論，特古書有治温熱專篇，全不引用，何也？凡傷寒發熱者，不渴。如服桂枝湯已而渴，服柴胡湯已而渴，不惡寒，反惡熱，始初惡寒，一熱而不復惡寒。凡傷寒欲解時，寒去而熱亦罷。若寒去熱不罷，汗出仍熱，而脈躁疾，皆温病之的候也。此句大誤。汗出仍熱而脈躁疾，《素問·熱病》以爲「陰陽交，交者死」，下有數十句，詳其必死之由。《傷寒》經云：「發汗已，仍熱而渴，不惡寒，名曰風温。」與《内經》之文小異，猶可解爲别一證。今乃引「脈躁疾」之文足之，則是《内經》兩感必死之證，非傷寒温證矣。病之始自陽明者爲温。即始自太陽而已入陽明者，亦爲温。然則全以入府裏證爲温矣，豈非大誤？是故太陽病發熱而渴，當爲「汗」字之誤。不惡寒者，專惡風。爲温病。春傷於風之温病。此一條本以「太陽病發熱」五字爲句，以「而渴不惡寒者」專惡風而無惡熱字樣。六字爲句。蓋上五字爲太陽，而下之「渴不惡寒」即陽明也。仍爲表，無胸、腹、胃證。又太陽病桂枝證醫反下之，利遂不止，脈促者，當依他條讀作「浮數」。表未解也，喘而汗出者，葛根黄連黄芩湯主之。方專主表，兼理下利。此一條桂枝證本太陽病，而以醫誤下，遂入陽明。下利屬胃寒，爲腹病，與胃實熱病全反。蓋上六字爲太陽，誤。而「下之脈促喘汗」即陽明也。下有「表未解也」四字，未之見耶？大抵陸氏於華氏古法全無理會，故其誤至此。觀此兩條之渴也、喘也、汗也、表。脈促也、表。不惡寒也，表。皆屬温熱，皆屬表證，乃以爲熱，然則「利遂不止」句亦可爲熱病耶？即皆屬陽明。陸氏以熱爲陽明專病，故於「胃寒」之數條經文全不理會。而條首仍冠以太陽字者，以太陽統皮、膚、肌，爲經之常例。正令入於「渴利」等字「渴」

爲「汗」字誤，渴不得云入胃，利不得云熱證。知其病之已從太陽傳入陽明，讀作「胃」，不指經。急當專就陽明治也。汗、吐、下三法不分經。若因其上有「太陽」字，仍作太陽觀，仍用太陽方，經云：表未解，病仍在表，當用汗法方。或並認作太陰病者，指下利言，經有表未解明文。皆非能識温熱者也。三陰三陽，經絡分列人身，同在皮、膚、肌之間，有何淺深層次之可言？又邪有傷犯，各居異地，自當其衝，又何以一經傳遞五經？華氏法四日在胸，五日在腹，六日在胃，經每以三日以前之皮、膚、肌統稱爲「太陽」。四日之胸，目爲少陽；六日之胃，目爲陽明。因此致後人誤以爲傳經，遂不用華氏法。陸氏之誤亦由此耳。

温熱病説二

陸氏此三篇可以不作，但立一條文云：冬傷於寒，屬寒氣，可用辛温發散；夏傷於熱，熱與寒反，當用清凉，治寒之劑在所禁。明白切直，不必糾纏牽混，法未立而弊已叢生。

温熱之病爲陽明證，陸氏迷罔專在此二句，夢中又夢，遂不可究詰。證在《傷寒論》中，方亦不在《傷寒論》外，考《靈》、《素》二經之熱證與隋唐治傷寒法文多不具，舉一反三，知治寒則知所以治熱。本不難辨。自夫人以論外之瘟疫，隋唐法有「時行」一門，在瘟疫外。作論中之温熱，惟恐瘟疫與傷寒混，適將温熱與瘟疫混，反將温熱與傷寒混。傷寒、温熱、瘟疫三者愈辨愈不清矣。駁諸家是。是故欲得温熱之真，必先嚴瘟疫之界，乃能知傷寒之論本自有温熱之方。凡病之里巷相傳，長幼相似，其小者如目赤，頤腫，咽痛，欬嗽之類常常有之，非大疫。屬温者多。其大者變起倉猝，一發莫制，有不定其病之爲寒爲温者，衆人傳染，如徭役。然因其傳染，乃名爲疫。古書四時病皆有避染法，必待相傳染而後定病名，則初病者皆死矣。謂疫證傳染，可也；因傳染而後定爲疫，不可也。相染、不染其差別又是一事，不得據是以爲斷。若病只一身，即在同室侍疾之人傷寒亦染亦不染。亦不傳染，則温爲温病，熱爲熱病。誤二病隋唐皆有避染法。其初傳與傷寒之太陽異，誤以經之太陽專指背一經。其中傳與傷寒之陽明同。誤以經病、府病同稱陽明。既不傳染，即不得以疫名。以此爲斷，亦不得已之詞。乃人皆以病之傳染者，始謂之温讀作「瘟」。而反以不傳染之温病，獨不得用桂麻、青龍者，仍狃於「傷寒」二字，而用桂麻、青龍之方，十治九誤。是不知病，又不知方，不足責矣。所以欲明温熱者，必與傷寒辨，而尤必先與瘟疫辨。與瘟疫辨者，無他，蓋即辨其傳染、不傳染耳。明乎傳染之有寒、有熱者爲瘟疫。必先辨瘟癘與四時正病之分，何在又徧考疫癘之種類？別有所持，乃爲定論。若專恃傳染以定，病不惟緩不救急，即傳染又生枝節，使人疑阻矣。即知不傳染而有熱無寒以寒熱分，用舊説。獨陽明病則專爲熱。經云「胃中虚冷，中寒不能食」諸條皆不提及，則知二五，而不知十矣。者爲温病。熱病又如何？其所以異於瘟疫者，只在此「不傳染」之三字。大誤。其所以異於傷寒者，亦只在不用桂、麻、青龍之三方。因三方而發此論，似未全讀《傷寒》方者。此外，則與傷寒病、寒既成温而後病無少異，方亦無不同。死於句下，又與《溯洄》同。《溯洄》因麻、桂而囿傷寒專治冬時即病。陸氏則去三方，遂可以通治温熱，然則是知仲景用連、芩而不見附、薑矣。凡温病之宜用葛根、芩連、白虎湯、諸承氣湯，及凡爲清法所治者，病在論中，方亦在論中，知病之如是者，即謂之温，乃不以病之傳染者，始謂之温。而反以温病之不傳染者仍用桂麻、青龍之法矣。何以止説三方？王安道死於麻桂，此多一青龍，皆不深思之過。徐靈胎絶不至此。質而言之，温病者，陽明也。《傷寒論》注以成氏爲最先。《千金翼》最早，陸氏早言之。成氏只有「陽明也」三字，此又誤解。包埽一切，言簡而明。陸氏自命爲善治陽明，陽明無死證，觀其所論，直不知陽明經府之分，寒熱之辨，好爲大言，喜創新法，師心自用，其失敗與喻、黄同。他若葛稚川以葱豉湯治温而云傷寒有數種，以濕屬傷寒。庸工皆不能辨。劉守真以升麻葛根湯治温，而云傷寒曰大病，以其爲害之大也。夫治温而曰傷寒有數種，治温而曰大病之傷寒，則知前人之通稱傷寒者由來已久。然苟不先嚴瘟疫之界，除傳染一法，實無别法。即不能得温熱之真。柯韻伯曰：「温春。熱夏。利害只在一人，瘟疫利害禍延鄉里。」今人不分温熱、瘟疫，以辭害義矣。《傷寒》「序例」以傷寒、温、熱、濕爲四時正氣。正病時氣，爲四時異氣，變氣以瘟疫，比之山巒瘴氣、射工尚爲明了，有所依據，似此則言如未言。周禹載曰：「一人受之則謂之温，一方受之則謂之疫。」薛一瓢曰：「江西才宏筆肆，而論温自呈敗缺。温、瘟二證絶無界限，糾纏傷寒，陸氏與喻同病。人不知其牽混也。」黄坤載曰：「温病者，一人之病，非衆人所同病。其州里傳染衆人同病者，謂之疫癘。」只此數語分别温、瘟，病者可以蒙其福，學者可以受其益，解人不當如是耶？似此分法，又何必言古有兵燹、水火、瘴氣、射工、疫鬼，諸説詳矣。故比年以來，人每以「温之何以别於傷寒者」問余，必先以温之所以别於瘟疫者對。而凡昔之愈辨愈不清者，庶幾自此而一清乎！不於《傷寒》中求温疫，是矣。求瘟與四時正病之分别，則陸氏尚無此理解。

温熱病説三

我以爲《内經》詳熱病至於五篇，仲景詳傷寒不過《熱病論》半篇耳，二書互文起義，各詳一門。學者欲詳熱病治法，當詳《内經》，不必沾沾於《傷寒》中求之。然深得仲景之法，則能治寒，即能治熱，神而明之存乎人。若如陸氏以温熱專屬陽明，除三方以外皆可通行，此等誑語，不似未讀《傷寒》全文，止知有膏黄數方，不知有温熱重劑者乎？

温春病。熱夏病○由寒温變熱者亦爲熱病。之屢變而亂其真也，由於傷寒之一變而失其傳。風即温。寒諸病由太陽經本指皮、膚、肌三層言。入陽明者，言入則府，而非經，府指胃府，不謂經病。有《傷寒論》在。尚且各自爲説，至温熱而漫，以爲仲景所未言。仲景傷寒、中風甚詳，熱病略，以詳於《内經》也。○《内經》共有五篇，仲景所言乃《熱病論》中之一節，詳略互見，又舉隅反三。更不妨别出己見，由喻嘉言始。每先將温病後人多讀「温」爲「瘟」。移入他經，陸氏移字最醒目。或且移作他證，謂讀「温」爲「瘟」。如弈棋然，直無一局之同者。圍碁自古至今無一局同，以著數多也。若喻嘉言移其病於少陰腎，駁已詳喻瘟證，《内經》「腎」字乃「骨」字之誤。周禹載移其病於少陽膽，誤用相火説。舒暹遠移其病於太陰脾，疑當指寒疫，尚未詳。顧景文移其病於太陰肺，由皮毛而入。遂移其病於厥陰心包，秦皇士移其病於南方，作《傷寒大白》，謂温熱專在南方，仲景北人，其方南方忌用。吴鞠通移其病於三焦，其書祖喻氏誤説，謂瘟由口鼻入，病在三焦，不足駁。陳素中、楊㮚山《寒熱條辨》。移其病爲雜氣，以瘟疫爲雜氣，略似時行瘴氣。章虚谷、王孟英移其病爲外感。尤其甚者，則張介賓、景岳。張石頑璐玉。以及戴天章輩，皆移其病爲瘟疫。前人所言「疫癘」別是一病，與痘疹同，近人乃以傷寒、春温混合之，最爲大誤。真瘟證不宜牽傷寒。而石頑又移其病爲夾陰。見《傷寒緒論》。娓娓動聽，亦若各有一理也者。而不知陽明爲成温之藪，此又陸氏之誤，譏人之移，自亦不免移。古來皆無異説，皆以《傷寒論》陽明方爲治。此又創自陸氏，前無所承。自夫人欲廢陽明方，廢麻、桂則有之，廢承氣未聞。故必先將陽明病移出陽明外。陸氏以温熱統歸陽明者，誤。六經皆有之，故《病源》、《千金》、《外臺》日數、治法全同。陸氏責人以不讀《千金》、《外臺》，乃自反背，何也？非余之故爲訾議也，實則與諸家同誤。苟其不然，東扯西拽者，諸家不足責，以不看古書也。何以必將千古相傳之定法弁髦棄之哉？謂温熱多陽明府證可也，謂二病以入胃爲重亦可也，必舉一經以包二病，則亦如諸家之移矣。《禹謨》曰：「宥過無大，刑故無小。」不知而移之，出於無心也，過也，猶可恕也；知而移之，出於有心也，故也，不可言也。以上空語支蔓，可删。潛窺其隱，恐尚不僅爲明昧之分。後有作者，或更別有移法，總欲今世人不知有仲景，而樂就其簡便之門、新奇之説耳。陸氏亦自創簡便新奇耳。然此皆將温病移出陽明外者，更有明知其在陽明，在陽明可也，專在陽明不可也。亦必謂不可用傷寒方。方亦何必定出仲景？合則用，不合則不用，若拘定成方，殊非仲景之意。而自製一二味藥，以爲此非仲景所知。《千金》、《外臺》温熱病已多用，魏晉以下且無仲景方。○醫每以此市名，其妄不足責。其實，除此一二味則仍不離《傷寒論》之葛根、膏、黄。因人不用經方，遂激而必用經方，左右佩劍，其失皆同。○以下所列之方亦不盡係古方，此種説皆習氣，明於醫術者不爲也。試一問黄坤載、楊栗山輩，專斥近人，何不考隋唐古法？於青萍蠶蟬外，所用何藥，即可見矣。大抵諸方亦不過寒熱兩門，方以寒熱爲大門，無論新舊，其藥多同，勢所必至，不必斤斤置辨。

仲景亦萬不欲後人死守其方也。此則暗襲《傷寒》方而即明斥《傷寒論》，此皆不足辨。又以不移爲移者也。此又拘墟之見。吾願任斯道之君子，毋爲「移」字訣所誤。公亦自移之一家。看得仲景書只宜於寒，此等人何足責。而疑《傷寒》之方真不可用於温熱之病，以仲景方止有麻、桂者誤，以爲止有膏、連者亦誤。知有仲景方而故不用者非，必欲守仲景方以治百病者亦非。則吾道之幸，亦病家之幸也。盡改經方，死守古方，同爲一偏之見。陸氏在京久，頗染骨董氣習，如篤信運氣，亦其大誤。爰爲選方如左，仍是諸家所用藥，非以五十步笑百步耶？亦可謂無謂之周旋。不過彼暗而此明耳。胃有熱有寒。陸氏欲自圓其説，遂以爲胃有熱無寒，亦大誤。

日本丹波元堅《傷寒述》

丹波元堅《金匱述義》據新得《醫心方》及續得醫書采集，以補其父《輯義》，頗爲精審。《傷寒述義》一書，節目條件最爲用心，頗多可采。日本士栗《傷寒義疏》推之似過其父。至其總論綱領，則無一不誤。蓋其所據者成本，雖亦翻檢隋唐古書，然於精要大綱無所究心，適成其爲南宋以後學派而已，不足以言復古也。

如成本出於《千金翼》，以成本比《翼》本，奚啻霄壤之别。雖不敢謂《翼》本即爲仲景手定原書，然隋唐舊本校南宋以後世俗流傳者，豈可同日而語？成本之大錯在變亂《翼》本「太陽七法」及汗、吐、下以後，揉雜爲「太陽三篇」。

元堅《述義·問答篇》乃從太陽上篇首章至一百零一章，下篇從首章起至五十一章，各詳其門類次第。試以《翼》本對勘，千瘡百孔，是成其爲晚近俗本而已。本原已差，故所説皆成虚罔。若《千金》九卷，爲《傷寒》上部一、二卷原文。丹波父子皆誤信葉氏《避暑録》，謂孫真人著《千金》時未見仲景原書，盗憎主人，更無足怪。

成本「序例」原本《千金》、《外臺》抄出，是成本「序例」原出《千金》，而脱引華佗、仲景相同之六層法。《述義》屢引成本「叙例」，而於成本「叙例」所出之《千金》、《外臺》不一究心，可不謂誤乎？考華氏法，郭氏《補亡》曾發五問，成氏《明理論》中亦數引其文，明清以來如吴氏綬、柯氏琴亦屢引其文。此條爲《傷寒》之骨髓，文在《千金》中。《外臺》注云：「仲景、《千金》同。」一字千金，是爲至寶。宋元以後諸家佚此驪珠，乃專就《翼》本中秩之「六經」篇穿鑿傳會。故其父子撰述，以時俗論之，不能不爲翹楚。以晉唐家法言，所謂形天舞干戚，去其元有之頭首，而别以乳爲目，以臍爲口，豈非笑柄哉？

至其論脈之陰陽，則從俗説。以寸、關、尺當之，又自言其父所著之《脈學輯要》言脈者宜熟讀，而不知其父已盡闢左右寸、關、尺之説而不用，豈尚得謂爲能讀父書者乎？則其推崇亦非誠心矣。

又其「陰陽總述」以爲仲景之陰陽皆爲寒熱，遂謂《内經·熱病論》之論六經全爲熱病，與仲景傷寒别是一法。考傷寒六經之文，雖出《熱病論》，然每條皆冠有「傷寒」字。篇名雖屬熱病，此段則明提傷寒。《内經》一篇之中兼及别義，他病者是其通例，不得拘泥篇名，將兼見之《傷寒》明文削而不論，是其大誤。

又本論中之陰陽字數十百見，同名異實，原不可以一端求之。「太陽」篇之「發熱惡寒者，「惡寒」上字當有「不」。發於陽；無熱惡寒，發於陰。」此四句爲一條。四時病之分别，專在「陰陽寒熱」四字。春夏爲陽爲熱，秋冬爲陰爲寒，分陰陽、辨寒熱爲醫學入門大綱。據《外臺》引叔和説「桂枝」、「四逆」，此即《述義》以陰陽爲寒熱之明證。下文「發於陽者，七日愈，發於陰者，六日死」，「死」舊誤作「愈」。則爲《熱病論》之明文，蓋別爲一義。以兩感於寒者爲陰，不兩感於寒爲陽。緊與上文承接，別爲一事。以上條陰陽寒熱也，此條之陰陽則以兩感爲陰，六日死；不兩感爲陽，七日愈。經文朗載，此不能以寒熱説之，與上混爲一條者也。

考本論，陰陽門類雖多，然究以表裏爲大綱，占十之六七。如《述義》所引，此爲陽去入陰故也。即華氏法。傷寒三日，三陽爲盡，三陰當受邪。故自以爲就熱證當作傷寒中標表與裏者也。結胸症病發於陽，而反下之，陽爲表宜汗，故曰「反下之」。病發於陰，而早下之。「早」字舊誤作「反」。陰爲裏症，四日在胸爲少陽，五日在腹爲太陰，六日入胃乃可下。當汗而下，爲陽結陷胸，當吐當瀉，尚未可下而早下之，爲陰結陷胸；本論兩言太陽少陽並病，「太陽」當作「太陰」。發於陰而反下之，《翼》本作「汗之」，因與「而反下之」文義同，故後人改作「汗」字。然結胸症無論陰陽，皆由誤下而得。下有「反下」、「早下」二者之明文。今以兩「反下」文義不通，發於表爲「反下」，發於裏爲「早下」。第二「反下」當作「早下」也。

又陽微陰浮爲欲愈。此愈脈大例。以陽爲表證，陰爲裏證，陽證在表脈當浮，以脈弱微爲欲愈，所謂病退。陰證入裏脈當沉，以脈浮爲欲愈，亦所謂病退。此陰陽非經絡三陰三陽也。又如「陰陽俱緊」、在表浮緊，在裏沉緊。「陰陽俱停」，表證桂枝，裏證承氣。如此之類，不下數十條。

又仲景之三部脈法，陽脈趺陽，即人迎別名。陰脈爲寸口，詳人寸診中。此不可以寸、關、尺言之，更非寒熱所能括。又其述六經，每篇就成本分叙其次第，以言其要領，並詳來路、去路。

按：《翼》本厥陰下云：「附厥利嘔噦。」《玉函》本别自爲卷，題曰「辨厥利嘔噦脈證篇」，《述義》以「諸厥」以下爲非厥陰本證，是厥陰正文只四條矣。此説最佳。又首條之蚘病，烏梅丸本《金匱》蟲病蚘類之文，又見《金匱・消渴》首條，此與傷寒厥陰絶不相干者也。因厥陰「厥」字而附厥證，又由「厥」而及蚘厥。烏梅湯當附「厥」後，蚘厥傳本誤寫在厥陰首條，與錯出於《金匱・消渴》首條相同。《脈經》、《金匱》病名首爲「卒厥」，「厥陰」篇之厥病廿餘條，本《金匱》首「卒厥」之文，因誤附「厥陰」篇。今本《金匱》遂與霍亂同無此病目矣。《述義》乃從俗説，以此條爲厥陰提綱，真爲癡人説夢。

又「厥陰」正文只有四條，「少陰」篇共四十五條，皆冠有「少陰」字，無一條有傷寒明文者，以厥陰所附論少陰，則少陰亦同爲雜症之陰虚症，宜温、宜補，與「陽明」篇多用下方者成反比例。少陰多當讀「純陰」，所謂無表症，故「少陰」、「厥陰」二篇與前四篇體例不同，當分别觀之。按：中國南宋以下，言傷寒者皆拘泥六經，日本則多破除六經。丹波父子頗不滿於本國人學説，故與中人相同。今就華氏法以分配六經，《翼》本「太陽」篇有七法，故無所不包。學者專讀首篇，治法已具。然以汗、吐、下、瀉四法分配前四篇，則太陽可屬表症之汗法；「陽明」篇爲六日，在胃之下法；「少陽」篇配四日，在胸之吐法；「太陰」篇爲五日，在腹之瀉法。太陽共一百五六十條，分載共七法，宜其文詳，乃陽明七十五，少陽九，太陰八三篇，共九十二條。同屬裏證，陽明未免太多，少陽太陰不免過少。故喻、錢有不平均之疑。而少陰、厥陰别詳雜病，不與前四篇同例，以「三陰」、「三陽」篇本爲傷寒兼雜症專書。前四篇雖爲四篇，只以表裏分之：太陽表，陽明合少陽太陰爲裏。少陽九，太陰八，不嫌簡單者，由此三篇同爲裏證，本當合讀。「陽明」篇正陽、陽明者，本經自有之下症也。少陽、陽明因津枯而轉屬少陽下證，其病本非下症，二者皆爲胃實。若太陰、陽明，則爲胃中虛寒，泄利。「陽明」篇中之「胃中虛冷」諸條，皆屬太陰、陽明。舊本「太陰」誤「陽」。太陰脾泄，誤「脾約」。世補齋不知此義，三篇分讀，則有多寡不均。合而讀之，胃實者，入少陽；胃虛者，入太陰，則適相等也。表爲皮毛，統於肺。前三日汗證，是皆肺病也；後三日統於胃，胸在胃上，腹在胃下，以求合於華氏。始皮終胃之義，先以此立其大綱，然後再詳各篇之節目。不拘泥六經，亦不離脱六經。博而能約，易記難忘。以視《述義》之枝節繁難，校爲簡易，是或讀《傷寒》者之一捷徑歟？

傷寒講義

廖平 校録
楊世文 校點

校點説明

《傷寒講義》包括：《太陽篇六經轉變證誤》、《四時常病表》、《四時類病表》、《導引順時則四時不病表》、《四時正病由於所傷即病表》、《違時則留病内因表》、《四時外感所傷留病表》、《四時所傷聞時而病表》、《吐法在胸經證》、《桂枝湯講義三版》等。其中尤其側重於四時之病，對四時病之病狀、病因及用藥皆有講解，頗爲實用。是書曾連載於《國學薈編》一九一六第十一期、一九一七年第六、九期。民國十年（一九二一）四川存古書局刊行，收入《六譯館叢書》。按：《六譯館叢書》本《傷寒總論》封面題「附《講義》」，實則《傷寒講義》附於前一册《仲景三部九候診法》之後。今即以該本爲底本進行點校。

目録

太陽篇六經傳變證誤

太陽桂枝、麻黄文九首，「少陽」篇二首，「太陰」篇一首，宜汗五首，共十七首。

太陽之爲病，《内經》病表以太陽經分病者，傷寒、風厥、瘧、欬、腰痛、癃、跛、聾、喑、痱、顛、狂、痺、疝、積、痔血、泄、夢、目痛。○成本有「脈浮」二字，太陽動脈委中穴，病包内外表裏，言脈不能以浮定其經。頭項强痛。太陽經所循詳明堂圖説，凡經病有外感，有雜病，分經定病。凡病而其經反常者，即屬之，故經病不分表裏。○本論「太陽」篇言頸項强痛者，除痓病外，不過二三條，餘皆手太陰皮膚病。○舊本此下有「而惡寒」三字，病表無此文，傷寒表證脈浮乃有之。此次條誤移者，今正之。

太陽本論太陽有四別，一爲經絡名，首條是也；二爲表證，三陽總稱，純陽無裏證，與純陰無表證，同此條是也；三爲手太陰皮，足太陰肌，指皮、膚、肌言之，如發汗諸條是也；四爲傷寒之代名，如太陽病陰陽俱停，包表裏而言是也。病，本論以太陽、少陰爲純陰、純陽之名詞，如《論語》太師、少師，《楚詞》太司命、少司命。三陽爲陽明，《内經》陽明藏何象，象三陽而浮。又陽明何謂，兩陽合明。《内經》陰陽之次，以氣血多少而分，營衛順行，又從手足巨指始。其脈陽明人迎脈，仲景作趺陽。浮《靈樞·熱病篇》所謂人迎躁，楊《太素》注以爲三陽已病，故人迎躁也。《五色篇》：人迎氣大緊以浮者，其脈病益甚在外；脈口滑小緊以沉者，其病益甚在中。○人迎氣口爲診脈大要，此脈爲人迎在表之候，非太陽之委中，亦非太陰之寸口。○成本無此條。而惡寒。惡寒包風熱言，本論以惡寒爲表證，脈浮宜汗，不屬太陽經，舊本誤移上條。○中寒則惡寒，中熱則發熱，惡寒發熱爲表證專條。

【傳】凡脈浮者病在外，凡脈浮爲三陽表證，六經皆同，下詳太陽、陽明、太陰三經。宜發其汗。以下五首宜汗條文。專指一浮字，不兼數弱緩緊。

【解】太陽病，以經絡言，邪直中在背項。脈浮而數者宜發其汗。不分經同以汗解。

【解】陽明病，以經絡言，邪直中在腹面。脈浮虛者宜發其汗。汗法全治皮膚。

【解】陽明病，其脈遲，當作「浮遲」。汗出多而微惡寒者，惡寒必係脈浮，非脈浮則不惡寒。表爲未解，宜發其汗。數有熱，宜凉藥汗之；遲虛弱不足，宜温藥以汗之。

【解】太陰病以經絡言。脈浮，凡經病，脈浮沉遲數俱有浮，乃在表之一種。宜發其汗。據《太素》，四日入裏，陰病診寸口。

太陽無裏證稱太陽。病病在皮膚，專主表汗。三四日，在表裏之間。不吐下，胸腹臟腑之宫城，四日吐，五六日下。見浮脈，三陽病主皮，診脈乃在人迎。三陰病主胃，診脈乃在寸口。大德本作芤，無脈字。乃汗之。浮脈專屬汗證。

傷寒一日，包三日言。太陽本一日四日同作太陰，後人因日異，校改太陽。脈寸口爲太陰脈。弱，「陽明」篇：傷寒三日，陽明脈大，病在表爲陽，人迎陽脈當大於寸口一二三倍。人迎躁，則氣口静，故弱。至四日，包六日言。太陰脈寸口。大，《内經》：「邪之所在爲實。」《經脈篇》：「六府實大，則陽脈人迎大於寸口一二三倍，虛則反是。入裏三日則裏實，陰脈寸口大於人迎一二三倍，虛則反此。」此條專就寸口一脈分大小强弱，若以人寸分別言，則三日以前，人迎脈大，太陰脈小；至四日，太陰脈大，則人迎脈小。説詳《人寸診補證》。

傷寒三日，包皮、膚、肌言。陽明脈大。陽明人迎也。《周禮》「疾醫」鄭注：「脈之大候，要在陽明寸口而已。精此術者，其惟秦和乎！」楊氏《太素》注云：「未入於陰至三日也，三陽已病，故人迎躁也。」按：病在皮、膚、肌，而診陽明人迎脈；病入裏，在胸、腹、胃，而診寸口脈。○見「陽明」篇。

傷寒一日，太陽受之。《三陽表證》上云：「至四日太陰脈大。」《經脈篇》：「寸口主中，人迎主外。」又：「人迎盛緊者，傷於寒；脈口盛緊者，傷於食。」脈指太陰寸口。《四時氣篇》：「氣口候陰，人迎候陽。」《太陰陽明論》：「陽明爲之行氣於三陽，太陰爲之行氣於三陰。」若静者，爲不傳。《靈・熱病篇》：「熱病三日而氣口静人迎躁者，取之諸陽五十九刺。」楊上善注云：「三陽受病，未入於陰，至三日也。未入於陰，故氣口静也。三陽已病，故人迎躁也。人迎謂是足陽明脈，結喉左右人迎脈也，以諸陽受病，故取諸陽五十九刺，瀉其熱氣，以陽並陰虚，故補陰也。」頗欲嘔，下有傳。若躁煩。下有傳。脈寸口。數急者爲傳。華氏六層，由表傳裏，爲傳六經，各有部位，由風寒直中，非有層次。由太陽迭傳厥陰，舊來傳經誤説，如傷寒傳足不傳手，順經傳，越經傳，母傳子，子傳母，陽盛傳府，陰盛傳藏之類，皆非也。○文見麻黄湯。

[傳]傷寒其二陽證二陽，成本作陽明、少陽。不見者，本論轉屬陽明、少陽，與太陰皆爲入裏之胸、腹、胃，非經證表證。爲不傳。同上。

[傳]傷寒六七日，已過三日，病當入裏。無大熱，其人煩躁，若有大熱，熱能致煩，猶不以裏論，故汗方有煩者。此爲陽趺陽。去入陰寸口。也。由表入裏爲傳，文見「少陽」篇。

[解]傷寒三日，三陽統稱太陽。爲盡，皮、膚、肌爲三陽。三陰胸、腹、胃統稱少陰。當受其邪，其人反

能食而不嘔，與煩欲嘔對反。此爲三陰《内經》：陽病溜於經，陰病溜於府。不受其邪。胸、腹、胃無病，所謂無裏證。○同上。

太陽病華氏法：六層始於皮毛，終於腹、胃，亦爲六日。華氏六層法乃傳，若六經則不傳，此以皮爲太陽。頭痛在表頭痛。至七日以上自愈者，説詳《素問·熱病》，今本《素問》七，誤十。以行其經《病源》：六經專以病分層次。盡故也。六經各分部位，無淺深層次之可言，故不相傳。惟華氏法六日乃分表裏，由淺入深。

少陽病狀第九九證，按：前三證論本經，以下六證論三陽由表入裏三陰。本篇無方，汗已詳太陽，下已詳陽明，故以下四經皆略。

少陽經絡。之爲病，兼雜病，口苦、咽乾、目眩也。經病。○不論外感内傷，經病相同。

傷寒三日，少陽脈以脈屬少陽，指本經動脈聽會而言，不指寸口。小，陽病以脈浮大爲病脈，沉小微爲愈脈，陰病脈、愈脈與表病相反。欲已。病雖未愈，而脈已變，不再用藥可也。○《輯義》本注：「《玉函》無此條。」

少陽病欲解時，從寅盡辰。以上三條屬本經。

三陽轉屬三陰其六證。

少陽中風《病源》以此爲六經提綱，書名《傷寒》。提綱曰「中風」，互文見義，故讀此「中風」爲外感總名。兩耳無所聞，外腎竅於耳。目赤，與目眩同。胸中滿脇屬少陽，胸乃裏證。而煩，因有表證，乃禁吐下，諸經所同。後人誤合下條，以爲少陽汗、吐、下皆禁，大誤也。不可吐下。吐下專指裏證。吐下則悸而驚。考可不可，凡以證言，不以經分。傷寒病脈弦强。細。當爲衍文。頭痛而發熱，此爲屬少陽。謂少陽陽明，詳「陽明」篇，故解以爲屬胃。少陽已入胃之少陽陽明，非本經表證。不可發汗，六經病在表，脈浮皆宜汗，在裏則禁汗。俗以少陽獨禁汗者，誤。發汗則譫語。此「陽明」篇，少陽陽明發汗精枯爲一大例。《輯義》本無「病」字。

解 此爲屬胃，「陽明」篇之少陽陽明屬胃。既屬胃，則非少陽經病，胃和即愈。一云以調胃承氣湯和之。胃不和則煩而悸，《輯義》本注：「原注悸作躁，是也。」〇《翼》元本但云「不和」，一無此字。太陽病不解，謂汗證，不指經病。轉入少陽者，指胸言，不指經絡。表入裏爲轉。脇當作「胸」。下堅滿乾嘔，病在胸。不能食飲，將入胃。往來寒熱，此爲表證，如瘧狀，詳《瘧篇》。而未吐下，吐胸病，下利腹病，病未至，從脈治之。其脈沉緊，不全在表。可與小柴胡湯。病在半表半裏。若已吐下，温鍼，汗、吐、下爲《千金》本三大例，《聖濟》益以宜温爲四例。譫語，已入胃。柴胡證罷，或表或裏，不相兼，此爲壞病。非傷寒正病，不必醫誤。知犯何逆，此多爲老病酷疾，新感已愈，舊病方發。以法治之。總論表裏。《輯義》本注：「已吐下以下，原本別爲一條，據《玉函》、《千金翼》合爲一條。喻、張、柯、錢、魏並兩條合爲一條。」

傷寒六七日無大熱，表已解。其中三中胸、腹、胃。煩躁，在胸。此爲陽去入陰故也。陽表證皮、膚、肌，陰裏證胸、腹、胃，非俗説之傳經。

傷寒三日，三陽爲盡，華氏法皮、膚、肌。三陰當收其邪，華氏法胸、腹、胃。其人反能食。

四時常病表　傷寒講義第一課

《周禮·疾醫》	春時有痟首。	夏時有癢疥疾。	
《金匱真言論》	春氣者病在頭，故春善病鼻衄。	夏氣者病在藏，故夏善病胸脇。	長夏病洞洩，《三陰篇》詳之。
《運氣》四風	春青氣，黃色，薄皮弱肉者，不勝春之虛風。	夏陽風，白色、薄皮、弱肉者，不勝夏之虛風。	黑色、皮薄而肉不堅、色不一者，長夏至而有虛風者，病矣。
《運氣》四氣	青氣大來，燥之勝也，風木受邪，肝病生焉。	熱氣大來，火之勝也，火熱受邪，心病生焉。	風氣大來，木之勝也，土濕受邪，脾病生焉。
《四時刺逆從論》	春氣在經脈。	夏氣在孫絡。	
《四時氣篇》	春氣在毛。	夏氣在皮膚。	
《六元正大紀論》	春氣始左。	夏氣始前。	
《五行大紀》	春氣西行。	夏氣北行。	

秋時有瘧寒疾。	秋氣者病在肩背，故秋善病風瘧。	秋涼風。青色，薄皮弱肉者，不勝秋之虛風。	熱氣大來，火之勝也，金燥受邪，肺病生焉。	秋氣在皮膚肉。	秋氣在分。	秋氣始右。	秋氣冬來。
冬時有嗽上氣疾。	冬氣者病在四肢，故冬善病痺厥（厥陰詳之）。	冬氣風。赤色、薄皮、弱肉者，不勝冬之虛風。	濕氣大來，土之勝也，寒水受邪，腎病生焉。	冬氣在骨髓中。	冬氣在筋骨。	冬氣始後。	冬氣南行。

四時類病表

春傷風　病温。温暖、温和之温，《準繩》以爲春病非瘟證，後人言瘟者，別一病，不當用此字，亦分經、府、藏，《內經》略。

夏傷暑　病熱。四時惟寒熱氣最烈，經故舉熱寒示例，尤詳于熱，寒次之，温濕燥從略。〇熱尤詳藏病。

長夏傷濕　病洞洩。依《病源》、《外臺》例，下利亦當歸入傷寒類，不詳日數，以病在內。

秋傷燥　病瘧。瘧爲秋燥，病因濕氣而變，凡四時病皆分經府藏，近人所言瘟，多牽涉藏病言之，非也。

冬傷寒　病欬痺。欬痺，《內經》有專篇，指久病言，若在經府，即傷寒正病也。

近來言瘟證者，既以爲由口鼻入，視同瘴癘，則當别爲一病，立瘟證專書，不必牽涉《内經》、仲景之温熱可也。以爲古人未詳，亦如疹痘，各自立法，不必爲古人所有，亦可也。若既欲自出新奇，又必牽合古書，則進退失據，書既難通，治法亦多顧忌，兩敗之道也。

《刺要論》	《欬論》病
肝動則春病熱而筋弛。	乘春則肝先受之。
心動則夏病心痛。	乘夏則心先受之。
肺動則秋病温瘧。	乘秋則肺先受之。
腎傷則冬病脹要痛。	乘冬則腎先受之。
脾動則四季病腹脹煩不食。	乘土則脾先受之。

五藏各以其時受病，非其時各傳以與之。人與天地參，故五藏各以治時，感於寒則受病，微則爲欬，甚則爲洩，爲病。

世補齋論瘟疫，以傳染爲據，則初病者不見傳染，則皆誤治矣。又考《病源》、《千金》、《外臺》，則傷寒、温熱皆有避傳染方，是不但瘟疫乃傳染。又諸家説瘟疫，歸之兵燹凶荒，屍氣積鬱，或百餘年而一見，或數十年而一見，乃自吴、喻、劉、王書通行以後，病疫者十人而七八，或竟以爲絶無正傷寒，無怪其殺人如麻也。

導引順時則四時不病表 傷寒第二課

《金匱真言》：冬不此包冬春言。下「汗出」二字，包下秋言；「冬不」二字爲衍文，因「冬傷於寒，春必病温」而誤衍者。〇下云「藏於精者，春不病温」，亦無「冬」字，後人誤傳爲冬不藏精，春必病温，亦加「冬不」二字。按蹻。當爲導引卻病法。

春不病鼽衄。上云：春善鼽衄，爲四時病名之一。

春不病頭項。按本篇上文云「春氣者，病在頭，有四時病所在」四句，及「四時病」四句，共八句，此乃參互言之。

上條言病名，此條言病部位，〇此如太陽經病。

夏不病胸脇。〇此如少陽經病，詳胸脇之病。

長夏不病洞洩寒中。上文無「寒中」二字。〇此如太陰少陰利在内，故不詳日數，當亦爲傷寒四時之類病。

秋不病風瘧。凡四時病，皆爲傷寒之類，皆分府藏。〇《金匱》之瘧，《外臺》亦稱傷寒。

冬不病痺厥飧泄。上文無「飧泄」二字，〇厥陰詳厥證，亦爲四時類病。

《金匱》又云：「夫精者，身之本也，藏於精者。」

春不病温，若春不病，以下三時可推，故照前條補之。〇《按經》云「藏於精者」，無「冬」字。經又別無「冬不藏精，春必病温」之明文，乃後人因此不病，以推留病，讀爲「冬不藏精，春必病温」，並下句「病温」相同，指冬不藏精，爲冬傷於寒之變。文逆，謂寒非四時氣，乃寒水收藏之令，增改經文，其失大矣。

夏不病胸脇

長夏不病洞洩寒中

秋不病風瘧

冬不病痺厥飧泄 按此條爲不病，則四時皆同，又上無「冬」字，知統下四時言。夏不汗出，秋成風瘧，則四時不病之起例也。《傷寒》六經各有三表之皮、膚、肌，三裏之胸、腹、胃六病，當彙爲一册。

太陽詳六經汗、吐、下三法，陽明詳六經之裏證下法，少陽以下正病統不及十條，少陰、厥陰兼詳四時雜病之下利欬厥。三陽爲陽證舉例，陰證附見；三陰爲陰證舉例，陽證附見。

四時正病由於所傷即病表 傷寒第三課

春正舊作「必」，篆誤。病温。春氣温和，風與温同爲春病。本論「風温」乃「凡温」字誤。古無「風温」病名。	春傷於風，言病温由於風。○後人之瘟疫別一病，乃借用温字以説瘟，大誤。此温字爲温和、温暖。《準繩》以温爲春病，《金匱》、《傷寒心法》以爲四時病是也。
夏生飧泄。以此病言，下同。二陰多詳下利。	夏傷於暑。天氣。○按此言洞洩，乃長夏濕病，非正夏熱病，僅舉四時，故略熱病，熱爲四時病之最烈者。○後世瘟論每以熱病説瘟，又亂以熱之兩感藏病，既以瘟不同傷寒，當分疆劃界，別立新名，如疹痘專科可也，不得牽引温熱。
秋正舊作「必」，篆誤。痎瘧。少陽似瘧病。	秋傷於濕。此句解上句。○以五氣言長夏濕，四時則以秋當温。
冬生欬嗽。《金匱》作雜病，《外臺》引亦作傷寒。	冬傷於寒。此因遺病之文，後人移於首句。

按必字如留病之①。《瘧論》云：「夏傷於暑，秋必病瘧。」《經》二言「必」，二言「生」，據「生」字知二「必」爲誤文。違時則病之。冬不藏精，春必病温。按《經》無此明文，後人已習慣，故仍之。二條當作「必」字。按留疾之説，惟診疾、診尺。冬傷於寒，春生癉熱。《瘧論》：「夏傷暑，秋必病瘧。」正條爲正據，後人好言留病，不言即病，遂於按蹻添「冬不」二字，更移末「冬傷於寒」句於首，以致四時正病即病，《經》無其文，今故移之於末，讀必作正。

僖公二十六年，公子遂入楚乞師。傳《穀梁》：「師出不必反，戰不必勝。」《公羊》「必」字作「正」，云師出不正反，戰不正勝。以篆文相似，故誤必作正。《内經》作正，誤作必，相對成反比例。今人言傷寒皆留遺病，無即病，大誤。今故以此條爲正病，即病。

《脈要精微論》：彼春之暖，爲夏之暑，夏字與冬對，二時以時令言。彼秋之忿，秋與春對。爲冬之怒。二句以六情言，實則皆爲反對之辭。

《陰陽離合論》：故生因春，長因夏，收因秋，冬因藏。

---

① 「留病之」下疑有脱文。

違時則留病内因表

傷寒第四課

《金匱真言》曰：夫精者，身之本也，故藏於精者，所云：不藏精、汗出皆内因，非外感。與冬傷於寒，夏傷於暑，外感不同。冬不藏精，喻嘉言以不藏精爲房勞，非；黄坤載以爲冬傷於寒之變文，尤誤。春不病温，温乃天氣温和、温暖是也。《經》春温謂春日温和，冬温謂冬日温暖。後世解温作瘟，以春温、冬温爲二病名者，大誤。按《金匱真言》「春不病温」，諸書所引多作「冬不藏精，春必病温」。《經》實無此二句。○藏精不病，更詳《生氣通天篇》中。夏暑汗不出者，精與汗一也，冬不應汗而汗，夏應汗而不汗者，皆足爲病。秋成風瘧。上二句爲不病起例，下二句爲因病起例。

《素問①・四氣調神論》違天氣而病，不必外招邪氣。

春生逆之傷肝，夏爲寒變。凡傷寒熱病，經皆分府藏，府易治，藏多死。寒熱皆有兩感。即藏病。後世「瘟」乃牽藏病爲瘟病，以恐駭人，其實非瘟證也。

夏長逆之傷心，秋爲痎瘧。

秋收逆之傷肝，冬爲飧泄。冬藏逆之傷腎，春爲痿厥。

逆春氣則少陽不生，肝氣内變。逆夏氣則太陽不長，心氣内洞。

---

① 素問：原作「素」，欠明晰，兹補「問」字。

逆秋氣則太陰不收，肝氣焦滿。
逆冬氣則少陰不藏，腎氣獨沉。
近來瘟書，以瘟與四時病所得不同，皆誤。
楊栗山：寒由皮膚，中氣；瘟由口鼻全用瘴氣法。中血。
寒由四時，天氣；瘟由凶荒，瘴厲。楊猶可，吴最謬。
吴鞠通：寒由足，太陽。自外而內；瘟始手太陰，由上而下。
寒由外入內，由淺至深；瘟由內達外，外輕內重。如此則兩感藏病矣。
寒病在六經，瘟病中三焦。
温熱類乎寒，温熱皆瘟病。

四時外感所傷留病表 傷寒第五課

《生氣通天論》：陰平陽秘，精神乃治；陰陽離決，精氣乃絶，因於露風，乃生寒熱。

春傷於風，邪氣流連，乃生洞泄。至長夏乃病，亦爲間時。

夏傷於暑，秋爲痎瘧。秋傷於濕，上逆爲痿厥。冬傷於寒，春必病温。冬應居末方合次序。

四時之氣，更傷五藏。

《四氣調神》①：逆春氣則傷肝，夏爲寒變，春内傳，至夏乃病，爲留。奉長者少。逆夏氣則傷心，秋爲痎瘧。至秋下季乃病，爲留。奉收者少。逆秋氣則傷肺，冬爲飧泄，踰時。春藏者少。逆冬氣則傷腎，春爲痿厥，冬傷春病。奉生者少。

《瘧論》：瘧亦四時病。《病源》於寒、温、熱、時行四者，皆詳日數。惟洞泄、風瘧二病，不詳日數。以泄病在内，瘧又不能如四等證表證之詳明，故其言日數者甚略。此皆得之夏，傷於暑，熱氣盛藏於皮膚之内，腸胃之外，此營氣之所舍也。此令人汗空疏，因得秋氣，腠理開，汗出遇風。夏傷於暑，至秋乃病瘧之由。帝曰：「論言夏傷於暑，秋必病瘧，今瘧不必應者，何也？」岐伯曰：「此應四時者也，其

① 四氣調神：原作「四時調神」，據《黄帝内經素問・四氣調神大論》改。

病異者，反四時也。其以秋病者，寒甚；以冬病者，寒不甚；以春病者，惡風；以夏病者，多汗。按《歲露》以《瘧論》當爲一師所傳鈔，有二本，如三傳是也。《歲露》之經言，即瘧之論言。一説一爲傳，一爲説，並鈔爲一本。反得之以浴水氣，含於皮膚之内，與衛氣並居。衛氣者，晝行於陽，夜行於陰，此氣得陽而外出，得陰而内薄，内外相薄，是以日作。」

四時所傷間時而病表 傷寒第六課

《論疾診尺篇》：此篇所言皆間時而病，以相反對衡之時氣言之。冬傷於寒，春當讀作夏。生癉熱；癉熱當爲夏病，與寒反對。○熱則寒，寒則熱，秋則風，春則涼，病皆與時會相反。春傷於風，夏生飧洩腸澼；長夏間時温病。夏傷於暑，秋生痎瘧；中間長夏。秋傷於濕，傷濕當爲長夏，秋主燥不主濕。冬生欬嗽。長夏主冬，亦爲間時病。

《生氣通天篇》：「春傷於風，邪氣流連，乃乃當爲夏字。爲洞洩。」至長夏乃病。

《熱病篇》：「人傷於寒以病源爲主。而傳爲熱，由傳間時爲熱。何也？」病本與病傳不同。岐伯曰：「天寒甚則生熱也。」四時由冬而夏。熱極則寒，與夏變冬。寒極則熱。天運如此，病亦因之。皆以四時反對言之，寒熱反，温和清涼亦反，惟寒熱甚酷，故舉寒熱示例。熱極必寒，寒極必熱，專就天時言。

《瘧論》：温瘧者得之冬，中於風。非時厲氣，○風爲春氣，此謂冬温，非正氣。寒氣藏於骨髓之中，此謂春之寒氣，詳《外臺·時氣門》。至春當作「夏」。則陽氣大發，孟夏初令氣。不能自出，猶不能出。因遭大暑長夏。，腦爍，肌肉消，腠理發泄，此時令或有所用力，人事、邪氣與汗皆出，伏邪氣乃出。此病皆藏於腎，冬病氣先從内出之於外也。發於内者無觸冒之迹，如是者陰虛而陽盛，陽盛則熱矣。熱病衰則氣復反入，入則陽虛，陽虛則寒矣。寒熱新故，先熱後寒，名曰温瘧。風爲春氣，温亦爲春，故温瘧亦名風瘧。此皆得之於夏，傷於暑，熱氣盛，藏於皮膚之內，腸胃之外，此營氣之所舍也。此令人汗空疏，腠理開，因得秋氣，汗出遇風，及得之以浴水氣，舍於皮膚之內，與衛氣並居，內外相薄，是以日作。

吐法在胸經證

《傷寒》正對法，其二爲吐。自三例之説，醫少用吐，亦不悉吐之專爲四日胸。今集經與隋唐舊説，以明吐法。吐法明，汗、下二法亦因之大顯矣。

《千金方》引華佗曰：四日在胸，宜服藜蘆圓，微吐之則愈。若病困，藜蘆圓不能吐者，服瓜蒂小豆散，吐之則愈也。

又曰：得病無熱，但狂言、煩躁不安，精彩言語不與人相主。當者，勿以火迫之，但以豬苓散一方寸匕服之，當逼與新汲水一升若二升强飲之，令以指刺喉中吐之，病隨水愈。若不能吐者，勿强與水，水停則結心胸。下也，當更以餘藥吐之，皆令相主，不爾更致危矣。若此病輩不時以豬苓散吐解之者，其死殆速耳。亦可先以去毒物及法鍼之尤佳。《外臺》卷一云，仲景、《千金》同。

王叔和曰：三日以上，氣浮在上部，填塞胸心，故頭痛胸中滿，當吐之則愈。

《千金·宜吐第七》此爲仲景正對三例之原文，《脈經》引全同。

病如桂枝證，頭不痛，項不强，而脈寸口浮，胸中硬滿，氣上衝喉咽不得息者，此以內有久痰，宜吐之。此兼屬雜病。

病胸上諸寒，胸中鬱鬱而痛，不能食，欲得使人按之，按之反有涎出，下利日十餘行，而其人脈遲，寸脈微滑者，此宜吐之，吐之利即止。

少陰病，飲食入口即吐，心《傷寒》吐法「心」字皆當作「胸」。○中愠愠然欲吐，復不能吐者，宜吐之。宿食在上脘，即胸。宜吐之。少陰當作「純陰」。

病手足逆冷，脈乍結者，客氣在胸中，心胸。下滿而煩。饑不能食者，以病在胸中，宜吐之。

治傷寒温病三四日，胸中惡，欲令吐者，服酒膽。

《巢氏病源·傷寒候》云：頭項不强痛，其脈微，胸中愊牢，衝咽喉不得息，可吐之。

《千金翼》中《傷寒六經篇》「陽明病狀」云：陽明病①脈浮緊，咽乾口苦，腹滿而喘，發熱汗出，不惡寒，反偏惡熱，其身體重，發汗即燥。心胸。中憒憒而反譫語，加温鍼必怵惕，又煩躁不得眠，下之胃中空虚，客氣動膈，心胸。中懊憹，舌上白苔者，梔子湯主之。

又云：陽明病下之，其外有熱，手足温不結胸，心胸。中懊憹，若飢不能食，但頭汗出，梔子湯主之。

「厥陰病狀」云：下利後更煩，按其心胸。下濡者，爲虚煩也，梔子梔湯主之。此爲雜病附厥

---

① 病：原作「篇」，據文意改。

作篇。

「傷寒取吐候」云：傷寒大法，四日病在胸鬲，當吐之愈。有得病二三日，便心胸煩悶，此爲毒氣已入，有痰實者，便宜取吐。

「時氣四日候」云：四日腹滿而嗌乾，其病在胸鬲，故可吐而愈也。

「時氣取吐候」云：夫得病四日，毒在胸鬲，故宜取吐。有得病二三日便心胸煩滿，此爲毒氣已入，或有五六日已上，毒氣猶在上焦者，上焦即胸，若病在中焦、下焦則禁吐。其人有痰實故也。所以復宜取吐也。温病取吐候同。

「熱病四日候」云：熱病四日，三陽受病，訖傳入於陰，故毒氣已入胸鬲，其病嗌乾腹滿，故可吐而愈。温病四日候同。

《傷寒準繩》：「傷寒脇當作「胸」。滿痛」云：如發汗，若下之煩熱，胸中窒者，梔子豉湯。若胸中痞硬，氣上衝咽喉不得息者，此胸中有寒，瓜蒂散主之。二者均是吐劑，又當知梔子吐虛煩客熱，瓜蒂吐痰實宿寒也。

「心胸。下滿門」云：有不因汗下而心胸。下滿者，經曰邪結在胸，心胸。滿而煩，飢不欲食，當吐之。

「心胸。痛心胸。下痛門」云：傷寒五六日，大下之，後身熱不去，心胸。中結痛者，未欲解也，梔子豉湯主之。

「煩門」云：若經汗、吐、下而煩，則是邪熱内陷，以爲虚煩，心胸。中嘔嘔然欲吐，憒憒然無奈者是也，但多湧吐而已。經用梔子豉湯、梔子乾薑湯、梔子厚朴湯是也。又云：發汗、吐、下後，其人心胸。煩不得眠，若劇者，必反覆顛倒，心胸。中懊憹，梔子豉湯。○若少氣者，梔子甘草湯。○若吐者，梔子生薑湯。

「懊憹門」云：心胸。中鬱鬱然不舒，憒憒然無奈，比之煩悶而甚者，懊憹也，由下後，表之陽邪乘虚内陷，結伏於心胸之間，故如是也，其治之法，吐之。

《千金翼·雜病門》、張戴人《儒門事親》吐法方藥，甚則推吐法以治雜病，不止傷寒也，宜參考之。

桂枝原名陽旦湯條釋義

顧尚之云：《脈經》九，《千金方》十卷，林億校《金匱》、成無己注本論並謂陽旦即桂枝湯，無可疑者。

井研　廖平述

《金匱》：產後汗出雖久，陽旦證續在耳，可與陽旦湯。《脈經》云：方在《傷寒》中，桂枝是也。《傷寒·太陽篇》：證象陽旦，以五味芍藥爲陽旦。按法治之而增劇，據下文，非服藥。厥逆，咽中乾，兩脛拘急而譫語。據下，原證如此，非服藥後變證。師曰：「言言字衍。夜半手足二字當刪。兩腳當伸。」後如師言，何以知此？答曰：寸口脈浮，當作「緩」，下同。而大，浮則爲風，大則爲虛，風則生微熱，虛則兩脛攣，上曰拘急。病證象桂枝，以俗稱桂枝爲陽旦。因加附子參其間，增衍字。桂令汗出。自汗當去桂。附子據此，似陽旦原有附子。温經，亡陽故也。此補出末誤治時之主方，言當於桂枝湯中加附子之辛熱助桂枝以解肌，令其汗出而愈。其所以必用附子温經者，以腳攣急爲裏虛，易於亡陽故也。本論云：「太陽病發汗遂漏不止，其人惡風，小便難，四肢微急，難以屈伸者，桂枝加附子湯主之。」與此宛合，不知注家何以聚訟紛紜，愈求愈遠也。厥逆，咽中乾，陽明內結，譫語煩亂，更飲甘草乾薑湯。夜半陽氣還，兩足當温，脛尚微拘急，重與芍藥甘草湯爾。乃脛伸，以承氣湯，微溏則止，其譫語故，知病可愈。《翼》本無此條。○成本《太陽上》第五節。

《千金》《外臺》引作《古今録驗》。陽旦湯治傷寒肢節疼痛，内寒外熱虚煩方：即仲景桂枝湯方，此異名。或加黄芩，以《千金》爲正。按：一説疑因加附乃名陽旦。芍藥、三兩，按桂枝加芍三兩，合六兩，以芍君桂枝，尤合斂汗之義。大棗、十二枚。桂心、三兩去皮，○專指此而言，故稱桂心。生薑、三兩。甘草。三兩炙。

右五味㕮咀，以泉水六升，煮取四升，分四服，日三。自汗者，去桂心，汗忌麻，自汗忌桂心，分輕重。加附子一枚炮。渴者，去桂，加栝樓三兩。利者，去芍藥、桂，加乾薑三兩，附子一枚炮。心下悸者，去芍藥，加茯苓四兩。虚勞裏急者，正陽旦主之。加飴則成補劑，亦非汗劑。煎得二升，内膠飴半斤，分爲再服。此亦仲景文。若脈浮緊發熱者，不可與也。與傷寒別，傷寒當服麻黄湯。忌海藻、菘菜、生葱等物。《千金》同。推之當芍藥湯二方同有桂枝，分治二病，桂枝不當爲君，以有芍藥主病。

陰旦湯疑以加芩乃爲陰旦。療中風、傷寒，此指中風，傷寒互文。眼浮，發熱往來，中風發熱與傷寒不同。汗出惡風，項頸强，鼻鳴乾嘔，本論下條有此四字。陰旦湯主之方。《活人》言夏月中風用桂枝，當加黄芩者，即此湯。

芍藥　甘草各貳兩。　生薑　黄芩各三兩。　桂心四兩。　大棗拾五枚。

右六味㕮咀，以水一斗，煮取五升，去滓，温服一升，日三，夜再服，令小汗。《千金》有陽旦、陰旦二方，《外臺》止有陽旦名，方則《千金》六味陰旦。然成本有證象陽旦，下又明云證象桂枝。況前陽旦，後又云正陽旦主之，是本有二方，《外臺》未引陰旦，誤陰爲陽耳。

陽明病手足濈然汗出者，此爲大便已堅，宜承氣湯。承氣有四方，皆有大黄。經云承氣，但屬下例，四方隨證用之。

寒爲外未解，宜桂枝湯。按桂枝爲四汗方總名，與承氣四方同，非謂斂汗之陽旦。傷寒不大便六七日，頭痛身熱，小便赤者，宜與承氣湯。承氣三法之下例，桂枝三法之汗例，舉汗下以示例，非拘定二方，尤非斂汗之陽旦。若小便利者，此爲不在裏故，在表也，當發其汗。頭痛者必衄，麻黄乃治衄，知此桂枝指麻黄。宜桂枝湯。出《翼》本卷九太陽病，用桂枝湯法，第四十三條。病者煩熱，汗出即解，復如瘧狀，日晡所發者屬陽明。已入胃府。脈實者謙，沉。當下之；入胃。脈浮虚者，虚字衍，脈浮當汗，虚則忌下。當發其汗。在表。下之宜承氣湯，發汗宜桂枝湯。以上三條同以承氣與桂枝對文，爲汗下大例。○出《翼》本卷九，陽明病狀第四十一條。王叔和云：「夫表和裏病，汗之則死，下之則愈。外感正對之方，惟汗、吐、下三大法中，尤重汗、下，故以桂枝、承氣二方立説。裏和表病，汗之則愈，下之則死。麻黄湯四味有桂枝，葛根七味有桂枝，大青龍湯七味有桂枝，爲三大汗劑。桂枝湯與三汗方同有桂枝，不當以桂枝名湯。○計四方總稱桂枝。桂枝下咽，陽盛則斃；承氣入胃，下證四方總稱承氣。陰盛以亡。」

附義證十四條

《金匱》、《傷寒》既以陽旦湯立名，《千金》又有陽旦、陰旦之分，則是仲景此方，正名陽旦，不可更有桂枝之名。《脈經》卷九同《金匱》。

本論言：發汗者，專指麻葛青龍。陽旦有亡陽之禁，舊説無汗當發汗，有汗不可重發汗。

陽旦斂汗，與麻黃、葛根專主發汗者，如水火之相反。

陽旦湯節度，自汗則去桂加附子，以救亡陽。風寒兩感條中，發汗二條有「先其時，復發汗」字。則二方互用，發汗麻黃，收汗陽旦，相起省文，與各半同義。

今之桂枝湯，諸家方解，無不以芍藥苦酸收汗，非發汗。喻嘉言尤詳，因本論有桂枝發汗明文，乃依違作騎墻語。

書以傷寒名，首當列麻黃湯，不當以中風陽旦止汗之方居諸方之首。加芍可至六兩，以芍君桂，推麻黃之例，陽旦可名芍藥湯。

表劑有桂枝之方四，如承氣之大黃。麻、葛、青龍爲發汗巨方，陽旦、陰旦斂汗，不能代表汗方，且經之言發汗諸條專指麻、葛，無陽旦方治。

中風有汗，不能再發汗。本論「汗家不可重發汗」，又屢言發汗宜桂枝。又言桂枝證、桂枝法，皆爲汗劑總名，非指陽旦湯。

陽旦湯，《傷寒》有專條，《千金》亦名陽旦，《外臺》有陽旦，無陰旦，或疑陽旦非桂枝湯，然加黃芩當名陰旦，據麻黃例推之，當名芍藥。二方反對，同有桂枝，不能獨於此方君桂枝而臣芍藥。

桂枝去皮稱桂心，陽旦湯當去皮，若發汗之藥，不當去皮。於此湯加飴糖，名小建中湯，治虛羸，則本方非汗劑，可知。

仲景言：發汗專主膏散丸，不得已乃用湯。《金鑑》柯氏言：陽旦治虛勞、自汗、盜汗，則陽旦決非發汗代表可知。

方以汗下爲大法。本論云：下用承氣者，承氣有四方，輕重隨證制宜，以桂枝代表汗劑，亦當有四方，不專指止汗之陽旦。陽旦一方非汗劑，不能兼治諸病，既以發汗爲主，則當以麻、葛、青龍屬之，桂枝乃諸方之總名。陽旦，芍藥、生薑、大棗、甘草，全屬補品，桂枝雖與麻、葛同，去皮則別。

經中桂枝法多於麻黄過半，共二十餘見。且多與證不合，如惡寒、發衄之類。且舊本有麻黄一作「桂枝」者，知桂枝即包麻黄而言。桂枝解肌亦指麻黄。此有總指汗方與專論陽旦之別，今以總例爲桂枝五味，風寒兩感，則陽旦與麻桂並屬，與合半陽旦二，麻黄一同意。

麻芍二方，同有桂枝，發汗主麻黄，斂汗主芍藥，麻、芍爲二方主藥。若芍藥可以桂枝爲君，則麻黄亦可以桂枝爲君，名桂枝湯。且麻黄名桂枝，與經文發汗尤切合，不似芍藥之齟齬也。

太陽中風，此論風寒兩感，言中風，不言傷寒，互文起義。陽浮讀作强。而陰弱。王本作濡。陽浮者，衛陽强。熱自發；發熱，風寒同有此證，然與汗出對文，則專指傷寒。《内經》「營衛冬寒抑熱」條。《素問・風論》岐伯對曰：「風氣藏於皮膚之間，内不得通，外不得泄，風者善行而數變，腠理開則灑然寒，閉則熱而悶，其寒也則衰食飲，其熱也則消肌肉，故使人怢慄而不能食，名曰寒熱。」陰弱營陰。者，汗自出。中風有汗，《内經》「春日腠理開自汗」條，《素問・

瘧論》岐伯曰：「温瘧者，得之冬中風，寒氣藏於骨髓之中，至春則陽氣大發，邪氣不得出，因遇大暑，腦髓鑠，脈肉銷澤①，腠理發泄，因有所用力，邪氣與汗偕出。此病藏於腎，其氣先從内出之外，如是則陰虚而陽盛，則病矣。」澀澀惡寒，寒傷營，傷寒衛强，無汗用麻黄。淅淅惡風，風傷衛，中風營弱用陽旦湯。翕翕發熱，以發熱爲傷寒，下條同傷寒證葛根湯。鼻鳴乾嘔者，陰旦湯主治有四字。桂枝湯主之。麻黄、葛根、陽旦、陰旦同用桂枝，故以爲總名。

麻黄　葛根　陽旦去桂加附湯。　陰旦

上四方㕮咀以水七升，微火煮取三升，水數亦隨方言之，此爲大略。去滓温服一升，須臾飲熱粥一升，以助藥力。發汗重劑乃如此，若陽旦歛汗，則非所宜。温覆令汗出，一時許益善。若不汗，再服如前。復不汗，後服小促其間，令半日許三服。病重者一日一夜服乃善。當晬時觀之，服一劑，湯證猶在，當復作服之，至有汗出，當服三劑乃解。此爲汗法總例，若芍藥、陽旦别有節度，則有去桂枝加附子以防陽亡，與此大相反。

太陽病發熱寒傷無汗。○解陽强。汗出者，解陰弱。此爲營弱弱者不及失和，宜扶之。衛强，强者太過，此爲二事。故使汗出，言汗出而不言發汗者，省文。欲救邪風，作寒與風讀。桂枝湯主之。寒則麻葛，風則陽旦，皆有桂枝。

解病指風寒兩感。常據下條時時發熱汗出，常當作「時」。自汗出者，不言發熱，省文。此爲營氣和，弱。

---

① 脈肉銷澤：《素問・瘧篇》作「肌肉消」。

王本有榮氣和而外不解，此爲九字。衛氣不和故也。過强故不和。營行脈中，血肝營爲①血海，營逆行經脈中，始肝終肺，西人所謂血管動脈也。衛行脈外，衛以肺爲氣海，順行由肺至肝，行絡脈中，西人所謂静管。衛本行絡中，此謂初化氣未成流質時。復言復者，再一治也。發其汗，初以陽旦斂之，汗止，然後②發汗。衛和則愈，此兩感，分表裏治法。《千金》例引王叔和言，兩病不可合藥是也。宜桂枝湯。麻葛。

説病人藏無他病，《傷寒》禁言藏病，俗多誤。時時發熱自汗出，如寒熱往來，時作時止。而不愈者，風寒兩感證。此衛氣不和也。衛强故發熱，營弱故自汗。先其時如截瘧法，當其自汗將畢，即與發汗劑，俟病發時，藥力已行。發汗則愈，先用麻、葛，後用陽旦，文不備耳。宜桂枝湯。非陽旦。○以上二條兩感風寒分治法，以下三條風寒合治法。

服桂枝湯大汗出，若脈洪大者，與桂枝湯如前法。麻、葛治傷寒。若以下兩感。形如瘧，《太陽篇》有此。俗以瘧主少陽者，誤。《病源》發作無時瘧候。夫衛氣一日一夜大會於風府，則腠理開，開則邪入，邪入則病作。當其時，陰陽相升，隨其所勝，故生寒熱，故動作皆有早晏者。若府藏受邪，内外失守，邪氣妄行，所以休作無時也。一日再發，瘧不再發，前云「時時」，不拘一日，再數，舉再以示例耳。汗出便解，專就麻黄言。宜桂枝陽旦。二麻黄一湯方。前爲分方法，此爲合方，不分先後早遲。

① 爲：原衍一「爲」字，據文意刪。
② 後：原無，據文意補。

桂枝一兩十柒銖。　麻黄十陸銖。　生薑切。　芍藥各壹兩陸銖。　甘草壹兩貳銖，炙。　大棗五枚，擘。　杏仁十六枚，去皮尖兩仁者。

右七味，以水七升，煮麻黄一二沸，去上沫，内諸藥，煮取二升，去滓温服一升，日再服，取微汗而已。

本云：桂枝湯二分，麻黄湯一分，合爲二升，分二服。此仍分爲二劑，先後服之，與上同。今合爲一方。後人乃合爲一劑。

太陽病，發熱惡寒，熱多寒少，即前如瘧狀。《病源》「寒熱瘧後候」說：「夫瘧者，風寒之氣也，邪並於陰則寒，並於陽則熱，故發作皆寒熱也。」脈微弱，此爲風重於寒，近陽旦脈。此無陽也，故陽旦加附子。不可發汗，不可專用麻葛本方。桂枝、陽旦二，以陽旦重，故二之。越婢一，寒輕。湯主之方。

桂枝去皮，一無去皮。　芍藥　甘草炙。　麻黄去節。各拾捌銖。　生薑壹兩貳銖，切。　石膏二拾四銖，碎。　大棗四枚，擘。

右七味，以水五升，先煮麻黄一二沸，去上沫，内諸藥，煮取二升，去滓温服一升。本云：當裁爲越婢湯，桂枝合之，飲一升，今合爲一方，桂枝湯二分。古分劑，後乃合服。

太陽病得之八九日，如瘧狀，發熱而惡寒，熱多而寒少，其人不嘔，清便欲自可，一日再三發，其脈微緩者，爲欲愈。脈微而惡寒者，此爲陰陽俱虚，不可復吐、下、發汗也。面色反有熱者，爲未欲解，以其不能得汗出，身必當癢，桂枝陽旦、麻黄各半湯主之方。宋按本各當作「合」。

桂枝壹兩拾陸銖。　芍藥　生薑　甘草炙。　麻黄去節。各壹兩。　大棗四枚，擘。　杏仁二十四枚，去皮尖兩仁者。

右七味以水伍升，先煮麻黄壹二沸，去上沬，内諸藥，煮取壹升捌合，去滓温服陸合。本云：桂枝湯參合麻黄湯，參合併爲陸合，頓服。三條一本皆分服，後乃合爲一劑。

麻黄陽旦二方比例表

麻黄　桂枝　杏仁　甘草　芍藥　桂枝　生薑　大棗　甘草

發汗、收汗二方，均有桂枝。自汗當君芍藥，不能以桂枝名方，當各有所别爲是。柯氏以此方加飴，名小建中湯，治虚勞自汗、盜汗，應手而愈，决非發汗之劑。

傷寒講義

桂枝本爲解肌

解肌爲湯名。《本草》以麻黄、葛根主發汗。解肌謂本論發汗之桂枝湯，當爲解肌之字誤，不謂桂枝湯主解肌，麻黄湯主發汗，相對成反比例。宋以後皆誤解，如末廿四方張潔古之黄芪解肌是也。黄芪固表，又加人參、當歸，全爲固表止汗之品，而仍以解肌名之，則直以發汗之解肌爲桂枝，又以止汗之黄芪爲解肌，進退失據，誠爲笑柄矣。

《素問·熱病論》岐伯曰：「傷寒一日，《醫述》引《醫補》讀作曰，下同。巨陽受之，故頭項痛，太陽頭痛在項後。腰脊强。二日，陽明受之，陽明主肉，即華氏之膚。其脈俠鼻絡於目，故身熱、目疼而鼻乾，不得卧也。陽明二日病。三日，少陽受之，少陽主膽，其脈循脇絡於耳，故胸脇痛而耳聾。少陽三日病。三陽經絡皆受其病，表證傷寒以爲三陽。而未入於藏當作「裏」。者，故可汗而已。」三陽同以汗解，同用解肌湯。

華佗曰：《外臺》注云仲景同，則仲景原有其文。夫傷寒始得一日，病乃以日分，經不分日。在皮當摩膏，膏在《千金·發汗第三》。火灸即愈。若不解者，至二日在膚，可依法鍼，服解肌散華氏、仲景名散。今以解肌立名者，二十四方皆名湯，一曰解肌散，即發汗之膏、散、圓三方。發汗。膏、散、圓不得已，乃用湯。汗出即愈。若不解者，至三日在肌，復發汗則愈。若不解者，止，勿復發汗也。肌統上皮膚而言。此「解」與仲景諸「解」字皆由解肌湯取之。

《病源》傷寒一日候

傷寒一日①，太陽受病。太陽者，膀胱之經也，爲三陽之首，故先受病。其脈絡於腰脊，主於頭項，故得病一日，病乃分日，六經不分日。而頭項背膊腰脊痛也。經不言惡寒。○《病源·日數部》天行熱温皆同傷寒。説詳《傷寒》總論、《外臺》、《病源》。

傷寒二日候

傷寒二日，陽明受病。陽明，胃之經也，主於肌肉。其脈絡鼻入目，故得病二日，病分日。內熱鼻乾，不得眠也。同《素問》。諸陽在表，外症。表始受病，在皮膚之間，皆肺病。可摩膏火灸，華氏一日治法。發汗而愈。二日治法。

傷寒三日候

傷寒三日，少陽受病。少陽者，膽之經也。其脈循於脇，上於頸耳，故得病三日病分日。胸脇熱而耳聾也，《素問》同。三陽經絡統指三日表證。始相傳，各經同由表入裏，華氏六層法。病未入於藏，故皆可汗而解。三陽終于肌，同用解肌湯，不分經也。

《本草經》：麻黄主治中風、傷寒、頭痛、温瘧，發表出汗，去邪熱氣。《别録》：通腠理，解肌泄邪惡氣，消赤黑斑毒。弘景曰：麻黄療傷寒解肌第一藥。○杲曰：輕可去實，麻

① 日：原作「曰」，據文意改。下「二日」、「三日」同。

黃、葛根之屬是也。《千金》「九水解散」注云：《集驗》有甘草，無芍藥，治天行熱病，生癰瘡疼痛，解肌出汗。《本草經》：葛根主治療傷寒中風、頭痛，解肌發表出汗，開腠理。《綱目》同。頌曰：張仲景治傷寒有葛根湯，以其主大熱，解肌發腠理故也。《綱目》下引元素，有仲景葛根、黃芩、黃連解肌湯。後世删去「解肌」二字。

《傷寒》「汗例」云：案此條《脈經》本無，當爲旁識，古本已誤，而後有此說。桂枝本爲解肌，據《千金》「解肌湯」言，謂本論發汗之桂枝湯爲桂枝音誤。《千金》九有三解肌，《外臺》有七，《聖濟》、《活人》以下共有二十四方，同有麻黃、葛根，半無桂枝。《翼》本無解肌湯法，後人以翼爲足本，遂不知「解肌」二字之爲傷寒正對湯之首方。若其人脈浮緊，發熱汗不出，不可與之也。常須識此，勿令誤也。此指桂枝本湯而言，論每云當發其汗，桂枝湯主之。同爲解肌湯，以《翼》本桂枝法廿三條，當爲解肌者共十四條，專爲桂枝本方衹有九條。此恐後師以桂枝發汗，故申此禁。與大青龍法一條禁以大青龍治中風意同。○霍亂止而身體痛不休，當消息和解其外，宜桂枝湯小和之，此爲真桂枝法，不以爲發汗之方也。

喜多村直寬士栗日本人。《傷寒疏義》云：此言桂枝湯，讀作解肌湯則得矣。本解散肌表之邪，華氏所云二日服解肌散。而爲表疏汗泄者設。解肌，解散肌表之邪也。《疏義》不知解肌指發汗之古方名，今本誤爲桂枝，故下多游移之說。《巢源·小兒解肌發汗候》云：論本云：「當發其汗，解肌湯主之。」故四字名異實同。解其肌膚是也。若其人脈浮緊，發熱，汗不出者，乃表閉無汗之證，就《翼》本表實之傷寒言。爲麻黃湯所主，《深師》一名麻黃解肌湯。桂枝湯不可與也。《翼》本之九條與麻黃成反比例。醫工常須認識此證，勿令誤服之也。「識」與「誌」同，即「默而識」之「識」也。案表閉無汗之證，既不宜桂枝，足見本論發汗用桂枝之有別解，不可就誤本讀之。則脈浮緩，發熱汗自出者，其不可與麻黃也，必矣。大青龍不可與條，是也。學者不待子貢之明，亦當聞一以知二也。二條原文舊皆失解，今乃訂其誤。又桂枝、麻黃並解肌發汗，此句誤因論云「當發汗主桂枝」，故以桂枝爲解肌。故此段爲解肌，因《翼》本、成本無解肌湯方，故不知爲方名，與發汗同義。而他桂枝當作「解肌」。湯條乃曰發汗。如此者十四條。《本草經》麻黃主療云「發表」，《別録》乃云「解肌」。陶氏亦曰：解肌第一。《證類本草》之文。《外臺秘要》有麻黃解肌湯，在《傷寒》引《深師》與《天行》引《肘後》。葛根解肌湯。《天行》引《肘後》，佚八條未引。《脈經》曰：「脈濡而緊，醫以大熱解肌而發汗。」「而」讀作「以」，謂以解肌湯發其汗。又《巢源》載「小兒傷寒解肌發汗候」，用解肌湯發其汗。乃知解肌，解散肌邪之謂。郭氏《補亡》解肌發汗，葛根石膏湯，詞意尤明。「解肌」二字，不專屬於桂枝。此句則非，以不知二字爲「解肌」音誤故。昔人《活人書》以下皆誤。或謂桂枝解肌，麻黃發汗，不知四字文異義同。殆膠柱之見也。自龐、朱以後，皆緣此謬以不解發汗之桂枝，原文作解肌，不作桂枝也。

王海藏云：或問《本草》言桂能止煩出汗，《本草經》有桂，無桂枝。而張仲景治傷寒，有「當發汗」凡數處，皆用桂枝湯。翼本《太陽篇》十四條，《陽明》、《太陰》三條，皆當讀作「解肌」。又云無汗不得服桂枝，汗家不得重發汗。若用桂枝，是重發其汗。汗多者，用桂枝甘草湯，此指桂枝五味本方而言，與發汗之桂枝當讀作「解肌」者，名同實異。此又用桂枝閉汗也。舊說麻黃發汗，桂枝解肌，二方相對成反比例，則桂枝實爲閉汗之方矣。一藥方二用，與《本草》之義相通否乎？一方不能二用，發汗爲解肌，閉汗者爲桂枝。本方因此疑問，可悟其理，王説猶囿於俗見。曰：《本草》言桂，辛甘大熱，能宣導百藥，通血脈，止煩出汗，是調其血而汗自出也。麻黄有桂枝解肌湯，半有桂枝；發汗方中不忌桂枝。特桂枝湯方，五味配合，則不能據桂枝一味立説矣，此説誤。仲景云：「太陽中風，陰弱者汗自出，衛實榮虚，故發熱汗出。」又云：「太陽病，發熱汗出者，此爲榮弱衛强，此《翼》本中風、傷寒之分，有汗用桂枝，無汗用麻黄，本方五味，與麻黄成反比例。陰虚陽必凑之，故皆用桂枝發其汗。」解肌十七條之桂枝爲發汗，本方之九條爲閉汗。海藏不知發汗之桂枝本爲解肌，故混二方名爲一，是其大誤。此乃調其榮氣，則衛氣自和，風邪無所容，遂自汗而解，非桂枝能開腠理，發出其汗也。以上發明桂枝最爲精粹。桂枝本非發汗方，海藏詳矣。考桂枝湯節度云：「温服令汗出，如不汗，後服小促其間，至有不汗出者，當服三劑乃解。」是桂枝湯與麻黄湯同以汗解，仲景有明文。傷寒爲寒氣所束縛，皮膚緊，腠理閉，非麻黄、葛根，解肌發汗，使氣血宣通不能愈。桂枝之自汗，爲榮弱衛强，其汗爲病汗，故用桂枝調和榮衛，服湯後所得之汗則爲正汗。桂枝加飴糖爲小建中，治虚勞自汗，即謂桂枝爲閉汗。與【廿四】潔古黄芪解肌湯相同，亦無不可。夫桂、麻皆以汗解，病源不同，得汗情形亦異。本論之發汗用桂枝，本指解肌而言。後人讀誤本，又因服桂枝後亦以汗解，遂以麻、桂同爲發汗，特有微甚之分。又或以麻黄不須與粥，桂枝飲熱粥以助藥力。謂麻黄以藥力取汗，桂枝以熱粥取汗。不知熱粥助藥力，即與小建中加飴糖同意。薑、芍、草、棗，後來解仲景方藥者，皆以爲補劑，故小建中湯能治虚勞，熱粥助其榮氣，非謂助藥以發汗也。汗多用桂枝者，以其調和榮衛，則邪從汗出，而汗自止，非桂枝能閉汗孔也。其説深得仲景立方本意。昧者不知出汗、閉汗之意，遇傷寒無汗者，亦用桂枝，誤之甚矣誤讀「解肌」二字，本論屢言此禁。桂枝湯下「發汗」字，當認作「出」字，汗自然發出，非若麻黄能開腠理，發出其汗也。其意甚是，其説則誤。其治虚汗，亦當逆察其意可也。此指小建中湯而言。

《千金》發汗湯門，解肌湯三。《翼》本無此湯名，以太陽法十四條誤作桂枝故。

壹六物解肌湯同一湯名，而古方至二十餘首，以汗爲治病之首。病既有傷寒温熱、天行四時之不同，人有强弱之異，地有南北之分。同是一病，而時有寒暑之變，故非一方所能盡于一汗湯中，而有二十餘方之不同，隨證用藥，乃足備用。若翼、成本發汗止一麻黄湯，則束縛已甚，膠執守株。如《溯洄集》以下生出麻桂不可輕用各種疑難，反怪仲景立法不善。承氣有四，瀉心有五方，則解肌之有二十餘方，宜矣。治傷寒發熱身體疼痛方《翼》本首分傷寒中風之脈緊脈緩，無汗有汗，惡寒惡風，爲本人營衛强弱不同之雜病方。此正對方，故不分寒風之異，凡解肌各方皆同。

葛根四兩。　茯苓三兩。　麻黄二兩。　牡蠣二兩。　生薑二兩。　甘草一兩。

右六味㕮咀以水八升，煮取三升，分三服，再服後得汗，汗通即止。《古今録驗》無生薑、甘草。〇本卷三方皆無桂枝，而云「本爲解肌」句，舊説皆不可通矣。

又解肌湯　治傷寒温病方《延年》。主天行病二三日頭痛壯熱方。傷寒温病同治。《準繩》傷寒四時不同，引有此方，云治傷寒温病，天行頭痛壯熱，有桂無棗不同。

葛根四兩。　麻黄三兩。　黄芩二兩。　芍藥二兩。　甘草二兩。　大棗十二枚。

右六味㕮咀以水一斗，煮取三升，飲一升，日三服。三四日不解，脈浮者，宜重服發汗。脈沉實者，宜以駃豉丸下之。《延年秘録》有桂心一兩。○按芍、草、棗三味同，今桂枝湯外葛根、麻黄、黄芩不同。

[三]解肌升麻湯治[時氣]三四日不解方《肘後·三解肌湯第一》同此。

升麻　芍藥　石膏　麻黄　甘草各二兩。　杏仁三十枚。　貝齒三枚，亦作貝母十八枚。

右七味㕮咀，以水三升，煮取一升，盡服，温覆發汗便愈。《外臺》、《肘後》同有芍藥。○按以上三方，當列於首，後人據《翼》本首桂枝，次麻黄，次青龍，故移於陰旦之後，今正。○龐天行一二日名麻黄湯，與此方藥味全同，但分兩不同。

張元素引仲景解肌湯一。

[四]葛根黄芩黄連解肌湯案《本草綱目》引元素、張仲景方，今翼、成本《太陽》有葛根、黄芩、黄連，無解肌二字。

《外臺·傷寒門》解肌湯二。

[五]麻黄解肌湯《外臺》「傷寒」引《深師》。　療傷寒三四日煩疼不解者方

麻黄三兩，去節。　甘草一兩，炙。　桂心二兩。　杏仁七十枚，去皮尖，熬。

案四味與《翼》本麻黄湯同，惟主治與分兩各異，《深師》名麻黄解肌，自當與《翼》本不同。

《外臺》三[天行][温病]發汗門解肌湯七。同《千金》者二，附發汗麻黄湯、水解散二方。

[六]《古今録驗》解肌湯　療[傷寒]發熱身體疼方

葛根四兩。　麻黄去節。　茯苓各三兩。　牡蠣二兩，熬。

右四味切，以水八升，熬取三升，分三服。徐徐服之，得汗通則止，忌酢物。《千金》加生薑、甘草，名六物解肌湯。

七 麻黄解肌湯《肘後》。療天行一二日方《千金》同，與《千金》解肌升麻湯同藥而異名。

麻黄一兩，去節。　升麻一兩　甘草一兩，炙。　芍藥一兩。　石膏一兩。　杏仁三十枚。　貝齒三十枚。《聖濟》傷寒、疫癘有此方，無分兩。

八 又方亦名麻黄解肌湯，合《深師》共三方同名。

麻黄二兩。　黄芩一兩。　桂心一兩。　生薑三兩。

右四味切，以水六升，煮取二升，分三服。忌生葱。張文仲同。

九 又方葛根解肌湯張文仲同。

葛根四兩。　芍藥二兩。　麻黄　大青　黄芩　石膏各一兩。　大棗四枚。　桂心　甘草各一兩。

右九味，四味同今桂枝。忌海藻、菘菜、生葱、炙肉等。

附一發汗麻黄湯方廣濟療天行壯熱煩悶據《本草經》，發汗與解肌互文，皆主麻葛。凡此十方，有麻黄者九，用葛根者六，首四方皆無桂心。

麻黄五兩。　葛根四兩。　梔子十四枚。　葱一斤切。　香豉一升，綿裹。

附二水解散延年。　療天行頭痛壯熱一二日方

麻黄四兩，去節。　大黄　黄芩各三兩。　桂心　甘草炙。　芍藥各二兩。

十又方解肌湯○主天行病二三日頭痛壯熱者方延年。

乾葛四兩。　麻黄三兩，去節。　芍藥　黄芩各二兩。　甘草炙。　桂心各一兩。　大棗十二枚。

忌海藻、菘菜、生葱等。

十一解肌乾葛等五物飲許仁則。○微覆取汗，如病輕者因此或歇方。

葛根五合，切。　葱白廿一升。　生薑一合，切。　香豉一升，綿裹。　粳米二合，研碎。

右五味主葛根，無麻黄。

十二知母解肌湯《外臺·温病》引《古今録驗》。　療温熱病頭痛、骨肉煩疼、口燥心悶者，或是夏月天行毒，外寒内熱者，或已下之餘熱未盡者，或熱病自得痢有虚熱煩渴者。

麻黄二兩。　知母三兩。　葛根三兩。　石膏三兩。　甘草二兩。

右五味無桂枝。案以上《千金》、《外臺》名解肌者十一方。黄芩七見，石膏三見，大黄二見，大青、梔子、知母各一見，不忌用涼藥。後人疑麻桂難用及温熱禁汗，種種誤説

可以解矣。

龐氏總論解肌湯二。

十三 葛根解肌湯時行寒疫。 汗後表不解宜服此。自汗者去麻黄。

葛根四兩。 麻黄 芍藥 大青 甘草 黄芩 桂枝各二兩。 石膏三兩。

煎如前法。按前一方名麻黄湯，與《千金·發汗湯門》解肌升麻同。本方與《外臺·天時發汗》葛根解肌同，惟龐無大棗，分兩亦小異。

十四 知母解肌湯龐黑骨温證引知母解肌湯，與《外臺·温證》引《古今録驗》主治同，分兩節度小異。

麻黄 甘草各一兩。 知母 葛根各一兩半。 石膏

㕮咀，水三升，煎一升，去滓，温飲一盞。若已下及自得利下，虚熱未除者，除麻黄，自汗及虚熱，俱忌用麻黄。加葛根，成三兩。病常自汗者，亦如此法，加葛根；無汗而難得汗者，加麻黄，成一兩半；因變泄者，除麻黄，加白薇、人參各一兩，用水四升，煎至一升半。

十五《活人書·雜方三十八》解肌湯一〇治傷寒温病天行頭痛壯熱方。

葛根一兩。 黄芩半兩。 芍藥半兩。 甘草一分，炙。 桂心一分。〇一錢半爲一分。 麻黄三分，去節，湯泡，一二沸，焙乾秤。

右剉如麻豆大，每服鈔五錢，煎水一盞半，棗子一枚，煮至八分，去滓，日三服。

十六《聖濟》石膏人參解肌湯，可汗。治傷寒初得一二日，頭疼，壯熱，惡寒，脈浮緊。惟《聖濟》言浮字。○《聖濟》三解肌湯，此外有二麻黄解肌湯，一同《肘後》，一麻黄湯加葛根、石膏、芍藥。

石膏碎。　麻黄各一兩。　茈胡去苗。　人參各半兩。　桂去粗皮。　甘草各一兩，炙。　葛根二兩。

右每服三錢，入葱、豉、生薑同煎，熱服。麻、葛。

附三解肌湯　治傷寒三日内表證不解者。

麻黄二兩，去根節。　白朮一兩半。　葛根　甘草　山梔子仁　桔梗　石膏碎。　杏仁去皮尖、雙仁，麵炒各一兩。

右每服三錢，入葱白、鹽豉同煎，連並熱服，不拘時候，汗出爲度。

郭氏《補亡》解肌湯三案《補亡·序例》撰方五卷，今佚，故《補亡》方無藥味。

十七芍藥四物解肌湯　治少小傷寒。出第十九卷。

十八解肌發汗葛根石膏湯　治天行熱毒未解，欲生豌豆發熱。同上。

十九解肌湯　温病六條，又曰升麻解肌湯，最良。出第十八卷。

二十柴葛解肌湯陶節庵以葛根代。　治太陽、陽明合病，頭目眼眶痛，鼻乾不眠，惡寒無汗，脈微洪。

柴葫　葛根　羌活　白芷　黄芩　芍藥　桔梗　甘草

加薑、棗、石膏一錢煎服，無汗惡寒甚者去黄芩。冬月加麻黄，春月少加，夏月加蘇葉。

二十一《準繩》二帙。發熱有解肌湯

石膏二兩。　麻黄七錢半。　甘草炙。　升麻各半兩。

右㕮咀，每服五錢，水一盞，入豉半，合煎至八分，去滓，熱服。如五六服後猶惡風者，加麻黄半兩，石膏一兩。案：今即所見古書以解肌名湯者十六方，而《準繩·傷寒門》乃僅載此二方，大抵其方皆醫所常用，特以《翼》本、成本無解肌方，遂删去二字者，多矣。

附四方救急豉尿湯三味。　療天行頭痛、骨内酸疼、壯熱等疾。一日在毛髮，二日在皮膚，三日在肌肉，未必得取利，宜進豉溺湯。案，所引華氏法，三日亦在肌，又豉主發汗，古方多同。

豉一升。　葱白一升，切。　小便三升，童子者爲佳。

右三味先熬豉及葱白，令相得，則投小便，煮取一升，澄清，及熱頓服。或汗或利，但差則得。如未歇，依前更進一劑，頻用有效。

二十二解肌湯明戈維城《活人精言·不眠門》云：汗出鼻乾，不得卧者，邪在表也。

石膏　麻黄　甘草　升麻共四味，未注分兩。

二十三 柴葛解肌湯《金鑑·名醫方論三》引。治三陽合病，頭痛發熱，心煩不眠，嗌乾耳聾，惡寒無汗，三陽症同見者。

葛根　柴葫　石膏　羌活　白芷　黄芩　芍藥　桔梗　甘草

加薑、棗，水煎服。藥味同陶華，而移治三陽合病。解肌之名，仍取葛根焉。

二十四 潔古黄芪解肌湯《準繩》七《婦人傷寒》引潔古。治婦人妊娠，傷寒自汗。

人參　黄芪　當歸　川芎　甘草炙，各五錢。芍藥六錢。

加蒼术、生地亦可。案，此方主治自汗，其藥味本由桂枝湯變化而出，意主斂汗，則當取建中之名，不當名解肌，以至與藥味相反。此承用桂枝以解肌，解肌爲小發汗之名詞，以解肌與發汗相對成反比例，宋以後之誤説也。考以前二十三方，以解肌名者，不用麻黄，必有葛根。據《本草》經文，用藥立名皆同，無敢立異。此治有汗，無麻、葛而以解肌名，不知「解肌」二字之本義，承訛踵誤，而以桂枝湯爲解肌。近世之説皆如此，與古相校，其是非得失，不辨自明矣。

翼本桂枝當爲解肌條

桂枝當作解肌者，共十五條。解肌詳《千金》九卷，乃普通法。《翼》十五條，承《千金》而言，下乃分風寒爲雜證正文。

解桂枝湯，本爲解肌，其人脈浮緊，發熱無汗，不可與之，常須識此，勿令誤也。《脈經》無此條，必論本已誤，而後有此説，故以爲解，大約出六朝人所記。

太陽病《千金》用解肌不分經，此《翼》本已分經，而不分風寒雜病，故仍用之。三日已，發汗、吐、下，温鍼而不解，方證相對，而病不解。此爲壞病，其人本有夙病痼疾。桂枝解肌湯不復中與也。內因不可作外感治。觀其脈證，《内經》「病表」諸説是也。知犯何逆，隨證而治之。壞病即雜病别名，宿病内因屬雜證，如《金匱》是。非爲藥誤，全爲《金匱》法。

太陽病初服桂枝解肌湯，而反煩不解者，諸解字皆由解肌取義。當先刺風池、風府，乃却與桂枝解肌湯則愈。解肌方多輕重寒凉，先後不必一方，如麻黄止一湯。

太陽病外證未解，其脈浮弱，當以汗解，發汗解肌，文異義同。宜桂枝解肌湯。《脈經》宜汗下多無湯名。蓋先用發汗之膏散丸，不得，乃用湯。發汗之湯，以解肌爲首，寒風則入，《翼》本乃爲麻桂耳。

太陽病下之微喘者，表未解解肌之解字義取于此。故也，《脈經》多無下方，爲後人所補，如郭氏《補亡》原本無方者皆補方。宜桂枝解肌湯。

太陽病有外證肌以外。未解，下故以湯解之發汗，例凡發汗，無湯者。圓散亦可用也。不可下之，下之爲逆。欲解外者，宜桂枝解肌湯。解外即解肌。

太陽病先發汗，湯則首解肌。不解，外證。而復下之，兼有裏證，解肌之名與承氣對文。其脈浮者不愈。浮爲在外，而反下之，故令不愈。解今脈浮，故知在外，當解其外即解皮、膚、肌。則愈，宜桂枝解肌湯。傷寒舊本原有後師旁注記解，後人以其文繁冗，妄爲删節，今分解説寫之。

傷寒不大便六七日，頭痛身熱，此裏證，表亦有之。小便赤者，宜承氣湯。承氣有四，故發汗之解肌方，多以便隨證施用。若小便利者，入裏，則小便先變短赤。此爲不在裏，胸、腹、胃。故在表也，皮、膚、肌。當發其汗。膏散丸亦爲發汗。頭痛者必衄，宜桂枝解肌湯。傷寒普通病，不分風寒者。

傷寒發汗用膏散丸。已解解肌，半日許復心煩熱，其脈浮數者，可復發其汗，不得已而用湯。宜桂枝解肌湯。華佗、仲景云：「再三發汗不解，乃用湯。」此湯與膏散丸之次第用法。

傷寒醫下之後，身體疼痛，清便自調，急當救表，宜桂枝解肌湯。

太陽病未解，其脈陰陽俱停，必先振慄，汗出而解。但陽微者，先汗之而解，别有陰微者，下之而解，一層一本對舉。宜桂枝解肌湯。

太陽病未解，熱結膀胱，其人如狂，其血必自下，下者即愈。其外未解，尚未可攻，當必解其外，宜桂枝解肌湯。

傷寒大下後，復發其汗，心下痞，惡寒者不可攻痞，當先解表，宜桂枝解肌湯。

服桂枝解肌湯，大汗出，若脈洪大者，與桂枝解肌湯，如前法。解肌湯多隨證施用，前後不必雷同。

太陽病，桂枝解肌症，本論凡桂枝證、桂枝法，與別經之發汗、桂枝皆當作「解肌」讀也。醫反下之，汗下反比例。利遂不止，其脈促者，表未解也。喘而汗出，此宜葛根芩連湯。潔古引此湯亦名解肌湯。

脈實者當下之，脈浮虛者當發其汗，下之宜承氣湯，發汗宜桂枝解肌湯。成本《陽明病狀八》。

陽明病，其脈遲，汗出多而微惡寒，表爲未解，可發汗，宜桂枝解肌湯。同上

下利腹滿，身體疼痛者，先温其裏，乃攻其表。温裏四逆湯，攻表桂枝解肌湯。成本「厥陰」。

下利後身疼痛，清便自調者，急當救其表，宜桂枝解肌湯發汗。成本「可汗」。

吐利止而身痛不休者，當消息和解其外，宜桂枝[解肌]湯小和之。成本「霍亂」。

以上桂枝湯當作解肌廿條。

病如桂枝[解肌]證，頭不痛，項不强，寸脈微浮，胸中痞硬，氣上衝咽喉不得息者，此爲胸有寒也，當吐之，宜瓜蒂散。成本「太陽」。

太陽病，下之，其氣上衝者，可與桂枝[解肌]湯，如前法。成本「太陽」。

服桂枝[解肌]湯，大汗出，脈洪大者，與桂枝[解肌]湯，如前法。同上。

以上桂枝證，桂枝法當作「解肌」者三條。

太陽病，脈浮者，病在表，當汗之。太陽動脈診委中穴，浮沉遲數，以分表裏陰陽，非如俗説太陽脈必浮也。

少陰病，脈沉細而微者，病在裏，不可發汗。少陰脈診太谿穴。浮沉遲數，以分表裏陰陽。本論脈浮汗，六經脈浮者，皆表證，宜汗。脈沉下，不可汗。六經同此治法，以少陰爲三陰病符號，非如俗説，診寸口，以脈沉微細，定爲少陰病也。日本内藤氏《傷寒彙編》以六經爲病名，不指經絡，此類是也。病在表，不分六經，同爲宜汗。病在裏，亦不分六經，同爲宜下。此太陽字，讀作三日以前病，所謂純陽無裏證。少陰脈沉，同爲四五六日病，所謂純陰無表證。雖用太陽、少陰名目，實以病在表、病在裏爲主。此當如内藤氏讀作病名，所謂表證、裏證，三陽、三陰者也。又《翼》本太陽有六法，首桂枝、麻黄發汗二法，爲脈浮，病在表，陽證。承氣、瀉心、瓜蒂吐下，爲脈沉，在裏之三陰證。柴胡、青龍，在表裏中，所謂半表半裏，故不用汗下法而和解之。

《千金》九卷《發汗湯門》以三解肌爲主，餘解肌附。所有桂枝、麻黄、大青龍，陽毒、陰毒、陽旦、陰旦各方當入《翼》本，與《金匱》同。汗、吐、下後方亦當入《翼》本，而居《翼》本汗、吐、下後方之前。

桂枝湯疑義，前曾刊《講義》一首，讀作麻黄、大青龍、陽旦、陰旦四方，以四方皆有桂枝立説，此專就《翼》本、成本言。然二本皆無解肌方名，四方皆非傷寒正對法。《千金》九有三解肌湯，故此專就《千金》九卷立説。前刊雖未確實，然足以發起學者之疑悟，故仍存之，而歸結於此篇，亦先河後海之義也。刊既成，故自識於此。四益自識，時丁巳佛生日也。

桂枝湯講義三版

初疑桂枝不應立方名，再版據發汗當爲解肌，今因《聖濟》「傷寒門」有十九桂枝湯，繼考《翼》本「傷寒」二卷，獨無同名之方，與無名之方與本書及古書例通不相同。故定建中、陽旦、解肌爲古母方名，餘以藥味立名者，皆子方，古則同名、無名統於母方也。

聖濟總録

《可汗論》云：凡此六經受病，五邪脈證各不同。傷風必惡風，脈浮緩，傷寒者必惡寒，脈浮緊。

○共十九方，除緟複四方，共十六方。

一 桂枝湯方：二十一卷「可汗」第四，當作「可和」。治傷寒太陽病外證未解，脈浮弱者，脈弱爲虚，不可汗。此方與小建中同意，止汗養中。當以和「和」舊誤作「汗」。後人因「當發其汗宜桂枝湯」之文，誤以桂枝皆汗方，故改作汗。本論吐利止而身痛不休者，當消息和解其外，宜桂枝湯小和之。本論柴胡桂枝湯，當與柴胡桂枝和之，以和解外爲此方之專説，與他桂枝湯不同。解，桂枝湯主之。此方當爲建中湯所統，古名建中，後人乃以藥味立此方名，爲子方也。○按：脈浮弱不可發汗。此方非發汗，調和之耳。

桂和解，去皮爲桂心，汗方則不去皮。　芍藥　生薑各三兩。　甘草二兩。　大棗十枚。○《聖濟》可汗，以麻黄、青龍各半列前，此方在第四。

右㕮咀如麻豆大，每服五錢，水煎温服，須臾啜熱稀粥助藥力，麻黄、葛根節度均云不須啜粥，此啜粥爲建中計，以粥調和營衛，非以粥取汗，故麻黄、葛根發汗專劑，並云不須啜粥。取微汗。本論當從此止，以下詳汗，乃麻黄節度。故《聖濟》從此止，與卷二方，即《翼》本原方。〇此爲和方，本論有明文，非汗方。調和營衛，下文和不和皆此義。

《千金》陰旦讀作亡，又讀作月，則當作「陽月」。湯，今本作陰，於桂枝本方加黄芩。治傷寒肢節疼痛，内熱外寒虚煩方：

桂心四兩。　芍藥　甘草各二兩。　乾薑　黄芩各三兩。　大棗十五枚。

右六味㕮咀，以水一斗，煮取五升。去滓，温服一升，日三夜再，覆取小汗。

《千金》陽旦讀作亡，又讀作月，則當作「陰月」。湯，成本一條云：「問曰：證象陽旦，按法治之而增劇。」又云：「證象桂枝，因加附子參其間，增桂令汗出。」附子温經，亡陽故也。於桂枝本方加附子，《外臺》無陰旦、陽旦湯，桂枝加附子，本論之桂枝加附子湯同意。治傷寒中風，脈浮，發熱往來，汗出惡風，頭項强，鼻鳴，乾嘔，桂枝湯主之：陰月加附子一枚，故名陰月湯。〇此節病狀，全與《病源》中風傷寒之狀、《外臺》卷二引桂枝湯同。

大棗　桂心　芍藥　生薑　甘草　附子《千金》脱藥味。

以泉水一斗，煮取四升，分服一升，日三。往來自汗，去桂枝，加附子一枚。分方一。渴者，去桂枝，加栝蔞根三兩。分方二。利者，去芍藥、桂，加乾薑三累，附子一枚，炮。分方三。心下悸者，去芍藥，加茯苓四兩。分方四。虛勞裹急，正陽旦主之，煎得二升，内膠飴半斤，再服。分方五。脈浮緊發熱者，不可與之。此爲忌汗例文。

按舊説，《金匱》桂枝一名陽旦，其命名之義不可解。陽旦即與桂枝同名，何以《聖濟》十六方中不及陽旦？元化、仲景分列寒月、熱月最嚴，陽月用桂枝宜加黄芩，與解肌膏青黄同意。寒月用桂枝，宜加附子。與麻附辛甘同意，冬月禁汗宜温。本方仍爲建中，因寒月、熱月略有加減，故不别立名。或因寒熱不同，而陽月、陰月略示區别，《千金》因别立陽旦、陰旦二方。《外臺》鈔《古今録驗》説陽旦主治及方，遂誤以陰旦爲陽旦。「旦」字不可解，讀「月」字則通矣。一説讀旦爲亡字，形相近。陽亡用附子，陰亡加芩、膏，亦通。

小建中湯：

桂枝湯原方　加膠飴一升

酒客不可服桂枝湯，得湯則嘔，以酒客不喜甘故也。

本方節度云：嘔家不可與建中湯，以甜故也。酒客不可與桂枝湯，以建中爲桂枝。桂枝不甚甜，建中乃更甜。○以上爲和方法。

[二]五味桂枝湯方：可汗第十七。治傷寒二三日，頭痛體痛發表。以下可汗三方，當爲解肌湯所統，古方統名解肌。《本草經别録》：麻黄、葛根解肌發汗。桂不言發汗，用凉。本論太陽病有外證未解，未可下之，下之爲逆，欲解外者，宜桂枝湯。

桂去麤皮。　葛根各一兩。　麻黃去根節，一兩半。　山梔子仁半兩。　石羔一分。○本論：「下之，宜承氣湯；發汗，宜桂枝湯。」指此方與溫反。《千金》陽旦湯亦爲桂枝加減法，與此同意。

右每服三錢，葱白一莖，切，豉三十粒，同煎，熱服。良久再服，以葱白稀粥投之，微汗即差。與《千金》解肌湯同。

三 六味桂枝湯方：同上，第二十。治傷寒頭痛，發熱惡寒，解表。有濕氣者。

桂去麤皮。　麻黃去根節。　石羔　乾薑　白朮生用。　蒼朮米泔浸，麸炒，各一兩。　本論：「太陽下之微喘者，表未解也，宜桂枝湯。」原注：「一云麻黃湯。」

右每服三錢，生薑三片，葱白二寸，豉七粒，同煎服，不拘時候。

四 桂心湯方：同上，第二十九。治四時傷寒初覺。即《翼》本原方加葛根。

桂去麤皮。　芍藥　甘草炙。　葛根各等分。

右每服四錢，生薑二片，棗一枚，同煎服。本論有桂枝加葛根湯。

以上可汗三方。惟此三方專於發汗。本論云桂枝本爲解肌，故與《桂枝湯第二講義》專詳解肌參看。吐下二門無桂枝湯。

五 桂心湯方：二十一卷，可溫第七。治傷寒陰盛身寒，脈候沉細，「宜溫例」云：凡冬月宜用溫熱藥。「忌汗例」云：冬月不可發汗。故冬月與陰虛人有寒，宜溫藥。頭痛，體痛。此方爲麻黃加參、朮、附，爲溫藥之桂枝，與麻黃附子細辛湯同意。

桂去麤皮。　麻黄　甘草炙。　人參各半兩。　白朮　杏仁去皮尖、雙仁，炒黄。　附子各三分○桂、麻二方，有分用合用二例。若欲解外，必用麻、葛。

六 四味桂枝湯方：同上，第二十一。治傷寒陰證。本論太陰病脈浮，可發其汗。一本作桂枝湯當用此方○《千金》陰旦湯，亦爲桂枝所統，在本論爲桂枝加附子湯。

桂去麤皮。　麻黄去根節各三分。　附子　乾薑一分。○《聖濟·可温論》云：「若乃氣弱本虚之人，初中病，腠理寒，邪氣更不經三陽，而便見純陰證。」

右㕮咀，每服五錢，入生薑半分，棗三枚同煎，温服，不拘時候。本論：「先温其裏，乃攻其表。温裏宜四逆湯，攻表宜桂枝湯。」指此方言。

七 桂心湯方：同上，第二十二。治傷寒服冷藥過多，心腹脹滿，腳膝厥冷，昏悶不知人。初本温熱，過服寒凉，變爲此證者。

桂心《本草》無桂枝藥名。《千金》例云：「桂心者，桂枝之肉也。」故篇多稱桂心，則指去皮者。原文作桂枝，汪刻本皆删去枝字，大誤。　厚樸生薑汁炙，各三分。　芍藥一兩。　乾薑　檳榔各半兩。

右每用五錢，入童子小便一合，攪勻，空心温服。

以上三方爲可温，治陰寒證。《聖濟》獨補此門爲方二十四首，同名桂枝者三。少陰、純陰寒證法，合汗、吐、下爲四法。

八 重見。桂枝湯方：二十二卷，中風傷寒第二方。治中風傷寒，此卷出《病源》、《外臺》十八方，標目皆作中風傷寒，二者皆指大名。陽表。浮病脈。陰裏。弱。病脈。陽浮者熱自發，陰弱者汗自「自」當爲「不」。出。陰證無汗。惡寒、原作「嗇嗇」，此爲寒正病，冬氣。惡風、原作「淅淅惡風」，此爲温病春氣。○原本有「惡風」，《聖濟》删二字。發熱，原作「翕翕發熱」，此爲熱病夏氣，陰證則發寒。鼻鳴、乾嘔，以上三句三時表病，此句裏證。○此條出《外臺》卷二，桂枝不一方，故兼治各證。桂枝湯主之。上有四證，當分四方。

惡風。云當以和解，用《聖濟》第一方。

惡寒。可汗有三方，云當發其汗，用之可温三方，治冬病。

發熱。疫癘有一方。

鼻鳴、乾嘔五味桂枝湯，有梔子、石羔解肌，多用凉藥、熱藥。

桂去麤皮。　芍藥各三分。　甘草炙，半兩。

右每服五錢，入生薑一兩，大棗二枚，同煎，温服，以汗爲度。未汗更服，仍作生薑稀粥投之，以助藥力。與卷二十一可汗第四方，同出傷寒。○按：此條《病源》首云中風傷寒之狀，末云「此其狀也」，並無桂枝語。《外臺》引《傷寒》條，乃有方與今本同。《病源》本論外感四種病狀，故不列方。《外臺》列方，亦以桂枝非一方，隨證擇用。今相傳祇一桂枝方，故諸家説此條皆不能通，必分四方，然後能消經文也。

九 桂心解肌用桂枝不去皮，建中用桂去皮稱桂心，舊説多誤。湯方：同上，第九。治中風傷寒，方用熱劑，亦稱中風，故知爲總名。頭痛發熱，胸中氣逆，惡寒，嘔噦，小便難，足冷。純陰證，如「少陰」篇之純陰治法。

桂去麤皮，一兩。　芍藥　附子　麻黄去根節，焙，各三分。　甘草炙。　杏仁去皮、尖、雙仁。　半夏湯浸七片，生薑等分同擣，焙。　乾薑各半兩。○有麻黄附子，亦名桂枝湯，見後桂麻通用與桂枝包麻黄表。

右剉如麻豆大，每服三錢，用葱白三寸，生薑一塊，同煎，食前温服，日三。

[十]桂枝湯方：同上，第十。治中風傷寒，統稱大名，非桂枝證、麻黄證反對之小名詞。初得其外證，頭項疼，腰背强，壯熱，以上外證。語澀，恍惚，唾涕稠粘，以上裏證。遍身拘急。裏證。

桂去粗皮，三分。　半夏湯浸七遍，生薑等分，同搗。　附子　菖蒲　麻黄去根節，煎，去沫。　羌活　細辛各半兩。　白芷一分。　芎藭半兩。

右剉如麻豆大，每服三錢，入生薑一塊，同煎，食前温服，蓋覆取汗。此方不似仲景方。

以上中風傷寒三方，《聖濟》從《病源》、《外臺》例，以此爲一專門中，共二十方，有温有凉，有汗有補。後人兢兢辨中風傷寒惡寒者，可以悟矣。

[十一]桂枝湯方：二十二卷，傷寒時氣第十七。治初得傷寒，時氣。與桂麻各半湯同。

桂去麤皮。　甘草炙。　芍藥　乾薑各半兩。　麻黄去根節，一兩。　杏仁去皮尖，雙仁，炒黄，四十七枚。

《聖濟·時氣論》云：「其候與傷寒同類，但可汗可下之證，比傷寒温病藥之宜輕耳，不禁汗下也。」

右每服三錢，水煎併兩服，以衣蓋取汗透。華氏云：「熱月不須厚覆。」○元明人疑麻桂難用，又以時行疫癘，萬不可汗。蓋拘疑麻、桂二方，皆過温熱，不知《聖濟》桂枝十九，麻黄十二。温熱病則以寒凉藥發汗，如解肌湯之芩膏青黄是也。

以上傷寒時氣一方。共十九方，《肘後》、《病源》、《千金》與《翼》、《外臺》，時行與傷寒同一治法。《聖濟》出北宋，猶存古義，不似明清温熱、瘟疫與傷寒治法迥不相同之誤説。

十二 桂心湯方： 二十三卷，傷寒疫癘第八。 治時行疫癘病，未經汗下，體熱煩悶。 與陽旦湯加黄芩同。《活人書》云：「春夏用桂枝，宜加黄芩即陽旦湯。」陽旦讀作陽月，熱月用凉。

桂心三分。 芍藥一兩。 麻黄去根節。 杏仁炒炙。 黄芩 甘草炙，各半兩。

右每服三錢，生薑三片，棗二枚，同煎，去滓，温服。《聖濟·疫癘論》云：「其時行與時氣温熱等病相類，治各隨其證，以方治之，共十六方。」

以上傷寒疫癘一方。 疫癘與傷寒同治病源之古法。

十三 桂枝湯方： 二十四卷，傷寒頭痛第一，重見。 治太陽病，頭痛發熱，汗出惡風。 純爲中風之温病，汗出故忌發汗。 此方取和中，故加飴糖爲小建中。

桂枝去皮。 芍藥三兩。 生薑炙，二兩。

右擣篩，入生薑三片，大棗二枚，水煎五錢。 空心温服，投以熱粥助藥力。

以上一方，傷寒頭痛。《聖濟》論云：「是以傷寒、傷風、温病、熱病、風温病皆有頭痛病者，蓋頭痛乃陽證也。」「三陰脈不至頭，惟厥陰脈挾胃屬肝絡膽，循喉嚨上頏顙，連目系上出額。 故仲景止有厥陰頭痛一證，治以吴茱萸湯是也。」

十四 桂枝湯方： 二十五卷，傷寒心悸第五。 治傷寒，水在心下。 心悸動，欲得人按。 按：本論有桂枝去桂加茯苓、白朮湯，去桂枝仍以桂枝名。 此方不去桂，加苓、朮，原文當如此，治證小異而義通。

桂枝二兩。 赤茯苓去黑皮，兩半。 白朮一兩。 甘草炙。 陳皮去白，炒五錢。

右麤擣篩，入生薑半分，水煎五錢，去滓，温服，日三，不拘時。本論作小建中湯，一證數方者多矣。

十五 桂心湯方：同上，第十。治傷寒汗後飲水過多，心下悸動。

桂心一兩。　檳榔剉。　半夏洗，炒五錢。

右㕮咀如麻豆大，入生薑五片，水煎四錢，去滓，食前温服，片時再服。本論作桂枝加桂湯。

以上二方，傷寒心悸。本論云：「氣上衝者，可與桂枝湯。不上衝者，不可與。」當指此方而言。

十六 桂枝湯方：二十六卷，傷寒霍亂第十二重見。治傷寒霍亂後，體痛不休。本論：「霍亂吐利止而身痛不休，當消息和解其外，宜桂枝湯。」

桂枝　白芍三分。　甘草炙，五錢。

右麤擣篩，入薑、棗少許，水煎五錢，去滓，温服，取微汗。未汗，食熱薑稀粥以助之，得差。

以上傷寒霍亂壹方。本論云：「須消息和以桂枝湯。」小和之與建中湯同意，不取發汗，故本論「當以汗解」爲「以和解」。

十七 桂枝湯方：三十一卷，傷寒後餘熱第二。治傷寒病熱發汗，熱已解，半日許，復發熱，心煩脈數者不可更發汗。此出本論，不用原方。

桂枝五錢。　生薑二棗大。　大棗二枚。

水煎一服，稍熱服，取汗爲度。方三味無芍藥、甘草，本論有桂枝去芍藥湯。

以上傷寒後餘熱一方。與本論有竹葉石羔湯同。

十八 桂心湯方：三十一卷，傷寒後虛羸第四。治病後虛勞，羸瘦乏力。此亦建中湯之類補虛之劑，不發汗。

桂心　人參　黄耆　牛膝三分。　甘草二分。　白茯苓三分。　薑棗水煎三錢空心服，日二。

以上傷寒後虛羸一方。

十九 桂心湯方：三十二卷，傷寒後失音不語第九。治邪氣傷肺，失音不語。

桂心二兩。　石菖蒲一兩。

水煎三錢，温服，取微汗，未退再服。

以上傷寒後失音不語一方。

本論桂枝湯名同方異考

第一，桂枝爲和解。

和解　其脈浮弱，禁汗云：脈微不可發汗。當以和解，「和」後人誤改作「汗」。宜桂枝湯。

霍亂條云：當消息和解，其外宜桂枝湯小和之。

太陽病發熱汗者，此爲榮弱和。衛强，故使汗出，欲救邪風，桂枝湯主之。

第二、三、四，可汗，桂枝爲發汗。麻、葛。

發汗　當發其汗，宜桂枝湯。麻黄、葛根專主發汗解肌。一名二用。

病常自汗出者，此爲營氣和。汗出爲營和。營氣和一時如此。而外不解，寒熱往來如瘧狀。此爲衛氣不和故也。此爲温瘧，先熱後寒，熱汗爲營和，寒爲衛氣不和，外不解，麻黄證不解。營行脈中，晝營當行脈中，夜當行脈外，行脈中是營氣不通。衛行脈外，衛順營逆，詳《運行表》。衛晝行脈外，夜當行脈中。專行脈外，是陰陽不交。復發其汗，營無病，衛有病。復者，但治衛强不及營，兩用二桂枝湯，如桂麻各半法。則愈。又云，若形如瘧，日再發者，汗出必解，專就發汗而言。桂枝湯主之。先服第一和解，次服二、三發汗。

第十二，桂枝有黄芩。

凉表下後，急當救表，宜桂枝湯。方下後不可用温補之桂枝湯。解肌湯有凉藥方。

第五、六、七，三桂枝湯在可温中。

温表　救裏宜四逆湯，救表宜桂枝湯。四逆後不可用凉藥桂枝湯。解肌湯有温藥。

重服傷寒發汗已解，半日許復心煩熱，其脈浮數者，可復發其汗，宜桂枝湯。病有變則方有加減，非服原方。服原方云病猶在未解，當後作服之病後之桂枝湯第十。乃補劑。

第十四方：治心下水氣，有檳榔、半夏，亦爲消劑也。

消表　表未解也，不可攻痞，當先解表。表解乃可攻痞，解表宜桂枝湯，熱結膀光同。第十四方桂枝、檳榔、半夏名桂枝湯。攻裏宜大黄黄連瀉心湯。

第一十七：桂枝湯治傷後虚羸，有參、蓍、茯、草。

固表　病人煩熱，汗出則解，又如瘧狀，日晡所發熱者，屬陽明也。脈實者宜下之，以上詳實證。脈虚浮者宜發汗。「宜」當作「禁」，脈虚弱禁汗，有明文。下之，與大承氣湯；發汗，當作「忌汗」。宜桂枝湯。別條以表裏分，此以虚實分。

十六桂枝湯衹三味，去芎、草。

再服：服桂枝湯大汗出，脈實者，與桂枝湯如前法。《聖濟》：發熱，熱已解，半日許復發汗，心煩脈數者，不可更發汗，宜桂枝湯。

太陽病發熱惡寒，熱多寒少，脈微弱，此無陽也，不可發汗。經文止。此方後人所加，既云不可發汗，何能再用麻黄、桂枝？不言方當别屬，柯氏已删。柯氏論此方云：「古方多有名同而藥不同者，安可循名而不審其實也。」移以説《聖濟》十五方，巧合。○發汗桂枝湯，包麻黄而言。凡言發汗，皆曰桂枝，無有稱麻黄者，則以桂枝包麻黄也。發汗以後，不可更用桂枝湯。

病如桂枝證

服桂枝湯，汗出，大煩，渴不解，若脈洪大，與白虎湯。

反與桂枝湯，欲攻其表，此誤也。

此爲壞病，桂枝湯不中與也。

太陽病，初服桂枝湯不解。

乃卻與桂枝湯則愈。

服桂枝湯，大汗出，若脈洪大者，與桂枝湯如前法。

桂枝反對

桂枝本當作「不」。爲解肌，解肌發汗，屬麻葛桂枝湯。《講義》二版專詳解肌湯。今案：桂枝各方，不專解肌，故再爲此變。其人脈浮緊，冬寒皮緊。發熱當作「無熱惡寒」。無汗，傷寒麻黄證。不可與之。須識此，勿令誤也。第一方爲和解法，斂汗補中，與麻葛反。

太陽中風，脈浮緊，發熱當作「不發熱」。惡寒，陽惡温熱，陰惡寒凉。身體疼痛，中風無此證。不汗出，中風有汗。以上表證具。而煩燥者，裏陰證一見爲少。大青龍湯主之。○若脈微弱，下作浮緩，互文。汗出惡風者，中風桂枝證。不可服也。當用第一桂枝和解之。服之則厥逆，筋惕肉瞤，此爲逆也。脈微弱，不可發汗。

【傳】傷寒脈浮緩，上作「微弱」。其身不疼，傷寒乃身體疼痛。但重，乍有輕時，無少陰證，指上煩燥言。【不】可與大青龍湯發之。

太陽病發熱，陽發熱，陰發寒。汗出風有汗，寒無汗。而惡風。風爲陽邪，惡温熱，寒爲陰邪，惡寒。其脈緩，熱月皮緩，寒月皮緊。爲中風。春傷於風爲温病。

【傳】太陽病不惡寒，專惡風。發熱而渴，「渴」當作「汗」。爲温病。成本有此條，以解上文。

太陽病頭痛發熱，據《病源》作「發寒」。身體疼，中風身不疼。腰痛、骨節疼，陰寒病。惡風，當作「寒風」字，乃温熱，非實風。無汗而喘，陽爲手太陰肺病，邪在皮毛。麻黄湯主之。

太陽用桂枝湯法《翼》本九卷。共三十七首，今分爲四門。

太陽總綱九首

太陽之爲病，頭項强痛。

太陽病，其脈浮而惡寒。「太陽」當讀作「太陰」，病在皮毛，屬於太陰肺，與温家説同。

太陽病，三四日不吐下，見脈浮，乃汗之。

夫病，有發熱而惡寒者，發於陽也；不熱而惡寒者，發於陰也。發於陽者七日愈，發於陰者六日愈。死。　以陽數七，陰數六故也。

太陽病頭，痛至七日以上自愈者，其經竟故也。若欲作再經者，鍼足陽明，使經不傳則愈。

太陽病欲解時，從巳盡未。

風家表解不了了者，十二日愈。

太陽中風，陽浮而陰濡。表裹病脈。　陽浮者熱自發，表病脈浮，愈脈微。　陰弱者陰病脈沉，愈脈浮。汗自出。自當作不，裹證，無汗。

嗇嗇惡寒，淅淅①惡風，翕翕發熱，鼻鳴乾嘔者，桂枝湯主之。風、寒、熱三種病，同一桂枝，以桂枝有十六方。

太陽病三日，已發汗、吐、下、温、鍼而不解，此爲壞病，桂枝湯復不中與也。觀其脈證，知犯何逆，隨證而治之。

① 淅淅：原作「浙浙」，據《傷寒源候總論》卷七改。

桂枝當爲建中湯十一首

太陽病，發熱，汗出而惡風，其脈緩爲中風。《内經》：「春傷於風。」又云：「風爲陽邪。」統温、熱二病言。

太陽中風，發熱而惡寒。「而」當作「不」，義與成本傳同。

太陽病，發熱汗出者，此爲營弱衛强，故使汗出，欲救邪風，桂枝湯主之。當作「營强衛弱」，互倒。

太陽病，頭痛發熱，汗出，惡寒，一作「風」。桂枝湯主之。

太陽病，下之，其氣上衝者，可與桂枝湯。不上衝，不可與之。

桂枝湯本爲解肌，其人脈浮緊，發熱無汗，不可與之。常須識此，勿令誤也。

太陽病，發其汗，遂漏而不止，其人惡風，小便難，四肢微急，難以屈伸，桂枝加附子湯主之，桂枝中加附子一枚，炮即是。

太陽病，下之，其脈促胸滿者，桂枝去芍藥湯主之；若微惡寒者，桂枝去芍藥加附子湯主之，桂枝去芍藥中加附子一枚即是。一作「半枚」，去皮，炮。

酒客不可與桂枝湯，得之則嘔，酒客不喜甘故也。

服桂枝湯，或下之，頸項强痛，翕翕發熱，無汗，心下滿，微痛，小便不利者，桂枝去桂加茯苓白朮湯主之方。

傳 太陽病，發熱而渴，當作「汗」解，發熱汗出句作渴。不惡寒，專惡風，解「惡風」句。名曰温病。經言春氣温和。解「名曰中風」句。從成本補。

桂枝當爲解肌湯十一條

太陽病，項背强几几，而反汗出，惡風，桂枝湯主之。本論云：「桂枝加葛根湯。」

喘家有汗作，桂枝湯加厚朴、杏仁佳。

太陽病，初服桂枝湯，而反煩不解者，當先刺風池、風府，乃卻與桂枝湯則愈。

太陽病外證未解，其脈浮弱，當以汗解，宜桂枝湯。浮宜發汗，弱則宜和。

太陽病下之微喘者，表未解故也，宜桂枝湯。一云麻黄湯。

太陽病有外證未解，不可下之。下之爲逆，欲解外者，宜桂枝湯。

太陽病，先發汗不解，而復下之，其脈浮者不愈。浮爲在外，而反下之，故令不愈。今脈浮，故知在外，當解其外則愈，宜桂枝湯。

傷寒不大便六七日，頭痛身熱，小便赤者，宜與承氣湯。若小便利者，此爲不在裏，故在表也，當發其汗。頭痛者必衄，宜桂枝湯。

傷寒發汗已解，半日許復心煩熱，其脈浮數者，可復發其汗，宜桂枝湯。

傷寒醫下之後，身體疼痛，清便自調，急當救表，宜桂枝湯。

太陽病未解，其脈陰陽俱停，必先振慄汗出而解。但陽微者，先汗之而解，宜桂枝湯。

太陽病未解，熱結膀胱，其人如狂，其血必自下，下者即愈。其外未解，尚未可攻，當先解其外，宜桂枝湯。

傷寒大下後，復發其汗，心下痞，惡寒者不可攻痞，當先解表，宜桂枝湯。

時行温寒如瘧 表裏合法六首

太陽病，得之八九日如瘧狀，《内經》「瘧論」詳矣。發熱惡寒，發熱者惡風熱，發寒者惡寒，二狀不同時。熱多而寒少，此欲愈之漸。其人不嘔，胸不病。清便欲自可，胃腸無病。一日再三發，發作有時，瘧日一發。其脈微緩者，陽微陰浮爲愈脈。爲欲愈。脈微已汗之後，表病以微，裏虚爲欲解。而惡寒者，表證不解，惡寒陽虚。此爲陰陽俱虚，不可復吐下發汗也。面色反有熱色者，爲未欲解。以其不能得汗出，身必當癢，桂枝麻黄各半湯主之方。風寒非一時之病，夏寒則秋風，冬温則春寒，一時不兩病。

病夏傷於小寒，秋復傷於風，爲寒瘧。常自汗出者，此據風病發熱言。此爲榮氣和。作强。榮氣和服建中湯後。而外不解，寒證不解，寒瘧，寒戰振慄。此爲衛氣不和故也。邪與衛氣相遇，則病作。榮行脈中，衛行脈外，復發其汗，衛和則愈，宜桂枝湯。榮衛單行，不交會。病人藏讀作「外」，即上條「外不解」之「外」。無他病，時時發熱，自汗表。出而不愈者，此衛氣不和也。先其時發汗則愈，宜桂枝湯。以解肌湯分先後服之。

服桂枝湯大汗出，若脈洪大者，與桂枝湯如前法。若形如瘧，一日再發，汗出便解，宜桂枝二麻黄一湯方。

太陽病發熱惡寒，熱多寒少，脈微弱，此無陽也。不可發汗，桂枝二越婢一湯主之方。

脈浮而緊，浮則爲風，緊則爲寒。風則傷衛，寒則傷營，營衛俱病，骨節煩疼，可發其汗，宜麻黄湯。

傷寒類方桂枝湯類

此書分一二門，除雜法方外，前十一方皆以一方統各方。凡加減單方藥味，皆各立方名，故有百十三之多。考其原始，皆用大名，故一名統多方。《翼》本分析立名，故傷寒一類，獨無同名、無名之方。

桂枝湯《翼》本雖分爲百十三方，而經文原文則多大名，故證各別不同，而方則止一桂枝，非如《聖濟》之有十五方，不足用也。

桂枝加附子湯以下十二方皆爲加減法，本無方名，如青龍、柴胡、四逆湯、真武湯加減至二三十方，不別立名是也。

○《聖濟》可温三方義同。

桂枝加桂湯

桂枝去芍藥湯

桂枝去芍藥加附子湯

桂枝加厚樸杏仁湯

小建中湯當以建中爲桂枝總名。

桂枝加芍藥生薑人參新加湯

桂枝去桂加茯苓白朮湯徐氏云：凡中有加減法，皆使之藥，若去其君藥，則別立方名。今去桂枝而仍以桂枝爲名，所不可解。《聖濟》十四方有桂枝，恐「去桂」二字衍文。

桂枝去芍藥加蜀漆龍骨牡蠣救逆湯

桂枝加葛根湯《聖濟》第四桂枝湯有葛根，同之。

桂枝加芍藥湯

桂枝加大黄湯

桂枝甘草湯凡以藥名積數成方者，皆非方名，共三方。

茯苓桂枝甘草大棗湯

桂枝甘草龍骨牡蠣湯

桂枝麻黄各半湯兩方合併立名者，皆非方名者三。

桂枝二麻黄一湯

桂枝二越婢一湯

徐氏《類方》分十二門，前十一門皆以總方統別本，共九十一方。

桂枝多至十九方，以下如柴胡六方，梔子七方，承氣十二方，得心十一方，四逆十一方，理中有九方。桂枝爲治傷寒首方，不能祇一五味之和劑，故可知徐氏十九方爲其子目，而《聖濟》之十五方同名桂枝，則其大名。故桂枝一名之方，有補、有泄、有和、有發、有温、有凉，因證用藥，方異名同。後人不知此義，以一方説十五之經文，左支右絀，齟齬矛盾。自唐以後，千餘年無一説能通此義，今幸《聖濟》中全列十五方，乃得將經各條分别立方以解，千古沉晦一旦昭明，真幸事也！

仲景三部九候診法

〔附〕傷寒淺注讀法

廖平 撰
邱進之 校點

校點説明

《仲景三部九候診法》分《仲景三部診法》、《仲景九候診法》兩部份。《續修四庫全書總目提要·子部·醫家類》(稿本)本書提要引三臺蕭龍友丈云:「與廖氏旅齊、魯時,互究醫術,冥思獨造,識解精闢。惟著述雖富,終始未以醫術問世,蓋以整理醫書、考證醫學爲歸趨者也。」此書二卷,首三部,次九候,於醫家獨推張仲景,而黜陳修園。其體例多引舊説,以醫證醫。所謂「三部」,指趺陽、寸口、少陰,廖平於此次第辨正,於古今診法之部位與脈證之異同,闡發尤詳。至於「九候」診法,首《太陽病脈證一》,次《辨厥陰病脈證篇》,末《傷寒淺注讀法》,皆論傷寒下利之病。本書不僅於診法力闢誤説,於古本醫籍也有校勘考訂之功。《仲景三部診法》曾載於民國五年《國學薈編》第三、四期。《仲景九候診法》載於《國學薈編》民國五年第二、三期,民國六年第五期。成都存古書局刊行,收入《六譯館叢書》。今即以該本爲底本進行點校。

目録

仲景三部診法

陰陽總類

《靈·禁服篇》：「寸口主中，人迎主外。」楊注：「寸口居下，在於兩手，以爲陰也。人迎居上，在喉兩旁，以爲陽也。」《靈·動輸篇》：「陰陽上下，其動也①若一。」楊注：陰謂寸口，手太陰也。陽謂人迎，足陽明也。上謂人迎，下謂寸口。人迎是陽，所以居上也。寸口是陰，所以居下也。」「陰陽俱靜俱動，若引繩相頓②者病。」「謂人迎寸口之脈乍靜乍躁，若引繩相頓乍動乍靜者，病也。」《素·陰陽別論》：「知陽者知陰，知陰者知陽。」楊注：「妙知人迎之變，即懸識氣口；於氣口之動，亦達人迎。」《靈·四時氣篇》：「氣口候陰，人迎候陽也。」楊注：「氣口藏脈，故候陰也；人迎府脈，故候陽也。」〇按：陰陽診法，詳《人寸篇》。仲景於公式稱陰陽，至於三部，本經私病，非公式者，乃曰趺陽，寸口、少陰，故先以陰陽立部也。

三陽。陽明、趺陽，《内經》「三陽爲父」，又「三陽爲經」，又「三陽爲表」。又，「帝曰：願聞陰陽之三也何謂③？岐伯曰：氣

---

① 也：原脱，據《靈樞·動輸》補。
② 頓：《靈樞·動輸》作「傾」。
③ 之三也何謂：「也」字原在句末，據《内經·至真要大論》改。

血有多少，異用①也。」「陽明何謂也？兩陽合明也。厥陰何②也？兩陰交盡也。」○按：人兩手兩足合比，拇指在前相合，爲兩陽，合並之陽明穴，氣之始也。兩小指在邊，爲厥陰，氣之終，故曰兩陰交盡。又「兩陰交盡故曰幽，兩陽合明故曰明」。

二陽。太陽。《内經》「二陽爲衛」，又「二陽爲維」，又「二陽者，太陽也」。「太陽」舊誤作「陽明」。太陽與少陰營衛運行在中，故曰二陽。

一陽。但云陽病者爲一陽。《内經》：「太陽爲開，陽明爲闔，少陽爲樞。」當作「陽明開，少陽闔，太陽在中爲之樞」。又，「三陽爲經，二陽爲維，一陽爲之游部」。當作「一陽爲維，二陽爲之游部」。一陽少陽，《内經》：「一陽者少陽。」

三陰。太陰，寸口。《内經》：「太陰藏搏者，三陰也。」一陰至③，厥陰④之治也。太陽藏何象？象二陽而浮也。少陽藏何象？象一陽也。陽明藏何象？象大浮。案，大浮爲三陽病，舊本「二」字誤作「三」。

少陰。二陰搏至，腎沉不浮也。

三陽《内經》舉熱病以示例，仲景詳寒，春秋二時可以例推。合病，即俗所云傳經。本經云：太陽與陽明合病者三條，太陽少陽合病者一條，陽明與少陽合病者一條。○人迎診法，陽盛人迎大於寸口三倍，病在陽明爲三陽，二倍爲二陽，一倍

---

① 異用：原作「異同」，據《内經·至真要大論》改。
② 「何」下原衍「謂」字，據《内經·至真要大論》刪。
③ 「至」下原衍「句」字，據《内經·經脈別論》刪。
④ 陰：原作「陽」，據《内經·經脈別論》改。

爲一陽。陽病而兼陰病爲合病。詳《人寸診》，陰陽病與此義別。腹滿，華佗云：五日在腹。身重難以轉側，背、腹、脇同爲邪所客。口不仁而面垢，以上外證。譫語，遺尿。以上皆陽明證。發汗則譫語，不可汗。下之則額上生汗，手足厥逆①。不可下。若自汗者，白虎湯主之。專爲胃方，是三陽陽明所主。〇《陽明篇》第四十一節。

三陽中病之初，以面、項、頰分頭之三陽，膺、背、兩脇分身之三陽。邪同在皮部，因前後側三經所在名之，非經絡有淺深。病由傳變，此大例也。合病，三陽有二義，有以陽明爲三陽，太陽爲二陽，少陽爲一陽者，《陰陽別論》是也。此篇三陽乃合數三經，不專屬陽明。脈浮大，上關上三字誤文，後人所補。但欲眠睡，目合陰蹻主寐。則汗。陰虚。

〇《少陽篇》第六節。

二陽《陰陽別論》以太陽爲二陽，詳《人寸診表》。併病，即世傳經之説，六經不相傳也。〇太陽與少陰合病，《陰陽別論》爲二陽二陰病。太陽爲二陽，因邪直中項與背，從後而來，故爲太陽。初得病時，四時病皆同，不獨傷寒爲然。發其汗，六經得病之初，邪皆在皮部。汗先出不徹，表未解。因轉屬即俗傳經之説。陽明，項背受邪，下太陽，面、膺受邪，下陽明。背既受邪，難保不及面、膺。因有淺深，太陽先發。若太陽解於汗，則陽明亦同汗解，病不作矣。此因太陽未解，陽明續病，乃爲併病，非傳也。續自微汗出，與太陽同。不惡寒。此屬陽明。〇此爲傳變，經所謂淫泆不可勝數。〇《太陽中篇》第七節。

---

① 厥逆：《傷寒論》注釋卷五作「逆冷」。

二陽此又以經絡言。凡四時之病，其深淺皆如寒熱，以六經分之。併病，本經太陽與少陽併病者三條。○《陰陽別論》有三陰三陽之病，有陰陽之合病。經云：併、合一也，或分爲二。太陽證罷，外邪已解。但發潮熱，手足漐漐①汗出，此似表證，寔爲内熱。大便難而譫語。此爲裏證，在胸腹。下之則愈，宜大承氣湯。《刺熱》之五藏與府同病爲合病，即《熱論》之兩感。表裏乃言合，非陽自爲合。○《陽明篇》第四十二節。

傷寒四時六氣。《内經》詳熱病以示例，寒與熱反，故仲景以寒名書，明補經之所不足；其外風温燥火，皆見於書。熱病與寒不同，亦非專言寒一門。三日，以六經配六日，皆誤讀《内經》。當用華佗之説，皮、膚、肌爲始三日，胸、腹、胃爲後三日。三陽經絡則爲陽，時季則春夏屬陽。○《内經》：「病熱者陽脈也，以三陽之動也。人迎一盛少陽，二盛太陽，三盛陽明，入陰也。夫陽入於陰，故病在頭與腹，乃䐜脹而頭痛也。」爲盡，皮、膚、肌爲三陽。三陰據華佗説，胸、腹、胃爲三陰。當受邪。本經由皮至胃分六層，自相傳，不傳別經。○經絡由外至内如此，四時之病亦由外至内。其人反能食胃不病。而不嘔，胸不嘔。此爲三陰以胸、腹、胃爲三陰，非太、少、厥，舊説皆誤。讀《熱病論》「曰」字爲「日」，故以六經分淺深。三陰病皆由陽來，不自受病。種種誤説，使人迷罔。不受邪也。傳經之三陽三陰，不指經絡層次。○《少陽篇》第八節。

問曰：病有太陽邪中於背，百病皆同。邪在皮、膚，詳《五診法》。○《内經》屢言春傷於風，風爲春病六淫之一，與寒熱並峙，非傷寒中之附庸。陽明，面、項、膺、背同受病。有正陽陽明，病由面、膺專受邪。本經專邪，本經專病。有

① 漐漐：原作「熱熱」，據《内經·至真要大論》改。

少陽陽明者，頰及兩脇與面、膺同受邪。何謂也？答曰：太陽陽明者，兩經同受邪，則同時並病。脾約是也。此指至裏胃病言之。正陽陽明者，胃家實是也。本經專病，不與他經連屬併病。少陽陽明者，同受邪爲併病，非彼此相傳。發其。汗誤。利其。小便，則水穀之津液耗竭，而少陽之相火熾甚，津竭則。胃中燥火熾則。煩實，實則。大便難是也。舊主傳經，皆爲誤説。不受邪之經，無病傳之理。舊説二陽三陰不詳受病之由，所以誤衍病傳諸説。

太陽病，内外兼包。醫發汗，皮部爲表。遂發熱惡寒。此倒裝句，因此證乃汗之。因復下之，心下痞，心下痞乃下之。表汗。裏下。俱虚，醫本不誤，過汗過下則有傷，亦因其人本虚故。陰藏氣。陽府氣。氣並竭，設爲此證。無陽則陰獨，孤陰孤陽，無陽與獨陰同。復加燒鍼，醫誤。因胸煩、面色青王啟玄以此爲無胃氣之真藏。黄、青黄二色見。爲真藏先黄後青見所不勝之色，爲無胃氣。膚瞤者診皮。難治；即謂真藏見。真藏專指色言。今色微黄，所謂有胃氣。手足温者診。易愈。《太陽下篇》第三十二節。

若太陽二陽。病證①，《刺熱篇》言：「肺熱病，先淅然厥起毫毛，惡風寒，舌上黄，身熱。」又，「頭痛不堪，汗出而寒②」。案：肺主皮、毛，肺熱頰與太陽相似。又有心熱病。或云傳足不傳手者誤。發汗，以下外表。設面色緣緣正赤者，視色法。陽氣怫鬱以上内裏。在表，當解之熏之；若發汗不徹，不足言陽氣怫鬱，不得

① 據《内經·至真要大論》卷三，此下有脱文。
② 寒：原作「察」，據《内經·刺熱篇》改。

越。當汗不汗，其人煩燥①，不知痛楚，乍在腹中，裏證。乍在四肢，按之不可得。其人短氣，但坐以汗出不徹故也。更發汗可愈。

解 何以知汗出不徹？以脈濇故知也。《百病始生篇》：「清邪襲虚，則病起於下；風雨襲虚②，則病起於上。是謂三部。至於淫泆，不可勝數。按：淫泆，謂變壞。○《太陽中篇》第七節。

太陽《邪客篇》：「中於面則下陽明，中於項則下太陽，中於頰則下少陽。其中於膺背兩脇，亦下其經。」按：此以三陽頭身受邪，以部位分經爲病，其始皆在皮部。三經非有淺深，亦不出於傳變。此爲正義，急當發明者。病四時之病，皆分六經。熱病其大例也。中風，《内經》屢言春傷於風，則風爲春病，寒爲冬病，夏爲暑熱病，秋爲燥濕病。大致以四時分四病，特以傷寒名書，所謂以寒爲纛也。以火劫發汗，邪風被火熱，血氣流溢，失其常度。兩陽相熏灼，風熱與火爲兩陽。其身發黄。陽盛上行。則欲衄，《周禮》春病，《内經》屢言春病衄。○春日爲少陽。陰虚下行。則小便難。陰陽俱虚竭，二脈屬營衛。身體則枯燥。診皮。但頭汗出，劑頸而還，腹滿，陽虚。微喘，口乾咽爛，或不大便，久則譫語，甚者至噦，手足燥擾，捻衣摸牀。小便利者，其人可治。《太陽中篇》七十二節。

太陽楊氏《太素》以寸口爲陰，人迎爲陽，詳《人寸診篇》。病，指太陽經脈所生之病，不分内傷外感。考《内經》，諸病不分

---

① 燥：當作「躁」。

② 虚：原作「處」，據《靈樞·百病始生》改。

内外，皆以經先立經病，再以證分之。或已發熱，或未發熱，指皮部言。必惡寒，體痛嘔逆，以上言證。脈五診，亦曰五脈。陰陽案：太陽行身之背爲陽，陽明行身之腹爲陰，少陽行身之側半陰半陽。三陽統一身皮部而言。俱緊者，言背腹，包少陽。名曰傷寒。此爲冬日之寒病，與熱病對文。《内經》以熱病立法，《傷寒》兼有四時病，而以傷寒標目。《熱病論》：熱病亦傷寒①之類。指四時而言，寒熱相同。○《傷寒·太陽上篇》第三節。

太陽病，太陽諸病，詳《内經》病表，不專指傷寒。發熱而渴，不惡寒者，傷寒不渴而惡寒，此與風寒異。爲温《内經》兩見「春傷於風」，「春必病温」。又一見「冬不藏精，春必病温」。下文全言四時之病，則温爲春日之正病，非熱瘟。○經曰：「陽之動，始於温，盛於暑。陰之動，始於清，盛於寒。」又以春主温和。今人讀温爲瘟，或以爲熱病，宜詳考。病。《序例》引《陰陽大論》云：「春氣温和，秋氣清凉，爲四時正氣。」則温與清對文，非熱之夏病與時行之瘟可知。若發汗已，身灼熱者，名曰風《内經》凡由春傷於風之病，皆冠以「風」字，如四時病之風瘧是也。詳《四時風》門。温。書名爲冬寒，此條爲春風温。風《内經》三言「春傷於風」，則風爲春日所傷之邪。温春日得風之正病。○觀下證，與瘟疫及熱證通不同。或讀此爲瘟熱者非，春日温和。《周禮》「春多風」，不過與冬寒小異。爲病，春日正病，即經中風。脈陰陽人寸。俱浮，風温則人寸俱浮，若本風寒，則陽經脈獨異。自汗出，與中風同。身重，多眠睡，鼻息必鼾，語言難出。若被下者，小便不利，直視，失溲。若被火者，微發黃色，劇則如驚癇，時瘈瘲。若火熏之，一逆尚引日，再逆促命期。《太陽上篇》第五節。

① 傷寒：「寒」字原脱，據《内經·熱論》篇補。

病四時正氣，風熱濕寒，觸之有即病、留病之別。○此條諸家以爲總論，包諸病而言，不單爲傷寒也。有發熱診皮，夏暑爲熱證。《内經》以熱證立法，以推三時。熱即《内經》熱内，夏病之正名。此指在皮、膚之熱，發熱病在表。惡惡上當有「不」字。寒本經所以得名。者，此分陰病陽病，有熱無熱分之，惡寒與不惡寒亦當分。如原文是同以惡寒之證，別分陰陽。發於陽也；指春夏病，春夏爲陽病。《内經》春夏人迎微大，夏爲太陽風熱所發。上云發熱而渴，不惡寒者爲温病。文義相通。無熱如手足厥逆。風瘧痺厥，秋冬之病。惡寒者，陽病不惡寒，如夏日暑熱，但苦熱。陰病乃惡寒，以惡寒不惡寒分陰陽。發於陰也。指秋冬三陰，秋冬爲陰，《内經》秋冬寸口微大，秋爲少陰，冬爲太陰，寸口三陰主内。此爲統綱。○發於陽者，陽如傷寒六經，華佗六日。○此條以府病兩感定生死期日。七日愈。《熱病論》：「其愈皆以十日以上。」十當爲七，與仲景同。下云：「七日巨陽病衰，頭痛少愈；八日陽明病衰，身熱少愈；九日少陰病衰，耳聾微聞；十日太陰病衰，腹減如故，則思飲食；十一日少陰病衰，渴止不滿，舌乾，已而嚔①；十二日厥陰病衰，囊縱，少腹微下。」按，六經迭數各有六日，其愈同以七日。○按，華佗法，各經皆有六日。考《熱病論》，六經愈雖一至七，二至八，三至九，四至十，五至十一，六至十二，共爲三十六日，與《熱病論》適如合符節，可見華佗、仲景同祖《内經》，乖華氏之法，即違仲景之旨也。發於陰者，藏爲陰，本經之兩感，藏府俱病，爲陰。《熱病論》：「兩感②於寒者，病一日則巨陽與少陽俱病，則頭痛、口乾、煩滿；二日則陽明與太陽俱病，則腹滿、身不食、譫語；病三日則少陽與厥陰俱病，則聾、囊縮、厥，水漿不入，則不知人。」六日愈。「愈」當作「死」，因上文而誤。《熱病論》：兩感六日而死。「黄帝曰：五藏已

---

① 嚔：原作「欬」，據《内經·至真要大論》改。
② 感：原作「傷」，據《内經·至真要大論》改。

傷，六府不通，營衛不行，如是之後，三日乃死。何也？岐伯曰：陽明者，十二經之長也。其血氣①盛，故不知人。三日其氣乃盡，故死」。又經上云「或愈或死，皆以六七日同死」，當重一「死」字，謂或愈或死，死皆以六日，其愈皆以七日也。以上愈死之日數，詳見《内經》。以下「解」二句，不見經文，爲後師補入也。

解以陽數七，陰數六故也。此爲以陰陽數目解之，與醫不合。且陰陽書，六、七亦不能代陰陽。讀此陽字解爲生，陰字解爲死，謂愈期六經同爲七，死期五藏皆在六可也。

太陽六經爲全身部位，與五診又相通。凡病皆分六經五藏，不獨傷寒爲然。**中風，**春傷於風，即爲中風。春氣發散，風爲主病，中風與傷風，一時不同。○中風，風温從之。中濕、中暍、洞泄、風瘧，皆當別爲一卷。以四時爲目。**陽**人脈。**浮**春日少陽主皮，如游魚之在波。○背太陽。**而陰**寸脈。**弱。**陽氣已動，陰則弱。○腹陽明。○病在陽，陽盛，則人迎大於寸口。**陽浮者**病在陽邪。**熱自發，**春氣所動，皮主之。**陰弱者**《傷寒·叙例》中共六尺寸，尺當爲人與？《叙》云「握寸不及尺」，「尺」當爲「人」字。尺、寸即此陰、陽之别名。**汗自出。**血主之。○此爲中風，病則傷衛。陽浮陰弱，陽不浮陰。自平然比校，陰爲弱。**嗇嗇惡寒，**此句屬傷寒。○三句狀春病與冬寒之不同。**淅淅惡風，**此二句屬風。**翕翕發熱，**即《内經》夏傷於熱之病。**鼻鳴、乾嘔者，**其病皆在皮部。○經云三日可汗可已。《中藏法》一日皮，二日膚，三日肌，六經得病俱同。故無論陽經、陰經，凡未入裏，皆可汗。**桂枝湯主之。**《太陽上篇》第十一節。

---

① 血氣：原作「色血」，據《内經·至真要大論》改。

太陽病，不言傷寒、中風，專爲外感，但言病則傷暑，溫燥亦同。以《内經》諸病表皆以經分，首太陽病。得之八九日，此項背所受邪，他經不受病，故久猶在太陽。病傳、傳經之説，皆非正例。如瘧狀，《内經》「夏傷於暑，秋生痎瘧」，瘧爲秋病。發熱熱病。惡寒，寒病。熱多寒少。瘧，寒熱往來。其人不嘔，圊便欲自可，一本作「訓」。一日二三度發，内不病。脈微緩者，此平脈也，緩無病脈。爲欲愈也；脈微陽脈虛。而惡寒者，專惡寒，陰病。此陰陽《内經》「陰脈營其藏，陽脈營其府」。○此併舉陰陽，爲全文；其餘或陰或陽，爲單舉。俱虛，指二脈，即藏府之别名。不可更發汗、更下、更吐也。當聽其自愈。面色反有熱色熱病之色。者，赤色爲熱。未欲解也。以視色定之。以其不能得小汗出，得汗解，邪在肌膚，當以汗解，不拘日數。身必癢，皮鬱。宜桂枝麻黄各半湯。《太陽上篇》第廿二節。

凡病不分内外，不分六經。若發汗，中焦主汗。經云：三焦主精液，氣化則能出。若吐，上病。華法云：四日在胸，宜吐。若下，裏病。華法云：六日入胃，則可下也。若亡津液，表證外證，醫已畢治。陰陽此專詳脈。自和者，人寸如一，詳《比校表》。必自愈。《太陽中篇》第十六節。

太陽病以經言之。凡病同此例，不獨言傷寒也。未解，表證猶在。太陽爲部位，四時邪氣干之，其病狀不大異，或以爲寒水司令，專屬傷寒者，大誤。脈三部比校。陰陽《内經》：「陽病而陽脈小者爲逆，陰病而陰脈大者爲逆，故陰陽俱静俱動，若引繩相傾者病。」俱停微。者，「停」乃「微」之字誤。下兩見「微」字，是也。必先振慄，内戰。汗出而解。以五診求之在表，以汗解。但陽脈人迎。微者，人迎主表，皮、膚、肌肉屬之，不拘三陽經。先汗出而解；《傷寒》云未三日可汗而解。但**陰**脈胸、腹、胃爲三陰，不指經絡。微者，陰脈微則陽脈盛。《内經》：藏脈衰，則人迎大於寸口也。下之主陽明病言。而解。《内經》三日以外，下之而解。○上言俱微者，分别言之。若欲下之，宜調胃承氣湯主之。《太陽中篇》第五十四節。

太陽以部位言。傷寒，此乃專爲傷寒言。**陽**脈澀，澀爲診皮，陽脈指陽經，行身之背，兼手足外側而言。陰脈《内經》腹爲陰，陽亦兼。**弦**，强。腹中皮部强急。法當腹中以背腹分陰陽。急痛者，以腹强故。○手足内側陰脈。先與小建中湯，不差者，以小柴胡湯主之。《太陽中篇》第六十節。

病以上凡病同，不專説傷寒。發於**陽**，三陽在皮部，《序例》：「陽盛陰虚，承氣則亡。」《外臺》引作「表病裏和」。而醫反下之，治内。熱入，因作結胸，下引邪入内。病統諸四時言。○《外臺》引華氏云：六日入胃，則下可也。若熱在胃外，未入於胃，而先下之者，其熱乘虚便入胃，則爛胃①也。」發於**陰**，病在内，《内經》寸口主中。而反下之，疑當作「汗」。因作痞。

解所以成結胸者，以下之太早故也。結胸者，項亦强，太陽部位。如柔痙狀，下之則和。此别一下法，與承氣不同。宜大陷胸丸方。《太陽下篇》第十一節。

---

① 胃：原作「者」，據《外臺秘要》卷一改。

傷寒冬日正病，又或爲秋病所遺。五六日，約略之詞，此爲近病言。頭汗出，微惡寒，淺。足手冷，皮。心下滿，華氏四日在胸。口不欲食，華氏「五日在腹」。大便硬，華氏「六日在胃」。脈人迎。細者，此爲陽微也。陽經衰，則寸口大於人迎。結結胸，後人誤創結脈。必有表，陽。復有裏也，陰。脈寸口。沉亦在裏也。

【解】汗出爲陽微。解陽微句。假令純陰結，「純」下誤「少」。不得復有外證，指頭汗。悉入在裏，純陰證。此爲半在裏脈沉。半在外也。頭有汗。脈雖沉緊，「緊」字爲衍，「緊」爲無汗，有汗則非緊。上文言沉，一在裏，緊非純陰脈名詞。不得爲少陰證。少當爲純之剥文。仲景三部診法，以少陰當衝、任，統陰陽藏府而言。少陰不如俗説之腎。

【解】所以然者，陰不得有汗，此句爲三陰大例。今頭汗出，故知非少陰也。純陰不得頭汗，非少陰之陰。可與小柴胡湯和之，設不了了者，得屎而解。當下之。○《太陽下篇》第二十七節。

病人脈此以皮絡言。陰陽俱緊，背腹俱緊，宜無汗。反汗出者，亡「亡」一作「無」。陽也。以津液爲陽。此屬少陰，少陰爲三部之一。法當咽痛，爲後吐利。《少陰篇》三節。

脈人胃脈。浮寸肺。而芤。讀爲孔，空也。浮爲陽，陽明盛浮，故在人。芤爲陰，太陰虚，故芤在寸。浮、芤相搏，《内經》言生人云「兩神相搏，合而成形」，必陰陽二脈相比合乃言相搏。非一脈自相搏。胃氣人迎。生熱，浮。其陽當作「陰」字。則絶。孤陽獨盛，則脾陰絶。○《陽明篇》第十二節。

傷寒正冬病。六七日，《外臺》第一卷傷寒八家論三引華佗云：「夫傷寒始得，一日在皮，當摩膏火灸即愈」，至「則可下也」。按：世醫傳經之説最爲不通，而日數之文，早見《内經》，二者相妨，無從解決。今以六經病皆直受經絡，並無淺深次第，日數層次深淺之分，則直同五診法。今故採華氏法，以易世俗傳經之謬。無大熱，外證輕。其人煩躁，内病重。此爲陽手足三陽，皆診於人迎。去三陽病解。入陰手足三陰，皆診於寸口。故也。由三陽傳裏三陰。○《少陽篇》第七節。○華氏説，成氏《明理論》尚屢引之。

太陰三陰之首，與陽明爲表裏。中風，春日傷於風，非冬傷寒。四肢脾主四肢。煩痛，爲邪所傷。陽微以人脈言。陰此以腹皮言。○陰恒行身之腹。澀而長者，「長」字不可解，當爲字誤。當讀爲長大之長。爲欲愈。《太陰篇》第二節。

少陰少陰脈分公式、私病，與人寸同。少陰動脈有以太谿爲公式，陰谷爲私病診。中風，春病。脈陽人迎。微陰寸口。浮者，三陰以寸爲主。爲欲愈。《少陰篇》第十節。

凡厥者，厥爲《内經》一大證，屬外證。○不但指外感，亦包内證。陰營，經脈。陽衛，絡脈。氣不相順接便爲厥。

解 厥者，手足逆冷爲診皮法。是也。《厥陰篇》第十二節。

詳《營衛運行篇》。

傷寒四時之病，以風暑熱濕寒爲五門，此專言冬病傷寒。六七日，熱病以日計，外感不同。不利便，發熱《玉函》作「不便利，忽發熱」。而利，其人汗出不止者，死。有陰無陽故也。此爲獨陰，下《金匱》爲獨陽。孤陰孤陽，皆爲獨。○《厥陰篇》第二十一節。

以上《傷寒》陰陽類，凡十七條。

金匱

問曰：經云經無明文。厥陽疑當作「陽厥」，下同。獨行，謂孤陽，有陽無陰爲獨，有陰無陽亦爲獨。何謂也？師曰：此爲有陽無陰，故稱厥陽。《藏府經絡先後病篇》第十節。○此卷爲僞卷，非仲景原文，故低一格書之。

百合病，病在絡。見於陰者以陽法救之，見於陽者以陰法救之。如《繆刺》治絡法，病在左，攻其右。病在右，攻其左。見陽攻陰，此常法。復發其汗，誤在汗。此爲逆。汗誤在表。見陰攻其①陽，常法。乃復下之，誤在下。此亦爲逆。下誤在裏。○《百合狐惑陰陽毒病篇》第九節。

師曰：陰氣陰陽氣血，皆同類而異名。蓋統數則通，對舉則別，既已分爲二門，則各有偏盛。孤絶，陰陽相交，詳《營衛運行篇》。陽氣獨發，即上「有陽無陰」。○陽無陰不留，所謂無主不止也。則熱診皮。而少氣，主裏。煩冤，問裏。手足熱，皮表。而欲吐，問裏以上皆陽證。名曰癉瘧。熱病。若但熱不寒者，承上言。邪氣詳《邪客篇》。内藏於心，讀作「腹」，華氏三裏，三日胸、腹、胃。外舍分肉華氏三表，三日皮、膚、肌。之間，分

① 此「其」字衍，當删。

肉，在《内經》爲絡。此仲景診絡法。令人消鑠肌肉①。熱攻，消鑠。〇《瘧病篇》第三節。

血痺，此以證別。痺爲大證，血痺之一。陰陽俱微，寸口關上微，經云陰陽俱微，後人以寸爲陽，尺爲陰，補此五字，以釋之，當非原文。尺當作「皮」。華氏三表皮、膚、肌。〇《脈經》屢言尺緊，皆當作「皮」。中小緊，緊爲診皮，尺當爲皮，詳《釋尺篇》。外證以上皆爲診法，下乃以證合脈。身體不仁，痺證。如風春日之病屬風。痺狀，風、血之所以分。黄芪桂枝五物湯主之。《血痺虚勞篇》第二節。

師曰：夫脈當取刺法之補泄。太過不及，以求合於平人。陽微不及。陰弦。强。〇太過。〇「弦」字非。脈名形與强弱皆從弓。又弦分陰陽二脈，今以陽爲强，陰爲弱，二字以从弓，自相對。

解 所以然者，責其極虚也。今陽虚知在上焦，陽浮。所以胸華氏三裏胸、腹、胃。痺不及病。心痛者，所謂胃脘②非真心。以其陰弦强。故也。太過病。〇《胸痺心痛短氣篇》第一節。

其脈傷寒之脈可以經分，《金匱》則以證别。此當在脾胃。數本經動脈。而緊③，腹中堅。〇堅與耎對文，皆非診脈名詞。乃弦，「强」誤作「弦」。狀如弓弦，按之不移。脈弦强。數者，十三字當爲後人所補。當下其寒；一證。脈緊皮。大絡。而遲者，經脈。必心下堅；二證。脈大脈。而緊者，皮。陽中有陰，疑

① 肌肉：據《金匱要略論注》卷四作「脱肉」，似當從。

② 胃脘：原作「胃腕」，今改。

③ 數而緊：原作「數而堅」，據《金匱要略論注》卷十改。

當作「陽中有實」。可下之。三證。○《腹滿寒疝宿食病篇》第十八節。

邪哭使魂魄不安者，血氣肺爲氣海，主上焦；肝爲血海，主下焦。肝藏魂在膽，肺藏魄在心，合爲二藏。少也。血陰氣陽，此兼舉之。血氣少者屬於心。此心當爲腦，爲君主。經云心主，指督髓海而言，非肺下之心。心氣虛者，腦氣虛，髓病。其人則畏，與懼同。合目欲眠，陰盛則目不能瞋。夢《內經》有診夢之例，病象真僞，每由夢得之。更採補爲一書。遠行如遠游。而精腎。神腦南北督、任。離散，文與《招魂》同。魂肝。魄肺。○東西金木。妄行。俗所謂神不守舍。陰氣衰者爲顛，凡學仙者，多有此夢。陽氣衰者爲狂。以陰陽分二病。

○《五藏風寒積聚篇》第五節。

師曰：寸口脈沉而數，寸爲陰，人迎陽。數則爲出，人迎主外。楊注：「結喉兩箱，足陽明脈迎受五藏六府之氣，以養於人，故曰人迎。」《下經》曰：「人迎，胃脈也。」又曰：「任脈之側動脈，足陽明，名曰人迎。」《明堂經》曰：「頸之大動脈，動應於手，俠結喉以候五藏之氣。人迎胃脈，六府之長，動在於外，候之知內。故曰主外。寸口居下，在於兩手，以爲陰也。人迎居上，在喉兩傍，以爲陽也。」《九卷·終始篇》曰：「平人者，不病也。不病者，脈口人迎應四時也。應四時者，上下相應，俱往俱來也。」脈口，謂是手太陰脈行氣寸口，故寸口、脈口亦無異也。既上下俱往俱來，豈以二手爲上下也。又《九卷·終始篇》曰：「人迎與太陰脈口俱盛四倍以上，命曰關格。」即知手太陰無人迎也。沉則爲入。寸口主內。楊注：「《九卷》、《素問》肺藏，手太陰脈，動於兩手寸口中，兩手尺中。夫言口者，通氣者也。寸口通於手太陰氣，故曰寸口。氣行之處，亦曰氣口。寸口、氣口更無異也。中謂①五藏，藏爲陰也，五藏之氣，循手太陰脈見於寸口，故寸口

① 謂：原作「爲」，據《黃帝內經·太素》卷一四楊注改。

脈主於中也。」出三表皮、膚、肌。則爲陽實，陽盛則人迎大於寸口。入三裏胸、腹、胃。則爲陰結。陰盛則寸口大於人迎。○《水氣病篇》第十七節。

産婦鬱冒，此婦科證。其脈當據寸口少陰。微弱，嘔不能食，大便反堅，以上裏證，在腹中。但頭汗出。以上外證。所以然者，血虚而厥，厥而必冒。冒家欲解，必大汗出，以汗解厥。以血虚下厥，陰不行。孤陽上出，陽上升。故頭汗出。

解所以産婦喜汗出者，亡陰血虚，以血爲陰，氣爲陽。以營衛分陰陽。陽氣獨盛，亦爲孤陽。故當汗出，陰陽乃復。調和如常。大便堅，嘔不能食，小柴胡湯主之。《婦人産後篇》第二節。

以上《金匱》陰陽類，凡九條。

單陰單陽凡七條。

病者如有熱狀，《内經》熱病主夏與陽明。煩滿，口乾燥而渴，以上皆熱證。其脈此爲皮絡。反無熱，此爲陰伏，以血爲陰。是瘀血也，當下之。《金匱·驚悸吐衄下血胸滿瘀血篇》第十節。

太陽病，以部位言。諸病皆同。脈浮本經。緊，腹背皮部。無汗，緊則無汗。發熱，身疼痛，以上皆表證。八九日①不解，表證②仍在，四字當爲記識。此當發其汗。麻黃湯。服藥已，微除，舊病小減。其人發煩，目瞑，新病。○引蹻脈。劇者必衄，春善衄，衄在頭。衄乃解。所謂紅汗。所以然者，問不汗而衄之故。陽氣衛氣爲陽。重故也。表固，故汗不出，變衄。麻黃湯主之。再表之已止。○《傷寒·太陽中篇》第五節。

病人脈數，胃脈。數爲熱，與遲、寒對。當消穀；引食胃熱。而反吐者，有似胃寒。此以發汗，令陽氣津液爲陽氣。微，膈氣虛，脈趺陽脈。乃數也。因氣隔，非實熱。數爲客熱，非本經之實熱。不能消穀，以胃中虛冷，故吐也。此以證定脈，脈不合證，不據脈。○《太陽下篇》第三節。

藏③結，無陽證，三陽經。不往來寒熱，表病。其人反靜，與燥煩對。舌上胎滑者，虛證。不可攻也。此仲景診舌法，因有他證，以舌證其虛實。後人舌法則以舌定證，輕重顛倒。○《太陽下篇》第十節。

發汗多，若重發汗者，亡其陽，此以津液爲陽，津液本合陰陽，此偏陽言之。譫語、脈陽明本經。短者死。「短」當爲「和」字之誤，上當脱「不」字，謂脈不和者死。脈自和者，不死。與上不和相比。○《陽明篇》第三十三節。

脈趺陽。陽微脈微病退。而汗出少者，多則邪盛。爲自和也。汗多出者，爲太過。

---

① 八九日：三字原脱，據《傷寒論注釋》卷三補。
② 證：原作「病」，據《傷寒論注釋》卷三改。
③ 藏：原作「藏脈」，按《傷寒論注釋》卷四云：「病有結胸，有藏結」，「藏結無陽證」，因删「脈」字。

解　陽脈實，實爲評脈名詞。因發其汗，表固外實。出多者亦爲太過。醫之誤，汗藥不可盡劑。太過爲陽絶於裏，此獨舉陽，《上古天真》又獨舉陰，互文也。亡津液，以津液爲陽，詳世補齋說。大便因硬也。《陽明篇》第六十五節。

少陰陰證部位。病，有表證，宜汗。○華氏日數法，六經各自有六日，由皮至胃。此爲少陰經受病，邪在皮膚。如太陽麻桂也。脈本經後有一條脈上有「寸」字。微，不可發汗，以脈定治法，此屬禁忌。亡陽故也。陽已衰，再汗則亡陽。○偏舉陽互文，包陰而言。陽已虛，此又一病。上禁汗，此禁下。尺人。脈弱胃脈不足，即趺陽別名。澀者，血虛即陰虛。復不可下之。此又少陰胃病當下之變證也。每經各自有六部，由皮至胃，汗、吐、下三法。○《少陰篇》第六節。

附《傷寒》序例六則

王叔和編次仲景，以爲《脈經》，「序例」爲《脈經》之一卷。舊本附入《傷寒》，當還《脈經》，補真本之缺。

尺當作「人」，即人迎，陽脈。人誤爲尺。寸陰脈，寸口爲三陰之主。若《難經》，三部則當云寸、尺。尺不應在寸之前。俱浮者，浮在表，主皮部。太陽受病也，屬五診之皮部。當一二日發。以六經計日，别一義。以其脈稱其指本經，非寸口三部。上連風府，太陽本經，詳《經脈篇》。故頭項痛，腰脊强。諸病皆同。故風熱瘧痺，亦有此病。○詳本經。

尺人。寸陰陽。爲公式，統三部言。俱長讀作「長大」之「長」。夏脈大，非長短之長。者，陽明受也，當二三日發。此別義，與《病源》同。以其脈俠鼻絡於目，本經爲私診。本經病，既診人寸，又診本經，爲三部診法。故身熱目疼，鼻乾，不得卧。《内經》詳熱病，仲景治寒全師《熱病論》。尺人。寸俱弦强。者，少陽受病也，熱病以六經分。又有分五藏六府者，風瘧利欬亦同，故傷寒三陽宜汗，諸證當關照。肺病主皮毛。當三四日發。別説。以其脈少陰外腎之膽。《内經》膽腎異名，曰：實不指肝下之膽。循脇絡於耳，乃本經脈所循，不借診於寸口三部。故胸脇痛而耳聾。經云腎通竅於耳，以膽爲腎，而外腎非衝、任少陰之腎。

此三經皆受病未入於府者，可汗而已。

尺人。寸俱沉細者，陰陽二脈皆從而變陰。太陰與肺同爲太陰。受病也，當四五日發。別説。以其脈傷寒傷足不傷手，最爲誤説。經以足爲標，其實兼手言之。布胃中，絡於嗌，本經與陰陽兼診。故腹滿而嗌乾。尺人。寸俱沉者，經云陰陽俱浮俱沉。此作「尺寸」，知尺寸即陰陽之變文。少陰受病也，此謂本經之病，衝脈並腎下行。經云三部少陰舉衝與腦對，爲水火，本經病則亦診之。經以腎爲兩藏，又少陽屬腎，則一經兼主二藏，如後世命門之説。當五六日發。《病源》治法同華氏，而日數又以經分，則爲別説。以其脈經中單見脈一百四十條，見《玉函》多有「其」字，指本經脈，非寸口三部。《熱病論》言六經數，皆有「其」字，與此同①。貫腎絡於肺，繫舌本，

① 此句下原有「貫腎絡於肺繫舌本故口燥舌乾而渴」十五字注語，顯係涉下正文而衍，今删。

故口燥舌乾而渴。尺人。寸俱微緩者，厥陰受病也，當六七日發。別說。以其脈循陰器絡於肝，故燥滿而囊縮。此三經皆受病，已入於府，可下而已。

三部類 附三處下部。

《傷寒·序》云：按：《外臺》於《金匱》諸方同稱《傷寒》某卷，二書同稱《傷寒》。唐慎微《本草證類①》引二書，同稱《金匱玉函》，皆合二書爲一。觀今之醫，不念讀作「驗」。求②經旨，以衍其所③，不宗經。各承家技，俗醫謬種流傳。終始順就，不知復古，如今兩寸診法，諸書皆從之。省疾問病，務在口給。口辭捷給。相對斯須，便處湯藥。可見古診法需時頗久。按寸專於手。不及尺，上不至頭。「尺」當作「人」，人迎也。○《叙例》六見尺寸，當與此同。握手不及足，上不及人，下不及足，是專診兩手之法，爲仲景之大戒，與《内經》同。戒人專診兩手。人迎書中無人迎，惟《序》中一見。○《叙例》六見尺寸，則爲人寸之誤。趺陽，即人迎別名。《千金》人迎、趺陽並見，知爲一。三部上人迎，中寸口，下少陰。○三部三見。不參，專診寸口，不以上下三部參之。○此《内經》三部診

---

① 證類：原作「類證」，今改。
② 不念求：桂林古本《傷寒論》作「不念思求」，當從。
③ 其所：桂林古本《傷寒論》作「其所知」，據補「知」字。

法。動數發息，脈度運行，由息計數。不滿五十。五十營則一日矣。此謂呼吸之五十數也。○此戒診時呼吸數不滿五十者。短期未知真藏見以定短期，此察色法。○此譏不察色以決生死。決診，五決五診，皆古法。九候三部爲三綱，九候即《周禮》九藏，爲九目，三部外别自爲卷。曾無髣髴。以兩手分配十二經。○此譏不分診本經九候。明堂闕庭，視色，面部法。盡不見察，不用經察色法。○譏不望色。所謂管窺①而已。古法全失。夫欲視死别生，實爲難矣！孔子曰：生而知之者上，古文始於孔子。今醫經皆弟子所傳，生知前知，故無俟解剖。立言玄妙，絶於思想者，生知之一端。學則亞之，多識博文，知之次也。余宿尚方術，請事師語。仲景以學知自命，則經爲生知無疑矣。○按：此條文全見《千金》，不云出仲景，當爲《千金》孫真人語，首段文亦同《千金》。此序真僞不可知。然決爲隋唐仲景遺法。

太陽病每經自病，淺深表裏各以六計，不言傳。六七日，六經爲部位，自立門户，不分層次。華佗六部，三表三裏，乃爲淺深日數之正説。舊以六經分日者，大誤。手足言手足者三，獨診手可知。三部三部三見。脈皆至，《内經》云三陽在頭，三陰在足。此「手」字當作「首」。謂頭上三部也，據序以寸口爲普通，上下合中爲三部，即人、寸、少陰是也。大煩口噤而不能言，其人煩躁者，以上皆胸、腹、胃，爲裏證。必欲解也。《傷寒・太陽篇》，上卷第②。《可下篇》云：此本叔和《脈經》之文。《甲乙・序》叔和編次者也。仲景原書已行，故叔和本編《脈經》，後人以《叙例》諸

---

① 管窺：桂林古本《傷寒論》作「窺管」。

② 此下有脱文。

可不可附仲景書，今當歸還《脈經》。下利，三部，上、中、下，非寸口之三部。脈皆平，三部診。三地位異同易見，若寸口一寸之地，本屬一經，不有大變異。今人於寸口一脈分浮沉遲數，分虛實，皆影響附會，强作解事，非實據。按之心下鞕者，急下之，宜大承氣湯。下利者脈當爲微厥，今反和者，此爲内實也①。下利，三部脈平者，已爲實，而又按之心下鞕，則知邪甚也。故宜大承氣湯下之。

問曰：脈病欲知愈未愈者，何以别之？答曰：寸口關上尺中六字後人所羼，以解三處者。三處，與三部同。舊止二字，後人據僞法，以上六字解之耳。大小二字有比校，通共名詞。浮沉遲數四字爲診經名詞。上此已是。同等，《内經》言人迎寸口齊等。雖有寒熱不解者，外偏陰偏陽，似乎孤絶偏勝。此脈公式，統三部言。陰寸口主藏，爲三陰公式。陽人迎主府，爲三陽公式。爲②和平，少陰雖名陰脈，衝、任兼主陰陽，所謂真主。雖劇當愈。《太陽篇》。〇一言三處。

傷寒六七日，大下後，寸衍文。脈厥陰本經，不在傷寒。沉正名。而遲，正名。〇《厥陰篇》，以診本經脈動大衝爲主，不診寸口也。手足厥逆，診皮。下部脈指少陰本經動脈太谿。不至，此以少陰脈參之。〇《敘》云三部不參。如《動輸篇》常動不休之三部不至，謂懸絶。咽喉不利，少陰脈所循。唾膿血，如今吐血證。泄利不止

① 「實也」二字原作「黄夙」，據《傷寒論注釋》卷九注文改。

② 爲：此字原脱，據《傷寒論注釋》卷一補。

者，爲難治①，麻黄升麻湯主之。《傷寒·厥陰》第三十節。

以上詳三部，共六條。

① 爲難治：三字原脱，據《傷寒論注釋》卷六補。

仲景三部診法

下　按，《厥陰篇》「寸脈沉而遲，下部脈不至」之文，以少陰爲下部也。

少陰按：上中二部，詳《人寸診篇》。此篇祖《動輸篇》，惟少陰爲特見之文。故經文詳任衝診法，則以此少陰爲衝脈，非指腎。詳《内經・三部篇》、《太素注》。○三動脈太谿、復溜、陰谷。

《靈樞・邪客篇》：黄帝曰：「少陰指腦脈，在手指、掌心，勞宫與湧泉對。獨無輸者，明堂心有輸，此指腦。心主無之。不病乎？」按：治病之法，以督、任爲心腎，政治學説以元首爲君，别分十二官，乃以腹内心膽分出二藏。岐伯曰：「其外經病小指之心經。而藏不病，中指之勞宫。故獨取其經於掌後兑骨之端，厥陰、少陰，厥、少字當互易。中指少陰爲心主，厥陰在小指，爲心經。其餘脈出入屈折，其行之徐疾，皆如手太陰心以此爲腦之經，即二腰脈，在小指。主之脈行也。「太」字一作「少」。故本輸者，皆因其氣之虚實疾徐以取之，是謂因衝而寫，因衰而補。如是者，邪氣得去，真氣堅固，是謂因天之序。」

《靈樞・逆順肥瘦篇》：黄帝曰：「少陰指衝、任。之脈任脈有穴，止於會陰。獨下行，上行至口有穴。何也？」任脈穴止於尾閭，乃下行至足。岐伯曰：「不然。穴雖不至足，而氣則下行。夫衝脈者，經少陰指任，不指腎。五藏六府之海也，人身五海，腦在上，髓海；衝在下，精海；肝膽爲左，血海；肺心合爲右，氣海；胃在中，爲水穀之海。五藏六府皆禀焉。衝、任在男可爲外腎，膽，在女可爲胞，專主生殖。俗說外腎爲腰附庸，不入十二經，而别造命門，以昔之經所謂衝，其功用即後世之謂命門也。○詳《說四海篇》。其上者，出於頏顙，滲諸陽，灌諸精；其下上行至承漿。者，注少陰腎經。之大絡，下行無穴，其脈氣附腎經而行。出之於氣街，腎穴，由内出外。循陰股腎經所循。内廉入膕中，伏行出外，外淺；入伏皆深。胻骨内，在骨内行。下至内踝之後①屬而别。其下者，並於少陰之經，衝本有脈，日本所謂淋巴管，入伏則不可求，以在外之腎比其道、穴。滲三陰；交手少陰。其前者，伏行伏故不可見。出跗出則淺。屬，下循跗，入大指間，行五指。此其第一絡。滲諸絡而温肌解剖學足心有總脈分散五指者，是也。肉。故别絡衝之别絡。結指出跗，入大指之絡。則跗上②指言太谿穴。不動，脈不動。太谿本少陰穴，而其動也以衝故。若按逼其絡，則太谿不動矣。不動則厥，此辨腎與衝二脈同位，而動静工用不可③。厥則寒矣。」專責衝脈。黄帝曰：「何以明之？」岐伯曰：「以言導之，講明其理。切而驗之，如解剖可考其脈，與腎經别異。其非必動，腎經不動，其動者衝也。然後乃可以明逆順之行也。」腎脈逆由下而上，衝由上而下，不循環，故不入《脈度篇》。解剖作蜈蚣形者似之。深於經脈，如屯聚埠場，出入伏行，爲十二經之接濟。黄帝曰：「窘乎哉！聖人之爲道也，明於日月，徹今本作「微」。於毫

① 後：此字原脱，據《靈樞·逆順肥瘦》補。
② 上：此字原脱，據《靈樞·逆順肥瘦》補。
③ 不可：疑係「不同」之誤。

鼇，其非夫子，孰能道之？」注詳《三部篇》「少陰診衝」條下。

按：二少陰指督帶任衝，言髓海與十二經之海也。無腧指腦，非肺。下心下行指衝、任，非腎。考丹家詳督、任，醫家詳十二經，《内經》營衛運行則由督、任二蹻及十二經，非如俗說輕督、任而專重四肢也。今合而論之，八奇經在内，屬頭腹；十二經在外，屬手足。西人詳内奇經，中醫詳外十二經，本當合通；大抵奇經深藏於内，故奇經除督、任以外皆無定穴，以其深不捫故，其餘六經，皆借外經之地位以推比之。十二經發行於外，凡内經所在，皆借外經以爲符號，内外本屬相通。《靈》、《素》於此，例以出入言之，凡數十見。詳《出入考》。奇經如屯站，外經如巡行。行者所至，與居者交易，由内交外，則經曰出；外部所行，必資於内，由外交内，則經曰入。由出而入，又由入而出，内外相通，循環展轉。以海外商船喻之，埠場有一定之部位，居者爲屯積之所，行者爲流通之部；内外相資，居行互濟。中西兩派，各有所重，必須互補，乃爲合璧。又，營衛運行，順則始太陰終厥陰，逆則始厥陰終太陰，而少陰在二者之間，故經以兩少陰爲督、任，居背腹之中。又，手足五指，太陰在大指，則厥陰當在小指，而少陰必在中指。以足言之，少陰湧泉在足心，與手厥陰勞宮在掌心同，手厥陰由中指中衝至掌心勞宮，則足少陰亦由足中指至足心湧泉，一定之例①也。今足少

① 一定之例：原作「一定比例」，據文意改。

陰言由小指斜至湧泉無穴名，依例當從中指起，亦如中衝之比，無者，脱佚也。又少陰當在中指，厥陰居小指，則足少陰當由中指起，手厥陰與少陰當易其名位也。又考五指解剖手心足有脈，分屬五指。分屬六經，大中小三指爲三陰之位，次指、無名指爲二陽之位，依次而行，周而更始。大指太陰、次指陽明爲表裏；中指少陰、四指太陽爲表裏；小指内爲厥陰，外爲少陽，與營衛運行之部位相同也。考經文有字誤，手陽明在次指，則足陽明不當在中指，可知此當訂正者。手中指少陰，則足厥陰當在小指，與中指互易。心腎督、任，不能居邊地；手大指衹太陰一脈，足大指不能有脾肝二脈。厥陰正經當在小指，其與大指相交者，爲厥陰支絡。由肝而脾，周流之常，詳其文義①，必有一絡岐出兩經，以通始終之氣。故足大指有肝絡，手大指亦必有心絡，一定之例也。今較正經，圖於《營衛篇》中，而於此亦發其例焉。

診少陰脈者，非診腎，乃診衝。考五藏六府診法，詳於《人寸比較篇》。《動輸》三部，乃於人寸之外，别加少陰一部，以爲之總其成。蓋肺爲藏之長，診寸口則藏可知。胃爲府之長，診人迎而府可知。故有人寸比較，而診藏府之能事畢矣。然藏府爲主，合藏府而診者，必更有主中之主，則衝脈是也。十二經分屬藏府，而衝爲之海，則衝尤爲人身主宰，生命之原焉。故别爲總經，專主生殖。後世醫家所謂命門丹田者，仿佛似之。人生受命壽夭，骨

① 詳其文義：此四字當係正文。

氣仙凡，非上智不能知之。至於仲景所稱少陰病者，則不過腎部經絡十二部之一。《金匱》所云少陰脈，大抵爲腎藏本脈。文字可傳者，如此而止。至於診衡之法，神而明之，不可言傳，其精要在於疾病之外。若以醫論，亦非急務。知其可知，其精深微妙，固非尋行數墨可以求而得之者也。

少陰脈負「負」上當有「不」字，説詳《趺陽篇》中。趺陽，爲順也。《金匱·嘔吐》第三十五節。○按：此與《傷寒》同。

少陰脈《金匱》言少陰共九條，皆以「脈」字直接少陰，不得以爲兩寸之尺部。浮少陰病由臂跗直受，自有皮、膚、肌、胸、腹、胃六層，浮者邪在皮、膚，故三陽之皮部。而弱，有而者，不必一人之脈。經多兼陳異狀，以示區別。弱則血不足，浮則爲風，少陰表證，與太陽同。風血相搏，即疼痛如掣。《金匱·中風歷節篇》第六節。

少陰脈少陰有公式，有私病。緊皮。而沉，緊則爲痛，沉則爲水。小便即難。《水氣》病篇第十節。

少陰脈細，與《傷寒》同。男子則小便不利，婦人婦科專重少陰。則經水不通。少陰病多分男女，男女他藏病同，其分專在生殖一門。經爲血，血不利，則爲水，名曰血分。同前篇第十六節。

少陰脈沉本經。而滑，皮絡。沉則爲在裏，亦分表裏。表爲皮、膚、肌，裏爲胸、腹、胃。滑則爲實。氣血盛。沉滑相搏，血結胞門，女子胞即少陰本藏。其瘕不寫，經絡不通，名曰血分。同前篇第十七節。

少陰脈其脈在腹，行手足内廉，其皮薄，故受邪直病。滑皮絡。而數者，本經。陰中即生瘡，男女同。陰中蝕瘡爛者，狼牙湯洗之。《婦人雜病篇》第二十一節。

少陰浮者再見浮脈。爲風，在表可汗而已。無水虚脹者以證言。爲氣，水發其汗即已。脈沉者，此以浮沉對言，爲二狀。宜麻黄附子湯。裏病温之。浮者宜杏子湯。表病汗之。同前篇第二十三節。

以上《金匱》少陰診凡七條。脈上無「病」字。

傷寒六七日，大下後，寸脈沉寸口中。而遲，趺陽上。下部《序》人迎趺陽三部不參，以少陰爲下部，全祖《動輸篇》。脈不至。《傷寒・厥陰》。

少陰其脈所循，《素問・熱論》及《傷寒・叙例》有明文。之爲病，脈仲景單言脈者共百四十餘，皆承本經上文而言，《玉函》多有「其」字。謂本經太谿穴，非診寸口之尺部。微細，沉。但欲寐也。按，《太陽中篇》三十七條云：太陽病十日以去，脈浮細而嗜卧者，外已解也。此當以浮沉而别陰陽。○《傷寒・少陰篇》第一節。

少陰病，先定證，而後言脈。脈太谿，動脈。細評詞。沉數，本經診詞。病爲在裏，以沉定在裏。不可發汗。少陰由皮至胃亦分六層。浮在皮部可汗，沉在裏不可汗。與三經經同法，三陰亦準此。○同前篇第五節。

少陰病，證。脈本經。微，評詞，與下「弱」字同義而異文。不可發汗，少陰屢言不可發汗，以有皮部汗發也。以六經分日數，則無汗發矣。亡陽《脈經》、《千金》作「無陽」。故也。因故禁汗，與太陽同。陽已虚，陽指津液。尺當作「皮」。脈絡統稱脈。弱濇者，經云：脈濇者，尺之皮、膚亦濇。此診皮絡法。復不可下之。三日以後，下之而已，因陰虚禁下。○同前篇第六節。

少陰病，專指經病言。凡《内經》每病以六經分者，皆爲經病。十二經亦以藏府分病者，與此異法。脈皮絡。緊，緊則無汗，與濇同義。七日八日以皮胃六層配日數。自下利，證。脈暴微，脈小病退。手足反温，先四肢厥逆。診皮絡法。脈緊寒邪在表。反去者，所謂微。爲欲解也。本經行盡自解。雖煩，下利，必自愈。同前篇

第七節。

少陰病，此爲部分，下乃病狀。中風，風中皮、膚，與他經同。脈承上少陰。陽微人迎公式爲陽。詳《人寸比較》。陰浮者，寸口公式爲陰。爲欲愈。俗以寸、尺分陰陽者，大誤。○同前篇第十節。

少陰病，其經所循之部位。吐胸。利，腹。手足不逆冷，陰證常逆冷。反發熱者，診皮法。不死。已有生機。脈承上少陰言。不至《千金翼》作「足」。者，灸少陰太谿穴，其脈不至者，灸以通之。七壯。同前篇第十二節。

少陰病，部位。四逆，與前條反。惡寒以下乃證，須詳細偵探其類別，非少陰即病狀。而身踡，證。脈不至，與前同。不煩陽盛煩。而躁者，陰盛躁。死。與前條比較。○同前篇第十八節。

少陰病，脈以脈承上「病」。少陰即脈也。微、細、沉，三字，以上俱單見矣。但欲卧，陽脈亦有此證，須細別之。汗出病在皮部。不煩，自欲吐。病三日以下在胸，可吐而已。至五六日，此五六日仍在本經，以少陰由皮至胃，足配六日，不言病體。自利，病在腹。復煩躁，不得卧，寐者死。同前篇第二十節。

少陰病始得之，由臂胻陰股直受病，不由六經次傳。如俗説。反發熱，初得邪在表。脈沉者，脈不當沉，故言反。○仲景單「脈」字，皆承上文言。若《難經》法，則必分左右與三部，如脈訣法是也。麻黃細辛附子湯主之。此與太陽麻黃同治表邪。○同前篇第二十一節。

少陰病，身體痛，邪在皮。手足寒，太陽無此證。骨節痛，皮部。脈沉者，沉，《玉函》注：一作「微」，表證脈當浮，如沉，當有「反」字，如上條是也。附子湯主之。同前篇第二十五節。

少陰病，下利，三裏。脈微者，與白通湯；少陰之利，與陽明大便鞕同例。利不止，厥逆無脈，即上「脈不至」。乾嘔煩者，白通加豬膽汁湯主之。服湯脈①暴出者藥力所迫。死，燭欲燼而炎烈。微續者生。正氣復可生。○同前篇第三十五節。

少陰病，下利清穀，同爲腹邪，在陽明則便鞕，在少陰則自利。陰陽異氣，其例自同。裏寒華氏内三部。外熱，華氏外三部。手足厥熱，或厥或熱。脈本經動脈。微欲絶，微之至爲絶。身反不惡寒，皮、膚無病。其人面赤色，視血虚陽上浮。或腹痛，在腹。或乾嘔，在胸。或咽痛，此爲少陰本病。或利止，腹泄。脈不出者，與不至同。通脈四逆湯主之。同前篇第三十七節。

少陰病，脈沉者，兼微、細言。急温之，表和邪在裏，陽病，宜下；陰病在温，其義同也。宜四逆湯。同前篇第四十三節。

少陰病，以日計之，在三日後。飲食入口則吐，病在胸。心中温温欲吐，復不能吐。此在裏證。始得之，皮部三日。手足寒，如三陽之發熱。脈弦當作「弱」。遲者，此胸中病在胸。實，不可下也，未入胃。當吐之；此四日正治。若膈上有寒，飲食嘔者，不可吐也。急温之，禁下、禁吐，非温可行。宜四逆湯。同前篇第四十四節。

少陰病，下利，少陰之裏病。脈經脈。微澀，診皮法。嘔胸。而汗出，皮部證在。必數更衣。自利。反少者，當温其上，灸之。《脈經》云：灸厥陰五十壯。按，疑當作「少陰」。○厥陰云下利，手足厥冷無脈者，厥陰動脈

---

① 脈：此字原脱，據《傷寒論注釋》卷六補。

五里太衝，灸之不温。若脈不還，反微喘者死。
少陰錢氏以爲疑有脱字，柯氏删此條。負趺陽者，順也。七字成本及《玉函》分爲别條。○《厥陰篇》第三十四節。

以上《傷寒》少陰診十六條。

少陰弱而澀皮。弱者，微煩。澀者，厥逆。

少陰脈不至，《傷寒》云：下部脈不至。腎氣微，本經。少精血，虚證。奔氣促迫，衝氣所生。上入胸膈，虚邪上犯。宗氣宗氣在中，上氣下血。反①聚，血結心下，仲景書中之心，從俗言之，後人所改。陽氣退下，熱歸陰股，足少陰脈循陰股内廉。與陰相動，二陰交合。令身不仁，此爲尸厥。當刺期門、巨闕。

趺陽脈浮而澀，少陰脈如經也。此爲少陰平脈。○此條出《辨脈》。

少陰脈不出，其陰腫大而虚一作「痛」。也。

以上四條出《辨脈》。

① 「反」上原衍「熱」字，據《傷寒論注釋》卷一删。

仲景三部診法

上《太素》注：人迎爲上部。舊以寸口爲首，今依三部之序，首趺陽。

趺陽本經私病診法

《素·五藏别論》，帝曰：「氣口何以獨爲五藏主？」岐伯曰：「胃者，水穀之海，六府之大源也。五味入口，藏於胃，以養五藏氣。氣口亦太陰也。是以五藏六府之氣味，皆出於胃，變見於氣口。故五氣入鼻，藏於心肺，心肺有病，而鼻爲之不利也。凡治病，必察其下，適其脈，觀其志意與其病也。」○即人迎别名，與衝陽同爲足陽明動脈。舊以趺陽爲太衝，誤。説詳《人寸診頸脈考》。人迎既爲陽脈府病公式，而本經有病亦診之，則不與寸口比較。今以公式歸陰陽私診，此篇亦其大略也。

《傷寒·序》：人迎趺陽，仲景書中不見人迎，惟序一見，爲上部診府。○惟《千金》辨藏府脈十卷中、脾胃肺三卷中兼見二名詞。蓋取《内經》稱人迎，取仲景稱趺陽；若叔和書編次仲景法，則有趺陽，無人迎也。三部《動輸篇》合寸口少陰爲三部。不參，此戒專診寸口。與「持寸不及人，握手不及足」同義。所謂管窺而已。趺陽爲人迎别名，不在足中，説詳《人寸診頸脈考》中。

趺陽按：三部如人寸比較爲藏府之總診，而本藏私病亦自有法，或以人迎、寸口爲公診，衝陽、尺澤爲私診。今就經文，以分陰陽爲公診，言穴者爲私診。脈浮《傷寒》言趺陽從此始。本經稱陽明脈，一見趺陽。○本經「傷寒三日，陽明脈大」，本太陽轉屬陽明云云，惟此條以脈緊；陽明不以「病」字間之，萬不能指爲寸口趺陽，以陽明異文，一稱。總經曰陽明，一稱動脈曰趺陽，當無別義也。而澀，皮絡。浮則胃氣强，本經。澀則小便數。浮澀相搏，相搏下必病狀。大便則難，其脾爲約，本經以此爲太陽陽明，由太陽轉屬陽明者，有數條。麻仁丸主之。《傷寒陽明篇》第六十七節。○《脈經》同。

下利，手足厥冷三陰病證。無脈者，胃氣不能至。灸之寒故以火温之。不温，若脈不還陽不回。反微喘者死。一本與下別爲一節。少陰此少陰爲衝氣，生命之原。負上當有「不」字。趺陽者，少陰如俗説命門。命門氣旺，能生胃脈。負爲剋賊，下條不負爲順，此「負」上當有「不」字。爲順也。此人寸診之外，所以必診少陰。人之陰陽，責在人寸，其根尤在衝氣。○《傷寒·厥陰篇》第三十四節。○《脈經》同。

陽明面、膺受邪。少陽頰脇受邪。合病，病由本經自得。二經同受邪，故合病。非由六經遞傳。必不利，陽明病。其脈二。不負者，陽明與少陽不相剋賊。順也。此二脈和平，非逆候。

【解】負者勝負，爲戰鬥名詞。失也，敗則爲負。互相剋賊爲負也。就「不負」言之爲和，同平脈。○《傷寒》合病、併病。

【趺陽】人迎別名，與寸口對文。○「趺」或作「跗」，二字通用。足中胃脈曰衝陽，不曰趺陽。後人以趺陽爲胃脈，其字從足，因移上部之頸脈，而以衝陽當之，仲景三部遂一診手、兩診足，而不及上部矣。駁文詳《頸脈考》。○正診。脈浮而滑，滑則穀氣實，血足。浮則汗自出。此與少陰脈並論。○《金匱·中風厲節病篇》第六節。○《脈經》同。

趺陽脈仲景又稱爲陽脈。浮而皮。濇，浮則胃氣强，人迎胃脈。濇絡皮。則小便數。浮濇相搏，浮診經，濇診皮絡。經絡即陰陽之分。大便則堅。其脾脾與胃合。爲約，麻仁丸主之。《金匱·五藏風寒積聚病篇》第六節。○《脈經》同。

趺陽古書惟仲景稱趺陽，《難經》尚兩見人迎名目，《脈經》專稱寸口，不稱人迎，以專集仲景而成。仲景三部以趺陽代人迎，則人迎穴之異名，當於五會大五會之外别添一條，曰「仲景曰趺陽」。脈即人寸診之人迎。微弦，弱。法當腹滿，陰盛腹滿。不滿者必便難，兩胠疼痛，此虚寒欲下上也，當以温藥服之。《金匱·腹滿寒疝宿食病篇》第一節。○《脈經》、《千金方》同此。

趺陽仲景三部每自相比較，中多互文相起之義。此卷分類列入，其三部比較别爲一卷，附於後。脈上云寸口脈浮而遲，浮即爲虚，遲即爲勞。虚則衛氣不足，勞則營氣竭。浮而皮。數，此爲府病，陽盛。浮即爲氣，即氣盛。數即消穀，而大《鑑》云當有「便」字。堅。《脈經》無「大」字。「堅」作「緊」，下二「堅」字亦同。氣盛則溲，數溲數作堅，堅數相搏，即爲消渴。《金匱·消渴小便不利淋病篇》第二節。○《脈經》同。

趺陽脈數，下言少陰脈數。○《經脈篇》，陽盛則人迎大於寸口。胃中有熱，以上見少陰與趺陽歲時脈病之别。即消穀引食，趺陽胃脈，此胃家實。大便必堅，小便則數。膀胱數溲，則大便鞕。○同上篇第八節。○《脈經》同。

趺陽脈人迎診，詳《人寸診篇》。當伏，此伏即下「熱止相搏，名曰伏」之伏。今反緊。皮。○緩乃與緊反。○「緊」

疑如下文當作「數」，以緊非診經。緊又與伏相似也。本自有寒，疝瘕，腹中痛。醫必知平脈與病人舊病，然後行診。醫反下之，因藥而病重，幾十之五。即胸滿短氣。因有此病，乃變此脈。凡言反者，皆脈證相錯。〇《金匱・水氣病篇》第七節。〇《脈經》同。

趺陽脈當伏，乃上文病狀而言。陰盛則寸口大於人迎是也。〇遲乃與數反。今反言反者，皆脈不合證，爲變。數，與緊不同。〇此上變熱。本自有熱，消穀，小便數。胃家實。今反以上變寒。不利，謂飲食不化。此欲作水。節、篇同上。〇《脈經》同。

趺陽脈浮本經。而數，「而」下當指寸口。浮脈即熱，本經。數脈即止。寸口。「止」字疑誤。熱止相搏，名曰伏；此伏與沉皆病情，非脈狀。舊説皆誤。沉陰病。伏陽病。相搏，此相搏以人寸二脈相搏。〇上云寸口脈浮而遲，浮脈則熱，遲脈則潛。熱潛相搏，名曰沉。此云伏爲趺陽，沉即指寸口。名曰水。沉伏皆水病之狀態。〇同上篇第八節。〇《脈經》同。

解 沉凡經言脈狀，以下所加之字，爲評語。二評「相搏」以下則皆爲病。此沉與伏皆屬病狀，非脈名。則絡脈虛，仲景診絡法，詳《診絡篇》。伏則小便難。病狀。虛難相搏，二病相合，變爲一大病。水走皮、膚，即爲水矣。合數小病爲一大證之名。

趺陽脈上云寸口脈沉而遲。沉則爲水，遲則爲寒，寒水相搏。伏，與微、絶同爲評脈名詞。水穀不化，胃經病。脾氣衰藏病。則鶩溏，《内經》夏病洞泄，此爲土病。胃氣衰府病。則身腫。下論少陽少陰二脈。〇同上篇第十六節。○《脈經》同。

趺陽脈上云寸口脈沉而數，數則爲出，沉則爲入；出則爲陽實，入則爲陰結。微而寸口。**弦**，弱。○下言少陰脈沉而滑。微則無胃氣，**弦**弱。則不得息。肺病。○同上篇第十七節。《脈經》同。

趺陽脈微而遲，寸口。○上云「寸口脈遲而澀，遲則爲寒，澀則爲血不足」。微則爲氣，脾胃。遲陰藏。則爲寒，下云陽明病脈遲者食難用飽，同此。寒氣不足，即手足逆冷；診皮。手足逆冷，則營衛不利；《病源》。○詳《營衛運行》。營衛不利，則腹滿脇鳴相逐，氣轉膀胱，營衛俱勞。陽氣不通即身冷，陰氣不通即骨疼①；陽前通則惡寒，陰前通則痺不仁。陰陽相得，其氣乃行，大氣一轉，其氣乃散。實則失氣，虚則遺溺，名曰氣分。同上篇第二十七節。○《脈經》同。

趺陽脈陽明本病，大抵以脾胃爲主。緊疑當作「細」。太陽之緊屬皮部。而數，上云「寸口脈浮而緩，浮則爲風，緩則爲痺。痺非中風，四肢苦煩，脾死必黄，瘀熱以行」。數則爲熱，熱則爲消穀；所謂陽明病者，胃家實也。緊細。則爲寒，胃中冷。食即爲滿。尺脈浮尺當爲寸，即上寸口浮。爲傷骨。一作「腎」。○當作「肺」，因誤「尺」，後人乃以骨字説之。

解趺陽脈緊爲傷脾。申明本節。風寒相搏，解緊則爲寒。食穀則眩，穀氣不消，胃中苦濁，解

---

①「身冷」至「骨疼」：此九字原作「骨冷」，據《金匱要略論注》卷一四補改。

食即爲滿。濁氣下流，小便不通，陰被其寒，熱流膀胱，身體盡黄，秋傷於濕，此爲秋時所得之病。名曰穀瘅。《金匱・黄瘅病篇》第二節。○《脈經》、《千金方》同。

趺陽脈本經。浮而凡「而」下别爲一脈，兩相參證，所謂三部相參也。澀，上云「寸口脈微而數，微則無氣，無氣則營虚，營虚則血不足，血不足則胸中冷」。浮則爲虚，「而」下屬皮絡。澀《輯義》以爲當作「虚」。則傷脾。表裏俱病。脾傷則不磨，不運化。朝食暮吐，暮食朝吐，宿穀不化，名曰胃反。胃能食，不能化，病在脾。脈《千金》上有「趺陽」二字。緊而澀，緊爲寒束，澀爲血枯，皆診皮。其病難治。《金匱・嘔吐噦下利病篇》第五節。○《脈經》、《千金方》同。

下利，下利爲夏病，洞泄乃四時病之一，其病亦分六經五藏，與寒熱同。手足厥冷，證診皮。無脈者，經脈伏。灸之寒，以灸補之。不温，診皮。若脈不還經脈。反微喘者，證。死。此爲死法。少陰負趺陽者，爲順也。陽明行身之腹，與少陰脈同行。負讀爲反，謂不同。人之生死，胃氣爲大主，胃氣衰則死。然少陰任衝專屬督、任，尤爲生命之原；胃之氣水穀有形，少陰關元無形之氣，尤爲根源。趺陽無脈，若少陰與之反，有脈，此爲生機。不死，故爲順。○同上篇第二十五節。《脈經》同。

頸脈仲景趺陽即人迎，於此可見。動，動，《太素》一作「動甚」，經脈常動，不以動爲病。廿四脈中立動字者，誤。時時欬。按其手足，上陷而不起者，風水。水爲夏病，春傷於風，至夏得水病，曰風水。○《金匱・水氣病篇》第四節。

以上趺陽，凡十九條。與寸口比較九條，與少陰比較六條，與少陽比較一條，與《脈經》同者十五條。

《脈經》趺陽脈診《甲乙》先言仲景成書之効，後言叔和編次仲景，謂叔和自撰之《脈經》，非以《傷寒》、《金匱》爲叔和所編次，仲景無原書也。今《脈經》真本所有編次仲景者猶有數卷，如趺陽之名全出仲景，可徵也。

趺陽脈考趺陽有公式及私診之別，今以專言胃者爲私診，其該括三陽者爲公式。緩而遲，緩、遲爲虚，胃當弱。胃氣反强。少陰脈微，微則傷精，陰氣寒冷，少陰不足。穀氣反强，飽則煩滿，滿則發熱，客熱消穀，發已復飢。熱則腹滿，微則傷精，穀强則瘦，名曰穀寒熱。《平黄疸寒熱瘧病篇》第十七條。

趺陽脈緊而浮，此一脈兩病之診。緊則爲痛，緊兼診氣與筋絡。浮則爲虚；若得浮則與緊不同。虚則腸鳴，虚證。緊則堅滿。實證。○《平腹滿寒疝宿食脈證篇》第二條。

趺陽脈以皮論，太陽在背，陽明在腹，腹皮亦屬陽明。緩當作「緊」。而遲，與前十七條同。緩診皮緩爲風，緊乃爲寒。則爲寒，胃寒非外感。遲則爲虚；虚寒相搏，皮與經兼診。則欲食温。因胃寒以温自救。假令食冷別一病證。則咽痛。同前篇第十三條。

趺陽脈浮人。而遲，寸口。○此爲人迎趺陽三部相參。浮則爲風虚，外感。遲則爲寒疝。内病。

解寒疝繞臍痛，若發則自汗出，手足厥寒，虚寒證。其脈沉弦弱。者，與上別爲一證。大烏頭湯主之。同前篇第十八節。

趺陽脈專診胃，或云於衝陽診之。微而浮，或以而下有表裏例，則謂脾也。浮則胃氣虚，診胃。微則不能食。脾證。此恐懼之脈，憂迫所作也。六情所變之脈。驚生病①者，其脈止而復來，大驚，血氣有變化，其一端當定爲公式。其人目睛不了了。《平驚悸衄吐下血胸滿瘀血脈證》第二條。

趺陽脈趺陽即人迎，胃脈。或云穴在頭，診在足，衝陽與以左手寸部爲人迎同診。虛，評脈之詞。胃氣則虛。脈爲胃，直診本經虛實。○同前篇第二條。

趺陽脈微本經。而弱，脾。春當爲衍字。以胃氣爲本，吐利者爲可，不者，此爲有水氣，其腹必滿，小便則難。同前篇第十五條，《平妊娠》二十九條重見。

趺陽脈弦，强。必腸痔下血。同前篇第十九條。

趺陽脈浮者，胃氣虛，浮亦主虛。寒氣在上，胃在上。暖氣在下，少陰，上寒下暖。二氣相争，此亦陰陽。但出不入。指呼吸言，氣逆故也。其人即嘔吐而不得食，邪乘胃氣，逆甚。恐怖而死，因六情得病。寬緩即瘥。無所畏懼則愈。○《平嘔吐噦下利脈證篇》第二條。

趺陽脈微而澀，皮絡。微則下利，責之皮。澀則吐逆，穀不得入也。同前篇第十條。

趺陽脈此爲公式，無病。浮緩，此指寸口脈言。胃氣如經，三陽無病，病當在陰。此爲肺癰。肺病，診見

---

① 生病：原作「心病」，據衛生出版社《脈經校注》卷八改。

寸口。〇《平肺痿肺癰欬逆上氣淡飲脈證篇》第十二條。

趺陽脈微本經。而濇，皮絡診。微則胃氣虛，虛則短氣，氣不足。咽燥而口苦、胃衍字。熱，胃虛則不熱，此津液不足之故。濇則失液。與血虛同。〇《平帶下絕産無子亡血居經證篇》第十六條。

趺陽脈浮本經。而皮絡。濇，浮則氣滿，虛氣。濇則有寒，血不足。喜噫吞酸，其氣而①下，小腹則寒。《平陰中寒轉筋胞陰吹陰生瘡脱下證篇》第七條。

趺陽脈浮者，胃氣虛也。以浮爲虛。〇《胃足陽明經病證篇》第七條。

趺陽脈浮大者，此胃家微，虛煩，圊必日再行。芤而有胃氣者，脈浮之大而耎，輕求之。微按之芤，芤與孔同，空也，義取形容。或以从艸，讀爲葱，定爲兩邊實、中央空者，誤。故知芤而有胃氣也。同上。

趺陽脈浮遲者，故久病。因病久，胃氣虛。〇同上。

趺陽脈虛則遺溺，膀胱虛。實則失氣。大腸，手陽明。〇同上。

趺陽脈麤，逾於常，爲陽氣過度。麤而浮者，其病難治。陽氣飛越，危證。〇同前篇第十條。

---

① 而：原作「熱」，據衛生出版社《脈經校注》卷九改。又，下「小腹」右引作「少腹」。

趺陽 按：《千金方·肺藏脈論》作「太陽」。 脈浮緩，少陽微緊，微則血虛，緊則爲微寒。 此爲鼠乳，其病屬肺。《肺手太陰經病證篇》第十一條。

以上仲景所無者，凡二十條，此當爲仲景佚文。 王叔所得《金匱》，稱爲《要略》，則爲摘本，非完書。 今故以此二十條補入仲景原書之後，此以《脈經》真本補仲景也。 至《脈經》十卷，今所存者不及五卷，則又輯《傷寒·叙例》及「可不可」，以補《脈經》。 至於《辨脈》、《平脈》，其與《難經》不同者，亦附於後焉。

辨脈篇 按：《辨脈》、《平脈》二篇，本爲僞卷。 考《脈經》今傳本共十卷，真僞參半，二篇互有其文。 今以與僞卷同祖《難經》者摘附。《脈經》僞卷，其與真卷同者，當爲王氏原文，亦附真卷之後，以補足王氏之書。 如此數條，與寸、關、尺三關相反，故附於後。 又王叔和《脈經》本集仲景書，今故以亦附入《脈經》。

趺陽 脈浮而澀，病在胃。 少陰脈如經也，少陰不病，此仲景三部比校，有病，有不病。 其病在脾，不在少陰。 法當下利。下利，脾病。

解 何以知之？ 若脈浮大者，氣實血虛也。 今趺陽脈浮而澀，故知脾氣不足，此爲表裏例。胃氣虚也。二經表裏皆虚。以少陰脈弦弱。而浮，纔見①此爲調脈，陰陽調和。故稱如經也。不病。若反滑而數者，與上脈反。故知當尿膿也。《脈經》作「脈浮者，胃氣虚也」。

趺陽脈遲而緩，此緩爲和緩。胃氣如經也。胃平脈。○《脈經》作「浮緩」。

趺陽脈浮而數，表裏例。浮則傷胃，本經。數則動脾。裏證。此非本病，醫特下之所爲也。因誤藥，脈變。○上云寸口脈浮大，而醫反下之，此爲大逆。浮則無血，大則爲寒；寒氣相搏，則爲腸鳴。醫乃不知，而反飲冷水，令汗大出；水得寒氣，冷必相搏，其人即䭇。

趺陽脈浮，浮則爲虚，虚浮相搏，以上當有脱誤。故令氣䭇，言胃氣虚竭也。《脈經》同。

平脈篇

趺陽脈滑胃本經。而診脾。緊，疑當作「數」。○「而」下表裏例。滑者胃氣實，血有餘。緊數。者脾氣强。以脾脈斷。持實擊强，二經相搏。痛還自傷。以手把刃，二者相戰，如以手自割。坐作瘡也。瘡與創同。

趺陽脈伏本經。而濇，皮。伏則吐逆，水穀不化，濇則食不得入，名曰關格。《脈經》作「微而

① 見：此字原脱，據《傷寒論注釋》卷一補。

澀」。

趺陽脉大而緊者，當即下利，爲難治。

趺陽脉緊而浮，浮爲氣，緊爲寒；浮爲腹滿，緊爲絞痛。皮緊有寒。浮緊相摶，腸鳴而轉，轉即氣動，膈氣乃下，少陰脉此仲景三部比校法，以人迎與少陰比。不出，脉伏不見。其陰腫大而虛「虛」字似當作「痛」字。也。少陰證。

趺陽脉沉而數，沉爲實，數消穀，緊者病難治。

趺陽脉浮而芤，浮者胃氣衰，芤者營氣傷，其身體瘦，肌肉甲錯。診皮。浮芤相摶，宗氣元氣曰宗氣。衰微，四屬斷絶。《脉經》作「芤而有胃氣」。

趺陽脉微而緊，緊則爲寒，微則爲虛。微緊相摶，則爲短氣。《脉經》作「微而澀」。

趺陽脉不出，脾不上下，脾裏病。身冷膚鞕。診皮法。

以上二篇，共十二條。

《千金》脉證十卷人迎趺陽並見考人迎共十四條，趺陽共十二條。

按《内經》、《甲乙》有人迎無趺陽，《脉經》有趺陽無人迎，以其全編次仲景而成。惟《千金》兼有二者名目，言趺陽者出於仲景，言人迎者出於《内經》。《外臺》一見趺陽，五見頸脈，大抵皆出仲景。或以《千金》用《内經》仲景法，故人迎趺陽並見。日本丹波以《千金》未見仲景書者，誤矣。

十一卷《肝藏脈論》《千金》此十卷，爲論脈專篇。篇中引《内經》、《明堂》、仲景、《脈經》，其中參雜《難經》僞《脈經》之文，皆後羼入。至於二十六卷《平脈》一卷，全與此十卷異，其爲僞書無疑。

足少陽之别絡脈。下同。名曰光明。厥則陽病，陽脈反逆，大於寸口一倍。○躄則[陰]陽。病，[陰]陽。脈反小於寸口。此皆《靈樞·經脈篇》文，下十二經皆同。○趺陽無。

又云：足厥陰之脈，此經脈，下同。盛者則寸口大一倍於人迎，虚者則寸口反小於人迎也。

採自《内經》者稱人迎，採自仲景者稱趺陽，以趺陽爲人迎之别名故也。

十二卷《膽腑脈論》

足少陽之脈，盛者則人迎大一倍於寸口，虚者則人迎反小於寸口也。趺陽無。

十三卷《心藏脈論》

手太陰之别，名曰支正。肬則[陰]病，[陰]當爲「陽」字之誤。脈反小於寸口，過於一倍。趺陽無。

又云手心主之脈，盛者則寸口大再倍於人迎，虚者則寸口反小於人迎。

又云手少陰之脈，盛者則寸口大再倍於人迎，虚者則寸口反小於人迎。

十五卷上《脾藏脈論》

足太陰之別，名曰公孫，脹則陰陽。病，陰陽。脈反小於寸口一倍。趺陽脈浮而澀，浮則胃氣強①，澀則小便數。浮澀相摶，大便則堅，其脾爲約。脾約者，其人大便堅，小便利，而反不渴。上無寸口對文。

趺陽脈浮而澀，浮即胃氣微，澀即脾氣衰。微衰相摶，即呼吸不得，此爲脾家失度。上云寸口脈弦而滑，弦則爲痛，滑則爲實。痛即爲急，實即②爲踊。痛踊相摶，即胸脇搶急。

趺陽脈微而澀，微即無胃氣，澀則傷脾。寒在於膈而反下之，寒積不消。胃微脾傷③，穀氣不行，食已自噫。寒在胸膈，上虚下實，穀氣不通，爲秘塞④之病。上云寸口脈雙緊，即爲入，其氣不出，無表有裏，心下痞堅。

趺陽脈滑而緊，滑即胃氣實，緊即脾氣傷⑤，得實而不消者，此脾不治也。能食而腹不滿，此爲胃氣有餘。腹滿而不能食，心下如飢，此爲胃氣不行，心氣虚也。得食而滿者，

---

① 強：此字原脱，據《備急千金要方》卷四六補。
② 實即：二字原作「貫印」，據《備急千金要方》卷四六改。
③ 傷：原作「湯」，據《備急千金要方》卷四六改。
④ 塞：原作「寒」，據《備急千金要方》卷四六改。
⑤ 「傷」上原衍「衰」字，據《備急千金要方》删。

此爲脾家不治。上云「寸口脈緩而遲①，緩則爲陽，衛氣長；遲則爲陰，營氣促（一云不足）。營衛俱和，剛柔相得，三焦相承，其氣必强」。

十六卷《胃腑脈論》

足陽明之脈，盛者則人迎大三倍於寸口，虚者則人迎反小於寸口。

趺陽脈浮大者，此胃家微，虚煩，圊必日再行，動作頭痛重，熱氣朝者屬胃。

反胃：趺陽脈浮而濇，浮即爲虚，濇即傷脾。脾傷則不磨，朝食暮吐，暮食朝吐，宿穀不化，名曰胃反。

趺陽脈緊而濇，其病難治。上云「寸緊尺濇，其人胸滿不能食而吐。吐止者，爲下之，故不能食。設言未止者，此爲胃反，故尺爲之微濇」。

十七卷《肺藏脈論》

手太陰之別，名曰列缺。起則陽病，陽脈反逆大於寸口三倍；數則陰陽。病，陰當作「陽」。脈反小於寸口一倍。

嘔吐噦逆：趺陽脈微而濇，微即下利，濇即吐逆，穀不得入。趺陽脈浮者，胃氣虚，寒氣在上，憂氣在下，二氣並争，但出不入。其人即嘔而不得食，恐怖如死，寬緩即瘥。嘔而

---

① 遲：原作「於」，據《備急千金要方》卷四六改。

脈弱，小便復利，身有微熱，見厥難治。上云「寸口脈緊而芤，緊即爲寒，芤即爲虚。寒虚相搏，脈爲陰結而遲，其人即噎。關上數，其人則吐」。

脹滿：趺陽脈微弦，法當腹滿。不滿者，必下部閉塞，大便難，兩胠下疼痛，此虚寒氣從下向上，當以温藥服之；取瘥，腹滿轉痛來趣小腹，爲欲自下利也。

痼冷積熱：趺陽脈浮而遲，浮即爲風虚，遲即爲寒疝。凡瘦人繞臍痛，必有風冷，穀氣不行而反下之，其氣必衝。不衝者，心下則痞。上云「寸口脈弦而緊，弦即衛氣不行，衛氣不行即惡寒，緊則不欲食，弦緊相搏，即爲寒疝」。

十八卷《大腸腑脈論》

手陽明之脈，盛者則人迎大三倍於寸口，虚者則人迎反小於寸口。

趺陽脈浮緩，少陽脈微緊，微爲血虚，緊爲微寒，此爲鼠乳。

肺癰：趺陽脈緊，寒熱相搏，故振寒而欬。上云「寸口脈數」。趺陽脈浮緩，胃氣如經，此爲肺癰①。

十九卷《腎藏脈論》

足少陰之別，名曰大鍾。癃則陽病，陽脈反逆大於寸口再倍。寒則腰痛，痛則陰陽。脈反小於寸口。

---

① 此三句原另起一條，誤，今據《備急千金要方》卷五六乙正。

二十卷《膀胱腑脈論》

足太陽之脈，盛者則人迎大再倍於寸口，虚者則人迎反小於寸口。

又，《三焦脈論》

手少陽之脈，盛者人迎大再倍於寸口，虚者人迎反小於寸口也。

中部 舊以寸口居首，今因三部上中下次序，故以趺陽居首，而以寸口次之。

寸口寸口，本經私病診法。考《人寸比較》，則寸口爲三陰五藏公式診法，不專屬本經病，而肺經自有病，不能不依本經。人迎舊有二穴，或云公式診人迎，私式診衝陽。蓋寸口①亦有二穴，公式診寸口，肺本經私病則診尺澤。經本難於分別，今姑以陰陽爲公式，寸口爲私診焉。○包太淵動脈而言，《難經》寸、關、尺三部皆在其内，以一指診，不分左右與寸、關、尺三部。○寸口一名脈口，在手，爲中三部之主。

《傷寒・序》，持寸寸口。不及人，舊誤作「尺」，非頸脈。人迎上部。○《内經》與仲景均以專診寸口爲厲禁。其云「三部不參」，即後世傳診寸口之法。持寸不及人，謂上不及人迎；握手不及足，謂下不及足少陰。舊讀爲尺。俗醫診寸，三指齊下，無不及尺之事。即以尺澤言，同爲一脈，不須再診。握手中三部。不及足。下部少陰統於足，寸手即《難經》兩手診法，上不及頸，下不及足，爲仲景所戒。○《脈要精微》下附下之皮，即「足」之剥文，説詳《釋尺篇》。舊

---

① 蓋寸口：原作「蓋衝陽寸口」，兹據文意乙「衝陽」於上句末。

說以趺陽診足，則下部二診，上部無，亦非。

寸口《傷寒》言寸口者少，以六經皆經病，故止二三見。脈三陽府，不應診寸口。此以寸口爲言者，陽脈平，惟陰脈浮大，故特舉寸口。浮診經正名。而「而」下指人迎。大，人迎大於寸口。浮肺主皮。太陽在背，陽明在腹，少陽在側，三陽皆指皮部言之。則爲風，此「風」字讀作「表」。大陽脈大。則爲虛。衰則人迎大於寸口。○《傷寒・太陽病上篇》第三十一節。

傷寒腹滿，譫語，先詳證。寸口但言寸口，爲診本經私病。脈浮正名。而別一診法。緊，診皮。此肝乘脾也，此寸口主五藏，爲三陰診法。○以證定之。名曰縱，筋絡解緩爲縱。○傷寒促脈，經本三見作「縱」，皆非診經名詞。刺期門。泄肝氣。○《傷寒・太陽中篇》第六十九節。

寸口《金匱》雜病，故言藏脈多於《傷寒》。脈浮不分左右。三關與人迎、少陰合爲三部。○此診經，下五診皆備。而「而」下別一診法。緊，皮、膚爲寒所迫，無汗故緊縮。緊則爲寒，皮。浮則爲虛。肺本爲藏脈，肺主皮。《傷寒》六經皆由皮始，言脈浮亦在皮，故與緊對言之。寒虛相搏，二診合參爲搏。邪在皮、膚。華佗法一日皮，二日膚。六經皆同。浮者血虛，五診由皮、膚始。脈絡空虛，診絡。賊邪不瀉，不發汗。或左或右，仲景惟病言左右，脈則無。邪氣反緩，此審證，非脈法。正氣即急，正緩邪急。正氣引邪，喎僻不遂。筋。邪在於絡，診絡。肌華氏三日在肌。膚不仁；診皮。邪在於經，在中，半表半裏。即重不勝；五診之經。邪入於府，五診法或言筋骨，或言府藏，此以府藏代筋。即不識人；邪入於藏，說詳《五診篇》。舌即難言，口吐脈經有「淤」字，是。涎。皮絡經府藏合爲五診，由淺入深。○《金匱・中風厲節篇》第二節。

寸口陰脈。診藏以寸口爲主。人迎在上，寸口在中，少陰在下。文詳《動輪篇》。仲景之所自出。脈遲經所謂虛則寸口小於人迎，爲陰病。而「而」下别指一診之例。緩，皮解緩。遲經。則爲寒，藏陰寒。緩則爲虛；診皮，亦屬肺。○以上爲經、皮之分，以下由「緩」字再分營衛。營緩則爲亡血，經脈爲營。衛緩則爲中風。絡爲衛。邪氣中沈本作「入」。經，承上「營緩」句。則身癢而癮軫；心氣不足，血證。邪氣入中，承「衛緩」句。則胸滿而短氣。氣證。○同前篇第三節。

寸口中部統診五藏，以脈大小倍數分經。説詳《人寸診》。脈沉此以寸口爲三陰公式。而而下診筋法。弱，當作「犟」。沉即主骨，診骨少陰之病，由寸口診之。所謂「寸口小於人迎二倍，病在少陰」也。弱犟。即主筋。診筋。沉即爲腎，腎主骨。弱犟。即爲肝。肝主筋。寸口小於人迎一倍，病在厥陰也。汗出入水中，得病之由。如水傷心，厲節痛診筋。黄汗出，故曰厲節。同前篇第五節。

寸口《傷寒·序》「握手不及足，持寸不及人」，皆駁專診兩手，而後人讀仲景書，乃據《難脈》説之，非也。脈本經診法，肺病以寸口主經。數，數則爲熱。其人欬，口中反有唾濁涎沫者何？數脈不應有涎沫。師曰：爲肺痿此爲診本經私病之式。之病。《金匱·肺痿肺癰欬嗽上氣病篇》第一節。

寸口診本經。脈微而數，微疑當作「浮」。則爲風，寸診。數則爲熱；人診。微則汗出，《雜病篇》中，與《傷寒》診法原無同異。數則惡寒。與下條同。風中於衛，風傷衛。呼氣不入；熱過於營，寒傷營。吸而不出。風傷皮毛，在外層。熱傷血脈。五診第三層。風舍於肺，診本經式。其人則欬，以下氣病。口乾喘滿，咽燥不渴，多唾濁沫，時時振寒。如傷寒。熱之所過，血爲之凝以下血病。滯，畜結癰膿，吐如米粥。以上癰證。始萌可救，膿成則死。此原肺癰之由爲風熱蓄結不解也。同前篇第二節。

寸口脈爲公式，此診厥陰病脈。弦者，弦爲實物，非形容脈形狀。陽脈「弦」當作「强」，與「弱」對。又讀作「犟」，謂經絡結急不柔輭。陰脈之「弦」，當讀作「弱」，形近而誤。即脇下拘急而痛，即犟。其人嗇嗇惡寒也。《金匱·腹滿寒疝宿食病篇》第四節。

寸口經此與趺陽比較。脈浮此本經診式。而仲景「而」字多指别種診法，與上另爲一事。又或讀爲「與」，謂此兩種脈象，以分病之陰陽虚實。遲，正名。浮即爲虚，遲即爲勞；此兩種分診病狀。虚則衛氣不足，脈爲氣海。勞診筋，久行傷筋。上脈證皆屬衛氣，此皆以營血補足其義。則營氣竭。肝爲血海，筋傷則血不足。〇《金匱·消渴小便不利淋病篇》第二節。

寸口 寸口與尺澤同爲肺經動脈，相對得名，必知一名之所以立，則寸、關、尺之誤，不待煩言而解矣。脈沉正名，浮則在皮、膚，沉乃屬腸胃。滑皮。者，中有水氣，腸在中。面目腫大，有熱，外證，與水氣相應。名曰風水。此一證。視人之目窠上此望氣視色法。微擁①，如「如」皆視色。**蠶** 據《診尺篇》、《水脹篇》無「蠶」字爲是，蓋

---

① 擁：此字原脱，據《金匱要略論注》卷一四補。

因下文「目下有卧蠶」之語而誤。新卧起狀。如睡初瞋。其頸脈人迎。説詳《頸脈考》。動，《内經》作「動甚」。時時欬。此文見《論疾診皮篇》，又《本輸篇》。按其手足，非診脈，亦言按。陷而不起即經所云陷下。者，診皮。風水。上條診寸口視面目，此診人迎與視色。按：皮、膚法，證同診異。○《金匱·水氣病篇》第四節。

寸口此條本與趺陽對比而言，《金鑑》以爲文義不屬，不釋。脈浮而指趺陽。遲，與《消渴》第二節同。浮脈則熱，遲脈則潛。當作「濕」，脾胃病。熱潛相搏，二脈俱病。名曰沉。凡「相搏」以下皆爲病狀，非脈名。○同前篇第八節。

寸口俗以寸口爲肺，朝百脈。《内經》肺指肺藏，受胃之氣。所謂百脈，指腹中孫絡。肺氣潮汐孫絡化而爲血。肺氣朝孫絡，非百脈朝肺。朝在腹内，亦不在兩寸。舊説皆誤。脈弦强。而緊，皮。弦强。則衛氣不行，皮。肺主衛氣。即惡寒，與《傷寒》診法不異，故《傷寒》中兼治雜病，《金匱》亦兼寒熱。前人劈合爲二者，皆誤。水不沾流，走於腸間。丹波《輯義》：「案《金鑑》云：此條必有脱簡，不釋。」考《脈經·寒疝篇》云：「寸口脈弦①而緊，弦則衛氣不行，衛氣不行則惡寒，緊則不欲食，强緊相搏，則爲寒疝。」知此條亦宜有「緊則」云云語爲是。○同前篇第九節。

師曰：寸口脈沉按：水不爲肺病。三倍小於人迎，則病在太陰脾經。而人。遲，人寸對診。沉藏脈。則爲水，

① 弦：原作「强」，據《脈經校注》卷八改。

在內。遲府脈。則爲寒，在外。寒水相搏。下當有脱誤。○按：下文言「趺陽脈伏」、「少陽脈卑」①、少陰脈細，共診四經動脈。寸口趺陽少陰爲三部全文，少陽則九候之一，當入《九候篇》中。○同前篇第十六節。

師曰：寸口《難經》以寸口爲脈之所會，立八會之名；脈不會於寸口，其説大誤。脈沉水病藏脈皆沉。而人迎脈。數，與上條遲脈正相反。○二名皆診經正詞。數則爲出，人迎主外，寸口主內。沉則爲入；入中爲水乃沉。○以出入對鍼分之。沉則爲陽實，陰脈以入，而化陽實。入則爲陰結。陽脈以出，而爲陰結。○同前篇第十七節。

師曰：寸口脈沉而皮。緊，沉爲水，與上「沉則爲入」文異義相通。緊爲寒，皮部屬肺。沉緊相搏，二者反。結在關元。此關非關、尺之「關」。仲景書中之「關」恐因此而誤者多。始時當微，初得。年盛不覺，壯年，不覺病。陽衰之後，營衛相干，陽損陰盛，結寒微動，腎少陰衝脈。氣上衝，咽喉塞噎，脇下急痛；以上詳證，以下醫誤。醫以爲留飲而大下之，誤下。氣緊②不去，其病不除。一誤下。重復吐之，誤吐。胃家虛煩，咽燥欲飲水，小便不利，水穀不化，面相手足浮腫；誤吐變證。又與葶藶丸下水，水非燥屎。當時如小瘥，以有水故。食飲過度，瘥後所生之病，如勞復。腫復如前。胸脇苦痛，象若奔豚，皆少陰衝氣病。其水揚溢，則欬喘逆，下水後變象。當先攻擊衝氣令止，先。乃

① 卑：原作「革」，據《金匱要略論注》卷一四改。

② 緊：原作「繫」，據《金匱要略論注》卷一四改。

治欬，欬止，其喘後。自瘥。先治新病，病當在後。水爲舊因，新病引動。先急後緩，先輕後重。○同前篇第十九節。

師曰：寸口脈遲經。而皮。澀，脈與皮對言。遲則爲寒，澀澀與滑，診皮專名。説詳《診皮篇》。則爲血不足。此與趺陽對文。○同前篇第二十七節。

寸口寸口非穴名，穴名太淵。凡十二經動脈皆稱氣口，亦名脈口。脈之動處如口。前人以脈口、氣口專指寸口，大誤。脈浮正名。此以寸口爲公式，診太陰痺病。而緩，皮絡。○下言「趺陽脈緊而數」，相比而論。浮則爲風，此雜病之風，不同《傷寒》。緩則爲痺。解緩。痺非中風，謂此緩與《傷寒》浮緩，脈同而病狀異。四肢苦煩，脾色必黄，此太陰病，由寸口診之。瘀熱以行。《金匱·黄癉篇》第一節。

寸口脈動動爲診絡專名詞。《難經》不診絡，乃以此名編入七表八裏九道中，義不可通。説詳《診絡篇》。而讀作「與」。分別二診之脈。弱，動動當爲强，强與弱反。强驚弱悸，此二診之分，非謂一人一時之脈如此相反。則爲驚，弱則爲悸。此條下「師曰尺脈浮」，趙程《金鑑》「尺」作「夫」，巢《源》作「尺中自浮」，後人誤字耳。○《金匱·驚悸吐衄下血胸滿瘀血》第一節。

寸口《虚勞》無「寸口」二字。以下同。脈弦懸。而人。大，人迎大於寸口，有三倍之分。弦則爲減，懸，陰脈乃爲減。大則爲芤；讀爲空，爲評脈詞。陽大則陰虚。減則爲寒，陰寒。芤則爲虚。陽虚。虚寒相搏，陰陽俱病，故以相搏爲言。此名爲革。當爲病狀，非脈名。《辨脈》亦有之，恐後人據《辨脈》所改。○同前篇第八節。○又見《婦人雜病篇》第十一節。

寸口脈此條專言傷營血之證。微評。而數，疑當作「散」。微則無氣，胃氣弱，不能致手太陰。無氣則營虛，營由衛化。營虛則血不足，血不足則胸中冷。《金鑑》以此條文義不屬，必是錯簡。按：此當是對下文比較言之。○《金匱・嘔吐噦下利病篇》第四節。

問曰：寸口仲景三部診法，在手稱寸口，包俗説三部而言。《難經》以後則稱寸，不復言口。此雅俗之所以別也。脈浮正名。微評。而皮。澀，脈無澀象可言。法當亡血，澀爲血不足。若汗出，設不汗①者肺主皮，微，當因汗多傷血。云何？問所以致此脈之由。曰：若身有瘡，亡其血。被刀斧所傷，流血過多。亡血故也。統上汗出、瘡與刀傷三者而言。○《金匱・瘡癰腸癰浸淫病篇》第四節。

以上專言寸口者二十二見。《傷寒》三，《金匱》十九。

病如桂枝證，提綱所言證皆具。頭不痛，項不强。惟此二者爲異。寸當爲衍文。○太陽病不診寸口。脈微評。浮，正名。○《太陽病篇》以診太陽委中動脈爲主。胸中痞硬，華氏法，四日在胸，以吐而愈。氣上衝咽喉，不得息者，此爲胸有寒也。當吐之，宜瓜蒂散。《傷寒・太陽病下篇》第四十五節。

傷寒六七日，大下後，寸衍文。脈厥陰本經不在寸口。沉正名。而遲，正名。○《厥陰篇》以診本經動脈太衝

① 設不汗：三字原脱，據《金匱要略論注》卷一八補。

爲主，不診寸口也。手足厥逆，診皮。下部脈指少陰本經動脈太谿言。不至，此以少陰脈參之。○《叙》云「三部不參」，如《動輪篇》常動不休之三部。不至，謂懸絶。咽喉不利，少陰脈所循。唾膿血，如今吐血證。泄利不止者，麻黄升麻湯主之。《傷寒·厥陰》第三十節。

以上寸字衍文二條。出《傷寒》。

問曰：病有結胸，淺。有藏結，深。其狀如何？問二名脈證異同。答曰：按之痛，診皮。寸《難經》僞法分三關，乃獨稱寸。脈浮，寸當爲陰。仲景異診有陰陽之别，無關、尺明文。關關當作「陽」，與寸陰脈對文。○《内經》無關爲脈位者。手之寸口爲大名，並不分三部。脈沉，《難經》寸、關、尺是爲手太陰脈所循，共有六動脈。太淵動脈即寸口，衹爲六動脈之一，何得分三部？又，二指地位，浮則皆浮，沉則皆沉，浮沉相反，必非一經之脈。名曰結胸也。此條下二條，當與三部陰陽類相參，以此「寸關」即「陰陽」二字之誤文。○《傷寒·太陽下篇》第九節。

何謂藏結？答曰：如結胸狀，承上文言。飲食如故，時時下利，此爲結胸所無。寸陰。○後人誤爲寸。脈浮，「浮」與下「沉」字反，必非一脈。關同上條。《序》曰「持寸不及人」是也。脈小陰陽對言大小。細評詞。○説詳下《陰陽類》。沉此當屬少陰，合爲三部診法，即上所謂下部脈。緊，皮。名曰藏結。同前篇第十節。

太陽病，經言太陽病即提綱之文，已包脈浮在内，經無其文，後人誤據《脈訣法》補之耳。寸緩緩屬脈，則爲和緩，非病脈。關浮尺弱，六字當删。○一脈以三指分之，造爲種種異狀，以廢棄諸古法，不得不於所診之一穿鑿附會，分辨異同。後來《脈訣》，皆同此弊。○三關同一太淵動脈，何以忽有三種形狀？由此推之，太陰六動脈，一脈分三，是肺一經已有六三關，共爲十八部矣。其人發熱汗出，復惡寒，此同太陽表證。不嘔，但心下痞者，太陽壞證。此以醫下之也。非本經病，乃壞證。○《傷寒·陽明》第六十三節。

下利，寸衍文。脈反浮數，此指厥陰本經，不涉於寸。尺此爲「皮」字之剥文。中「尺」爲「皮」字誤，説詳《釋尺》。自澀者，澀爲診皮專名。必清當讀作「圊」。膿血。《傷寒·厥陰》第三十五節。

問曰：血痺之病，從何得之？得病之由。師曰：夫尊榮之人，《内經》治病，詳平脈，富貴與貧賤異治。骨弱診骨。肌膚盛，皮絡。重因疲勞動作。汗出，卧不得動摇，如被微風，初起由風。遂得之。但以脈自微診肝經動脈爲一事。澀，診皮。在寸口關上五字後人所補。沈本更有「尺中」二字。小《千金》、《脈經》無「小」字。緊，澀與緊皆診皮名詞。宜鍼引陽氣，令脈本經。和緊診皮。去經以脈與緊對言，則脈爲一事，緊又爲一事。若緊爲診經名詞，則脈已包緊字，不必再言緊去。則愈。《金匱·血痺虚勞》第一節。

血痺，陰寸。陽人。俱微，即人寸比較，爲《内經》分表裏陰陽藏府之大法。詳《人寸篇》。寸口淺人補此，以解「陽」字。關上微，以解「俱」字。尺中淺人補此，以解「陰」字。小緊，九字後人所注，以寸、關、尺解陰陽。外證身體不仁，診。如風痺狀，黄耆桂枝五物湯主之。同前篇第二節。

胸痺之病①，喘息欬唾，胸背痛，短氣，寸口脈沉而遲，關上小緊數，五字當刪。○一人之脈，連環終始，往來相同，寸口一脈自無遲速之分，即三部亦難分遲速。此當調查，定爲公式。括蔞薤白白酒湯主之。《金

① 「病」下原衍一「痺」字，據《金匱要略論注》卷九删。

匱·胸痺心痛短氣》第三節。

問曰：人病有宿食，何以別之？師曰：寸口脈浮正名。而大，評。按之診皮爲捫循。反皮。澀，尺中反、尺皆「皮」，字之誤。亦微而澀，即解上皮澀。故知有宿食，大承氣湯主之。《金匱·腹滿寒疝宿食》第十九節。

諸積大法：脈來細而附骨者，乃積也。寸口，本包三部寸、關、尺言。積《千金》有「結」字。在胸中；微出寸口，四字誤注。積在喉中；喉中如何有積？「喉」疑「腹」字之誤。關上，誤注。積在臍旁；上關上，注：《千金》有「結」字。積在心下；中二部。微下關，當作「少陰」。積在少腹；尺中，《千金》有「結」字。當作「微下」。下有二部，本三部法，專屬寸口則不通矣。積在氣衝；分六段，喉中、心下、胸中、臍中、少腹、氣衝。脈出絡起。左，積在左。脈出右，仲景診經脈無左右之明文。積在右；脈兩出，積在中央。各以其部處之。上三條「腎死藏①，浮之堅，按之亂，如轉丸②益下入尺中者死」，有一「尺」字。○《金匱·五藏風寒積聚》十二節。

青龍湯下已，多唾，口燥，寸脈沉，尺即《叙》「持寸不及尺」之「尺」，當作「人」。脈微，手足厥逆，診皮。氣從小腹上衝胸咽，衝脈。手足痺，診筋。其面翕熱如醉③狀，診色。因復下流陰股，小便難，時

① 腎死藏：原作「腎藏死」，據《金匱要略論注》卷十一改。

② 轉丸：原作「摶九」，據《金匱要略論注》卷十一改。

③ 醉：原作「罪」，據《金匱要略論注》卷十二改。

復冒者，與茯苓桂枝五味甘草湯，治其氣衝。衝脈爲病。〇《金匱・痰飲欬嗽》第二十四節。

下利，寸衍字，因下「尺」加「寸」字。脈反浮數，正名。尺當作「皮」。中自澀者，「皮」誤「尺」。詳《釋尺》。必圊膿血。《金匱・嘔噦下利》第三十一節。〇此條與《傷寒》同。

以上寸口而兼有尺關者十一條。《傷寒》四，《金匱》七。

傷寒辨脈篇

此篇後人所羼，出唐以後，非原文，多祖《難經》。〇其分部位，改《脈名辨》，别爲一書。

何謂陽不足？答曰：假令寸口陽，當作「趺陽」。脈以寸、尺分陰陽。《難經》說。微，名曰陽不足。以尺寸分陰陽，誤。何謂陰不足？答曰：假令尺脈弱，名曰①陰不足。尺當爲寸口。

問曰：脈病欲知愈未愈者，何以别之？答曰：寸口、關上、尺中三處，大小浮沉遲數②同等，診經只六字。此脈陰陽爲和平，雖劇當愈。

寸口脈此祖《難經・九難》。浮爲在表，沉爲在裏；四大脈以浮沉分表裏，是。數爲在府，遲爲在藏。寸口不診府，《難經》以遲數分藏府，與浮沉分藏府大誤，且矛盾。今脈遲，此爲在藏也。以浮沉分藏府，又以數遲分藏府，說如《難經》，大誤。〇《準繩》注：此有駁文。

---

① 曰：此字原脱，據《傷寒論注釋》卷一補。

② 「遲數」二字原作夾注小字，據《傷寒論注釋》卷一改。

寸口脈浮當作「緩」。而讀作「與」，分脈定證之例。緊，浮緩。則爲風，緊則爲寒，風則傷衛，寒則傷營，以上分病。營衛俱病，以下合病。骨節煩痛，當發其汗也。《傷寒》經病不詳寸口。此以寸口分營衛，《難經》法也。

寸口脈浮大，而醫反下之，此爲大逆。浮則無血，大則爲寒，寒氣相搏，則爲腸鳴。醫乃不知，而反飲冷水，令汗大出，水得寒氣，冷必相搏，其人即䭇。《準繩》有駁文。

寸口刪去二字則通矣。下二條俱云「脈陰陽俱緊」，無「寸口」二字是。脈陰陽俱緊，法當清邪中於上焦，濁邪中於下焦。清邪中上，名曰潔也；濁邪中下，名曰渾也。僞造病名。

傷寒平脈篇

當復寸口，虛實見焉。此全爲《脈贊》語，出齊梁以後。

假令下利，寸口、關上、尺中悉不見脈，然尺中時一小見脈再舉頭者，腎氣也。若見損脈爲難治。《難經》所主。

師曰：寸脈下不至關爲陽絶，尺脈上不至關爲陰絶者，皆不治，決死①也。僞《脈經》所主。

①「死」上原衍一「生」字，據《傷寒論注釋》刪。

寸口衛氣盛，名曰高。偽造脈名者，又在七表八裏九道之外。

寸口脈緩而遲，此僞法，緩、遲如何可辨。緩①則陽氣長，其色鮮，語無倫次。其顔光②，其聲商，毛髮長；遲則陰氣盛，骨髓生，血滿，肌肉緊薄硬。陰陽相抱，營衛俱行，剛柔相搏，名曰强也。

寸口脈浮而大，浮爲虚，大爲實，在尺爲關，在寸爲格。關則不得小便，格則吐逆。與前五條大反，〇全爲《難經》説。

寸口脈弱而遲，弱者衛氣緩，遲者營中寒。營爲血，血寒則發熱，衛爲氣，氣微者心内饑，饑而虚滿，不能食也。

寸口脈弱而緩，此字不可解。弱者陽氣不足，緩者當作「强」。胃氣有餘，噫而吞酸，食卒不下，氣填於膈上也。

寸口脈微而辨證加而例。澀，微者衛氣不行，澀者營氣不足。營衛不能相將，三焦無所仰，身體痺不仁。

---

① 緩：原作「遲」，據《傷寒論注釋》改。

② 三字原無，據《傷寒論注釋》補。

寸口脈微而澀，微者衛氣衰，澀者營氣不足。與上條重犯。

寸口脈微而緩，微者衛氣疎，疎則其膚空，緩者胃氣實，實則穀消而水化也。

寸口脈微，尺當作「皮」。脈緊。其人虚損多汗，知陰常在，絶不見陽也。

寸口諸微亡陽，諸濡亡血，諸弱發熱，諸緊爲寒，諸乘寒者，則爲厥，鬱冒不仁，以胃無穀氣，脾澀不通，口急不能言，戰而慄也。

仲景九候診法

太陽病脈證一《傷寒》單脈字多爲本部。

太陽之爲病，脈足太陽委中動脈。○古本「脈」上多有「其」字，其脈詳《熱病》、《傷寒·序例》、《病源》。浮，在表爲浮，皮、膚、肌三層；在裏爲沉，胸、腹、胃三層。頭項强痛而惡寒。皆太陽本經所循之部。無論何病，其在太陽，皆有此病。舊説以此爲傷寒提綱者，誤。

太陽病，專爲部位，下乃分病。如風、寒、濕、暍、温、痙是也。發熱，《玉機真藏》：「風寒客於人，使人毫毛畢①直，皮、膚閉而爲熱。當是之時，可汗而發也。」○以下言證，乃分病以立名。汗出，惡風，《調經論》：「風雨之傷人也，先客於皮、膚，傳入於孫脈，孫脈滿則傳入絡脈，絡脈滿乃輸於大經脈。血氣②與邪並客於分腠之間，其脈堅大，故曰實。」其脈緩者，緩解，非和緩。説詳《診皮篇》。○《離合真邪論》：「天暑地熱，則經水沸溢③；卒風暴起，則經氣波皮絡之脈。

---

① 畢：原作「果」，據《素問》卷六改。

② 血氣：原作「氣血」，據《素問》卷十七改。

③ 沸溢：「溢」字原脱，據《素問》卷八補。

湧而隴①起。夫邪之入於脈也，寒則血凝泣②，暑則氣血淖澤。」名凡言名者，爲病立名。爲中風。風與暑爲一類。○春傷於風，爲春病。

太陽病，無論何病，在其經皆有首節之狀。或已發熱，或未發熱，必惡寒，冬惡寒，春惡風。體痛，表邪入肢體。嘔逆。病在胸。脈以皮絡爲脈，非動脈。陰陽以背腹分陰陽，俱診皮法。俱緊皮絡。者，《調經論》：「寒濕之中人也，皮、膚不收，肌堅緊，榮血泣，衛氣去，故曰虚。虚者聶辟，氣不足。按之則氣足以温之，故快然而不痛。」名爲傷寒。寒與濕同類。○因病立名，太陽其部位，風與寒分病種類。○風寒性質各不同，故病見此狀，不必論及表裏虚實。經言「表實者不受邪」，所説蒙混。

傷寒爲四時病之一種。一日，「日」當作「曰」，《内經》亦當作「曰」。太陽受之。以六經爲次，首太陽，由項背得之。脈委中。若静者由表傳裏，静謂久浮不沉，與數急對③。○下言「陽明少陰證不見」，互文。爲不傳；《調經論》：「先客皮、膚，由皮、膚傳孫脈，滿則傳入絡脈，由絡脈乃輸於大經。」案：皆謂本經分層自相傳，非傳别經。頗欲吐，吐，四層病，在胸。若躁煩，脈以本經本脈定之。○二陽。數急者與「静」字對。又以絡筋言，不指經動脈。爲傳也。華氏説三日在表，爲皮、膚、肌。三日以後入裏，爲胸、腹、胃。

---

① 隴：原作「龐」，據《素問》卷八改。

② 泣：原作「澀」，據《素問》卷八改。

③ 對：此字原脱，據文意及下文注語補。

太陽病三讀去聲。日，不必三日，言其久。已發汗，表法。若吐，在胸，吐。若下，在腹、胃，下。若温火熏。鍼，鍼刺。仍不解者，三法已具，不愈則爲誤治。此爲壞病。誅伐無過，血氣已傷，與本病不同。桂枝不中與也。雖有表證，不可再汗。觀其脈切法不止一種，五診皆可言脈。證，證在外，仲景書每以外證標目。知犯何逆，上所詳三法。隨證治之。下《壞病篇》詳之。

桂枝本爲解肌，華氏法三日在肌，統皮、膚言之。〇解剖分皮，剖爲數層，肌當爲絡。若其人脈浮委中。緊，《内經》寒之傷，皮、膚收，肌肉堅，營血澀，衛氣去，與中風相反。〇皮絡浮，爲本經動脈緊，則診皮絡法。發熱汗不出者，無汗，故皮緊。即經皮、膚收，肌肉堅。不可與之。此辨風、寒之别。當須識此，風爲表虛自汗，寒爲表實無汗。麻黄發汗，桂枝止汗，不可混同。勿令悮也。風寒即陰陽虛實之别。

太陽病下之後，已治。脈此指皮絡，非動脈。促本作「縱」，與桂枝脈縱同，謂腠理開，肌肉解緩，氣血淖澤。胸滿者，此非桂枝證。桂枝去芍藥湯主之。皮絡緩縱，有汗，可知宜桂枝，因腹滿，去芍。若微寒者，宜温。桂枝去芍藥加附子湯主之。

服桂枝湯大汗出，桂枝本非發汗之劑，得湯大汗，營衛和，則非病汗。但桂枝忌大汗，此亦爲悮。脈太陽經脈。洪大者，評。與桂枝湯，如前法。取微汗。服桂枝湯，大汗出傷津。後，變證。大煩，渴新病。不解，舊病。若脈洪大者，與上脈同。白虎加①人參湯主之。因渴乃用白虎。

① 加：原脱，據《傷寒論注釋》卷二補。

太陽病發熱惡寒，近於傷寒。熱多寒少，脈本經。微弱評。者，此證爲虚。此無陽也，傷寒以津液爲陽，又以爲陰，從所類言之。不可發汗，雖有表證，以脈弱忌汗。宜桂枝二越婢一湯。越婢名義不可解，《外臺》曰：一名①起脾湯。

傷寒此乃專屬冬病，仲景雖以《傷寒》名書，兼備四時病法，不單論冬日傷寒。脈浮，宜汗。汗自出，中風同。小便數，太陽。心煩，有裏證。微惡寒者，同傷寒。腳攣急，非太陽證。反與桂枝，欲攻其表，此誤也。得之便厥。

太陽病部位。桂枝證，病情。醫反下之，醫誤。利遂不止，壞病。其脈皮絡。促者，本作「縱」。表未解也。未汗先下，別有表證，非以脈促爲表證。喘而汗出者，因喘汗出，裏熱氣逆。葛根黄芩黄連湯主之。

太陽病十日以去，別無他證。其脈本經。浮細診皮。而嗜臥者，病證。外已解也。不須藥。設胸滿、脇痛者，小柴胡湯；**脈**但浮者，與麻黄湯。必有傷寒證。

太陽中風，《内經》冬傷於寒，春傷於風，夏傷於暑，秋傷於濕，四時所感，皆傷而即病者也。風寒暑濕，皆指正氣。又云春正病温，夏正病熱，秋正病虐，冬正病欬嗽。此平列四時之病狀。因誤讀「冬不藏精，春必病温」條，故後人移「冬傷於寒」一句於前，而讀四「正」字爲「必」也。脈浮本經表脈。緊，腠理爲寒氣所閉束，故畏寒起栗，捫之膨緊，爲無汗之根。

---

① 一名：原作「一云」，據《外臺秘要方》卷十六改。

發熱惡寒，身疼痛，不汗出風有汗，寒無汗；風爲陽病，寒爲陰病；風表虛，寒表實，二者迥不相同。而煩躁者，爲實。大青龍湯主之。

【解】若脈微弱，與上緊反，爲風脈。汗出爲自汗。惡風者，惡風與寒相反對，不可兼言。不可服，此爲桂枝證。服之則厥逆，上云傷寒服桂枝則厥，傷風服麻黄則厥，同也。筋惕診筋。肉瞤，診絡。此爲逆也。仲景脈法有筋絡在内，由此見之。

傷寒脈浮經。緩，皮肉解緩。身不疼，但重，乍有輕時，以上皆陽證，與少陰病迥别。無【少】讀作《孟子》少艾之少。○與少陰經無干，不應囫突引之。陰證者，「少」字當讀作「稍」，仲景以胸、腹、胃三者爲陰，皮、膚、肌三者爲陽，在裏無表爲純陰者。此云皆陽證，無稍陰證，非《少陰篇》之少陰。大青龍湯發之。

【太陽病】外證首條提綱。未解，病在表。脈浮弱者，浮在表，弱爲風，寒則强。當以汗解，宜桂枝湯。

【太陽病】《素問・熱病論》六經，爲傷寒言；《靈樞》刺熱、評熱，爲熱病言。先發汗宜汗。不解，不得汗。而復下之，醫誤。脈本經，非借診兩寸。浮者不愈。浮爲在外，而反下者，故令不愈。

【解】今脈浮，故知在外，當先解外則愈，宜桂枝湯。

【太陽病】脈浮經。緊，皮絡。無汗，《舉痛論》，寒則腠理閉，氣不行，故氣收矣。○傷寒則皮、膚緊澀。發熱，身疼痛，衛氣不通故。八九日不解，日久仍在本經。表證仍在，肌上。以此當發其汗；麻黄湯。服藥已，微除，藥力已達。其人發煩，目瞑，新證，藥病相戰。劇者必衄，春頭病、鼽衄。衄乃解。衄，與汗同。

解 所以然者，衄之故。陽氣重故也，寒傷營。麻黄湯主之。五字張潞本移「發其汗」下。

太陽病，脈浮緊，寒束皮絡，故縮收而緊。凡緊則無汗，與解、緩反比例。發熱，身無汗，無汗則皮緊。自衄者愈。未服藥而衄。衄爲紅汗，汗與血異名同實。

脈浮病在表，六經所同。數者，數爲寒邪。法當汗出而愈。表證。若下之，藥誤。身重心悸者，此爲裏虚。不可發汗，當自汗出，乃解。不藥，俟其氣至自愈。

解 所以然者，尺中二字衍。仲景書中所有關、尺字，皆後人羼補。脈本文原有「脈」字，指本經。微，身重心悸之脈。此裏虚；內因外感，非內傷不病。須表裏實，津液津液主三焦，如氣化，則由毛孔而出汗。此汗之根源。《十二官篇》誤以津液屬之膀胱，乃以三焦爲水道之官，其失與泰西解剖學以膀胱有上口、溺由藏流入上口，其謬誤實相同。自和，所謂氣化則能出。便①自汗出愈。治法有不治自愈者，不必用藥。經屢明此義。

脈浮緊者，寒診。法當身疼痛，寒束肌肉。宜以汗解之。假令尺中二字衍文。遲者，上當有「脈」字。不可發汗。楊《太素注》、王《素問注》，皆以尺爲尺澤動脈，與此無干，知爲後人誤改。

解 何以知然？以營氣不足，血少《玉函》有「氣微」二字。故也。故令脈遲。

---

① 便：原作「使」，據《傷寒論注釋》卷三改。

脈浮者，浮爲邪在表專名詞，緩、緊則屬皮絡，以分别風寒耳。舊合緩、緊讀之，誤。病在表，風寒，外證。可發汗，宜麻黃湯。四字當衍。風寒同爲浮，不應用麻黃。

脈浮而數者，數爲寒，風則弱。可發汗，宜麻黃湯。若風脈不數，宜桂枝湯。

病當自汗出者，此爲營氣和，三焦氣化，津液能出。營氣和者，外衛主外。《玉函》作「衛氣不和故也」。營行脈中爲陰，主内；衛行脈外爲陽，主外。不諧。《營衛運行篇》詳矣。解以衛氣不共營氣和諧故爾，營主肝，衛主肺，一順一逆，如夫婦雌雄，周流循環，與斗建月將同法。○吳本作「病常自汗出者營氣和，衛氣不共營氣和諧故耳。復發其汗，營衛和則愈，宜桂枝湯」。注字舊多衍文，今删正。以營行脈中，營爲肝所主，肝藏血，爲血海。與肺爲氣海同。經偶略此文，後人遂誤以衝爲血海，肝合膽爲一藏，主陰蹻。解剖學之血管，即十二經動脈。衛行營外，營爲經脈，衛爲絡脈，營血管，衛回血管，形狀皆同。云衛行脈外者，上焦如霧之説也。考氣血同實而異名，而爲水穀之氣所化，蒸氣四布，其象如雲霧，謂之氣。不歸經隧，故曰行於脈外。溯其始也，漸變流質集於孫絡之端，如秧鍼之吸露，由孫絡以至絡，然後歸入氣管，而行絡脈之中。所謂中焦如漚者，氣化流質，集於孫絡之端也。再由氣管傳入血管，則色爲紅赤，而營衛氣血之名分焉。復發其汗，讀作「解肌」，與麻黃異。營衛和則愈，宜桂枝湯。吳本作「病常自汗出者，營氣和，衛氣不共營氣和諧故耳。復發其汗，營衛和則愈，宜桂枝湯主之」。舊本多衍文，今删正。

傷寒此爲冬病正名，踰時間有之。脈浮不僅太陽經脈，五經與十一經皆同。詳太陽以示例，其餘從同。各經皆有此脈象。緊，診皮。不發汗，未藥。因致衄者，麻黄湯主之。已發汗，則衄自愈。

傷寒，專指寒。發汗麻黄。已解，半日許復煩，營未解。其脈浮數當作「弱」。者，可更發汗，寒、風本屬兩種病，以營衛分之，兼有並病，用各半湯。此發有早遲，寒先病，風病續見之治。宜桂枝湯。此兩感寒風，脈先見寒，後乃見風。

下之後，治不誤。復發其汗，傷耗津液，表裏俱虚。晝日煩躁不得眠，眠指安卧言，不謂酣夢。夜而安静，非日中死陽證之比。不嘔不渴無表證，其表已解。其脈沉微，此三陰證。身無大熱者，以上真寒證。乾薑附子湯主之。

發汗後身疼痛，錢氏曰：此本中風，而以麻黄復發其汗，遂使陽氣虚損，陰液耗竭。其脈沉遲者，非傷寒脈浮，緊身疼痛可比。桂枝加芍藥生薑各一兩，人參三兩，新加湯主之。《玉函》作桂枝加芍藥生薑人參湯。

傷寒若吐若下《玉函》有「若發汗」三字。後，心下逆滿，五日腹。氣上衝胸，四日胸。起則頭眩，與表證不同。其脈沉沉與浮對。脈浮，病在皮、膚、肌。表部宜汗，脈沉入裏，病在胸、腹、胃，不宜汗。六經皆同，舉此示例。緊，皮絡。發汗則動經，身爲振振摇者，茯苓桂枝白术甘草湯主之。

太陽病發汗後，大汗出，胃中乾，煩躁不得眠，欲得飲水者，少少與之飲，令胃氣和則愈。若脈浮，小便不利，微熱消渴者，有水停。五苓散主之。

發汗已，脈浮而數，邪仍在表。復煩渴者，渴爲主膀胱水畜。五苓散主之。泄水。

衄家素有此病，稱家。不可發汗，亡血病，可內推。汗出必額上陷，診絡法，與賁起反對。脈本經。緊急，皮絡。○胃大。○《玉函》作「額上促急而緊」。《外臺》引《病源》「促」作「脈」，《脈經》作「額陷脈上促急而緊」。直視不能眴①，丹波云：《志》作「瞤」。不得眠。以血虛故。

病發熱頭疼，表證，脈宜浮。脈動脈。反沉，入裏。若不差，身體疼痛，邪入伏衝之脈。當救其裏，宜四逆湯。證百餘脈不足以定病，脈沉爲主，溫以補之。

太陽病未解，脈陰寸。陽人。俱停，當作「微」。必先振慄，汗出乃解。

解但陽脈微者，胃府。先汗出而解；但陰脈微者，脾藏。下之而解。若欲下之，宜調胃承氣湯。

得病六七日，在本經，不傳他經。脈遲寒不足。浮正診。弱，評。惡風寒，有表證。手足溫，此詳所以不可汗之特證。醫二三下之，別有當下之實證，因下誤，故不詳。無下證，醫無下法，則不言矣。不能食，胃傷。其人脇下滿痛，變少陽。面目及身黃，近於黃疸。頸項强，此太陽頸。小便難一作「黃」。者，膀胱府證。與柴胡湯。後必下重，本渴，虛熱。飲水而嘔者，胃寒，故不受水。柴胡湯不復中與也。食穀者噦。當禁食穀。○喻、周、魏、張四本並缺此條。

---

① 眴：此字原脱，據《傷寒論注釋》補。

傷寒陽脈背。澀，絡。陰脈腹。弦，强。按，風寒直中之法，詳於《邪客篇》，《活人書》詳之，他書則從略。今按《營衛生會篇》「黄帝曰：人有熱飲食下胃，其氣未定，汗則出。此如風病，汗自出。或出於面，邪中面則下陽明。或出於背，下於背則入太陽。或出於身半，少陽行身之例。其不循衛氣之道而出，何也？衛氣周行一身，不分背腹例。岐伯曰：此外傷於風，内開腠理，毛蒸理泄，衛氣去之。固不能循其道，此氣風邪。慓悍滑疾，則開而出。故不得循①其道，故命曰漏泄。法當腹中急痛，病在腹，爲裏證。先與小建中湯，不差者，與小柴胡湯。

傷寒十三日再周矣。不解，宋本無二字。過經，日數再重。譫語者，以有《玉函》、《脈經》作「以内有」。熱也，熱積於胃。當以湯下之。若小便利者，變證加「若」字。大便當鞕，而反下利，脈調和者，證異常。知醫以丸藥下之，非其治也。故醫必問診前所服之藥。若自下利者，不因醫下。脈經皮。當微經。厥，皮。柯本删「厥」字。今反和者，此爲内實也，實則瀉之。調胃承氣湯主之。

傷寒脈本經，非手太陰。浮，在表。醫以火迫劫之，火劫取汗。亡陽，陽以氣言，火甚則積熱。必驚狂，起卧不安者，大脱津液，神明不守。桂枝去芍藥加蜀漆牡蠣龍骨救逆湯主之。

形作《玉函》、《脈經》無二字。傷寒，證已定。其脈絡。不弦，强。緊皮。而弱。評辭。《金鑑》以三「弱」字皆當作「數」，丹波以爲不可從。弱者弱與强對。必渴，被火必譫語，弱者此統論其人。發熱，熱爲陽虛。脈浮，

① 循：原作「從」，據《内經・靈樞》改。

本經，在肌以外。解之，當汗出而愈。六經同此，不專説太陽。○喻、魏二本無此條。

脈浮熱甚，與前二條同。反灸之，俗法燈火亦爲灸，不可輕用。此爲實。實以虛治，因火而動，必咽燥，唾血。「唾」一作「吐」。

微數以數爲主。微數者，其數不甚也。之脈，慎不可灸，前後詳脈浮禁灸，此特以數言。因火爲邪，則爲寒逆，追虚逐實，血散脈中，此指經脈。火氣雖微，内攻有力，焦骨傷筋，五診深處。血難復也。病變不一其狀。

辨厥陰病脈證篇

厥陰營衛運行法，太陰在大指，少陰在中指，厥陰在小指。順行則始於肺、脾，終於膻包絡；逆行則始於肝包絡，終於肺、脾。凡人正立，二大指在前，二小指在後，故經以二陽合並大指爲陽明，二小指爲厥陰。中風，此以直中言，不由傳變。三陰皆由臂跗直中。其脈本經期門太衝。微浮，厥陰脈有浮，有沉，有細，有遲，有數，有緊，有微，有弱，有虚，有促，有滑，有欲絶，有不至，有澀，有實，有弦，有大，各種不同。爲欲愈；浮爲病出。不浮不浮當爲沉。○在表三日則浮。爲未愈。三陰自立門户，各有六層，表裏六日，非由三陽傳三陰，在陰則無表證。

傷寒厥陰直中寒邪，非由太陽傳經而致。脈厥陰證脈。遲，有遲有數，以分虚實。六七日，有熱證。而反與黄芩湯遲脈屬虚，忌寒凉。徹其熱。凡經言與，皆有所據而然。其誤在幾微之間，讀此書，誤藥最當留意。脈遲爲寒，數則爲熱。○此近爲藥誤，更有證與脈不合、舍證從脈之法。今與黄芩湯，復除其熱，腹中應冷，變證一。當不能食，變證二，此爲新病狀。今反能食，此爲變中之變。此名除中，遠因。必死。

傷寒，首言中風，以下多言傷寒。脈厥陰本經。微與强盛相反。而厥，證。至七八日膚冷，診皮。其人躁，無暫安時者，以爲内證。此爲藏厥，兩陰至盡爲厥陰。非蚘厥也。辨藏、蚘之分。

[解]蚘厥者，其人常吐蚘。令病者静而復時煩者，此爲藏寒。本病。蚘上入其膈，故煩。變證。須臾復止，得食而嘔，又煩者，蚘聞食臭出，其人當自吐蚘。蚘厥者，烏梅丸主之。又主久利。

傷寒厥陰。六七日，與太陽所稱日數同有六七日，非傳經日數。其脈本經。微，與「不至」同。虛，故脈微。手足厥冷，表。煩躁，裏。灸灸以通其陽氣。厥陰，關元氣海之類。厥不還①者灸而不厥，手足自温者生。死。凡言死者，皆屬藏病，或本藏自有病，或因誤藥壞之。藏病必見於脈，此所以以脈爲重也。

傷寒脈絡筋。促，原注：「促」一作「縱」。《經筋篇》：「經筋之病，寒則筋急，熱則弛縱不收。陽急則反折，陰急則俯不伸。」手足厥逆，嘔逆爲寒甚，此由外不同。可灸之。但灸以外，以火温之。

傷寒脈滑絡當沉而浮，熱在裏。而厥者，外爲寒證。裏有熱也，此章因厥，故復例《厥陰篇》中，非厥陰本病。白虎湯主之。陰證藥，同三陽。

手足厥寒，診皮。脈厥陰。細欲絶者，細之至爲虛極。當歸四逆湯主之。若其人内有久寒者，宜當歸四逆加茱萸生薑湯。此温法。

病人手足厥冷，診皮。脈乍緊者，《辨可吐篇》「乍緊」作「乍結」。邪結在胸中，四日在胸。心下滿而煩，裏②。飢不能食者，病在③胸中，上宜吐。當須吐之，與《三陽篇》同法。宜瓜蒂散。此厥陰吐私，與汗不同見。

---

① 不還：原作「下還」，據《傷寒論注釋》卷六改。

② 裏：此字原作正文，據文意當係注語，因改。

③ 病在：原作「病者」，據《傷寒論注釋》卷六改。

下利，屢言下利，以下利爲厥陰本病，亦如三陽之發熱。有微熱而渴，脈弱者，陰病脈正弱。令自愈。仲景有不藥法，此當別爲一類。

下利，脈數，本經數與遲反，厥陰脈有十餘名詞，不可以脈定篇。有微熱，汗出，此如中風脈緩。令自愈。設復緊，如傷寒脈緊。爲未解。

下利，手足厥冷，診皮。無脈者，微之至，與下部脈「不至」、「微欲絶」同。灸之不温，若脈不還，反微喘者，死。

少陰負趺陽者，尅賊爲負。爲順也。錢疑有脱字，柯氏删之。

下利，寒證清穀。[寸]衍字。脈以厥陰言，以本經爲主。脈與皮對舉，不必有「寸」字。後人不知皮脈兩診法，因下「尺」字，乃加「寸」字。反浮數，診經下利不應見浮數。尺皮字。[中]自濇，診皮法，詳《診皮篇》。楊氏《太素》以色皮脈爲三法，由外知内。必青膿血。又云：「下利清穀，不可攻表，汗出，必脹滿。」此厥陰皮部汗，解與三陽同也。

下利，脈沉沉爲寒，與上條浮數相反，爲下利本經脈。弦强。者，評。下重也；以證言。脈本經。大者大爲虚，兼遲言之。爲未止；脈本條三見「脈」字。微弱與大對文。數者，數熱與遲反。爲欲自止，不藥自愈，由此可知滯下脈大身熱者必死。雖發熱，不死。以病在經，入藏則異。○《熱病論》：「雖熱不死，以在經也。兩感於寒則必死，以入藏也。」熱病分六經者爲經病，凡五藏熱病爲藏病，此經藏之分。

下利，以上皆爲寒利。脈本經。沉沉爲寒，兼在裏。而遲，遲爲寒。其人面少赤，視色法。下虚，陽氣上浮。身有微熱，診皮法。下利清穀者，裏有寒。必鬱冒，汗出而解。陰陽相戰而解。病人必微厥。厥而不甚。

解 所以然者，其面戴陽，赤爲戴陽。下虛故也。上熱下寒。

下利，此熱利，非寒證。脈數爲熱。而渴者，渴亦熱證。令自愈；設不差，必清與圊同。膿血，以有熱故也。

下利後，其脈絶，懸絶即不至，又與吴脈同。手足厥冷，外證。晬時脈還，手足温者，生；又脈不還不温。者，死。

傷寒，下利，日十餘行，脈本經。反實者，死。

下利清穀，裏寒外熱，汗出而厥者，診皮。通脈四逆湯主之。

嘔而脈本經。弱，評。小便復利，身有微熱，見厥者，診皮。難治。四逆湯主之。厥陰治法，有汗，有吐，有下，有温，有灸，與三陽同。

脈浮宜以汗解，華氏法三日。用火灸之，以上五條皆言誤灸。邪無從出，此爲不可灸。叔和輯以爲《脈經》。因火而盛，病從腰以下，必重而痹，誤灸病變。名火逆也。欲自解者，必當先煩，煩爲汗之徵兆。乃有汗而解。

解 何以知之？脈浮，故知汗出解也。

病人脈數，此明數有虛實之分。數爲熱，當消穀引食，而反吐者，胃有寒乃吐。此以發汗令陽氣微，膈氣虚，脈乃數也。數亦爲虚，而脈象有别。數爲客熱，非真實。不能消穀，以胃中虚冷，故吐也。

太陽病六七日，表證皮、膚、肌。仍在，脈本經。微評。而沉，邪在胸以下，脈乃當沉。反不結胸，四日在胸，吐去，邪在上焦。其人發狂者，以熱在下焦，五日在腹，少腹則更下。少腹當硬滿，當有此狀。小便自利者，欲去此證。下血乃愈。以血淤，當用抵當湯。

【解】所以然者，以太陽隨經瘀熱在裏故也。抵當湯主之。

太陽病身黄，視色。脈沉在胸、腹、胃爲裏，裏則脈沉。結，絡經。少腹硬，小便不利者，爲無血也；以上二條言血證。小便自利，其人如狂者，血證發狂。血諦也。抵當湯主之。

結胸以下詳《結胸》。證，證定當下。其脈浮大者，浮在表，大則虚。不可下，下之則死。無表脈表證者，以結胸湯下之。

太陽病脈本經。浮而【動】當爲衍字。數，浮則爲風，浮之實止爲表，寒亦浮也。數則爲熱，【動】則爲痛①，數則爲虚。當爲後人誤注。《金鑑》云「數則爲虚」四字疑是衍文，丹波從之。頭痛發熱，微盗汗出，而反惡寒者，表未解也。醫反下之，動數動脈數，作「至數」解，以與下「遲」字對文也。變遲，數與遲反，寒熱不同。

---

① 痛：原作「病」，據《傷寒論注釋》卷四改。

膈内拒痛，邪在胸，原注一云「頭痛即眩」。胃中空虛，邪在胃。客氣動膈，短氣，躁煩，以上分裏證。心中此從俗稱，非真心也。懊憹。陽氣内陷，心下因鞕，則爲結胸。大陷胸湯主之。若不結胸，但頭汗出，餘處無汗，劑一本作「齊」。頸而還，小便不利，身必發黃。袁本、《脈經》有「屬小柴胡湯」六字。○結胸一。

傷寒六七日，結胸熱實，脈沉而緊，皮，《玉函》作「其脈浮緊」。心下痛，按之石鞕《千金翼》作「堅」。者，診皮絡。大陷胸湯主之。結胸二。

太陽病二三日，不能臥，但欲起，心下必結，脈本經。微弱者，評詞。此本有寒分一作「故」。也。《玉函》、《脈經》、《千金翼》作「此本寒也」。反下之，若利止，必作結胸。未止者，四日復下之，《金鑑》云：「之」字當是「利」字。此作協熱利也。協，一本作「挾」。

太陽病如西醫證先定，特診脈以辨虛實，定藥猛緩及他變耳。下之，其脈筋絡。按五診亦稱五脈，則筋亦可稱脈。促，原注一本作「縱」。不結胸者，爲欲解也；脈委中。浮者，浮沉細數爲診經，强緊滑縱爲診皮絡筋。舊七表八裏九道創爲二十四種診名詞者，誤。必結胸；脈緊者，皮。必咽痛；脈絡。弦强讀作「彈」。者，必兩脇拘急；脈委中。細評。數者，頭痛未止；脈沉經。緊皮。者，必欲嘔；脈沉經。滑皮絡。者，協熱利；脈浮滑者，當作「澀」，診皮。必下血。八言脈象，錢氏云此條誤下之脈證，以盡其變。婦人男女異治，專在衝、任。中風，發熱，惡寒，經水適來，得之七八日，熱除而脈遲，正診。身涼，胸四日在胸。脇下滿，少陽所循。如結胸狀，譫語者，此爲熱入血室也，當刺期門①。

① 期門：「門」字原脱，據《傷寒論注釋》補。

傷寒淺注讀法《金匱淺注・凡例》論脈條與此同，不再出。

按：《論》中言脈，每以寸口與趺陽、少陰並舉。又自序云此文見《千金・傷寒門》。「按寸不及尺，握手不及足，人迎趺陽，《經》有人迎無趺陽，《論》中有趺陽無人迎。《序》人迎趺陽並見，合數則爲四部；下云三部，則合人迎趺陽爲一，知趺陽人迎之別名也。三部不參」等語，寸口、少陰合人迎爲三。是遍求法，三部九候。所謂「撰用《素問》、《九卷》」《靈樞》。是也。然《論》中言脈，不與趺陽、少陽①並舉者尤多，單言脈字一百四十餘見，爲九候。是獨取寸口法，誤。凡寸口皆言寸口，則單脈不得指爲寸口。所謂「撰用《八十一難》」是也。仲景之《八十一難》，即指《素問》八十一篇問難，故《難經》隋唐人稱爲《八十一問》。今本《難經》八十一難，乃後人仿其名而誤者。然仲景一部書，全是活潑潑天機。不能實事求是，乃爲此誑語，以迷後學。凡寸口與趺陽、少陰對舉者，其寸口是統寸、關、尺而言也；且不分左右，並無關、尺。與關、尺對舉者，是單指關前之寸口而言也。仲景無。所有十數條，皆後人羼補。然心營肺衛，肺心分營衛。應於兩寸，非仲景法。即以《論》中所言之寸口，俱單指關前之寸口而言，未始不可也。指鹿爲馬，毫無忌憚。且足太谿穴屬腎，足趺陽穴屬胃，仲景用少陰、趺陽字眼，猶云腎氣胃氣。既知有本穴，何得如此囫圇？

① 少陽：據上下文，當作「少陰」。

少陰診之於尺部，趺陽診之於關部。以《難經》爲真越人書，故其誤至此。不拘拘於穴道上取診，亦未始不可也。《難經》三部，無人不疑，有此等誤説爲之辨護，所以迷罔愈深。此其罪惡，豈在王、何下哉！然而仲景不言關、尺，止言少陰、趺陽，何也？蓋兩寸主乎上焦，太陰一脈，三截如何可分？營衛之所司，不能偏輕偏重，故可以概言寸口也。《内經》與仲景，下至《外臺》，凡真書皆無此説。○以寸單指三部之寸。兩關仲景書中無有此分。主乎中焦，而脾胃之所司，左統於右，肝獨統於胃經。○分經各有主位，何得統？若剔出右，關二字，仲景書中又有關字數條，何也？○仲景全書均無左右分診明文。執著又不該括，不如止言趺陽之爲得也。真如入迷國，以不迷爲迷。兩寸主乎下焦，而腎之所司，右統於左，種種迷團，自生顛倒。若剔出左、尺二字，仲景關、尺二字皆後人羼。執著又不該括，不如止言少陰之爲得也。謬誕之至。至於人迎穴在結喉，爲足陽明之動脈，診於右關，更不待言矣。金本《銅人圖經》有此誤説。而且序文指出「三部」二字，文出《内經》。醒出《論》中大眼目，卻爲陳氏所亂。○別有大眼目，卻非所知。學古而不泥於古，真是信心蔑古。然後可以讀活潑潑之仲景書。姑用舊法，不必爲之謬加辨護可也。似此，則罪更大於作俑殺人之《難經》。○陳氏書爲淺學所喜，誤人最多，故特駁之，欲呼聾夢者使醒。

彭縣唐容川《補正》曰：仲景診脈，是人迎趺陽、二字當旁注。寸口、太谿周身偏求，至爲精詳，乃古法也，經之三部九候。與今之診法不同。今所行，皆《難經》僞法。修園欲强通其説，按：各遵所聞，道不同不相爲謀，可也；必强爲立説，迷罔愈深，則大謬。將偏診之法闌入寸口，所謂指鹿爲馬。爲今人説法則可，爲仲景作注則不可。修園此論，殆不可從。唐氏所見，最爲超特，惜不得與之面談也。

藥治通義輯要

廖平　撰
邱進之　校點

校點説明

《藥治通義輯要》又名《藥治通義節要》。據《六譯先生年譜》，民國二年（一九一三），廖平校刊日本丹波元堅《藥治通義節要》二卷。《藥治通義》，日本丹波元堅撰，内容主要論述用藥的方法和原則，方劑的配伍與組成，汗、吐、下、清、温、補等治法要旨，以及各種劑型、藥物分量、藥物的服用、藥物貯藏和外治法等方面内容。全書約百餘篇文章，每篇均首引歷代醫家的原文，附以作者的按語。廖平輯録其第九、十卷，成《藥治通義輯要》二卷，民國二年成都存古書局刊行，收入《六譯館叢書》，民國十二年（一九二三）重印。今即以該本爲底本進行點校。

目録

藥治通義輯要卷一 原卷九

丹波元堅亦柔撰

諸劑概略

治内者，自内以達外，湯、醴、丸、散、丹之類，見于服飲者是也；治外者，由外以通内，膏、熨、蒸、浴、粉之類，藉于氣達者是也。夫湯液主治，本乎腠理，凡滌除邪氣者，于湯爲宜，傷寒之治，多先于用湯者如此。醪醴主治，本乎血脈，凡導引痺鬱者，于酒爲宜，風痺之治，多專于漬酒者如此。散者，取其漸漬而散解，其治在中，久病痼疾，劑多以散者，理如此也。丸者，取其收攝，而其治在下，腹中之病，及不可散服者，宜用丸也。至于成丹，則火力烹養，有一陽在中之義，金石之類多取焉。膏，取其膏潤以祛邪毒，凡皮膚藴蓄之氣，膏能消之，又能摩之也。熨，資火氣以舒寒結，凡筋肉攣急，頑痺不仁，熨能通之也。蒸，言其氣之薰，以發腠理，燒地爲之，所以啟元府也。浴，言其因于湯浴，以泄皮膚，而利肌肉也。粉，則粉密其空隙也。《聖濟經》。

按：林億等《千金方·凡例》曰：「卒病賊邪，須湯以蕩滌；長病痼疾，須散以漸清。」當爲「漸漬」。此古人用湯液煮散之意也，今《聖濟》本諸此，而更增本乎腠理語，是誤混

《素問》、《湯液》之義。蓋此論諸劑，差謬不少，詳辨于後。又《醫心方》引蔣孝琬論膏酒湯散丸煎次第，亦難可信，然是古説，姑存之。曰：病有新舊，療法不同。邪在豪毛，宜服膏及以摩之。不療，廿日入於孫脈，宜服藥酒。酒是熟液，先走皮膚，故藥氣逐其酒勢，入於孫脈，邪氣散矣。不療，卌日入於絡脈，宜服湯。不療，六十日傳入經脈，宜服散。不療，八十日入於藏府，宜服丸。百日已上，謂之沉痾，宜服煎也。考煎，謂煎煉之方，《千金方》有風虛雜補酒煎一類，《外臺祕要》有古今諸家煎方。《聖濟總録》曰：煎者，取其和熟，爲服食之劑，是也。又陳月朋《本草蒙筌》「五用」：曰湯、曰膏、曰散、曰丸、曰漬酒；有説，不確，略摘録於後款。

湯散丸

張仲景曰：若欲治病，當先以湯洗滌五藏六府，按：《千金》「洗」作「蕩」。開通經脈，理導陰陽，破散邪氣，潤澤枯槁，悦人皮膚，益人氣血。水能淨萬物，故用湯也。若四肢病久，風冷發動，次當用散。散，能逐邪風濕痺，表裏移走。居無常處者，散當平之。次當用丸。丸，能逐沈冷，破積聚，消諸堅症，進飲食，調營衛。能參合而行之者，可謂上工。《金匱玉函經》。○按：《千金》亦載是言，要疑假託也。又，《中藏經》意同而文有異，仍注於此。曰：「湯，可以蕩滌臟腑，開通經絡，調品陰陽，祛分邪惡，潤澤枯朽，悦養皮膚，益充氣力。扶助困竭，莫離於湯也。圓，可以逐風冷，破堅症，消積聚，進飲食，舒營衛，開關竅。緩緩然參合，無出於圓也。散者，能祛風寒暑濕之氣，攄寒濕穢毒之邪，發揚四肢之壅滯，除剪五臟之結伏。開腸和胃，行脈通經，莫過於散也。」

沈存中曰：湯、散、丸，各有所宜。古方用湯最多，用丸、散者殊少。煮散，古方無用者，惟近世人爲之。大體欲達五藏四支者，莫如湯；欲留膈胃中者，莫如散；久而後散者，莫如丸。又無毒者宜湯，小毒者宜散，大毒者須用丸。又欲速用湯，稍緩用散，甚緩者用丸。此大概也。近世用湯者全少，應湯者全用煮散。大率湯劑氣勢完壯，力與丸、散倍蓰。煮散，多者一啜不過三五錢極矣，比功較力，豈敵湯勢？然既力大，不宜有失，消息用之，要在良工，難可以定論拘也。《蘇沈内翰良方》。

李東垣曰：大抵湯者蕩也，去大病用之；散者，散也，去急病用之；圓者，緩也，不能速去之，其用藥之舒緩而治之意也。《用藥法象》。

按《玉函》所立次第，固不得拘，沈氏説稍覈，猶未爲盡。湯蕩之解，誠不過其一端，而散散丸緩，不無其理。然其得名，俱取之于體，非取之于用也。東垣散散之説，與漸漬散解之義自不同。丸以緩之，亦出劉河間「七方説」中。蓋此三物，醫人日與周旋，而不審其辨，豈可也乎？今參諸家，質之經旨，湯之爲物，煮取精液，藥之性味，混然融出，氣勢完壯，其力最峻，表裏上下，無所不達，卒病痼疾，無所不適。是故補瀉温凉，有毒無毒，以湯爲便，所以用湯最多也。唯其最峻，故大毒之藥，功力過烈，乃在所畏。《本草》藥不宜入湯酒者，多係大毒之品，其意可知也。散之爲物，其體也散，故直到膈胃，而猶有外達之勢。不問藥之緊慢，欲疎壅閉者，尤其所宜。其輕浮也，故少戀滯之能，而性味易竭，宜參第十二卷作丸散法條。是以力頗劣於湯，然比丸爲捷，故大毒亦稍所畏矣。散之屬補者，天雄散一方，此取抵當病所，以收澀之。當歸散、白朮散，亦是調養，蓋妊娠喜疎通，不喜重滯也。要之，補方偶有用散，要不似湯、丸之多矣。丸之爲物，其體也結，勢不外達，而以漸鎔化，故其力最緩。而補則取次收效，瀉則羈下癥癖。然大毒難入湯、散者，丸以用之，亟建殊績焉。《本草經》若用毒藥療病，先起如黍粟，陶隱居一以丸藥爲解，可見大毒必宜丸藥，沈氏亦本于此耳。要之，湯也，散也，丸也，病各有其對，而藥亦各有其宜。《本草經》稱藥性有宜丸者、宜散者云云，而隱居又舉病有宜服丸者、服湯者云云爲注，則可知彼此相藉，而三者之設，於是焉立矣。又按經中，湯之類，有如大黄黄連瀉心湯之麻沸湯漬，取于疎刷上熱；有如走馬湯之熱湯捻取白汁，取于急卒便用，並是稍緩於煮湯；有如十棗湯之煮棗去滓，取于剛柔相濟；有如大陷胸湯之内甘遂末，桃花湯之内赤石脂末，俱取于主藥專功矣。散之内，有如半夏散、半夏乾薑散之水煮，取于其不戟咽；有如薏苡附子敗醬散之水煮，取于使藥速效矣。丸之類，有如抵當丸、大陷胸丸下瘀血湯之水煮，取于寬猛得中；理中丸之沸湯和服，亦取于亟效矣。凡此之類，各莫不有精義存，則措施之際，不可不慎如藥法也。

又按：《素問》有《湯液醪醴論》，張景岳曰：「湯液者，清酒之類。」先君子曰：「《經》既云上古作湯液，而又言當今之世，必齊毒藥，則張說是。」《漢・藝文志》「《湯液經法》

十六卷」①，未知所指何物。皇甫士安《甲乙經》序云，「伊尹以元聖之才，撰用《神農本草》，以爲湯液」，此乃爲煮藥之義。湯，方或有稱飲者。先兄紹翁曰：《醫宗金鑑》葉仲堅云，「飲與湯稍有別，服有定數者名湯，時時不拘者名飲。」按：《千金方》蘆根飲子，有「隨便飲」之語，是《局方》縮脾飲等所源也。然古方湯、飲無甚分别矣。

又按：林億等《千金方·凡例》曰：「昔人長將藥者，多作煮散法，蓋取其積日之功。」今詳《千金》、《外臺》，雖有其方，不過僅僅數首，而與仲景之方其旨自異。龐安常《傷寒總病論》曰：「唐自安史之亂，藩鎮跋扈，至於五代天下兵戈，道路艱難，四方草石，鮮有交通。故醫家以湯爲煮散。」然則其弊昉於五代，而積習至宋盛行矣。《和劑局方》末卷諸湯，係於香竄諸藥爲末，沸湯點服者，蓋煮散之變法也。

又按東垣又曰：「細末者，不循絡，止去胃中及藏府之積。氣味厚者，白湯調；氣味薄者，煎之和柤服。去下部之疾，其丸極大，而光且圓，治中焦者次之，治下焦者極小，稠麪糊，取其遲化，直至下焦。或酒或醋，取其收其散之意也。凡半夏、南星②，欲去濕者，以生薑汁稀糊爲圓，取其易化也。水浸宿炊餅，又易化；滴水圓，又易化；煉蜜圓者，取

---

① 按，《漢志》作「三十二卷」。
② 凡半夏南星：「凡」原誤作「犯」，據人民衛生出版社重印《皇漢醫學叢書》本《藥治通義》改。

其遲化，而氣循經絡也；蠟圓者，取其難化，而旋旋取效也。」此説不純，宜參前説。且古方丸藥，大抵用蜜，後世趨便，易以糊丸，功力殊劣。又寇宗奭、張子剛並有蠟丸之説，張氏爲優，曰：「有一等虚人，沉積不可直取，當以蠟匱其藥。」蓋蠟能粘逐其病，而又久留腸胃間，又不傷氣，能消磨至盡也。出《鷄峰普濟方》。又古方中，有蜜丸如棗核彈子等大，含嚥化下，以治欬嗽、膈噎及胸熱之類。病屬上焦者，其意在浸潤調治，即苦酒湯少少含嚥之之例。徐洄谿《傷寒類方》曰：「内治而兼外治法也。」又：「半夏散，少少嚥之。」驗之往往得效，亦不可不知也。《醫心方》「欬嗽」中引張仲景大棗丸，僧深紫菀丸，《録驗方》大紫菀丸等；《千金翼方》治胸中熱，含消圓，消渴羊髓煎等；《外臺》所引諸家五膈丸；及《近效》大小便不通，含消石；《本草》「葶藶」條治嗽，含膏丸；《十便良方》心腹痛，薑骰子；《瑣碎録》骨鯁，沙糖和刮身屑等；《直指方》勞瘵，雄黄散；《濟生方》瘰癧，皂子圓；《御藥院方》治三種癭方之類。不可枚舉，宜臨證遴用。

酒醴

邪之傷人有淺深，藥之攻邪有輕重。病之始起，當以湯液治其微①；病既日久，乃以醪醴治其甚。是故病人色見淺者，湯液主治；其見深者，必齊主治；其見大深者，醪醴主治。

---

① 治其微：《藥治通義》作「始其微」。

又有形數驚恐，經絡不通，病生於不仁者，治以醪藥。以此見受邪既深，經脈閉滯，非醪藥散發邪氣、宣發血脈，安能必愈？然則湯液者，取其蕩滌邪氣；醪醴者，取其宣通閉滯。凡病始作，多以湯液，蓋取其蕩滌之功甚於丸、散，病久日深，乃以醪醴。其法衆者，以夫受邪堅牢，取差或遲，是故服餌之方，用酒醴者十常六七。大法：醪醴之方，冬三月宜用，立春後宜止。服餌之家，不問有疾，冬三月宜常得酒藥兩三劑，至立春勿服，故能使百疾不生。又況酒性酷熱，主行藥勢，所以病人素有血虛氣滯、陳寒痼冷、偏枯不隨、拘攣痺厥之類，悉宜常服，皆取其漸漬之力也。《聖濟總録》。

按：藥酒昉於仲景紅藍花酒，以降其方甚多，大抵皆爲宣通血脈、發揚痼痺之劑矣。《内經》醪醴亦是酒之屬，今《聖濟》始采《玉版論要篇》文以演其義，然上古所作，莫知其法，則宜存而不論。如服餌之方云云以下，正是藥酒功用，此相混立論，須分別看焉。大法「冬宜服酒，至立春宜停」，本出《千金》。《聖濟》似以湯液爲煎煮湯藥之義。

膏

徐洄谿曰：今所用之膏藥，古人①謂之薄貼。按：此語不知所據。其用大端有二：一以治表，一以治裏。治表者，如呼膿去腐、止痛生肌，并摭風護肉之類，其膏宜輕薄而日換。此理

---

① 古人：原誤作「古今」，據《藥治通義》改。

人所易知。治裏者，或驅風寒，或和氣血，或消痰痞，或壯筋骨，其方甚多，藥亦隨病加減，其膏宜重厚而久貼。此理人所難知，何也？蓋人之疾病，由外以入内，其流行于經絡藏府者，必服藥乃能逐之。若其病既有定所，在于皮膚筋骨之間。可按而得者，用膏貼之，閉塞其氣，使藥性從毛空而入其腠理，通經貫絡，或提而出之，或攻而散之，較之服藥尤有力，此至妙之法也。故凡病之氣聚血結而有形者，薄貼之法爲良。但製膏之法，取藥必真，心志必誠，火候方到，方能有效，否則不能奏效。至於敷熨弔溻，種種雜法，義亦相同，在善醫者通變之也。《源流論》。

按：《經筋篇》治口僻，以馬膏膏其急者，以白酒和桂以塗其緩者。仲景曰：「四肢才覺重滯，即導引吐納，鍼灸膏摩，勿令九竅閉塞。」《玉函經》曰：「能尋膏煎摩之者，亦古之例也。」又曰：「膏煎摩之，勿使復也。」華元化曰：「夫傷寒始得，一日在皮，當摩膏火炙之即愈。」《千金》引。然則古之用膏者多矣。考之《千金》、《外臺》，大抵外摩徧身及病處，又内服之，其方一，而其用則二。陶隱居有可服之膏、可摩之膏之語。孫真人曰：「病在外。火炙摩之；在内，温酒服如棗核許。」蓋皆是所謂取其膏潤以祛邪毒者已，如瘍腫之膏必紙帛攤貼，自是一法。

又按：《千金》五物甘草生摩膏，治少小新生，肌膚幼弱，喜爲風邪所中，云：「豬肪煎如膏，如彈丸大一枚，炙手，以摩兒百遍。」蓋係固表之法。又韓飛霞《醫通》曰：「八歲以下小兒，戒投藥，以所宜藥爲末，香油或水調，摩患處，使藥氣由毛孔穴絡薰蒸透達。」此説難從。又《續醫説》稱：「痘瘡未出，預用麻油摩背。」又稱：「驚風發搐，用竹茹、燈心麤末入薑汁少許，麻油調匀，按摩小兒，自額上起，直至背心、兩手足心，數十遍。」並未試，姑存之。

熨

蒸熨辟冷。宜蒸熨而不蒸熨，則使人冷氣潛伏，漸成痺厥；不當蒸熨而蒸熨，則使人陽氣偏行，陰氣内聚。皮膚不痺，勿蒸熨。《中藏經》。

因藥之性，資火之神，由皮膚而行血脈，使鬱者散，屈者伸，則熨引爲力多矣。引，取舒伸之義，以熨能然。《血氣形志論》曰：「病生於筋，治以熨引。」《玉機真藏論》曰：「痺不仁，腫，痛，可湯熨及火灸刺之。」蓋病生於筋，則拘急攣縮，痺而不仁，則經血凝泣①。二者皆由外有所感，熨能温之，血性得温則宣流，能引其凝泣也。《聖濟總録》。○按：楊上善《太素注》曰：「筋之病也，醫而急，故以熨引調其筋病也。藥布熨之引之，使其調也。」蓋是《聖濟》所據。

龐安常曰：「下利，穀道中痛，當以熬鹽末熨之，或炒枳實末温熨，按：以上本於《玉函經》。二

---

① 凝泣：原作「凝冱」，據《藥治通義》改。下「凝泣」同。

味相兼，益佳。若臍中冷結，不可便熨，冷氣攻心腹，必死，須先用藥温之，久而可熨。凡臍下冷結成關陰，大小便不通，服藥雖多，不見效，以炒鹽熨臍下，須臾即通。按：此法《外臺》中數見，宜參看。然關陰已，服巴豆、甘遂、大黄、輕粉之類大多，即暴通利而損人，尤宜詳之也。」《總病論》。

按：《靈樞·壽夭剛柔篇》載寒痺藥熨，扁鵲治尸厥爲五分之熨，蓋熨之爲用，隨病所在，散凝寒，破結陰，故古或與灸代用。《外臺》載岐伯曰：「灸風者，不得一頓滿一百，若不灸者，亦可以蒸藥熨之。灸寒濕者，不得一頓滿千，若不灸，可蒸藥薰之。」是也。又如陳藏器原蠶屎熨偏風，及《瑣碎録》睡中風吹手足，或酸或疼或腫，用炒熱鹽，帕熨裹之微汗，俱取之發表也；如《千金》及《翼方》、《外臺》等熨症諸方，皆取之潰堅也；如《聖濟》治氣虛陽脱及傷寒陰厥，葱白熨臍下，亦出《活人書》及《衛生家寶》。考葱熨法本見《肘後方》。《經驗祕方》治瀉不止，用艾、木鼈子、蛇牀子熨，俱取之固元陽也。如韓祇和治下焦積寒而上焦陽盛，難用温藥，用灰包熨臍下；《醫學綱目》引。《聖濟》治中風人口噤或不嚥藥，用黑豆熨前後心；曰①：用黑豆二三升，以青布裹，於醋湯鐺内蘸，及熱，熨前後心并胸膈，令風氣散，即得藥下。或炒鹽，醋灰亦得。《衛生寶鑑》治左脇下有積，得寒則痛，見藥則吐，用葱熨法；有治驗，其説甚詳。《景岳全書》治傷寒結胸、虚弱不堪攻擊者，用葱頭、生薑、生蘿蔔罨熨；劉松峰《説疫》：

① 曰：原作「日」，據《藥治通義》改。

病久失下，中氣大虧，不能運藥，名爲停藥，用此法。皆是外假其力，以救服藥所不及也。

又按《本草》「艾」條，《圖經》曰：「中風掣痛，不仁不隨，並以乾艾斛許，揉團之，内瓦甑中，並下塞諸孔，獨留一目，以痛處著甑目下，燒艾一時久知①矣。」此熨法之變者，《本事方》續集「疝氣薰方」亦稍近，宜併考。

熏蒸

陳廪丘曰：「或問：『得病，連服湯藥發汗，汗不出，如之何？』答曰：『醫經云：連發汗，汗不出者，死病也。吾思之，可蒸之。如蒸中風法，熱温之氣於外迎之，不得不汗出也。』後以問張苗，苗云：『曾有人作事疲極汗出，卧單簟中冷得病，但苦寒蹤。諸醫與圓、散、湯，四日之内，凡八過發汗，汗不出。苗令燒地布桃葉蒸之，即得大汗，於被中就粉傅身，使極燥乃起，便愈。後數以此發汗，汗皆出也。』人性自有難汗者，非惟病使其然也，蒸之，則無不汗出也。」《千金方》。

按經曰：「陽氣怫鬱在表，當解之熏之」，所謂熏者，蓋即蒸也。《南史》載徐文伯治范雲，其法一與張苗同，而《崔氏方》阮河南蒸法，《外臺》「傷寒門」引。其説最詳。又《唐書·

---

① 一時久知：檢《本草》，作「一時即知」，當據改。

許胤宗傳》曰：「柳太后病風不言，名醫治皆不愈，脈益沉而噤。胤宗曰：『口不可下藥，宜以湯氣熏之，令藥入腠理，周理即差。』乃造黄耆防風湯數十斛，置於牀下，氣如烟霧，其夜便得語。」是稟丘所謂蒸中風者。而趙虛白《風科集驗名方》癱風散、鎮心散，並其遺意也。他如陸嚴治血悶，殆足稱奇術矣。《續醫説》引仇遠《稗史》曰：「新昌徐氏婦，病産後暴死，但胸膈微熱。陸診之曰：『此血悶也。』用紅花數十斤，以大鍋煮之，候湯沸，以木桶盛湯，將藉病者寢其上，薰之。湯氣微，復進之。有頃，婦人指動，半日遂甦。」又崔元亮《集驗方》治腰腳蒸法，亦宜取法，須參閲焉。出《本草》「牡荆」條《圖經》所引。李瀕湖《綱目》曰：「蒸法雖妙，止宜施之野人」云云。又《本草》「蔓椒」條，陶隱居曰：「可以蒸病出汗也。」此不舉其法，仍附之。又，《得效方》曰：「如用蒸法，病得差。明年斯時，慎莫再作；再作，或不治矣。」此蓋係誤記徐治范雲，預決後二年必死，非親驗之言也。

漬浴澡洗

漬浴法，所以宣通形表，散發邪氣。虛邪之傷人，初在肌表，當以汗解；若人肌肉堅厚，腠理緻密，有難取汗者，則服藥不能外發，須借湯浴疎其汗空，宣導外邪，乃可以汗。《内經》所謂「其有邪者，漬形以爲汗」，是也。有因大飲中酒，恐毒氣内攻於藏者；有服五石發動，氣攻於陽者，若此之類，皆以浴法治之，凡欲使邪毒外泄故也。《聖濟總録》。○按：中酒湯漬、石發冷水洗浴，見《千金》、《外臺》及徐嗣伯傳，並非藥浴之謂，今湊合立論者，誤矣。

按經文「漬形」，未審其義；《玉機真藏論》脾風「可浴」，亦莫知何法。《巢源》「傷寒候」曰：「病一日至二日，氣在孔竅皮膚之間，故病者頭痛惡寒，腰背强重，此邪氣在表，洗浴發汗即愈。」今考古方，許仁則有桃柳等三物浴湯，見《外臺》「天行病」。即汗法也。《聖惠》治傳屍骨蒸有沐浴方，蓋驅惡氣也。又療小兒多有用者，如《千金》治傷寒淋浴方七首，此不皆汗法。治客忤馬通浴方；《本草》治欬嗽，生薑沐浴；引孫真人。《嬰孺方》治小兒不生肌肉，又三歲不能行，五參浴湯；《幼幼新書》引。《小兒直訣》治肥體體熱，浴體法用烏蛇、白礬、青黛、天麻、蝎、朱、麝、桃枝等。之類是也。又魏桂巖《博愛心鑑》治痘瘡頂陷，有水楊湯，用者有功。《本草》引《經驗後方》小兒胗豆令速出，酒沃沸胡荽，噴一身，是亦漬浴之變法已。

煖洗生陽　宜澡洗而不澡洗，則使人陽氣上行，陰邪相害。不當淋渫而淋渫，則使人濕侵皮膚，熱生肌體。肌内不寒，勿煖洗。《中藏經》。

按《本草衍義》曰：「熱湯：助陽氣行經絡。患風冷氣痺人，多以湯渫腳至膝上，厚覆，使汗出周身，然别有藥，亦終假湯氣而行也。」蓋暖洗生陽者，得此説而義明矣。又《本草綱目》曰：「《朱真人靈驗篇》云：『有人患風疾數年，掘坑，令坐坑内，解衣，以熱湯淋之，良久，以簟蓋之，汗出而愈。』此亦通經絡之法也。時珍常推此意，治寒濕加艾煎湯，治風虚加五枝按《食物本草》曰：五枝，桃、柳、桑、柘、槐也。或五加煎湯淋洗，覺效更速也。」此説亦有理。又考之古方，百合病、《金匱》百合洗方。卒死壯熱、又礬石、水煮漬腳。中風、《千金》大戟洗湯，又《方氏家藏方》用蛇牀子、防風等八味淋渫。水腫、《本草》引韋宙《獨行方》：水腫從腳起，赤小豆煮爛，汁漬膝以下。又《神巧萬全方》水氣薰洗法，用樟柳、赤豆、麻黄、桑白。虚冷《御藥院方》還童散，外固壯陽氣，用丁香等十四味，水煎，少腹已下淋浴。又百花散，用百花窠等五味，水煎淋洗，補元陽，通血脈。又《施圓端效方》，治下元虚冷，用椒目、桂、川烏、細辛、乾薑水煎①，渫浴下部。之類，用淋渫者，不一而足。又《聖惠》「發背門」曰：「或已潰，或未潰，毒氣結聚，當用藥煮湯，淋搨瘡上，散其熱毒。」夫湯水者，能盪滌氣滯宣暢血，故用湯淋搨也。又，《活人書》稱腳氣「用湯淋洗者，醫之大禁」，驗之果然。

導法導水　諸以外治内法

陽明病，自汗出，或發汗小便自利者，此爲津液内竭，雖大便硬而無滿痛之苦，不可攻之。當待津液還胃，自欲大便，燥屎已至直腸，難出肛門之時，則用蜜煎，潤竅滋燥，導而利之。或土瓜根宣氣通燥，或豬膽汁清熱潤燥，皆可爲引導法，擇而用之可也。《醫宗金鑑》。

按：王損菴《傷寒準繩》曰：「凡多汗傷津，或屢汗不解，或尺中脈遲弱，元氣素虚人，便欲下而不能出者，並宜導法。但須分津液枯者，用蜜導；邪熱盛者，用膽導；濕熱痰飲固結，薑汁蔴油浸栝蔞根導。惟下傍流水者，導之無益，非諸承氣湯攻之不效，以實結在内，而不在下也。至於陰結便閉者。宜於蜜導中加薑汁、生附子末，或削陳醬薑導

① 水煎：《皇漢醫學叢書》本《藥治通義》作「水煮」。

之。凡此，皆善於推廣仲景之法者矣。」此説稍詳，然竊以未然，何則？不論何病，津液内竭，燥屎至直腸，而乾澀不出者，蜜煎之潤，能從其勢而利導之已，土瓜根、豬膽汁，亦是潤品，其理無二，實皆是潤竅之法，非與中氣有情者。如痰飲、陰結各異其藥之説，殆是紙上之談，不善於推廣仲景之法者矣。如生薑兑、《外臺》崔氏薑兑法：「削生薑，如小指，長二寸，鹽塗之，内下部中，立通①。」蒜導《千金》治脹滿不通方：「獨頭蒜燒熟，去皮，綿裹，内下部中，氣立通」云云。之類。雖是古方，亦不可適用。又，《醫學綱目》引田氏曰：「生下不大便，治法，先以硬葱針紝入肛門」，此自一法。

蔣自了曰：「大便結在廣腸，蜜煎法、豬膽導法最妙。若結在大腸中，非導法之可能達也。用皂礬四兩，於淨桶中，將滾湯一桶傾入，令病人坐淨桶上熏之。使藥氣直入穀道，良久結糞自化而通矣。」《醫意商》。

按《聖濟》「治傷寒後大便不通，并喫轉瀉藥後腹脇轉脹不通利方」：「鹽半斤，熬令色變，用醋漿水二斗，煎五七沸，下鹽攪匀，瀉入盆中，看冷煖得所，令病人盆中坐，淋浴少腹，須臾即通。」又，治大小便不通，有蓮葉、葱、生薑蒸下部方。自了豈本于此等方歟？又，陶節菴「殺車槌法」治傷寒裹熱：「服轉藥後，用鹽炒麩皮，熨其腹上」，亦本諸

---

① 立通：原作「直通」，據《藥治通義》改。

《聖濟》，然可謂多事矣。

又按《本草綱目》曰：按小便不通，納藥於竅中，亦導法之類也。考此法，《肘後》用雌黃，曰：若小腹滿不得小便方：細末雌黃，蜜和丸，取如棗核大，内溺孔中，令半寸，亦以竹管注陰令痛，吹之通。《千金》用葱葉，曰：凡尿不在胞中，爲胞屈僻，津液不通，以葱葉，除尖頭，内陰莖孔中，深三寸，微用口吹之，胞脹，津液大通，便愈。按：此方本出《都邑師治疾方》。《救急》用鹽末，《外臺》引曰：主小便不通方：取印成鹽七顆，擣篩作末，用青葱葉尖盛鹽末，開便孔，内葉小頭於中吹之，令鹽末入孔，即通，非常之效。《衛生寶鑑》用豬胞，原文稍繁，今不録。《本草綱目》曰：蘄有一妓，病轉脬，小便不通，腹脹如鼓數月，垂死，一醫用豬脬吹脹，以翎管安上，插入陰孔，捻脬氣吹入，即大尿而愈。此法載在羅天益《衛生寶鑑》中，知者頗少，亦機巧妙術也。其他方術不一，要拯急之妙策也。

又按蔣自了著有《通醫外治》一卷，其書分頭面身體諸部，以纂内外諸病外治之法，大抵不過薄貼、淋渫等前款所載數件，及吹喉、點眼、癰腫、傷折之治。又趙恕軒《串雅外編》有「藥外門」，分鍼、灸、熏、貼、蒸、洗、熨、吸、雜法九類，其所戢舂，猶未該備。今仍檢方書，特摘以外治内之法，略列於左。

搐鼻，用泄頭中鬱邪，《金匱》治頭中寒濕，内藥鼻中。《活人書》擬以瓜蒂散。又《外臺》治發黃，有瓜蒂等末吹鼻出黃水數方。又《聖惠》治風頭痛，吹鼻散，用瓜蒂、麝香等五味，曰：先含水滿口，後搐藥末半字，深入鼻中。又「頭痛門」有數方，宜閲。又用開達壅閉，而口噤不能下藥者尤便。《聖惠》治小兒天瘹，《幼幼新書》治小兒急慢驚風，有用牛黄等灌鼻内令嚏方。又《聖濟》中風，龍腦雙丸，口噤，灌藥於鼻内；又，急中風，礬蝴蝶散，若牙緊不能下藥，即鼻中灌之。又，《易簡方》卒中口噤，用細辛、皂角各少許，或只用半夏爲末，以蘆管吹入鼻中，俟噴嚏，其人少蘇，然後進藥。又，《十形三療》「痰厥」條，其説稍詳。考此術本於《金匱》治尸厥，用菖蒲屑法。又用治眼目口齒等疾，《聖惠》治眼睛如针刺疼痛，有通頂抽風散。又，《蘭室秘藏》治内外障眼，有嗃藥麻黄散。又，《楊氏家藏方》有治眼疾，頑荆散等；治喉痺，一字散；治牙疼，失笑散。又用發散傷寒，《治病百法》「解利傷寒」一法：「可用不卧散解之，於兩鼻内嗃之，連嚏噴三二十次，以衣被蓋覆。用此藥時，當於暖室中。嚏罷，以酸辣漿粥投之，汗出如洗。嚏噴者，用吐法也。」考其方，係川芎、石膏、藜蘆、甘草四味。又用升提下脱，《産經》治盤腸産，以半夏爲末，搐鼻中，腸自上。又，《證治要訣》有胎轉胞，用搐鼻藥，多打噴嚏，或用拳打腳心知痛，令病人渾身掇起，則藏府摇動，而胎自反上。又用驗痏疾生死。《聖惠》治一切痏，有吹鼻散數方。有云：「如嚏多疾輕易療，如不嚏者，必死。」又云：「良久有蟲子出，子細看如斷絲，此是病根去也。」

塞鼻，用通喉閉。《百一選方》治急喉閉開口不得者，「以黄蠟紙裹巴豆一個，如患人鼻孔大小，中心切破，急以塞鼻，氣衝入，喉中自破也。已覺通利，即除去」云云。

齅烟，亦用泄上鬱，《御藥院方》龍香散治偏正頭痛：用地龍、乳香細末摻紙上，作紙撚子，燒令聞烟氣。《澹寮方》徐介翁熏頭風方，於上方加指甲，每用一捻，向香爐内慢火燒之，卻以紙卷筒如牛角狀，尖上留一小孔，以鼻承之。熏時須噙温水令滿口。又，趙宜信《經驗方》治頭風：好艾揉爲丸，小彈子大，燒嗅之，以鼻中黄水出爲度。又，《本草》引《博濟方》治偏頭疼：至靈散，雄黄、細辛研細，嗅入。蓋此方特不燒烟。用升下脱，《産經》治盤腸産：大紙撚以麻油潤，燈吹滅，以烟薰産婦鼻中，腸即止。又，《本草綱目》引《夏子益奇疾方》，有「當歸、芎藭燒，將口鼻吸烟，治産後兩乳長垂」方。又用治結毒爛壞，《外科正宗》有結毒靈藥方，《瘍醫大全》有祁陽炭、面粉、銀朱三味薰法。其他近今所用方法多有驗者，兹不具録。又用治患勞人。《本草》引《經驗方》用玄參、甘松，地中封罨，取出燒，令其鼻中常聞其香云云。蓋此法不審其旨，豈取于清肺熱歟？

欲烟，用利肺氣，《外臺》載熏欬法六首，其説甚詳，宜酌用。又用通喉閉，《本草綱目》：「中風痰厥、氣厥，中惡喉痺，一切急病，咽喉不通，牙關緊閉：以研爛巴豆，綿紙包，壓取油，作撚點燈，吹滅，熏鼻中。或用熱烟，刺入喉内，即時出涎或惡血，便甦。」又：「蓖麻子仁研爛，紙卷作筒，燒烟熏吸，即通。或只取油作撚，尤妙，名『聖烟筒』。」二方並不載出典，當考。又用散胃寒。《聖惠》治寒氣攻胃欬癔方：右「用黑豆二合，於瓶子中，以熱醋沃之，紙封間一小孔子，令患人以口吸其氣入咽喉中，即定」。通關，用開口噤，使藥下咽。《本草》「皂莢」條引《簡要濟衆》云，如牙關不開，用白梅揩齒，口開即灌藥。又引《經驗方》治急中風目瞑牙噤，無門下藥者，用龍腦、天南星末，揩大牙左右，名開關散。又，《聖濟》白礬散，用白礬、鹽花擦之。又，甘草，比中指節，於生油内浸，炭火炙，以物斡開牙關，令咬定甘草，如人行一里又换，後灌藥。又，《和劑》雄朱丹，牙關不開，揩之。又，《衛生十全方》用烏梅、細辛、麝香。又，《本草》引《譚氏方》治小兒牙關不開：天南星一個，煨熱，紙裹斜角，未要透氣，於細處剪鷄頭大一竅子，透氣於鼻孔中，牙關立開。是以熏法爲通關，與上方大異。

塞耳，用截痎瘧，《聖濟》有治勞瘧豆桂丸，《三因方》有塞耳丹，並絹裹，安耳内。又用治上部疾。《楊氏家藏方》治牙疼，透關散、雄黄定疼膏，並塞耳中。又，《聖濟》鼻衄，劄耳，用延胡索。又，《小兒衛生總微論》治咽喉腮頰腫悶，右以蒜，塞耳鼻中。又《串雅外編》頭風，插耳，黄蠟三兩鎔化，以白紙闊二寸，長五寸，在蠟上拖匀，真蘄艾揉軟，薄攤蠟上，箸卷爲筒，插耳内，一頭火點燃，煙氣透腦，其痛即止。左插右，右插左，至重不過二次。

摩頂，用治眼患，《聖惠》治眼有摩頂膏、塗頂油數方。又用治風病，《肘後方》風不得語，苦酒煮芥子、又用薄頭。治小兒天瘹，並取于使氣下達。《聖惠》治天瘹，備急塗頂膏，川烏頭、藝薹末，新汲水調塗。治盤腸産，取于外提其脱。《産經》以萆麻子十四粒去殼，研如膏。貼産婦頭頂中心，腸即上，即拭去。

塗顖，亦取於下達，或用逐風冷，《小兒直訣》用麝、蜈、牛黄、青黛、蝎尾、薄荷、棗肉爲膏塗，治風冷發搐。又，《聖濟》云：小兒鼻多涕，是腦門爲風冷所客，細辛用油煎，下蠟，薄塗顖上。又，《得效方》治風邪入腦，鼻窒流涕，南星飲。云：仍以大蒜，蓽撥，末，杵作餅，用紗襯，炙熱，貼顖前，熨斗火熨透①。或用治癇掣，《聖惠》治小兒諸癇，有固顖大黄膏。又，治天瘹有鈎藤圓。或用散外邪，《和劑》急風散，用生川烏、辰砂、生南星，治小兒傷風、鼻塞清涕，酒調，塗顖門上，不可服之。或用療鼻衄口瘡等。《千金翼》蓖麻葉，油塗，炙熱，熨顖上，尤驗。又，《全嬰方論》小兒衄，白芨末，如萆麻葉，涂顖。又，《幼幼新書》、《朱氏家傳》治小兒口瘡，芍藥、大黄、宣連，末，豶豬膽調，塗顖門。

貼眉，用升陽陷，《丹溪心法類集》「痢門」：「若陽氣下陷者，以升陽益胃湯加桔梗、醋沃南星，用葉梅外貼眉攢，極效，起泡便止。」又用泄鬱熱。《串雅外編》：「小兒重舌，巴豆半粒，飯粘四五粒，共搗爲餅，如黄豆大，貼眉心中間，待四圍起泡，去之即愈。」又有「截瘧」二方。

塗兩乳，用收虚汗。《萬安方》貝母散，治男子婦人氣虚盗汗，夜卧尤甚，漸至羸瘦。貝母一種，細末，每用少許，臨卧之時，放手心，吐津唾調成膏，搽塗兩乳上。按：此方原欠出典，當考索。又，《本草綱目》引《集簡方》，自汗不止，鬱金末，卧時調塗於乳上。

① 按，「仍以大蒜」云云，見明人李梴《醫學入門》「蓽茇餅」條，似非出《得效方》。

塗背，用達鼻中，《聖濟》治鼻衄貼背膏，京三稜，煨熟，細末，醋煮麪糊調，貼背第五椎上。《幼幼新書》引《嬰孺》治少小鼻塞，羊髓、薰陸，摩背上。**又用治背寒。**《攖甯生傳》治傷寒汗下後人虛、背獨惡寒，以理中湯，加薑、桂、藿、附，大作服，外以蓽撥、良薑、吴椴、桂椒諸品大辛熱，爲末，和薑糊爲膏，厚傅滿背，稍乾即易，半月竟復。又，《聖濟》有治寒瘧塗方二首，殊覺迂愚，仍不録。

貼臍，或兼以灸，或兼以熨，用通利壅閉，《外臺》、《本草》並有治大小便不通用鹽塗臍方，一和苦酒，一更艾灸。又，《本草》引《經驗方》，大小便不通，礬石置臍中；又引《經驗方》治小便淋澀，或有血，以赤根樓葱，近根截一寸許，安臍中，上以艾灸七壯。又，《聖濟》，大便不通，用杏仁、葱白、鹽研膏，塗手心，塗臍上。又，《幼幼新書》引《聚寶方》，用大蒜、鹽花、山梔子仁爛擣，攤紙花子上，貼臍。又，《直指方》：「嘔吐家多大便秘結，或用連根葱白一握，漢椒五十粒，搗細作餅，焙熱，和輕粉掩臍，續以葱、椒煎湯，熏盪身下。」蓋此類最夥，不可枚舉。又，《衛生家寶》治水腫，有甘遂大蒜灸法；《濟生方》塗臍膏治水腫、小便絶少，地龍，豬苓，针砂各一兩，細末，擂葱涎調成膏，敷臍，約一寸高闊。又，《本事方》治結胸灸法，陰毒傷寒、關格不通，亦依此灸之：巴豆十四枚，黄連七寸，和皮，右搗細，用津唾和成膏，填入臍心，以艾灸其上，腹中有聲，其病去矣。又，馮元成《上池雜説》曰：「張碧泉夫人病血蠱，腹痛甚，已死。先大夫令用薑、葱、麝香、真血竭熨其臍，經行而病愈。一婦人患血痞，張小泉用通利行氣之藥爲餅貼臍，半日氣洩而散。」又，《串雅外編》：黄疸取水，大鯽魚一箇，搗爛，加麝香三分，成餅貼臍上，用荷葉二三層貼餅上，用布縛。**又用温補寒虛，**《幼幼新書》引《莊氏家傳》：小兒腹痛，生薑汁調麪，塗紙貼臍。又，《楊氏家藏方》貼臍散，治元藏氣虛，浮陽上攻，口舌生瘡，吴茱萸、乾薑、木鱉子爲末，半錢，冷水調，以紙靨貼臍上。又，《端竹堂方》治元氣虛冷、臍腹冷痛有代灸膏、封臍艾二方；又，《萬病回春》「補益門」有彭祖小接命薰臍秘方，其説甚審。並宜檢。又，《串雅内編》斷痢，用麪燒餅半箇，作一竅，納木鱉仁，研泥在内，乘熱覆在病人臍上。一時再換。又有甯和堂暖臍膏，治瀉痢。又，《外編》有菉豆等四味方。又用收虛汗，《本草綱目》引《集靈方》：自汗盜汗，用五倍子研末，津調，填臍中，縛定，一夜即止。又，楊起《簡便方》：小兒夜啼，五倍子末，津調，填於臍內。豈亦取于收斂心神歟？，又用出疳蟲，《顱顖經》治小兒疳痢，辨蟲顔色定吉凶，朱砂丸，用朱砂、阿魏、蝙蝠血、蟾酥爲末，口脂調，菉豆大，填臍中，看蟲出來。又用截瘧。《串雅外編》：胡椒、雄黄等末，飯丸桐子大，朱砂爲衣，將一丸放臍中。

塗臍下，用通溲便，《外臺》引《古今録驗》：療熱結小便不通，滑石屑，水和，塗少腹，及繞陰際。又，《本草》引《楊氏産乳》：療小便不通，滑石末一升，以車前汁和，塗臍四畔，方四寸，熱即易之①。冬月，水和亦得。《幼幼新書》引《雞峰方》：治小便不通，大蒜研爛，攤紙上，臍下貼之。又引《嬰孺》治未滿十日不小便，蒲黄，水和，封横骨上。又，《醫説》引《類編》載熊彦誠前後不通五日，腹脹如鼓，一大螺，以鹽半匕，和殼生搗碎，置病者臍下一寸三分，用寬帛緊繫之，曾未安席，砉然暴下。又用發陰毒。《衛生寶鑑》：陰毒傷寒，玉襟肚，用川烏、細辛等八味爲末，醋糊調，塗臍下，綿衣覆之。又，《神效名方》治陰毒傷寒，用芥末新水調膏藥，貼臍上，汗出爲效。此與上方頗相似，仍附之。

塗五心，用醒心神，《幼幼新書》引《葛氏》，治小兒中人忤，用桂心煮滓。《千金》治少小客忤，用竈中黄土、蚯蚓屎，俱塗五心。又，《本草》引《斗門方》治小兒未滿月，驚著似中風欲死者，用朱砂，以新汲水濃磨汁，塗五心上。又用清上熱。《證治要訣》云：有内熱。熱刑於上焦，以致咽疼，宜用黄蘗、黄連、大黄研末，水調，在心與患處。此出於《桑氏方書》。

① 熱即易之：《本草》作「乾即易之」，當從。

塗手心，用緩筋急，《聖惠方》：治中風口喎，巴豆七枚，去皮爛研，喎左塗右手心，喎右塗左手心。仍以煖水一盞安向手心，須臾即便正，洗去藥，并頻抽掣中指。又，《魏氏家藏方》：「萆麻二粒去殼，細研，入生麪少許，用水調拌，稀稠得所」云云，餘與《聖惠》同。又，《聖濟》有追風丸，其法相類，宜參。又用催生，《本草》：日華子曰：催生，蓖麻涂掌。又用發汗，《衛生寶鑑》治陰毒傷寒，手陽丹，用憨葱、陳蜂窩，手心内握定，用手帕緊扎定，須臾汗出，以綿被覆蓋。又，《串雅内編》瘧，黄丹五錢，明礬三錢，胡椒一錢五分，麝香五分，爲末。臨發時，對日坐定，將好米醋調藥末，男左女右付手心，外將絹帛緊紮，待藥力熱方行，出汗爲度。如無日，腳下用火。又有宣積握丸。《本事方》續集：宣積，手心握藥便通，巴豆、乾薑、韮子、良薑、硫黄、甘遂、檳榔各等分，右爲末，研飯爲丸，如桐子大。「桐子」字，原作「圈子」，今從《三法六門》。用時使椒湯洗手了，麻油塗手掌口，握藥一粒，移時便瀉止，即以冷水洗手。又，《醫學綱目》引《田氏》：握宣丸，治小兒便難燥結，或服澀藥，腹脹悶亂，命在須臾，可用此丸，不移時，大小便自利。於上方，去乾薑、韮子，加附子，粟米飯和丸，如菉豆大。又，《三法六門》握宣丸，於上方加肉桂、附子，凡九味，用法並與上方同。

塗足心，能引上病而下之，故治口瘡，《閻孝忠方》：大天南星，細末，醋調塗。又，《聖濟》：附子，生爲末，薑汁和勻，攤。又，治下冷口瘡，神聖膏：吴茱萸末，酸醋調，熬成膏，後入地龍末攪勻。每臨卧，用葱椒湯洗足，拭乾用藥，偏塗兩腳心。治赤眼，寇平《全幼心鑑》：小兒赤眼，黄連末，水調，貼足心。治鼻衄，《本草》引《簡要濟衆》：蒜一枚，研泥，攤一餅子如錢大，厚一豆許，左鼻血出貼左腳心，右鼻貼右腳，如兩鼻即貼兩腳下。治虛火，《丹溪心法》：虛火，附子末，塞湧泉。又，《石室秘錄》云：「引治者，病在下而上引之，病在上而下引之也。如人虛火沸騰於咽喉口齒間，用寒涼之藥，入口稍快；少頃又甚，又用寒涼；腹瀉肚痛，而上熱益熾。欲用熱藥涼飲，而病人不信，不肯輕治，乃用外治之法引之而愈。方用附子一箇，爲末，米醋調成膏藥，貼在湧泉穴上，少頃火氣衰，又少頃而熱止退。」又能使藥氣上達，故治陰毒，《聖惠》：治陰毒傷寒，用吴茱萸，酒勻，蒸熨腳心。又，《石室秘籙》云：「如人病厥逆之證，用吴茱萸一兩，爲末，以麪半兩，用水調成厚糊一般，以布如鍾大，攤成膏，紙厚半分，貼在湧泉穴内，則手足不逆矣。」治中風，《本事方》續集：治中風手足不遂，穿山甲二兩，川烏頭二兩，紅海蛤一兩，爲末，每服半兩，用生葱汁調成膏，厚作餅子，徑寸半闊，左患貼左腳，右患貼右腳，貼在足心，用舊絹片緊札定，於密房中無風處椅子上坐，用湯一盆，將有藥腳浸於湯中，若汗出，即急去了藥。出汗遍身，麻木即輕減，漸至無事，妙不可言。此方《三因》名趁風膏。治痢，《千金》：治小兒冷痢，擣蒜，傅兩足下。治霍亂，《瑣碎録》：霍亂吐瀉轉筋，以大蒜，研，炒熱，傅腳心。治嬭脾；《幼幼新書》引《董氏家傳》：治小兒嬭脾，紫河車，寒食麪，水調塗，縛之良久，其病大便中下去。又有蹈藥、利水。《聖惠》治水氣坐卧不得、面身體悉浮腫方：葱白七斤，和鬚，分作兩塌子，先以炭火燒一處淨地，令赤，即以葱塌子安在地上，令病人脱襪，以人扶着，蹈葱上蹲坐，即以被、衣圍裹，勿令透風，待汗通、小便出黄水，葱冷即止，小便多即差。又，《聖濟》：腳氣，用烏頭、樟腦爲丸，於爐子中心踏之。又，《本草》引《兵部手集》：腳氣，踏赤小豆袋。

温外腎，用散陰寒。《神效名方》治陰毒傷寒：牡蠣、乾薑末，新水調，塗手心握外腎，汗出爲效。《經驗秘方》同，云：「如不醒人事，人與之掬；婦人，用手掩陰門。」又，《陰證略例》迴生神膏治男女陰毒傷寒，外接法：牡蠣煉粉、乾薑各一錢，爲細末，男病用女唾調，手内擦熱，緊掩二卵上，得汗出愈。女病用男唾調，手内擦熱，緊掩二乳上，得汗出愈。卵與乳，男女之根蒂，坎離之分也。《衛生寶鑑》迴陽丹其方相近，用川烏等六味。

婦人陰中坐藥，用導血瘕，《靈樞·水脹篇》「石瘕」下云「可導而下」，先君子曰：「導，謂坐導藥。」又《倉公傳》：「濟北王侍者韓女病，臣意診脈曰：内寒，月事不下也。即竄以藥，旋下病已」。考《説文》：「竄，匿也，從鼠在穴中。」然則竄亦坐藥之謂。《索隱》以爲以熏熏之者，誤矣。又，《金匱》礬石丸，治藏堅癖不止，中有乾血。又，《千金》：治月經不通，葶藶蜜丸，綿裹，入三寸，每丸一宿易之，有汁出，止。又，《外臺》引《素女經》，療黄瘕，皂莢散。用皂莢、蜀椒、細辛；療青瘕，導藥，用戎鹽、皂莢、細辛，並擣細，以三角囊，大如指，長二三寸，内陰中。又用散陰寒。《金匱》蛇牀子散是也。又《外臺》引《救急》：療帶下，以竈下黄土，水和爲泥，作彈子大，暴乾，以火燒熱徹，以三年酢漬一丸，綿裹，内玉門中云云。又，《蘭室秘藏》有坐藥龍鹽膏、勝陰丹、迴陽丹三方，云：「蜜丸如彈子大，綿裹，留系在外，内丸藥陰户内，日易之。」又云：「臍下覺暖爲下。」〇按：以上所引諸方，大抵係于節録，用者當照看原文。

凡此之類，或直就患上而爲治，或在彼者引此而爲治，往往出人意表，其有奇驗者，亦復不尠。然今所揭，援據率略，罣一漏百，倘有志之士更類而纂之，亦未必無益濟生也。如夫吹喉、點眼、癰腫、傷折之治，則各有其法，百端無窮①，所以不須表出也。

① 百端無窮：《皇漢醫學叢書》本《藥治通義》作「百類無窮」。

藥治通義輯要卷二 原卷十

丹波元堅亦柔撰

方藥離合

徐洄溪曰：「方之與藥，似合而實離也。得天地之氣，成一物之性，各有功能。可以變易血氣，以除疾病，此藥之力也。然草木之性，與人殊體，入人腸胃，何以能如人之所欲，以致其效？聖人爲之製方以調劑之，或用以專攻，或用以兼治，或相輔者①，或相反者，或相用者，或相制者；故方之既成，能使藥各全其性，亦能使藥各失其性，操縱之法，有大權焉，此方之妙也。若夫按病用藥，藥雖切中，而立方無法，謂之有藥無方；或守一方以治病，方雖良善，而其藥有一二味與病不相關者，謂之有方無藥。譬之作書之法，用筆已工，而配合顛倒，與夫字形俱備，而點畫不成者，皆不得謂之能書。故善醫者，分觀之，而無藥弗切于病情；合觀之，而無方不本于古法，然後用而弗效，則病之故也，非醫之罪也。而不然者，即偶取效，隱害必

① 或相輔者：原作「或以相輔者」，衍一「以」字，據山西科技出版社《徐靈胎醫書全集·醫學源流論》删。

多，則亦同于殺人而已矣。」《源流論》。

按：寇宗奭《本草衍義》曰：「嘗讀《唐・方技傳》有云，醫『要在視脈，唯用一物攻之，氣純而愈速；一藥偶得，佗藥相制，弗能專力，此難愈之驗也』。今詳之，病有大小新久虚實，豈可止以一藥攻之？若初受病小，則庶幾，若病大多日，或虚或實，豈得不以他藥佐使？如人用硫黄，皆知此物大熱，然本性緩，倉卒之間下咽，不易便作效，故智者又以附子、乾薑、桂之類相佐使以發之，將併力攻疾，庶幾速效。若單用硫黄，其可得乎？故知許胤宗之言①未可全信，賢者當審度之。」又繆仲淳《本草經疏》曰：「上古之人，病生於六淫者多，發於七情者寡，故其主治，嘗以一藥治一病，或一藥治數病。今時則不然：七情彌厚，五欲彌深，精氣既虧，六淫易入，内外膠固，病情殊古，則須合衆藥之所長，而又善護其所短，乃能蘇凋瘵而起沉痾。其在良醫，善知藥性，劑量無差，庶得參互旁通，彼此兼濟，以盡其才，而無乖剌敗壞之弊矣。」斯二説，與洄谿之意相發，故附之。

又按：以古之成方，治萬變之病，其證其藥，不能必一一相契。蓋數味相合，自有一種功用，不可妄意增損者，正是古方妙處。如小柴胡之半夏本以治嘔，而無嘔亦不妨用

① 許胤宗之言：原作「許宗之言」，據《新唐書》卷二一七補「胤」字。按，清光緒重刊本《本草衍義》作「許嗣宗之言」，蓋時人避雍正諱也。

之類。今云「一二味與病不相關者，謂之有方無病①」者，殆立言之弊乎？

方劑古今

張子剛曰：「近世醫者，用藥治病，多出新意，不用古方，不知古人方意有今人所不到者甚多。如諸寒食散、五石澤蘭元、三石澤蘭元、登仙酒之類，其治療有意外不測之效，觀其所用藥，則皆尋常所用之物也，但以相反相惡者並用之，激之使爲功效。詳其妙意，蓋出於今人之表。經曰：草生五色，五色之變，不可勝視；草生五味，五味之美，不可勝極。蓋言錯雜和合，則其間必有争效其能者，故不可勝視、勝極也。孫真人亦云：神物效靈，不拘常制，至理關感，智莫能知。其猶龍吟雲起，虎嘯風生，戎鹽累卵，獺膽分盃，撫掌成聲，沃火生沸，不知所以然也。又如五色顏色和合，其變化不可得而名焉。出乎繩墨規矩之外，然後能致顏色氣味之妙，此非神智，則孰能至此？學者不可忽也②。」《鷄峰普濟方》。○按：「孫真人」云云數語，本於陶隱居，説見於後。

徐洄溪曰：「説者曰，古方不可以治今病，執仲景之方以治今之病，鮮效而多害，此則尤

---

① 病：原作「藥」，據《藥治通義》改。

② 不可忽：原作「不可忍」，據《皇漢醫學叢書》本《藥治通義》改。

足歎者。仲景之方，猶百鈞之弩也，如其中的，一舉貫革；如不中的，弓勁矢疾，去的彌遠。乃射者不恨己之不能審的，而恨弓强之不可以命中，不亦異乎？其有審病雖是，藥稍加減，又不驗者，則古今之《本草》殊也。詳《本草》，惟神農本經爲得藥之正，惟古方用藥，悉本於是。晋、唐以後，諸人各以私意加入，至張潔古輩出，而影響依附，互相辨駁，反失《本草》之正傳，後人遵用不易，所以每投輒拒，古方不可以治今病，遂爲信然。嗟乎！天地猶此天地，人物猶此人物，若人氣薄，則物性亦薄，豈有人今而藥獨古也？故欲用仲景之方者，必先學古窮經，辨證知藥，而後可以從事。

又曰：「後世之方，已不知幾億萬矣，此皆不足以名方者也。昔者聖人之製方也，推藥理之本原，識藥性之專能，察氣味之從逆，審藏府之好惡，合君臣之配耦，而又探索病源，推求經絡，其思遠，其義精，味不過三四，而其用變化不窮。聖人之智，真與天地同體，非人之心思所能及也。上古至今，千聖相傳。無敢失墜。至張仲景先生，復申明用法，設爲問難，注明主治之證。其《傷寒論》、《金匱要略》，集千聖之大成，以承先而啟後，萬世不能出其範圍，此之謂古方，與《内經》並垂不朽者。其前後名家，如倉公、扁鵲、華佗、孫思邈諸人，各有師承，而淵源又與仲景微别，然猶自成一家，但不能與《靈》、《素》、《本草》一綫相傳，爲宗枝正脈耳。既而積習相仍，每著一書，必自撰方千百。唐時諸公，用藥雖博，已乏化機；至于宋人，并不知藥，其方亦板實膚淺；元時號稱極盛，各立門庭，徒騁私見；迨乎有明，蹈襲元人緒餘而已。

今之醫者，動云古方，不知古方之稱，其指不一。若謂上古之方，則自仲景先生流傳以外無幾也；如謂宋元所製之方，則其可法可傳者絶少，不合法而荒謬者甚多，豈可奉爲典章？若謂自明人以前皆稱古方，則其方不下數百萬。夫常用之藥，不過數百品，而爲方數百萬，隨拈幾味，皆已成方，何必定云某方也？嗟！嗟！古之方何其嚴，今之方何其易！其間亦有奇巧之法，用藥之妙，未必不能補古人之所未及，可備參考者，然其大經大法，則萬不能及。其中更有違經背法之方，反足貽害。安得有學之士，爲之擇而存之？集其大成，删其無當，實千古之盛舉，余蓋有志，而未逴矣。」《源流論》。

按：乾隆《四庫總目提要》曰：「蓋古所謂專門禁方，用之則神驗。至求其理，則和、扁有所不能解。」出《旅舍備急方》條。櫟蔭府君曰：「古經方，如葛仙翁、孫真人諸名醫之所撰也，而以《本草》、仲景律之，則似不合繩墨者：時以方士禁呪之術，涉迂怪者，雜出其間；又有僻藥而不易辨者，有凡品而不堪服者。是以可用于今者，若甚尠矣！豈立方之指，深奥幽微，非淺庸所能測耶？抑時世之變、方域之殊、情性之差使然耶？然臨病對證而施之，則效應如神，其出於思慮之表者，不暇枚舉，乃與後世諸家執泥引經報使之説而所製迥别。是古經方所以不可廢于今也。」《醫略抄・序》。俱與子剛意相發矣。蓋唐人去古猶近，具存典型，如宋人亦能守古義，故其諸方間有功效甚著而羽翼經方者，今洄溪謂之「乏化機」、謂之「板實膚淺」者，過矣！金源以來，務樹旗幟，稍趨别路。然河間、東垣固卓識士，故其治病頗有發明。特至丹溪，則信羅太無説，以爲古方不治今病，詳見《格致餘論》。每對一人，必立一方。當時項彦章有疑于此，見陸簡静，始晤古今方同一矩度。見《餘姚縣誌》。如王節齋，私淑丹溪者也，然其著《明醫雜著》有曰：「近因東垣、丹溪之書大行，世醫見其不用古方也，率皆傚顰，治病輒自製方；然藥性不明，處方之法莫究，鹵莽亂雜，反致生無，甚有變證多端，遂難識治。」此確言也。而明清諸家，猶仍丹溪之陋，多不用古方，臨病製方，沿波不返，遂爲套習。醫道陵夷，職是之由。是洄谿之論，有自而發矣。要之，謂古方不治今病者，不知古方之理者也。自非善用古方，何能得療危險之疾？古方其可不恪遵乎？但後世嗜慾日滋，痾瘵日繁，則又有不得不擇取諸家方法者，然不敢背仲景之旨，猶是爲善用古方歟？如此間專用古方者，徒執文義，不識變通，此亦不能無弊云。丹溪以前，如石藏用、張潔古輩，皆有古方不治今病之説，斯不繁引。

古方加減

徐洄溪曰：「古人製方之義，微妙精詳，不可思議。蓋其審察病情，辨別經絡，參考藥性，斟酌輕重，其於所治之病，不爽毫髪，故不必有奇品異術，而沉痼艱險之疾，投之輒有神效。此漢以前之方也。但生民之疾病，不可勝窮，若必每病製一方。是曷有盡期乎？故古人即有加減之法，其病大端相同，而所現之證或不同，則不必更立一方，即於是方之内，因其現證之異，而爲之加減。如《傷寒論》中治太陽病用桂枝湯，若見項背强者，則用桂枝加葛根湯；喘者，則用桂枝加厚朴杏子湯；下後脈促胸滿者，桂枝去芍藥湯；更惡寒者，去芍藥加附子湯。此猶以藥爲加減者也。若桂枝麻黄各半湯，則以兩方爲加減矣；若發奔豚者用桂枝，爲加桂枝湯，則又以藥之輕重爲加減矣。然一二味加減，雖不易本方之名，而必明著其加減之藥。若桂枝湯，倍用芍藥而加飴糖，則又不名桂枝加飴糖湯，而爲建中湯，其藥雖同，而義已别，則立方亦異①。古法之嚴如此。後之醫者，不識此義，而又欲託名用古，取古方中一二味②，去其要藥，雜以他藥，而仍以其方目之③；用而不效，不知自咎，或則歸咎於病，或則歸咎於藥，以爲古方不可治今病。嗟乎！即使果識其病，而用古方，支離零亂，豈有效乎？遂相戒以爲古方難用。不知全失古方之精義，故與病毫無益，而反有害也。然則當何如？曰：能識病情，與古方合者，則全用之；有别證，則據古法加減之；如不盡合，則依古方之法，將古方所

① 立方亦異：《徐靈胎醫書全集·古方加減論》作「立名亦異」，似可從。
② 取古方中一二味：據《徐靈胎醫書全集·古方加減論》，元堅書于此句下脱「則即以某方目之。如用柴胡，則即曰小柴胡湯，不知小柴胡之力，全在人參也；用豬苓、澤瀉，則曰五苓散，不知五苓之妙，專在桂枝也」五十一字，似當補入。
③ 仍以其方目之：《徐靈胎醫書全集·古方加減論》「其方」作「某方」。

用之藥而去取增益之①。必使無一藥之不對證，自然不倍於古人之法，而所投必有神效矣。」《源流論》。

按：趙以德《金匱衍義》曰：「凡仲景方，多一味，減一藥，與分兩之更輕重，則易其名，異其治，有如轉丸者。」此言爲然。詳仲景之於加減，其旨不一：有病本宜某湯，而病長一層，仍加味以添其力者；有某湯之證更有所挾，或有所阻，仍加味以旁制之者；有某湯之證，藥偶有礙，仍減去之者；有某湯之證，併有所挾有所阻，仍去彼加此者。更至其至妙者。則一味之出入，表裏異其治矣。後世諸家，能達此義者不多；如王德膚於竹葉石膏湯代石膏以附子，名爲既濟湯者，最極其巧，實所少見也。蓋用方之妙，莫如于加減；用方之難，亦莫如于加減。苟不精仲景之旨，藥性不諳，配合不講，見頭治頭，濫爲增損，不徒失古方之趣，亦使互相牽制，坐悮事機者，往往有之，加減豈易言乎！王海藏《湯液本草序》曰：「或以傷寒之劑改治雜病，或以權宜之料更療常疾。以湯爲散，以散爲圓，變易百端；增一二味，別作他名，減一二味，另爲殊法」云云，此乃變通之極致，非粗工所企知也。

又按：學者欲精古方之趣，尤要讀前輩注方之書，而後熟思歷驗，始得通其理焉。

① 去取增益：《徐靈胎醫書全集·古方加減論》作「去取損益」，似當從。

考注方昉於成聊攝《明理論》，而許弘有《内臺方議》，吴鶴臯有《醫方考》，汪訒菴有《醫方集解》，王滄洲有《古方選注》，吴遵程有《成方切用》，乾隆御纂《醫宗金鑑》内有《删補名醫方論》。其他《傷寒》、《金匱》各注，及張石頑《千金方衍義》，皆釋方意。程志伊《釋方》一書唯釋名題，不及配合。如王求如《小青囊》，施沛然《祖劑》，張石頑《醫通祖方》，亦足見諸家加減之略矣。程黄山《易簡方論》亦謂注方之益，今録於左。曰：「著方者多，注方者少。著方者既不自注其方，後人但依方而用之，未必盡能明藥性功能有利有害、恰當病情也。即如《傷寒論》中，所立之方未嘗不精妙入神，用之不當，昔賢比之操刃，可不慎歟！若使一方便可治一證，昔賢早已預定，何待後人費心耶？蓋方猶仿也，可仿法而已，活變靈通，顧在人用之何如耳。若不注明昔賢著方之意，方書徒設，縱多奚爲？」按：程氏「方」字解非其本義，宜參「七方」條。

方劑分量

陳延之曰：「凡病劇者人必弱，人弱則不勝①藥，處方宜用分兩單省者也。病輕者人則强，勝於藥，處方宜用分兩重複者也。凡久病者，日月已積，必損於食力，食力既弱，亦不

① 不勝：原作「必勝」，據《皇漢醫學叢書》本《藥治通義》改。

勝藥，處方亦宜用分兩單省者也。　新病者日月既淺，雖損於食，其穀氣未虚，猶勝於藥，處方亦宜用分兩重複者也。　少壯者，病雖重，其人壯氣血盛，勝於藥，處方宜用分兩重複者也。　雖是優樂人，其人驟病，數服藥則難爲藥勢，處方亦宜如此也。　衰老者，病雖輕，其氣血衰，不勝於藥，處方亦宜用分兩單省者也。　雖是辛苦人，其人希病，不經服藥者，則易爲藥勢，處方亦宜如此也。　夫人壯病輕，而用少分兩方者：人盛則勝藥勢，方分兩單省者，則不能制病，雖積服之，其勢隨消，終不制病，是以宜服分兩重複者也。　夫衰老虚人，久病病重，而用多分兩方者：人虚衰氣力弱，則不堪藥，藥未能遣病，而人氣力先疲，人疲則病勝，便不敢復服，則不得力也，是以服分兩單省者也。」《醫心方》引《小品方》。

孫真人曰：「小兒病與大人不殊，惟用藥有多少爲異。」《千金方》。

按：右論分兩輕重，各有其宜。　考仲景於四逆湯曰「强人可大附子一枚，乾薑一兩」，於白散曰「强人半錢匕，羸者減之」，於十棗湯曰「强人服一錢匕，羸人服半錢」，於小青龍加石膏湯曰「强人服一升，羸者減之」，是足以確陳氏之説矣。　然又有大虚大實，不拘新久老小，非分兩重複不能奏績者，乃宜别論已。　如小兒分兩，吴又可亦曰：「用藥與大人彷彿，凡五六歲以上者，藥當減半，二三歲往來者，四分之一可也。」殆爲約當。　又第十二卷「小兒服藥法」，宜互考。

李東垣曰：「用藥各定分兩，爲君者最多，爲臣者次之，佐者又次之。　藥之於證，所主同者則等分。」《湯液本草·東垣用藥心法》。

吴茭山曰：「凡用藥銖分，主病爲君，以十分爲率，臣用七八分，輔佐五六分，使以三四分。加減外法，數用輔佐，如此用庶不差矣。」《活人心統》。

按：右論多少配合之義，孫季逑序《中藏經》曰：「古人配合藥物分量，按五藏五味，配以五行生成之數。今俗醫任意增減，不識君臣佐使，是以古人有『不服藥，爲中醫』之歎。要知外科丸散，率用古方分量，故其效過於内科，此即古方不可增減之明證。」蓋古方固不可苟增減，然云配以五行之數，則拘矣。且考之經方，一桂枝湯也，而有加桂湯、加芍藥湯；一小承氣湯也，而有厚朴三物湯、厚朴大黄湯。可知分量之多寡本從證之輕重，亦不妨隨宜增減。故吴又可於《達原飲》曰：「證有遲速輕重不等，藥有多寡之分，務在臨時斟酌，所定分兩，大約而已。」亦其意也。如配合之旨，則李、吴二氏爲得。然大陷胸湯之甘遂，君藥也，而以其過峻，僅用一錢匕；五苓散之澤瀉，佐藥也，而以其甚慢，至一兩六銖之多。此類間有，亦不可不辨。

又按：馮楚瞻《錦囊秘録》論補曰：「奈何近用味藥者，僅存其名。體重之藥，每同體輕者等分，或用錢許、幾分，是有名而無實效。」今詳仲景用地黄，炙甘草湯則一斤，腎氣丸則八兩，並重於他藥，知馮氏之言可從矣。

陶隱居曰：「古秤惟有銖、兩，而無分名，今則以十黍爲一銖，六銖爲一分，四分成一兩，十六兩爲一斤。雖有子穀秬黍之制，從來均之已久，正爾依此用之。」《本草》黑字。

按：古方權制，諸家所論考證粗謬，無能得其真。吾友小島學古尚質精究累年，一以陶氏爲歸，著《經方權量考》一書，其説甚確。實足祛從前之惑。茲拈其要，以使人知所標準。曰：古者以十黍爲絫，十絫爲銖，積之爲兩、爲斤，乃是時世通用之權。而如醫方，則用其十分之一。本説「雖子穀秬黍之制」云云者，言《漢志》雖有「子穀秬黍中者，百黍爲一銖」之制，方家從來依此十黍爲一銖之稱而用之，故《千金》載本説，有「此則神農之稱也」、「今依爲定」之言。蓋本説一斤則三千八百四十黍，今取本邦所産秬黍中者而稱之，以定一斤之重，實爲五錢五分六釐八毫；就求銖兩，則一銖者一氂①四毫五絲，而一兩者三分四氂八毫也。《醫心方》引《范汪方》云「六十黍粟爲一分」，此與本説同義。又，唐本注所論，頗有譌舛，且似不解本説。《説文解字》云：「銖，權十分黍之重也。」楊倞《荀子》注云：「十黍之重爲銖。」是知十黍之銖古或有其説，不啻醫方矣。張仲景方云某藥幾銖、某藥幾兩、某藥一斤若半斤者，皆當從神農之稱而爲正矣。特豬膚一斤，世用之一斤也。更取仲景方，參之本説，其劑稍輕，今之所用，勢必加重。然《千金》云：「或曰：古人用藥至少，分兩亦輕，瘥病極多。觀君處方，非不煩重，分兩亦多，而瘥病不

---

① 氂：《徐靈胎醫書全集·古方加減論》作「釐」。以下「氂」字同。

及古人者，何也？答曰：古者日月長遠。藥在土中，自養經久，氣味真實，百姓少欲，禀氣中和，感病輕微，易爲醫療；今時日月短促，藥力輕虚，人多巧詐，感病厚重，難以爲醫。病輕用藥須少，痾重用藥即多，此則醫之一隅，何足怪乎？」夫真人之時，業已如此，而今之距唐千有餘年，則亦何怪用藥之彌多乎？如後人據百黍之銖以律古方者，則其劑甚大，水少湯濁，不中適用，其謬不待辨也。漢晉世用之一斤者，當今之五十五錢六分八釐，而迄於梁、陳之時，皆遵而用焉。如合二斤以爲一斤，蓋刱于吴時。孫思邈云：「吴人以二兩爲一兩。」葛洪云：「古秤金一斤，於今爲二斤。」所謂古秤，乃吴秤耳。《唐本草》注云：「古秤皆複，今南秤是也。」唐時猶有用複秤者。北魏之初，又用複稱，至孝文之時，再復古制。北齊一斤者，古之一斤半；周玉稱四兩，當古稱四兩半。隋開皇以古稱三斤爲一斤，則當今之百六十錢爲一斤者，乃是唐代之大稱；大業中依復古稱，乃唐代之小稱，實居大稱三之一，而醫藥則用之。《唐六典》：「凡量，以秬黍中者，容一千二百爲龠，二龠爲合，十合爲升，十升爲斗，三斗爲大斗，十斗爲斛。凡權、衡，以秬黍中者，百黍之重爲銖，二十四銖爲兩，三兩爲大兩，十六兩爲斤。凡積秬黍爲度、量、權、衡者，調鍾律、測晷景、合湯藥及冠冕之制則用之。内外官司，悉用大者。」及宋代，析一兩爲一錢，遂立錢、分、釐、毫之目。《聖惠方》云：「方中凡言分者，即二錢半爲一分也；此原于陶氏四分爲一兩，而析十錢之一兩爲四，故云二錢半也。凡言兩者，即四分爲一兩也；凡言斤者，即十六兩爲一斤也。」《玉海》云：得十五斤爲一稱之則。元明以降，迄於清朝，沿用此稱，不敢替易焉。明清之方云「分」者，分釐之

「分」，非二錢半之「分」也。李時珍云：「今古異制，古之一兩，今用一錢可也。」誤矣。

又曰：「今方家所云等分者，非分兩之分，謂諸藥斤兩多少皆同爾。先視病之大小輕重所須，乃以意裁之。凡此之類，皆是丸、散。丸、散竟依節度用之，湯酒之中，無等分也。」同上。

按：《補闕肘後方序録》曰：「凡云分等，即皆是丸、散，隨病所須，多少無定，銖兩三種五種，皆分均之。」考仲景方，其稱等分者皆是丸散，湯方中無復稱等分者。《肘後序録》又曰：「凡云丸散之若干分兩者，是品諸藥宜多宜少之分兩，非必止於若干分兩。」然則丸散之分兩，不過大概言之耳。《素問·病能論》「澤瀉、朮各十分，麋銜五分」，張景岳《類經》①曰：「十分者，倍之也，五分者，減半也。」《腹中論》「四烏鰂魚骨、一藘茹」，謂用藘茹，取烏鰂魚骨四分之一也。如仲景方間有稱幾分者，亦必於丸、散，則可知《素問》、仲景之分，亦是「以意裁之」之謂，而隱居云「古無分名」者，信矣。但後人不知經義，或有以分、銖之分易之銖、兩者，然斧鑿之痕，可證而得焉。麻黄升麻湯，升麻、當歸各一兩一分，《玉函》、《千金翼》並作一兩六銖；防己黄蓍湯，黄蓍一兩一分，此方更用錢、盞等字，全是後人所肆改；鼈甲煎丸二十三味，總以分稱，是似裁分，然鍛竈下灰與清酒，自有定量，則當充《千金》作鼈甲三兩，而改以銖兩；大黄䗪蟲丸，大黄十分，餘藥皆以如兩如升如枚，則當作二兩十二銖始順；赤石脂丸，烏頭一分，宜從《千金》作六銖；淡飲中五苓散，宜

① 類經：原誤作「内經」，據《徐靈胎醫書全集·古方加減論》改。

準《太陽篇》，改分爲銖、兩。如排膿散、柴胡飲子，俱似後人所增，須附之別論。蓋湯、酒煮服，必有定劑，故不得不以銖兩；丸、散則以粒之若干，抄之多寡爲之節度，此所以約略裁量，而不必須銖兩也。《外臺》引《古今録驗》石斛萬病散方，後曰「隨病倍其分」。

又曰：「凡散藥有云刀圭者，十分方寸匕之一，準如梧桐子大也。方寸匕者，作匕正方一寸，抄散取不落爲度。錢五匕者，今五銖錢邊五字者以抄之，亦令不落爲度。一撮者，四刀圭也。十撮爲一勺，十勺爲一合，以藥升分之者。謂藥有虛實輕重，不得用斤兩，則以升平之。藥升方作，上徑一寸，下徑六分，深八分，内散藥勿按抑之，正爾微動，令平調爾。今人分藥，不復用此。」同上。

按：學古曰：《補闕肘後方序録》云：「刀圭準如兩大豆。」《外臺》引《删繁》療眼車前子湯洗方云：「一刀圭者，準丸如兩大豆大。」按下本説云：「如梧子者，以二大豆準之。」以可互證焉。《千金方》云：「凡言刀圭者，以六粟爲一刀圭。一説云三小豆爲一刀圭。」並與本説不同。俞琰《古文參同契注》云：「所謂刀圭，刀頭圭角些子爾。」尚質家藏齊刀一枚，文曰「齊吉化」，賞鑒家以爲吕望舊物；取抄散藥，圭端所受，不過一梧子許大而已。又，董穀《碧里雜存》有説，欠當。方寸匕，按周、漢之一尺，當今曲尺七寸六分；沈冠雲彤《周官禄田考》載古尺圖，云「摹出宋秦熺鐘鼎款識册中」，底有篆文，銘曰：「周尺，《漢志》鎦歆銅尺、後漢建武銅尺、晉前尺並同。」校之，即今曲尺七寸六分。亡友狩谷望之據新莽大泉五十、貨布、貨泉，起尺亦得今尺七寸六分。其説精確詳明，實足依據。掛川松崎明復著《尺準考》，亦云今之七寸六分。一寸，當今曲尺七分六釐。今遵而造之，以充藥室之用矣。《醫心方》載本説，注云：「今案蘇敬云，正方一寸者，四方一寸，此作寸者，周時尺八寸，以此爲方寸匕。」蓋蘇敬不詳周尺之制，就唐代常用大尺之八寸而概言之耳。本説云：「方寸匕散，蜜和，得如梧子十丸」，而蘇以爲十六梧子，足以證其尺之長焉。《醫心方》又引《范汪方》云：「廿黍粟爲一簪頭，三簪頭爲一刀圭，三刀圭爲一撮，三撮爲一寸匕。」此亦與本説不同。又，《補闕肘後方序録》云：「假令日服三方寸匕，須止是三五兩藥耳。」今稱三方寸匕散，僅不過一錢强，亦足以知古時用藥之輕。而張仲景方實屢稱之矣。有八分一匕者，見於蜘蛛散方後，謂十分方寸匕之八也。又，洪遵《泉志》有方寸匕圖，蓋後人所揑造，不足徵也。　錢五匕者，乃半錢匕。斯闕錢匕，宜從《肘後方序録》補入，云：「凡云錢匕者，以大錢上全抄之；若云半錢，則是一錢抄取一邊爾，並用五銖錢也。」考五銖錢，漢元狩五年所行，大者徑一寸，建武十六年又鑄五銖錢，中平三年又鑄五銖錢，徑寸一分。蓋古方所用，必係前漢物。以抄散藥，約重三分。徐大椿云：「半錢匕，今秤約重三分。」可疑。　張仲景方所云者，即此物也。《魏志·華佗傳》云「與君散兩錢」，乃與散二錢匕也。一撮者，四刀圭也者，蓋是不過論量之所起而已。《孫子算經》云：「量之所起，起於粟，六粟爲一圭，十圭爲一撮，十撮爲一抄，十抄爲一勺，十勺爲一合。」又云：「十勺六萬粟爲一合。」《夏侯陽算經》引倉曹云：「十粟爲一圭，十圭爲一撮，十撮爲一抄。十抄爲一勺，十勺爲一合。」《後漢書》注引《説苑》，云「十粟爲圭」。應劭云：「圭者，自然之形，陰陽之始，四圭爲撮。」孟康云：「六十四黍爲圭。」諸説各各不同如是。《孫子》及《五曹算經》、《夏侯陽》並以一千六百二十寸爲一斛之積，則升、合之積可推而知矣。但如本説一勺乃《算經》之一抄，一合乃《算經》之一勺；猶神農秤十黍爲一銖，而《漢志》以百黍爲一銖之類也。今以漢斛一勺，定爲本説之一合，則一合者，當今之一撮一有奇也。然此所説，與「刀圭者十分方寸匕之一，準如梧桐子大」無相準的，則别是一義，不得湊合矣。或疑四刀圭之「刀」字爲衍，似是。李時珍載本説，更補「十合爲一升」五字，其意蓋以一合爲藥升十分之一，謬矣。《靈樞・邪客篇》所云「秫米一升，治半夏五合」者，未知其升、合果是何制否？然以合名量，實剏于《漢志》「合龠爲合」，則不得取「粟氏」之量以充秫米、半夏之準矣。張仲景方無以刀圭撮勺者，如半夏、芒硝、香豉、人尿、豬膽汁、蜀椒，其稱幾合者，予未能定何量，姑俟後之識者。　藥升者，本説稱今人不復用，則其行用當在秦、漢之際。明沈萬鈳《詩經類考》云：「《家語》云黄帝設五量，魏崔靈恩注云：古者爲升，上徑一寸，下徑六分，其深八分。」蓋藥升行于秦、漢之際，故崔氏以爲古升，然固非常用之升也。又《唐書・韋縚傳》：「詔：獻爵視藥升所容，以合古。」尚質嘗據周尺製此器，以爲藥室之設矣。考張仲景方，如芒硝、麥門冬、半夏、赤小豆、生梓白皮、甘李根白皮、吴茱萸、小麥、杏仁、麻仁、蝱蟲、蠐螬、䗪蟲、五味子、葦莖、薏苡仁、瓜瓣、酸棗仁、竹茹皆用藥升也；如膠飴，生地黄、馬屎、人乳汁、泔紫蘇煮汁、冬瓜汁、人糞汁、土漿、硬糖、鹽、蜜、清酒、苦酒、白酒並係世用之量，非此藥升也。如粳米或稱幾合，亦似涉世用之量矣。又曰：「凡丸藥，有云如細麻者，即胡麻也，不必扁扁。但令較略大小相稱爾。如黍、粟亦然，以十六黍爲一大豆也。如大麻子者，準三細麻也。如胡豆者，即今青斑豆是也，以二大麻子準之。如小豆者，今赤小豆也，粒有大小，以三大麻子準之。如大豆者，以二小豆準之。如梧子者，以二大豆準之。一方寸匕散，蜜和，得如梧子準十丸。如彈丸及鷄子黄者，以十梧子準之。」同上。

按：學古曰：唐本注云，「方寸匕散爲丸，如梧子得十六丸，如彈丸一枚，若鷄子黄者，準四十丸。」今彈丸同鷄子黄，此甚不等，斯説爲是。《千金》云：青小豆，一名麻累，一名胡豆。李時珍以爲豌豆，然豌豆大於大豆，且無斑文，要不審何物。又《雷公炮炙論》有丸比鯉目説，今不復贅。

又按：學古又曰：《内經》載半夏湯，用「流水千里以外者八升」云云，及張仲景方用水斗、升，皆宜從漢代之制矣。漢之一斗，今量之一升一合零一撮强，升、合皆從此酌量焉。半夏湯云「飲汁一小杯」，張仲景有「熱粥一杯」、「酒一杯」等語。《醫心方》引《小品方》云：「服湯云一杯者，以三合酒杯子爲準。」陳延之，晉人，則當從。晉時三合，約略今之三四勺耳。如華元化、范東陽、葛稚川、陶隱居及諸家經方，今僅散見於孫思邈、王燾方中及《醫心方》者，亦當從各代之制，爲之水率，庶可以無失先賢製方之本指矣。隋、唐以來，量有大小，然湯藥唯用小者，唐令已言之，故宋人每稱「古之三升，今一升」；而間有係大量者，則往往注其下，謂用大斗大升。合、龠之際，靡不分明矣。林億等校《千金方》，其《凡例》稱「今之此書，當用三升爲一升之制」，然孫氏撰用前代經方者，一依其舊文，則其水率亦當詳勘諸前代之制，而爲之增損，林億之言，蓋約略論之而已。龐安常用古方，恣意減分，或增其水，其弊固出於不詳陶氏所謂古秤矣。而昔人煮湯之法，至於趙宋時而一變。《聖惠方》言：「凡煮湯，云用水一大盞者，約一升也；一中盞者，約五合也；一小盞者，約三合也。」許叔微、陳無擇、嚴子禮之輩皆以盞爲率，或云一建盞，建州盞，今有傳者，而大小不一。本邦方書云天目者，乃建盞也。皆未詳所謂一盞定是若干合也。降及元、明，皆多因準此法，固不能如昔人經方之明言升、斗而爲之節度也矣。今一據狩谷望之《量考》，節録漢以來斛法之沿革，以俾後學有所稽考云。《漢書·律曆志》、劉向《説苑》、《孫子》、《夏侯陽算經》等諸説不同，黍、粟大小亦異，皆難依以起量矣。考王莽《嘉量銘》及《古算經》，皆曰斛法千六百二十寸，又以漢尺求之，則一斛者，今量之一斗一升零一勺七撮弱也。魏杜夔造斛，一仿周式，其斛則今量之一斗二升一合九勺五撮六四也。魏大司農斛稍近漢量，其斛則今量之一斗一升二合七勺有奇。北魏之量一倍於古量，故《左傳·定公八年》正義云：「魏、齊斗稱，於古二而爲一。」今以漢量倍之，則得今量二斗二升零三勺四撮弱，定爲北魏之一斛矣。《隋志》稱，後魏孝文時一依《漢志》作斗、尺，則知其量與漢量正同，然民間猶未普行焉。北齊之斛者，今量之一斗七升零零一撮餘。後周玉斗之一斛，則今量之一斗七升七合零六撮餘。後周官斗之一斛，則今量之一斗零三合一勺三撮餘。建德六年作鐵尺，同律度量，以頒天下，是時作量，蓋當用鐵尺以作一千六百二十寸之斛，則其斛今量之一斗三升二合七勺有奇，是隋、唐小量之所由來也。後復三倍此量，則《左傳》正義所謂「周、隋斗升於古三而爲一」者是也。其一斛者，則今量之三斗九升八合一勺一撮有奇也，是隋、唐大量之所原也。則知大小二量並行，實刱于後周焉，隋代遵用。迄大業三年，依復古斗，蓋用建德量也。李唐之代，並行大小二量，然湯藥之外，率用大量也。宋又從唐制，云：「今斛方尺，深一尺六寸二分。」景祐四年范鎮上表。政和二年，詔量權衡以大晟樂尺爲度，其量今不可詳知矣。至南宋之末，以二千七百寸爲一斛之積，則今量之四斗四升五合八勺七撮弱也。元時則以二千五百寸爲一斛，則今五斗七升四合七勺一撮餘。明量又依元制，成化鐵斛之一石者，今量之五斗八升一合七勺五撮餘。明董穀《碧里雜存》：「今官制，五斗爲一斛，實當古斛之半也。」《正字通》云：「今制，五斗曰斛，十斗曰石。」清康熙量，方八寸，深五寸，積三百二十寸，其一石則今五斗九升零四勺三撮餘也。

難經經釋補證

吴江徐大椿釋
井研廖平補證
邱進之　校點

校點説明

《難經》舊傳爲秦越人著，清徐大椿撰《難經經釋》二卷，認爲《難經》非經，是西晉以後之書，與《内經》相違之處多，「以《内經》之義疏視《難經》，則《難經》正多疵」（《難經經釋》自序）。廖平贊同徐氏之説，也不信《難經》，認爲「《難》與經相去時代甚遠，不可直稱經」；「此書出於齊梁以後，盛行唐宋，吕注僞也；大抵與僞《脈經》同出一手，不及二千年」。「經學分大經、小經，小經習者多，大經習者少。《靈》、《素》之與《難經》，其大小之分至爲懸絶，喜易惡難，小讀《難經》，便足以抵抗《靈》、《素》，宜其黨羽之衆。然魑魅魍魎不能顯於光天光日之下，其亦稍衰歇乎！」故在徐氏基礎上，再作《補證》，攻駁《難經》。《難經經釋補證》包括：《難經經釋》四庫提要、《難經經釋原敘》、《醫學源流論難經論》、《難經本義二卷提要》、《難經集注跋》、《難經舊注考》、《難經懸解二卷提要》、《難經懸解提要駁義》、《俞曲園脈虚篇駁義》、《黄帝八十一難經解題》、《難經經釋補證》（上、下卷）。據《六譯先生年譜》，是書成於民國三年（一九一四），曾連載於《國學薈編》一九一四年第四、八期，一九一五年第四、五、九、十期。成都存古書局刊行，收入《六譯館叢書》。今即以該本爲底本進行點校。

目録

總論

《難經》舊名考

卷上

一難至二十二難元吴澄論脈　徐靈胎同

二十三難至二十九難元吴澄論經絡　徐靈胎同　此章以上皆診脈起止及診候之要

卷下

三十難至四十七難元吴澄論藏府　徐靈胎同　皆論營衛藏府形質體用之理

四十八難至六十一難元吴澄論病　徐靈胎同　皆論虚實邪正傳變生死之道

六十二難至八十一難元吴澄六十八　以上論穴道　八十一以論鍼法　徐靈胎同　言藏府經穴鍼刺治病之法

吴氏本原六門，徐合吴五、六二門爲一，共爲五門。

《難經經釋》二卷提要 江蘇巡撫采進本○《四庫全書》一百五卷「醫家類」存目。

國朝徐大椿撰。大椿有《神農本草經百種録》，已著録。是書以秦越人《八十一難經》有不合《内經》之旨者，不止於此，詳見徐氏原叙。據引經文，以駁正之。考《難經》，漢《藝文志》不載，《隋志①》注始著於録，由《新唐書》乃題秦越人著，錢氏《脈經跋》駁之，是也。雖未必越人之書，然三國已有吕博望注本，吕注乃僞託，《隋志》云已亡，今王氏集注本乃有之，疑又後人所僞託。而張機《傷寒論·平脈篇》中所稱注説，今在第五難中，則亦後漢良醫之所爲。以《平脈》爲仲景真書，真屬謬妄，其首七百餘字，《千金》本稱爲《脈法贊》之四字句，亦出仲景矣。歷代以來，與《靈樞》、《素問》並尊，絶無異論。宋元以後，攻《脈訣》者即以攻《難經》，特未指實耳。大椿雖研究《内經》，未必學出古人上，遽相排斥，未見其然。真古可也，據古經攻僞書，明證具在。但論是非，不必以此較量。況大椿所據者《内經》，而《素問》全元起本已佚其第七篇，八十一篇中之一篇耳。唐王冰始稱得舊本補之，宋林億等校正，已稱其《天元紀大論》以下與《素問》餘篇絶不相通，疑冰取《陰陽大論》以補所亡。王注所補爲五行家政治學説，別爲一門，其説已

---

① 隋志：原作「隋注」，據《四庫全書總目》卷一〇五改。

明。至《刺法》、《本病》二篇，則冰本亦闕，其間字句異同，其間又復①有校改，注中題曰「新校正」皆是，則《素問》已爲後人所亂，不過篇章文字小有異同，經傳且不能免，何論醫書？若如所謂孔門六經，孰爲至聖親寫定本，亦可弁髦視之耶？而《難經》反爲古本。此何異以申培《詩序》、《子夏傳》爲古書。又滑壽《難經本義》列是書所引《内經》而今本②無之者，不止一條，則當時所見之本，與今亦不甚同。《難經》專爲創造兩寸診法而作，當初自我作古，如彭氏《太素》以脈占休咎，經外别傳，未嘗不可入作者之林，乃假託佛名，實行魔術。且其人粗識文義，不知著作體例，直録經文，以爲問答，謬誤顛倒，動成差錯。如徐氏既攻其謬，乃囿於診兩寸法，曲爲排解，以爲别有師傳。丹波氏既屏寸、關、尺三部診法，其《疏證》又爲之回護。今考訂九種古診法，則其書出齊梁後，不惟仲景、叔和無一法相同，《千金》、《外臺》亦且屏絶弗道矣。即有舛誤，亦宜兩存，足以自立，然後議兩存。若淺陋違反，自當加之誅絶之法。遽執③以駁《難經》之誤，是何異談六經者執開元改隸之本以駁漢博士耶？《提要》醫學門最淺陋。撰此門者，大約與作《難經》者程度相等，如以《靈樞》爲僞作，使稍知醫學者，何敢爲此狂悖之言！以《靈樞》爲僞，自然以《難經》爲真。東海逐臭之夫，搏蜣糞以自樂，固不足語以膏粱④之味也。

經學分大經、小經，小經習者多，大經習者少。《靈》、《素》之與《難經》，其大、小之分

---

① 復：原作「互」，據《四庫全書總目》卷一〇五改。
② 今本：原作「經本」，據《四庫全書總目》卷一〇五改。
③ 執：原作「致」，據《四庫全書總目》卷一〇五改。
④ 膏粱：原作「膏梁」，徑改。

至爲懸絶，喜易惡難，小讀《難經》，便足以抵抗《靈》、《素》，宜其黨羽之衆。然魑魅魍魎不能顯於光天光日之下，其亦稍衰歇乎！

楊氏《太素》亦引《八十一問》，亦引吕注，然其文多爲後人記識誤入正文，非楊氏原文；如《甲乙》亦有引《難經》者，乃宋校語。故《太素》有引《難經》，乃問於《靈》、《素》之中者，亦如《史記》「本紀」、「世家」中之有僞《尚書》百篇序，非古所有。丹波《素問識》屢言《靈》、《素》爲宋人校改者是也。

丹波《脈學輯要》不用寸、關、尺，而又疏證此書，不知此書專爲寸、關、尺而作。辨部位、立脈名，是其兩大罪狀，餘皆小過，不足深咎。後人喜之，亦如《備旨一説曉》，自然通行村塾。

《難經經釋》原叙

《難經》非經也，以《靈》、《素》之微言奥旨引端未發者設爲問答之語，據《太素》楊注、《五行大義》引，俱稱《八十一問》。俾暢厥義也。古人書篇名義，非可苟稱。難者，難與問者，必在《小記》、《大傳》之後。辨論之謂，問之别名。天下豈有以難名爲經者？故知《難經》非經也。故《靈樞》可稱《鍼經》，《素問》爲之解説；如《喪服經》之後《大傳》、《間傳》，其後弟子相傳，依經設問，乃有《服問》、《三年問》等篇，故問中有引「傳曰」者。今《公羊》、《穀梁》亦當名「問」或曰「難」，故《穀梁》有八引「傳曰」之明文。《難》與經相去時代甚遠，不可直稱經。自古言醫者皆祖《内經》，仲景下至《千金》、《外臺》皆同。而《内經》之學，至漢而分。倉公以診勝，詳鄭注《周禮》「疾醫」。仲景氏以方勝，華佗氏以鍼灸雜法勝，雖皆不離乎《内經》，而師承各别。當作專長各别，非别有師承。逮晉「晉」字擬删，唐以後乃大行。唐以後，則支流愈分，名家如孫、王，則不及《難經》僞法。徒講乎醫之術，而不講乎醫之道，則去聖遠矣。惟《難經》則悉本《内經》之語而敷暢其義，宋人《太素脈》自我作故，然不牽引《内經》，舞文弄法，若《難經》，則直如莽、操。聖學之傳，惟此爲得其宗。俗人之所推論如此耳。然竊有疑焉。其説有即以經文爲釋者，經既有文，何須再作！此其才力薄弱之故。有悖經文而爲釋者，問答多以改易經文爲主。有顛倒經文以爲釋者。夫苟如他書之别有師承，如彭氏《太素脈》，即脈以占休咎。則人自立説，源流莫考，即使與古聖之説大悖，亦無從而證其是非。所以别有傳受之説萬不可存。若即本《内經》之文以釋《内經》，則《内經》具在也。以經證經，而是非顯然矣。此徐氏所長。然此書之垂已二千餘年，此書出於齊梁以後，盛行唐宋，吕汴僞也；大抵與僞《脈經》同出一手，不及二千年。注者不下數十家，僞注託始於吕廣。皆不敢有異義。疑《難經》者始於宋龐氏。其間有大可疑者，且皆曲爲解釋，如「寸、尺」二字，豈不可笑？並他書①之是者反疑之，則豈前人皆無識乎？殆非也。蓋經學之不講久矣！惟知溯流以尋源，源不得，則②中道而止，攻《難經》不始於徐氏。未嘗從源以及流也。宋以下醫無人研究《靈》、《素》，凡諸家託言祖述，皆羊頭狗肉，以其書既多，又古奥難讀，諸家間一引用，皆取合己意，斷章取義，亦如武夫之「懷③山襄陵」、「如喪考妣」，求如張氏《類經》者，蓋已不可多得。故以《難經》視《難經》，《難經》自無可議；其説不能自通，疵病百出，非無可議。以《内經》之義疏視《難經》，則《難經》正多疵也。《難》之於經，如妖魔莠稗，非力削之，不能明通。余始也，蓋嘗崇信而佩習之。凡淺嘗之人，皆喜《難經》，惡《内經》，以其難易懸殊。習之久而漸疑其或非，更習之久，而信己之必是。非信己也，信夫《難經》之必不可違乎《内經》也。丹波以爲古本有別傳者，皆誤。於是本其發難之情，問已多誤，不止答辭。先爲申述《内經》本意，索其條理，隨文詮釋。既乃別其異同，辨其是否，其間有殊法異義，其説不本

---

① 他書：原作「其書」，據江蘇科技出版社《難經經釋》改。
② 則：原脱，據《難經經釋》補。下「而」字同。
③ 懷：原作「壞」，今改。

於《内經》，而與《内經》相發明者，此則別有師承，俞氏以爲專改古籍是也，何嘗有別傳？大抵專爲脈法而作，故後人託之越人。又不得執《内經》而議其可否；徐氏未明古診，故有此依違之説。惟夫遵《内經》之訓而詮解未洽者，則摘而證之於①經，非以《難經》爲可訾也，又作回護語。正所以彰《難經》於天下後世，《難經》凡明人所傳書無不攻之者，特不可倡言而集矢叔和。今一言以決之曰：凡攻叔和，其實罪皆在齊梁後之《難經》，若晉叔和之真《脈經》，則與《難》冰炭不相同也。使知《難經》之爲《内經》羽翼，其淵源如是也。《難》行而古診法絶。其書簡易，淺人喜其易於誦讀，遂以僞本淺説煬岐黄之竈，乃猶以「羽翼《内經》」，實爲認賊作子，呼趙高爲阿衡矣。因名之爲《經釋》。《難經》所以釋經，今復以經釋《難》，以《難》釋經而經明，明，當作「亡」。以經釋《難》而《難》明。誤顯。此則所謂醫之道也，而非術也。其曰秦越人著者，始見於《新唐書·藝文志》。蓋不可定，《文獻通考》：陳氏曰始見於《隋志》，《新唐書》乃以爲越人。然實西晉以後書云。著於梁。雍正五年三月既望，松陵徐大椿靈胎氏叙。

書出齊梁以後，非晉人，蓋出在《脈經》之後，與高陽生《脈訣②》同出一手。今考診法，故耑取一難至二十二難言診者。又此書之作，立意在耑診寸口，故除診法以外，隨手雜凑至八十一問，非其命意所在也。

---

① 於：原脱，據江蘇科技出版社《難經經釋》補。

② 脈訣：原作「脈經」，誤。

日本丹波元胤撰《疏證》二卷，不主寸、關、尺三部，只用寸、尺二部；不用藏府分配六部之法，但以廿七脈定病。蓋明知三部之僞，乃以耑歸獄於《脈經》，不知今本《脈經》尚有古法，所攻之叔和，乃全出《難經》與僞《脈經》五卷而已。故别輯扁鵲脈法，以明其非越人作；别撰《古診法十種》，則其書之鬼蜮乃大顯於此時耳。

《醫學源流論・難經論》 徐靈胎著

《難經》非經也，以經文之難解者，設爲問難以明之，故曰《難經》，言以經文爲難而釋之者也。是書之旨，蓋欲推本經旨，發揮至道，剖晰疑義，垂示後學，真讀《内經》之津梁也。專爲寸、關、尺而作，餘皆閑文，特以湊數，故有以下諸謬。 但其中亦有未盡善者，其問答之辭，有即引經文以釋之者；此不知著書體例者之所爲。 經文本自明顯，引之或反遺其要，以至經語反晦，或則無所發揮，或則與兩經相背，或則以此誤彼，此其所短也。詳見《難經經釋》各條下。 其中有自出機杼，發揮妙道，未嘗見於《内經》，而實能顯《内經》之奧義，補《内經》之所未發，此蓋别有師承，足與《内經》並垂千古。此則徐氏誤説誤解。 其書晚出，既不見仲景、叔和，又不爲《千金》、《外臺》所齒，何從得有經外别傳，以爲真越人書？所以有此種誤，知爲粗通文義、井市醫流所綴輯，則知其誤矣。 不知創自越人乎？何處有越人來？ 抑上古亦有此書，而越人引以爲證乎？徐靈胎、丹波元簡皆囿於《難經》診法，故有取舍二義。 自隋唐以來，《千金》、《外臺》以來。 其書盛著，尊崇之者固多，而無能駁正之者。 以爲真越人書，誰敢攻之！僞《脈經》與《脈訣》皆祖《難經》，後人乃移禍於叔和，攻叔和者指不勝屈。 避越人而攻叔和，實則《難經》受其咎。 蓋業醫之輩，讀《難經》而識其大義，已爲醫道中傑出之流，醫道之所以沉淪，遠不及日本，以其有醫官世傳其業，故多深邃之學。 安能更深考《内經》，求其異同得失乎？亦如經學，劉歆以後古文家孤行，無人不以經爲史。 古今流傳之載籍，凡有舛誤，後人無敢議者，比比然也，獨《難經》乎哉！何以攻叔和者如此之多？特醫家高尚之書世亦少傳，亦如《大全》、《匯參》，少人研究，《備旨》、《味根録》，則家置一編矣。餘詳余所著《難經經釋》中。

《中西匯通醫經精義》，天彭唐容川先生所著，其書盛行。其《診脈精要》門：

「脈有三部九候：按，此《素問》篇名。三部者，寸、關、尺也；按，四字爲《難經》所改羼，今《千金方·診候》亦同。九候者，浮、中、沉也。」按，此四字爲《難經》所改，今本《千金方·診候論》用《素問》原文。唐注云：「此與《内經》三部九候之法不同。然頭、手①、足遍診之法，按，此專指三部之人迎、寸口、少陰而言。其廢已久，按，今已發明，當復古法。故即從《難經》，以寸、關、尺爲三部，三部各有浮、中、沉，是爲九候。」按，時醫知寸、關、尺爲《難經》所獨創，《内經》別有三部九候者，寡矣。

「病順逆也」條下，唐注云：「此診法全從《難經》，蓋《内經》遍診頭②、足，自越人變法，羣趨簡易，按，當云自高陽生輩因婦女頭、足不便診，乃創獨診兩寸法，著爲此書，《新唐書·藝文志》乃題爲越人耳。後世脈法，託始於此。」按，唐宋後，惟龐安時發明人、寸診法。諸脈書皆祖《難經》、《内經》、仲景、皇甫、《千金》、《外臺》古診法無人過問，豈不痛哉！

---

① 手：此字原脱，據中醫藥出版社《唐容川醫學全書》補。

② 頭：原作「頸」，據《唐容川醫學全書》改。下注語中「婦女頭足」之「頭」原亦作「頸」，因據改。

「脈圖」下，唐注云：「西醫不信脈法，謂人周身脈管①皆生於心中血管，心體②跳動不休，脈即因之而動。人身五藏，何得只據血管爲斷；又言手脈只是一條，何得又分出寸、關、尺。」唐據脈書駁之，是也。惟脈只一條之説，非獨西人言之。《醫宗金鑑·四診心法》駁前人引《脈要精微論》「尺内兩旁」一段，定寸、關、尺分配藏府，已云脈非兩條，又云脈非兩截。考藏府分配兩寸，《難經》已有二三説不同；至於後來醫家，各自立異。今目力所及者，已近二十家；所不見者，不知更凡幾許。故丹波元簡《脈學輯要》雖主獨診寸口，然已删去寸、關、尺三部法，以一指診之矣。

姜伊人先生《内經脈訣》成都有刊本。

以診兩手爲定位。

以三部九候爲活法。

案，姜先生之説，以兩手爲後世通行法，不能驟改，故以定位、活法調停之。既診定位，尤取決於三部九候，可以知其心苦③矣。

案，姜氏説今附刊入《三部九候篇》中。

---

① 管：此字原脱，據中醫藥出版社《唐容川醫學全書》補。

② 體：此字原脱，據中醫藥出版社《唐容川醫學全書》補。

③ 知其心苦：似當作「知其苦心」。

《難經本義》二卷提要　兩淮鹽政采進本，《四庫提要》卷一百三。

周當有「舊題」二字。秦越人撰。以《靈樞》爲僞，《難經》爲真，正與事實相反，最爲無識。元滑壽注。越人即扁鵲，事迹具《史記》本傳。壽字伯仁，《明史·方技傳》稱爲許州人，寄居鄞縣。案朱右《攖寧生傳》曰：世爲許州襄城①大家，元初，祖父官江南，自許徙儀真，而壽生焉。又曰：在淮南曰滑壽，在吴曰伯仁氏，在鄞越曰攖寧生，然則許乃祖貫，鄞乃寄居，實則儀真人也。壽卒於明洪武中，故《明史》列之《方技傳》，壽亦抱節之遺老，託於醫以自晦者也。是書首有張翥序，稱壽家去東垣近，早傳李杲之學；《攖寧生傳》則稱學醫於京口王居中，學鍼法於東平高洞陽。考李杲足迹未至江南，與壽時代亦不相及，翥所云云，殆因許近東垣，附會其説歟？《難經》八十一篇，明人攻《難經》者已不可縷數，古人攻《脈訣》者尤多，其實攻《脈訣》即以攻《難經》。漢《藝文志》不載，隋、唐《志》六朝人所僞託。始載《難經》二卷，秦越人著，吴太醫令吕廣嘗注之，吕注實出僞託，大抵《難經》與高陽生《脈訣》時代相去不遠。則其文當出三國前。誤。彼時診兩手不分三部云。廣書今不傳，錢氏有集注本。未審即此本否。然唐張守節注《史記·扁鵲列傳》，所引《難經》悉與今合，則今

---

① 世爲許州襄城：「爲」原作「乃」，「城」原作「成」，均據《四庫全書總目》卷一〇三改。

書猶古本矣。當時曰《黄帝八十一問》，無經名。其書盛行於唐初，故張不引《内經》，專引《難經》。其曰《難經》者，謂經文有疑，各設問難以明之。其中有此稱「經云」而①《素問》、《靈樞》無之者，則今本《内經》傳寫脱簡也。其文辯析精微，徐氏所駁是也。其書粗識文義者所編，並無條例，以精微加之，有同夢囈。詞致簡遠，讀者不能遽曉，誤説，吕注與經文當出一手。故歷代醫家多有注釋。壽所采摭，凡十一家，今惟壽書傳於世。錢刊《集注》共五家。其書首列《彙考》一篇，論書之名義源流；次列《闕誤總類》一篇，記脱文誤字；又次《圖説》一篇：皆不入卷數。其注則融會諸家之説，而以己意折衷之，辯論精核，考證亦極詳審。著僞書，乃能得此虚譽。《攖寧生傳》稱「《難經》本《靈樞》、《素問》之旨，俞氏以爲專改古書是也。設難釋義，其間營衛部位，藏府脈法，全與經反。與夫經絡腧穴，辯之博矣，而闕誤或多。愚將本其旨義，注而讀之」，即此本也。壽本儒者，能通解古書文義，故其所注，視他家所得爲多云。滑注今日本丹波元胤《疏證》本已詳引，載吕、二楊、丁、虞、紀、滑共七家。〇大抵《難經》專爲診兩寸而作，當時文人喜言之；若《千金》、《外臺》，則不用其僞法。

① 而：原脱，據《四庫全書總目》卷一〇三補。

《難經集注》跋　守山閣本

先秦醫書之存於今者，《素問》、《靈樞》並爲後人竄亂，俞理初云：《難經》嵩改古籍，六朝以後人所作，在王叔和以後。吴呂廣、考楊氏《内經太素注》已引呂注，則其文爲後人校語。唐楊玄操、宋丁德用、虞庶、楊康侯①並有注釋，大抵淺人所附會。元滑伯仁采諸家之説，而以己意折衷之，爲《難經本義》二卷。然所采甚略，惟明王九思等《集注》備録諸説，不下一語，有核語數十條②。深得古人撰述之體。今去明季僅二百載，而諸家之注亡佚殆盡，獨此書以流入日本，佚而復存，若有神物呵護。今爲校正，刊入叢書。是書存，而呂、楊、丁、虞五家之注具③存，於以考其異同而究其得失，亦醫家所當盡心者也。本書既誤，諸家盲人瞎馬，其説雖多，全無根據，不足取也。首載楊玄操序，稱《難經》爲秦越人作。蓋唐以前已有此説，與錢氏《脈經》跋自相矛盾。故醫家重之。惟其以右腎爲

---

① 侯：原作「候」，據守山閣本錢熙祚跋語改。

② 此六字原作正文，據守山閣本錢熙祚跋無是語，當係廖氏注，因改。

③ 具：原作「俱」，據守山閣本錢熙祚跋改。

命門①、左右無異名。以兩寸候大小腸，寸口不候，府不分部位。與《内經》不合，遂起後人難端。今按《素問·三部九候論》以頭面諸動脈爲上三部，以兩手動脈爲中三部，兩足動脈爲下三部②，此古法。今已考明，可以施行。而《難經》以寸、關、尺爲三部，浮、中、沉爲九候，專診兩手③，縮頭足診法於方寸之間，爲《難經》獨創，與王叔和所引扁鵲、仲景不同，大約出於齊梁以後。高陽生《脈訣》同，或即一手所作。則二書診法本自不同，不得以彼難此④。天仙鬼魔，混同一視，誤。諸家疑大小腸在下焦，不當候之兩寸，不知兩手六部皆非藏府定位，不過借手太陰一經⑤動脈以候五藏六府⑥之有餘不足，吴草廬李瀕湖已有定論。皆屬誤解。即《難經》所言脈位，乃是因五行之氣而推。糾纏五行，誤説流衍，其害大矣。十八難云：金生水，水流下行而不能上，故爲下部；木生火，火炎上行而不能下，故爲上部；土主中宫，故爲中部。其説尤屬堅固⑦，如畫鬼神。觀《靈樞》十二經脈雖各有起止，

---

① 以右腎爲命門：原作「以有命門爲右腎之説」，據守山閣本錢熙祚跋改。
② 「今按《素問》」至「爲下三部」：此二十八字原作夾注小字，據守山閣本錢熙祚跋語改。
③ 「而《難經》」至「專診兩手」：此二十字原作小字夾注，據守山閣本錢熙祚跋改。
④ 此句原脱，據守山閣本錢熙祚跋補。
⑤ 經：此字原脱，據守山閣本錢熙祚跋補。
⑥ 六府：二字原脱，據守山閣本錢熙祚跋補。
⑦ 此句原作正文，據守山閣本錢熙祚跋改。

各有支別，而實一氣貫注，如環無端，故兩手六部亦展轉相生①。今謂二腸之氣不得隨經而至於兩寸，豈其然乎？本原既誤，支節可不必爭執。「命門」二字並不見於《内經》②，《内經》無明文，其餘篇三見命門者，乃以命門爲目，非藏府。《素問・刺禁論》「七節之旁，中有小心」，本用七政法，以皇居中，統上下四旁，非説醫事也。楊上善以爲腎，此楊氏之誤。馬玄臺以爲心包，以内腎爲心包③，此説是。亦無命門之説。命門出於《難經》，乃丹訣，説《難經》專貴腎，在魏伯陽後。乃後人謂命門在兩腎中間，形如胡桃，腎耑司生化，如閹牛騸馬、石女閹夫，害腎不生育，而生命自若。《内經》不重腎，《上古天真論》詳矣。自丹經出，乃重腎，乃有命門玄關等説。則《難經》固出魏伯陽、葛洪景後，故有命門重腎，以腎絶則人死。此真無稽之談，而俗醫莫不靡然從之④。《難經》之意，不過以腎爲一身之根本。人身左血右氣，劈分兩片，近於泰西説。血爲陰，氣爲陽；兩腎之中，以右腎爲尤重，故名之曰命門。藏府無左右異名，誤中又誤。自古命門治法，亦惟温補腎陽，今從馬氏，以腰爲囟包絡，膽爲少陰，外腎爲少陽，所有丹家命門説，一切皆歸衝、任。藏府《内經》已定，豈容私造命門一藏！大抵俗醫以腰與睪同名腎，睪遂爲附庸，缺此一藏，宜後人新造命門以補之。而謂兩腎外別有命

① 此句原作「如陰殺難平」，據守山閣本錢熙祚跋語改。
② 命門二字：此四字原作夾注小字，據守山閣本錢熙祚跋改；「並不見」等六字原脱，據守山閣本錢熙祚跋補。
③ 以内腎爲心包：此六字原作正文，據守山閣本錢熙祚跋改。
④ 「此真無稽之談」二句：原作夾注，據守山閣本錢熙祚跋改。

門，豈非欲求勝於古人，而不顧其理①之所安者乎？近世周省吾謂：「不有越人，何從有命門之説？」此可作譏訕之詞讀之。旨哉斯言，如呼寐者而使之覺乎！左腎右命，即與左人迎右寸口同爲巨謬，乃以爲奇獲，真屬夢。○率宋元以來説經者好爲臆解，而餘波所漸，乃並及於醫書，故創爲命門之説，而不知外腎入十二經，爲少陽膽也。此書所集諸家之注未必盡是，然尚循文釋義，不爲新奇可喜之談。由是以講求蘊奥，俾古人之意晦而復明，而妄議古人者，亦得以關其口而奪之氣，詎不足重也與！庚子春仲，錫之錢熙祚識。

按，錢氏刻《脈經》跋云，考《脈經》所引扁鵲諸條，皆不見《難經》，所引《難經》之文，又不稱「扁鵲曰」，足見其書不出扁鵲。後人以爲越人作者，誤也。其跋刻於《守山閣叢書·脈經》後。乃跋《難經》，又以爲實越人作。一人之書，彼此矛盾，同刊於一叢書中，亦甚可怪矣。

---

① 理：據守山閣本錢熙祚跋語作「心」。

《難經舊注考》德清傅氏撰

吴吕廣《黄帝衆難經注》《隋志》注一卷，《通考》二卷。

傅氏按，唐楊玄操序，吴太醫令吕廣爲之注。《隋志》注：「梁有《黄帝衆難經》一卷，吕博望注，亡。」所云「梁有」者，乃謂梁王儉《七録》有是書，所云《衆難經》，爲《八十一難經》之文。就字義推測，所云博望，自係廣字，當因隋避煬帝諱，而以字著録。《御覽》七百二十四「吕博，吴赤烏二年爲太醫令，注《八十一難經》」，殆因鈔刊，脱一「望」字。此説當爲唐末人譌託，《書録解題》：《漢①志》但有扁鵲《内》、《外》經，《隋志》始有《難經》，《唐志》遂題云秦越人，皆不可考。「難」當作去聲讀。

吕楊注《八十一難經》《讀書志》、《通考》五卷，林天瀑跋一卷。

晁公武曰：吴吕廣注，唐楊玄操演。歙縣楊玄操序：「《黄帝八十一難經》者，斯乃勃海秦越人之所作也。越人受桑君之秘術，遂洞明醫道，至能徹視藏府，刳腸剔心，以其與軒轅時扁鵲相類，乃號之爲扁鵲，傅氏按，《史記正義》所引即此文。又家於盧國，因命之曰盧醫。世或以盧、扁爲二人者，斯實謬矣。按黄帝有《内經》二帙，帙各九卷，而其義幽賾，殆難窮覽；越人乃采

① 漢：原作「從」，據《直齋書録解題》卷十三改。

摘英華，抄撮精要，二部經内①，凡八十一章，勒成卷軸，伸演其道，探微索隱，傳示後昆。名爲「八十一難」，以其理趣深遠，非卒易了故也。駁詳徐釋②。既宏暢聖言，故首稱黄帝。斯乃醫經之心髓，救疾之樞機，所謂脱牙角於象犀，收羽毛於翡翠者矣。案：此以少爲貴，畏經之繁難，便此之簡易③。逮於吴，太醫令吕廣爲之注解，託名僞書④。亦會合玄宗，足可垂訓，而所釋未半，餘皆見闕。余性好醫方，問道無倦，斯經章句，特承師授。既而耽研無斁，十載於兹。雖未達本源，蓋亦舉其綱目。此教所興，多歷年代，非唯文名舛錯，亦抑事緒參差，後人傳覽，良難領會；今輒條貫編次，使類例相從，凡爲一十三篇，仍舊八十一首。吕氏未解，今並注釋；吕氏注不盡，因亦伸之，並別爲音義，以彰厥旨。」傳氏按：此序在明王九思等《難經集注》卷首。

宋丁德用注《難經》《讀書志》、《通考》⑤五卷；《書録解題》、《通志》二卷。

晁公武曰：德用以楊玄操所演甚失大義，因改正之，經文隱奥者，繪爲圖。德用，濟陽

① 經内：原作「内經」，據《難經集注》楊序改。
② 此四字原作正文，而《難經集注》無，因據文意改爲注語。
③ 此三句原作正文，而《難經集注》楊序無，因據文意改。
④ 此四字原作正文，而《難經集注》無，因據文意改。
⑤ 讀書志通考：「書」字原脱，「考」原作「文」，今補正。

人。嘉祐末，其書始成。

陳振孫曰：序言太醫令呂廣重編此經，而楊玄操復爲之注，覽者①難明，故爲補之，且間爲之圖。首篇爲診候，最詳，案，此書大抵爲兩寸診法而作。凡二十四當爲「三」。難。蓋脈學自扁鵲始也。案，此説出鄭《周禮》注。

宋虞庶注《難經》《讀書志》、《通考》五卷。

晁公武曰：皇朝虞庶，仁壽人，寓居漢嘉。少爲儒，已而棄其業，習醫。爲此書，以補呂、楊所未盡。黎泰辰治平間②爲之序。此爲川人舊作。

楊康侯注《難經》見林天瀑跋。

傅氏按：天瀑跋叙康侯注在虞庶後。

侯自然《難經疏》《宋志》不著撰人。《崇文總目》、《通志》十三卷。

宋周興權《八十一難經辨正條例》一卷《經籍訪古志》。

《經籍訪古志補遺》櫟窗先生跋略曰：攖寧生著《難經本義》，其《凡例》首條譏周氏之擅，予謂韓愈之於《魯論》、郭京之於《周易》皆有所釐正，雖不知竹簡、漆書果如其言也否；視之

---

① 覽者：「者」原作「其」，據《郡齋讀書志》卷十三改。

② 間：原作「問」，據《郡齋讀書後志》卷二改。

於拘泥舊文之差誤，左傳右會以爲説者，非無所闡發。蓋此辨正釋疑之條例也。《四庫提要》譏黄坤載以脱簡説《難經》，觀此跋，則《提要》之誤明矣。

宋龐安時《難經辨》 《宋史》本傳、《宋志》：龐安時《難經解義》一卷。

《宋史·方技傳》：安時字安常，蘄州蘄水人。嘗曰：世所謂醫書，予皆見之，惟扁鵲之言深矣。蓋所謂《難經》者，扁鵲寓術於其書，而言之不詳，意者使人自求之歟？予參以《内經》諸書，考究而得其説。審而用之，順而治之，病不得逃矣。又欲以術告之後世，故著《難經辨》數萬言。案，安時發明人寸診法，駁兩手誤説。此書當出僞撰。

傳氏按：《瀕湖脈學·考證書目》所載龐安時注解《難經》，當即此書。

宋李駧《難經纂圖句解》七卷 《經籍訪古志》。

《經籍訪古志補遺》：《黄帝八十一難經纂圖句解》七卷，宋臨川晞范子①李駧子野句解，序稱大宋咸淳五年歲次己巳。考《國史經籍志》四卷，此本七卷，亦《道藏》所析也。

金紀天錫《難經集注》 《金史》五卷。

《金史·方技傳》：紀天錫字齊卿，泰安人，早棄進士業，學醫，精於其技，遂以醫鳴世。集注《難經》五卷，大定十五年上其書，授醫學博士。

---

① 晞范子：原作「晞菓」，據《經籍訪古志補遺·醫部》改。

明王九思、石友諒、王鼎象、王惟一輯《難經集注》五卷《守山閣叢書》刊本。

《經籍訪古志補遺》：王翰林《集注八十一難經》五卷。此本依明板翻刻者，其板往罹祝融，今世希有。林天瀑祭酒活字擺印，收入《佚存叢書》中，而阮元《四庫未收書提要》舉有其本，寬政中醫官千田①子敬亦有重刊，其功不可没矣。

林天瀑跋：《難經集注》五卷，明王九思等集録吴②吕廣、唐楊玄操、宋丁德用、虞庶、楊康侯注解者。按晁公武《郡齋讀書志》載吕楊注③一卷、丁注五卷、虞注五卷，陳振孫《書録解題》載丁注二卷，馬端臨④《經籍考》引晁氏作吕楊注五卷，蓋當時各家别行，王九思等掇輯，以便觀覽耳。葉盛《菉竹堂書目》載《難經集注》一册，不著撰人名氏，此則書名偶同，非九思所集。按王圻《續經籍考》載金紀天錫《難經集注》五卷，盛之所收，恐此耳。盛正統進士；九思弘治進士，則其非是編也明矣，其他諸家藏弆⑤書目及乾隆《四庫全書總目》並未收入。

---

① 千田：原作「千百」，據《經籍訪古志補遺·醫部》改。
② 吴：原脱，據《難經集注》林跋補。
③ 注：原作「匡」，據《難經集注》改。
④ 臨：原脱，據《難經集注》林跋補。
⑤ 弆：原作「棄」，誤，據文意改。

若殷仲春《醫藏目録》宜裒蒐無遺，而亦遺之，蓋似失傳者。然以①余不涉醫家，但知據目録考之耳。因質諸醫家廉夫，廉夫云近代②醫書絶無援引，久疑散佚。廉夫於醫家雅稱賅洽，而其言如此，則知其果失傳也③。

《孶經室外集·提要》：明王九思字敬夫，鄠縣人。弘治十才子之一。丙辰進士，由庶吉士授檢討，調吏部主事，陞郎中。坐劉瑾黨，降壽州同知，尋勒致仕。事迹附《明史·李夢陽傳》，餘則未詳。九思因集吴吕廣、唐楊玄操、宋丁德用、虞庶、楊康侯各家之説，彙爲一書，以便觀者。按宋晁公武《讀書④志》云：「德用以楊玄操所演甚失大義，因改正之。經文隱奥者，繪爲圖以明之。」然則圖説殆德用所爲，是編日本用活字版擺印。吕楊各注，今皆未見傳本，亦藉此以存矣。

---

① 以：原作「不」，據《難經集注》改。
② 云近代：三字原脱，據《難經集注》補。
③ 也：原脱，據《難經集注》補。
④ 書：原脱，據《孶經室外集》卷三補。

明張世賢《圖注難經》《四庫存目》八卷。

《四庫提要》：世①賢字天成，寧波人，正德中名醫也。《難經》舊有吴呂廣、唐楊玄操諸家注。宋嘉祐中，丁德用始於文義隱奥者各爲之圖；元滑壽作《本義》，亦有數圖，然皆不備。世賢是編，於八十一篇篇篇有圖，凡注所累言不盡者，可以按圖而解。惟其中有文義顯然②，不必待圖始解者，亦强足其數，稍爲冗贅。其注亦循文敷衍，未造深微。此書最陋劣不足言，坊間通行本也。

國朝徐大椿《難經經釋》《四庫存目》二卷。③

陸敬安《冷廬雜識》八：徐靈胎《難經經釋》，辨正誤謬，有功醫學。其釋分寸爲尺，分尺爲寸，云關上分去一寸，則餘者爲尺；關下分去一尺，則餘者爲寸。詮解明晰④，可謂要言不煩。身寸法從腕至肘，尺澤穴爲尺，非一尺一寸，分去一寸，餘九分；分去一尺，則至腕矣，大誤。此等僞説，如何可通！

傅氏按：坊刻徐氏六種，爲《本草經百種》、《蘭臺軌範》、《傷寒類方》、《醫學源流論》、《難

---

① 世：此字原脱，據《四庫全書總目》卷一〇五補。
② 「顯然」下原衍一「者」字，據《四庫全書總目》卷一〇五删。
③ 「國朝」至「二卷」：此十五字原脱，據文例擬補。以下類此者徑補，不再出校。
④ 明晰：原作「明昕」，據《冷廬雜識》卷八改。

經經釋》、《醫貫砭》，皆已收入《四庫》者。其未收入而别行者，尚有《洄溪醫案》、《慎疾芻言》兩種。近有十三種之刻，則又附益他書，不盡醫籍。徐氏醫學博大深厚，言足爲法，實爲國朝太醫之冠。其用力最深，端在《難經經釋》一書。正如《爾疋》本爲詁經而作，而注釋不能不以轉引衆經詮釋《爾疋》爲第①一要義。徐氏《經釋》取義正同。

國朝黄元御《難經懸解》《四庫存目》二卷。

《四庫提要》：《難經》之出，在《素問》之後、《靈樞》之前，《提要·醫部》最淺陋，如此説，真乃目不識丁，雖村學究亦不足言矣。故其中所引經文，有今本所不載者。原注：見②滑壽《難經本義》。然其文自三國以來信吕注爲真。不聞有所竄亂，齊梁以後乃出之書，自無古本之異同。元御亦謂舊本有譌，復多所更定，注《難經》諸本，無人不有更定，何獨怪黄氏？是其原本全未寓目，無怪其以爲真古書。均所謂我用我法也。苟細考漢晋至隋唐古診法，其書之真僞自見。

傅氏案：《李瀕湖脈學·考證書目》所載，尚有陳瑞孫、王宗正、張元素、熊宗立、宋廷臣、謝晉翁，未見傳本。按，丹波氏於諸家有引用者。

---

① 第：原作「弟」，據習用法改。後同。

② 見：原脱，據《四庫全書總目》卷一〇五補。

《難經懸解》二卷提要《四庫全書》存目一百五卷。

國朝黄元御撰。《難經》之出，在《素問》之後、《靈樞》之前，誤駁，詳下。故其中所引經文，有今本所不載者。原注：見滑壽《難經本義》。然其文自三國以來不聞有所竄亂，誤駁，詳下。元御亦謂舊本有譌，復多所更定，均所謂我用我法也。以《難經》爲有脱簡者，諸本皆然，非獨黄氏。

《靈樞》爲經，《素問》爲傳，《素問》所引「經曰」多出《靈樞》，此醫家之通論，元、明以來，莫之或易者。《提要》乃以《難經》爲在《内經》之前，不知《難經》所引「經曰」出於《靈樞》者多，《素問》並無其文，何以謂經反在問難之後？《甲乙》從《靈樞》鈔輯而成，《靈樞》爲原書，《甲乙》爲類輯之本。《甲乙》原書不著篇名，今有篇名，皆宋校所加補證。今《靈樞》各有篇名，首尾完具，如前清開四庫館修書，從《永樂大典》輯出之書數百種，而原本尚存者，其篇目、次序、完缺各不相同。《甲乙》爲《大典》輯本，《靈樞》爲佚存原書，今乃謂原本完善，爲由《大典》本采綴而成，真爲悖繆！前人疑《靈》、《素》者，因以爲黄帝時真書，必有以異於戰國以後文字，試問古今究以何書爲真黄帝時手筆耶？以今本《靈樞》爲僞，則必以《甲乙》所録之本爲真矣，試問《甲乙》之所以勝於今本者何在？杭大宗疑心生暗鬼，所指《靈樞》爲僞之諸條件，《靈樞》有之，《甲乙》遂無之耶？凡古今僞書，皆衍空言，不能徵實，如僞古文《尚書》之類是也。《靈樞》所載藏府、經絡、筋骨，較《素問》尤爲徵實，與《考工記》之鈎心鬥角、比寸較尺相同，後人不能僞造一節二節，何況繁重至於八十一篇之巨帙乎？試問《僞書考》中，除一篇一卷空言理數外，再有如此徵實僞書之巨部者乎？蓋六書之文，出於孔子，黄帝古書，全屬依託，不止《靈》、《素》爲然。若以雜有後世事實，書原託祖，記録在後，春秋以上，有何六書古書相傳？今以儒法經、記、傳、問、説、解考之，六門之書，至少必更六傳。如孔子作經，弟子門人作記與大傳。下至漢初，乃以問、説名書。今傳《公》、《穀》，定於武、宣之代，釋書、道藏其例相同。今《靈》、《素》具有六種書體，全書同稱黄、岐。釋伽即著經，又作論説、語録，此必無之事。本書所以不避雷同之嫌，蓋藉以明依託之旨。如盗跖斥仲尼，卞和愧文仲，作者非不知時代不符，特留此破綻，以啟人領悟耳。黄、岐作經，必不能再作傳，即已據經問難，則必在數傳以後。況《靈》、《素》以解、評名篇，至六七見，此豈一人所爲？而皆託於黄、岐，此如《本草》之於神農、《湯液》之於伊尹，託始寓言，非真有古書。不然，試就《全上古三代文》中考之，所有堯舜以前之文字，與戰國有何分别？藉此可以自悟。孔子以前，並無古文之書傳，凡託古人書，皆出孔後。實則《靈》、《素》全出孔門，以人合天，大而九野十二水，爲平天下之大法；小而毛髮支絡，爲治一身之疾病。先知前知，理無違異，不假於解剖，無待於試嘗。弟子撰述，初作經篇，《素問》問難，半成於扁鵲、倉公以後；書雖晚出，不改師傳，故同目黄、岐，以端趨向。故二經凡屬陰陽五行者，爲九流專家之書，乃《尚書》之師說，非專於治病。若治病之書，以經絡藏府爲要，不徒陳五行。今爲分出國病二門、相醫二法，經學得以光明，醫學亦不歧道亡羊矣！

《提要》以《難經》爲真越人，已可怪，至以吕注爲真出三國，則尤爲無識。考《難經》，《新唐書》乃題秦越人，原不足據；吕注亦必出依託無疑。《隋志》注中雖有《七録》有吕注，明言已亡，是吕注《隋志》已不著録，今復有傳本，必後人假託爲之。僞中之僞，此有實據，非空言也。考吕稱吴太醫令，其人與鄭康成、仲景相先後，在叔和、士安之前。仲景書幾亡，而賴叔和以存，吕書乃能附《難經》以獨傳？經至宋始題撰名，而注則早在千載以上，一也。康成、仲景篤守古法，叔和、士安不參異學，雖下至《千金》、《外臺》亦然。吕氏一人，乃於三國時，已創專診兩手之法，經晚而注先，萬無此理，二也。《靈》、《素》二經之主①，今存書以隋楊氏爲最古。單《素問》注，始唐王氏。單《靈樞》注，至明乃有之。而吕氏時代，乃與仲景同遠在隋明千載以上，使果真書，豈非醫門至寶？扁、倉遺法，必多存留。今考吕注，空疏謭漏，順文敷衍，與紀、滑晚出之書有何分别？以此爲真古書，則申培《詩傳》、子夏《詩序》亦真三代漢初之書矣，三也。三國時吴人注書，今所存《國

① 二經之主：疑「主」係「注」字之訛。

語》韋注、陸氏《易説》，與兩漢不甚相遠。今以吕注比韋、陸，何啻霄壤之别，四也。專診兩寸，創於《難經》，丹波元簡、唐容川言之詳矣。唐君①彭縣人。康成之寸口陽明九藏同法，《内經》、仲景於婦女亦診趺陽少陰，吕氏生長其時，何能突改古法，創診兩手？此齊梁以後，婦女不便診喉足，乃立此法以求食。經在叔和以後，注出叔和以前，五也。大抵今本吕注，因《隋志》之文而補撰，《隋志》即僞，此本尤僞中之僞。紀、熊號爲博極羣書，善於甄鑒，以《靈樞》爲僞，吕注爲真，其與三家村學究相去幾何？此則不能曲爲之諱者也。②

① 唐君：二字原作正文，據文意改。

② 此下一段文字全同前一則「違異」以下至末句，顯係錯簡，今删。

《脈虚篇》駁義

俞曲園《廢醫論》第四。《俞樓雜纂》第四十五。

夫醫之可廢，何也？曰醫無所以治病也。醫之治病，其要在脈。考之《周官》疾醫之職曰「參之以九藏之動」，此九候。此即所謂脈也。乃「九藏之動」迄無正解。鄭康成謂正藏五，又有胃、膀胱、大腸、小腸，是以肺、心、肝、脾、腎之外，取六之四而爲九也，吾不知何以舍膽與三焦而不數也。韋昭之説《鄭語》「九紀」也，以正藏及胃、膀胱、腸、膽爲九，蓋合大小腸而一之，故膽得列於九者之中，而三焦則仍不數也。夫人有五藏六府，豈可以意爲去取乎？説詳《十二經動脈表》。然則醫師所謂「參之以九藏之動」者，漢以後固不得其説矣，尚可與言脈乎？不得因噎廢食。以《素問・三部九候論》考之，則知古人診脈，實有九處，分以上九候。上、中、下三部。以下三部。上部天，兩額之動脈；上部地，兩頰之動脈；上部人，耳前之動脈。天以候頭角之氣，地以候口齒之氣，人以候耳目之氣，此上部之三候也。中部天，手太陰也；中部地，手陽明也；中部人，手少陰也。天以候肺，地以候胸中之氣，人以候心，此中部之三候也。下部天，足厥陰也；下部地，足少陰也；下部人，足太陰也。天以候肝，地以候腎，人以候脾胃之氣，此下部之三候也。以九候混三部，誤。説詳《三部診補證》。依此言之，則所謂「參之以九藏之動」者，庶可得其梗概。然其文亦不能無誤。夫下三部既爲足厥陰、足少陰、足太陰，以頭上三部爲陽，手三陰爲中，足三陰爲下，乃俞氏之誤。則中三部自當爲手太陰、手厥陰、手少陰，何以中部地爲手陽明乎？此俞氏之誤。至於三部之所在，亦莫能質言。王冰解下部天則有男女之分，解下部人又有候脾候胃之别，下之三部化爲五部，恐非古法也。此亦俞誤。古法之變壞，蓋始於扁鵲。此指《難經》，不知其爲僞書。太史公曰：「至今天下言脈者，由扁鵲也。」其書漢以下無傳本。其上文言「扁鵲飲長桑君藥，視見垣一方人，以此視病，盡見五藏症結，特以診脈爲名耳」，此於手；厚誣古人。蓋扁鵲治病，初不以脈，故厭古法之煩重而專取之，在望、聞、問，以後之説。此在古法則中三部也。寸口止爲一部，又非三部。扁鵲以中部包上、下兩部，此《難經》之誤。今醫家寸、關、尺三部所由始也。扁鵲本以此爲名，而後人乃奉爲定法，不亦傎歟？駁《難經》，甚是。鄭康成頗知此意，此説是。晉唐大醫皆同，有何扁鵲亂法？故其注「醫師」，以五氣、五聲、五色視其死生。則云「審用此者，莫若扁鵲、倉公」，出《史記》二傳。而於「兩之以九竅之變，參之以九藏之動」，則曰「能專是者，其惟秦和乎」。是鄭君之意，固謂扁鵲不知脈也；誤讀鄭注。而言脈者率由扁鵲，則扁鵲之功在一時，罪在萬世矣。自有作僞之人當之，非真扁鵲。嗚呼！世之醫者莫不曰「吾知所以治病也」，問其所以治病者，曰「脈也」；然而今之三部寸、關、尺。豈古之所謂三部乎？駁是。今之九候，浮、中、沉。豈古之所謂九候乎？吾不知其所以治病者何以。昔王充作《論衡》，有《龍虛》、《雷虛》諸篇，曲園先生本此而作《脈虛》之篇。《脈虛》之篇成，而廢醫之論決。此説未確。醫何可廢？特由此可見《難經》之罪狀耳。

《黄帝八十一難經解題》 日本丹波元堅撰

《難經解題》一篇，先君子所作也，元胤今謹以過庭所受之説併著於録，舉衆説而證之。若其賸義，竊又補之，冠乎拙著之首。

「八十一難」之名，昉見於漢張仲景《傷寒論》自序，序文如真，則所指者即《素問》八十一篇。而梁阮孝緒《七録》有《黄帝衆難經》之目。

《隋書·經籍志》曰：「《黄帝八十一難》二卷。」書當出宋齊之後，楊氏《太素注》稱《黄帝八十一難》，亦引吕注。注：「梁有《黄帝衆難經》一卷，吕博望注，亡。」吕注隋時已亡，今何以又有存本？蓋「衆」乃「八十一」之謂，《集注》題曰《黄帝八十一難經》；《本義》無「黄帝八十一」字，非其舊也。其以「黄帝」冠者，正與《内經》同。

《淮南子》曰：世俗之人，多尊古而賤今，故爲道者必託之於神農、黄帝，而後能入。説詳見於先子《素問解題》。即所謂寓言依託。

《素問·離合真邪論》曰：九九八十一篇，此指《素問》。以起黄鐘數焉。古書多以此爲數，《老子》上卷道經、下卷德經，八十一章，後人分析之誤，今當以類相從，歸復古本。若《難經》則隨手所纂，無須必取八十一之理由，皆誤説。《素》、《靈》、《老子》皆然也。《靈樞》爲經，《素問》爲問，如禮之《服問》、《三年問》，以問立名，是爲傳說。如《公》、《穀》亦當名問，不得名傳。

虞伯圭曰：古人因經設難，或與門人弟子問答，偶得此八十一章耳，《難經》所舉，多不得肯要。《内經》既有明文，則所疑問，當在《内經》之外，答辭亦不能直録經文。此本蓋不知著作之體者所爲。未必經之當難者止此八十一條也。據當難者方問，則不過二、三十條，若仿其體爲之，雖千百條可立成①。此說不可從也。誤說。

陳祥道《禮記講義》曰：《太玄》八十一家，象八十一元士。少則制衆，無則制有，蓋《太玄》取諸太極而已，故其數如此。《太玄》有圖象八十一，不能增，不能減。《老子》之書，終於八十一，可删可合，毫無所以必增，可分八十一之起例②。《難經》止於八十一，皆此意歟？篇數其僞已見。大抵《靈》、《素》與《老子》，皆後人作書必仿古書分析篇章，原本不如此。

王伯厚《困學紀聞》曰：石林謂《太玄》皆《老子》緒餘，老氏道生一，一生二，二生三，三之爲九，故九而九之，爲八十一章。《老子》「三生萬物」别有取義，非立官以三輔一之法。《太玄》以一玄爲三方，自是爲九，而積之爲八十一首。《太玄》必八十一。所指四書，皆無必八十一篇之理由。

---

① 立成：原作「文成」，據文意擬改。

② 此條注語疑有錯訛，或當作「可删可增，可合可分，毫無所以必八十一之起例」。

「難」是「問難」之義。《帝王世紀》云：「黄帝命雷公、岐伯①、論經脈旁通，以雷公先岐伯，尤誤。問難八十一，爲《難經》。」《事物紀原》。○其書初出不言撰人，冠以黄帝，故説者歸之黄帝，直以爲岐、黄所撰，與越人無涉。又，晉時此書尚未出，《世紀》所云，大抵與仲景同，以《素問》八十一篇當之耳，不必指此書也。隋蕭吉《五行大義》、唐李善《文選・七發》注，並引此經文，曰「黄帝八十一問」云，可以證焉。楊氏《太素注》同。唐《藝文志》有《耆婆八十四問》、四當爲「一」字之誤。《許詠六十四問》，此仿六十四卦。蓋本此。皆誤學《太玄》者。

陳振孫《書録解題》載《難經》二卷，曰「難當作去聲讀」。歐陽圭齋曰：「《難經》先秦古文，漢以來《答客難》等作，皆出其後，此書學《客難》耳，實在前。又文字相質難之祖也。」《説難》、《客難》在前，後人仿之，《難經》之名當在開元以後。元胤按：《史記・黄帝本紀》云：「死生之説，存亡之難。」《索隱》：「難，猶説也。凡事是非未盡，假以往來之詞，則曰難。又上文有『死生之説』，故此云『存亡之難』，所以韓非著書，有《説林》、《説難》也。」「八十一難」之「難」，得之其義益明。「難」與「問」同，初名「問」，後乃改爲「難」。《公》、《穀》二傳，皆當名「問」。如《服問》、《三年問》，凡「問」皆此例。有疑義乃問，故發問不易，何氏《解詁》於諸問皆詳其理由，是也。《素問》所以得名者由此。今於《素問》外又加八十一問，不應直録經原文，以爲問答也。

---

① 命雷公岐伯：原作「岐伯雷公伯」，據《事物紀原》卷七改。

或讀爲平聲，非也。

楊玄操序曰：「名爲『八十一難』，以其理趣深遠，非卒易了故也。」僧幻云：《史記附標》載楊氏玄操《音義》，曰：「難，音乃丹切。」黎泰辰序虞庶《難經注》曰：「世傳《黄帝八十一難經》，謂之『難』者，有疑相質問爲難。所説迂曲，不知古書義例。得非以人之五藏六府隱於内，爲邪所干，不可測知，惟以脈理究其彷彿邪？但以脈言，掛一漏萬。醫之爲醫，豈一脈所能盡耶？特《難經》之作，專在變易古經診法耳。若脈有重十二菽者，文出《難經》，各①脈書喜引之。又有如按車蓋凡經文言如者，皆非診脈法。僞《脈經》七表、八裏、九道，皆由此出。而②若循雞羽者，復考内外之證以參校之，不其③難乎！」説迂謬不通。紀天錫進《難經集注》表曰：「秦越人將《黄帝素問》疑難之義八十一篇，重而明之，故曰八十一難。」既曰重作，則不應直鈔原文以爲問答。必於《靈》、《素》二經外，别有疑義乃問；又别有心得，出經原文外者，乃可爲答。○滑壽曰：按歐、虞説，則「難」字當爲去聲，餘皆奴丹切。

此經不詳何人作。何又直以爲越人。隋以上則附之於黄帝。冠以黄帝名，曰《黄帝八十一問》。唐而

---

① 各：原作「名」，據文意擬改。
② 而：原脱，據丹波元胤《中國醫籍考》卷七補。
③ 不其：二字原脱，據《中國醫籍考》卷七補。

降，則屬之於秦越人。唐初猶無此稱。《隋・經籍志》「《黄帝八十一難》二卷」，不題越人，稱越人始《新唐書》。蓋原於《帝王世紀》之説①也。直以爲岐伯、雷公作、黄帝命，則非此書矣。楊玄操以爲秦越人之所作也。楊氏乃唐人，何足依據。

楊玄操序曰：《黄帝八十一難經》者，斯乃勃海秦越人所作也。僞指撰人。越人受長桑君之秘術，遂洞明醫道，至能視徹藏府，刳腸剔心。以其與軒轅時扁鵲相類，乃號之爲扁鵲。軒轅時亦有扁鵲？此不知古書注譯體例之言，更造爲此等僞説，最可恨。又家於盧國，因命之曰盧醫。世或以盧、扁爲二人者，斯實謬矣。按黄帝有《内經》二帙，帙各九卷，而其義幽賾②，殆難窮覽，《素問》即仲景所云《八十一難》，此又别創之書名。越人乃采摘英華，抄撮精要，采英華、撮精要可也，但當如《太素》、《類經》，以爲摘本，不可别立書名，自爲問答，如楊子雲之擬經。二部經内，凡八十一章，除直鈔誤引改易外，有心得發明者，不過一寸、關、尺、浮、中、沉而已。勒成卷軸，既不得云類鈔，又不可云著作。既弘暢聖言，改經背經，差錯脱誤，指不勝屈。故首稱黄帝云。書出晉後。此本原題，非秦越人所知。所説殊謬。元胤按，王惟一集注本亦題曰盧國秦越人撰，蓋據楊玄操之言者。揚子《法言》曰：「扁鵲盧人也，而醫多盧。」

① 説：原作「學」，據衛生出版社《聿修堂醫書選・難經疏證》改。

② 賾：原作「頤」，據衛生出版社《聿修堂醫書選・難經疏證》改。

王勃云：秦越人始定章句。勃序見《文苑英華》，其言迂怪可疑，非真筆。

王勃序曰：《黄帝八十一難》，是醫經之秘録也。昔者岐伯以授黄帝，諸經傳授淵源，自戰國至漢初，不過三百年耳，尚無傳録，此則上下近萬年，師授四十餘代，直爲魔語。黄帝歷九師以授伊尹，伊尹以授湯，湯歷六師以授太公，太公授文王，文王歷九師以授醫和，醫和歷六師以授秦越人，以唐①之中葉偶屬之越人，此更於越人前數千年，造作師傳授受，是有此書，而《靈》、《素》亦無以自立矣。秦越人始定章句，歷九師以授華佗，佗歷六師以授黄公，黄公以授曹夫子。夫子諱元，字真道，自云京兆人也。似此野言，何勞採入！

《舊唐·經籍志》云：「《黄帝八十一難》二卷，秦越人撰。」按：開元中張守節作《史記正義》，於《扁鵲傳》首引楊玄操《難經》序，則玄操開元以前人，而其屬諸越人者，豈創於玄操歟？足見稱秦越人之誤。司馬遷云：天下至今言脈者由扁鵲，鄭康成注亦然。蓋論脈莫精於《難經》，則其説之所以起也。其書專爲改古診但診兩手而作，後人託之越人者，亦以其精於脈也。然謂之扁鵲所作，錢氏作《脈經跋》云，引扁鵲之文並不見於《難經》，所引《難經》之文又不稱扁鵲，其非扁鵲所著無疑。唐而上無説，實爲可疑矣。專與《内經》爲難，是爲巨謬，其書之古不古尚屬餘事。背經反古，即真書亦不足取。八十一難之目，已見於仲景自序此指《素問》，非此書。而叔和《脈經》、所引扁鵲，乃不見於《難經》。士安《甲乙》往往引

①「唐」原在「偶」字下，據文意改。

其文，《甲乙》不引《難經》；有乃《新校正》所補，有明文可據。則漢人所撰。在叔和後，以專診兩手知之。要之不失爲古醫經①，亦何必論其作者！使與《内經》合固無所不可，今改經删經亂經，使真出漢人，亦當屏絶。

《本義》曰：「《史記》越人傳無著《難經》之説。」其文與本傳多迕。《隋書·經籍志》、《唐書·藝文志》俱有「秦越人《新唐書》乃題秦越人。《黄帝八十一難》二卷」之目。又唐諸王侍讀張守節作《史記正義》，於《扁鵲倉公傳》則全引《難經》文以釋其義，後附載四十二難與第一難、三十七難全文。此書唐初俗醫用之，若《千金》、《外臺》，皆鄙夷不屑道，故不見引用。儒生以《靈》、《素》繁難，其書簡要，故喜檢閲。張守節《正義》所引是也。由此，則此古傳以爲越人所作者不誣也。唐初人引稱《黄帝八十一問》，不稱越人。詳其設問之辭②稱「經言」者，出於《素問》、《靈樞》二經，既知宗經，則不違經删經，自創法門，依附影射矣。而見於《靈樞》者尤多。《提要》以《靈樞》爲僞，《難經》爲真，實屬顛倒。亦有二經無所見者，此爲杜撰，以專診兩手爲罪魁。豈越人别有摭於古經耶？從晉《脈經》以皆用《靈》、《素》，無一與此書合者，作僞之迹顯然；書又甚晚出，何嘗别有古經資其摭拾。蓋不足定③，以爲《難

---

① 經：原脱，據《聿修堂醫書選·難經疏證》補。

② 設問之辭：原作「辭設問之難」，據文意改。

③ 蓋不足定：此上疑有脱文。《聿修堂醫書選·難經疏證》作「《經釋》曰：云秦越人著者始見於《新唐書·藝文志》，蓋不定」，當據補、改。

經》爲經別傳者多矣，觀外足知者其誤①。然實兩漢以前書也。此説誤，以與叔和不同。元胤嘗考《素問》，其言雅奧，其理亦精，雖有漢人之所補綴，其書有經論、説解之分，雖託之黄帝，而時代實非一時。其實多周秦古書之文。若《靈樞》，則朱子稱爲淺易，明以後醫皆以《靈樞》爲經，《素問》爲傳，明文具在。自朱子疑《靈樞》，《提要》誤采杭大宗謬説，誤以《靈樞》爲僞。瞽者無與文章之觀，信然。較之《素問》，殆爲雁行，有經、傳之分，尤古奧。而《八十一難》則又其亞也。醫家之有《難》，猶經學之有劉歆，佛學中之有天魔。何者？詳玩其文，語氣稍弱，全類東京，與枚氏古文《尚書》同。然而所説②亦多與東京諸書相出入者。此襲用其語，尤以丹訣爲要領。若元氣之稱，始見於董仲舒《春秋繁露》、楊雄《解嘲》，而至東漢比比稱之；男生於寅，女生於申，《説文》「包」字注、高誘《淮南子》注、《離騷章句》，俱載其説；木所以沉，金所以浮，出於《白虎通》；金生於巳，水生於申，瀉南方火、補北方水之類；並是五行緯説家之言，而《靈》、《素》中未有道及者，特見於此經。其決非出西京人手，可以見矣。「西京」當作「西晉」。書出叔和，後遂牽混叔和，亦專診兩手。且此經當作「書」，不足稱經。診脈之法分以三部，其事約易明，古法自明，經此乃大亂。自張仲景、王叔和輩取而用之，竟以張、王師用《難經》，是全無聞見矣。大抵張、王二書，後人皆以《難經》説參亂之，不分真僞，

① 觀外足知者其誤：此語不可通。或當作「觀此足以知其誤」，俟考。

② 所説：《聿修堂醫書選·難經疏證》作「所記」，似當從。

有此盲談。乃在醫家實爲不磨之矜式。魔鬼横行，必當掃蕩。然徵之《素》、《靈》，業已不同，稽之倉公診籍，亦復不合。則想以其古法隱奥，不遽易辯識，以婦人不便診喉足，故創爲此法，以求食耳。故至東漢，或罕傳其術者，避過叔和，是知叔和真《脈經》不專兩手，不以浮、中、沉分三部。於是高陽生之流①竟以高陽生比之，甚是。以作此一家言者歟？古診法難於施之婦女，求食俗醫乃縮諸部於兩手，以求售其術。後人以爲便於行術故耳，其術大行，而古法全晦；亦如經學中有劉歆，博士舊法遂絶。據《素問》有三部九候之稱，仿②而演之，當作「變而易之」，以全非古法。丁德用曰：「《難經》爲華佗燼餘之文，吴太醫令吕廣重編此經。」此又怪説，足知其僞。王文潔曰：「扁鵲者，軒轅時扁鵲也，隱居巖岳，不登於七人之列，而自作《八十一難經》，以後秦越人注之，經書故稱秦越人扁鵲，是特無稽之談耳。誤認爲真書，故有此論。姚際恒《僞書考》曰：「《傷寒論》序云：『撰用《素問》九卷八十一難。』「八十一難」③者，即指《素問》九卷而言也，六朝人又爲此書，絶可笑。」丹波父子力攻部位寸、關、尺，忽又以爲不刊之典，與徐靈胎同以不得古診法，不得不遷就言之。

---

① 高陽生之流：《聿修堂醫書選·難經疏證》作「時師」。

② 仿：原作「仍」，據《聿修堂醫書選·難經疏證》改。

③ 八十一難：此四字原脱，據《古今僞書考·子類》補。

胡應麟曰：胡氏巧言鼓惑，似是而非，最易誤人。「班《志》：扁鵲有《内經》九卷，《外經》十二卷，或①即今《難經》也。」此説難憑，此經當作「書」。所論，宜加「當」字。一本《内經》之精要，以發其蘊奥，而當作「乃」。較諸《素問》、《靈樞》之義，往往有相詭者，是果何也。《素》、《靈》舊稱古之《内經》，而取兩書較之，亦往往有其義相乖者。《内經》中已如此，又取《素》、《靈》而篇篇較之，其言有前後相畔者，一書中亦復如此，二經原博采異聞，故以「别」爲名者五篇，有正有變，或隱或見，互變交通，而後經義乃可明，又傳寫已久，烏、焉成馬，《素問》得北宋校正，猶可讀，《靈樞》尤爲舛誤，以隋楊氏注本較今本，可證也。胡氏偶因小故，遂欲破壞籓籬，比儗不倫，不足依據。況《難經》雖原《内經》，而其實别是一家言。别是一家，自我作故，可也，何必虚引經名，自安己説，羊質虎皮，招謡巧騙，以爲此無賴之伎倆乎！《春秋》三傳，各異其辭，古之説經立言，率皆爲然，胡氏於經更淺，不知三傳於大端無一與經相迕，所謂不同，皆後人誤解，如杜力求與二傳相反之類。亦何遽取彼舉此，人與人羣，若魑魅魍魎亦引爲同類，則過矣。而至軒輊耶？既知其誤託，又爲此回護，其失與徐氏同。

徐大椿著《難經經釋》，以此經有以《内經》文爲釋者，有悖《内經》文者，有顛倒《内經》文者，掎摭得失而辯駁之。徐氏猶墨守兩手診法，以爲經外别傳，無怪紹翁如此。其實兩家皆攻駁，皆回護。

吴文正公曰：昔之神醫秦越人撰《八十一難》，竟以爲真書，亦屬疏略。後人分其八十一爲十三篇，予嘗慊其分篇之未當，釐而正之。吴氏著書喜言篇次，於經亦然，何況此書！其篇凡六，一至二十

---

① 「或」下原有「云」字，據丹波元胤《難經疏證》删。

二論脈，其書因脈而作，此二十二條尤爲妖妄，當付之丙丁，恐其惑世誣民，故駁而梓之，所謂宣布罪狀。二十三至二十九論經絡，三十至四十七論藏府，此門爲次謬。四十八至六十一論病，六十二至六十八論穴道，六十九至八十一論鍼法。每門皆有誤説，不如論脈之甚。夫秦氏之書，與《内經》、《素》、《靈》相表裏，而論脈、論經絡居初，豈非醫之道所當先明此者歟！一入迷陣，終身不足踰此網羅。予喜讀醫書，以其書之比他書最古①也。」《贈醫士章伯明序》。按，吴氏六篇，視之於楊氏十三類，條理區别，甚爲的當，元以後注《難經》者，未有表章者也。

《本義·彙考》亦論分篇之義，與此約略相類，不及吴氏甄别之精也。

夫《八十一難經》，古今之爲箋釋者，亡慮數十家。若吕廣、楊玄操、虞庶、丁德用，其書雖亡，而王翰林《集注》存其全説。守山閣有刊本。滑伯仁《本義》所注，稍爲妥適，而周仲立、王誠叔、馮玠、袁淳甫、謝堅白、陳廷芝等解，因其纂録，而得概見一二矣。紀齊卿《集注》，則《本義》所援，殊爲僅僅。頃覽宋本《史記·扁倉傳》，其附標多載醫家之言，中有紀注及張潔古《藥注》數十則。共千七百餘字。近代徐大椿《經釋》，以《内經》之文，議《難經》之失，其言雖似乖雅道，實事求是②，頗得尊經之意，以爲乖雅則大謬。書中濬明諸家未發之義

---

① 古：原作「晚」，據《聿修堂醫書選·難經疏證》改。

② 實事求是：原作「是事求實」，今改。

者，亦不爲少①矣。若此數家，其傳於今者，可以爲後學之津梁也，其他則佚者居多。至於明熊宗立、張世賢、王文潔輩，不過剽襲《本義》之説，託名於作者之林耳。客歲戊寅，元胤竊讀此經，以王氏《集注》爲本，識其欄外以諸家之注，備一時之研查。既爲及門之徒講於家塾，奈何病目視短，不可快讀細書，於是别編成一書。起稿於仲冬至日，於今春三月念有五日而始斷手，顔曰《八十一難經疏證》。釐爲二卷，以還《隋書》之舊，且據草廬吴氏之言，劃以六篇。噫！元胤識庸學楛，雖不能以闖聖言之藴奥，評古賢之傳注矣。謹考經文，尋其指歸，旁探羣籍，資爲左證，質以過庭之所受、對牀之所聞，而後反之蔀闇，以竭吾陋。疏可通而闕可疑，必有契於鄙意而止矣。然豈敢謂析理剴切，足以啟幽前秘，擊蒙後生耶？唯在講肄之際，取便繙閲也，覽者勿以贅述見罪，幸甚。文政己卯首夏初二日，東都丹波元胤識。

平案：《難經》之僞，凡深於醫者皆知之，既經徐靈胎著專書攻之，丹波氏猶强爲辯護者，不過以《史記》張守節《正義》引楊玄操序，以爲秦越人耳。使其書早出，《集解》、《索隱》何不引據？今考《正義》引《素問》十一條，《素問》皆無其文；又引《素問》而無《靈樞》，是其於醫學毫無研究可知；又《千金》、《外臺》診法，原書無一與《難經》同者。是

① 不爲少：原作「爲不少」，據丹波氏《疏證》改。

《難經》與《脈訣》世俗雖有流傳，老醫達人皆鄙夷不屑道，《正義》因素不習醫，喜其簡易，故摭拾以塞責。《倉公傳》「以經脈高下及奇絡結」，《正義》引《素問》云：「奇經八脈，《內經》無此名詞。往來舒時，一止而復來，名之曰結。」結本診筋絡名詞，移作診經，僞《脈經》乃有此說。《扁鵲傳》「不待切脈」，《正義》引《素問》云：「待切脈而知病，寸口六脈，三陽三陰」云云；《難經》專診兩手，乃有此說，《素問》固無之。不惟《素問》無其文，且與《素問》冰炭水火之背馳。大抵所引《素問》皆出《難經》，或稱《八十一難》，或稱《素問》，隨手杜造，以至於此。又其所引王叔和數條，皆出今僞本《脈經》中，於《素問》無一引用，於王氏真本《脈經》亦無一引用，則其人耳食浮慕，毫無黑白，不待言矣。又卷末自宋本附有《正義》一千七百餘字，丹波氏以爲中有紀注及張潔古《藥注》數十則，雜鈔醫説，其人皆宋以後，則非《正義》原文可知，且乖注史體例。嘗疑此卷中《正義》爲晚醫所識記，刊本誤以爲《正義》，並非張氏原本所有，故卷末所附一千七百餘字别本乃無之。考史書如《史記》猶多後人附入記識，何況《正義》乎！此《正義》之所以不足爲據也。《太素》之附吕注，疑亦後人記識補入者。

又真《脈經》、《千金》、《外臺》皆有扁鵲診法，今除《史記》本傳及三書外，再爲采補，輯《扁鵲診法》一卷。此書出，而《難經》之真僞自定也。《千金》、《外臺》，其出尚在後，尚且寶貴，以其尊經也。若反經背古，雖真古書又何足取！

《難經舊名考》

梁阮孝緒《七録》有《黄帝衆難經》，不言撰人。

隋《五行大義》引作《黄帝八十一問》，同上。

隋楊氏《太素》引作《黄帝八十一問》，同上。

《隋書·經籍志》作《黄帝八十一難》，同上。

唐李善《文選注》引作《黄帝八十一問》，同上。

唐《周禮》賈氏疏引作《八十一難經》，同上。

唐張守節《正義》引作《黄帝八十一難》，引楊玄操以爲秦越人。

《新唐書·藝文志》：《黄帝八十一難》，秦越人。

日本丹波《疏證》云：「此書不知何人所作。隋以前，歸之黄帝；唐而降，則屬之秦越人。」《新唐書》出於北宋，張《正義》不足據，則當云宋以降屬之秦越人。

難經經釋補證卷上

一難曰：此難專診兩寸，《傷寒·平脈》、僞《脈經》四卷、《千金》二十八卷「平脈」、《翼》二十六卷「色脈」及《脈訣》五僞書，皆祖此立說。○難與問同，故此書初名《八十一問》，如《喪服》有經，有大傳、小傳，有《服問》、《三年問》等篇。凡附經下者皆爲問，《公羊》、《穀梁》是也；別有疑義，據以爲問，師乃引大傳經說以答之，萬無直録經文以爲問者。蓋《素問》之八十一篇，即《傷寒序》之所謂《八十一問》，此又仿爲之，牀上牀，屋上屋，宜其差誤如此。**十二經中皆有動脈，**此古三部九候診法舊説，《三部九候表》詳。**獨取寸口，**獨診寸口，古經傳懸爲厲禁。《素問·徵四失論》云：「卒持寸口，何病能中？妄言作名，爲粗所窮。」又云：「坐持寸口，診不中五脈，百病所起。」張仲景《傷寒序》云：「省疾問病，務在口給，相對斯須，便處湯藥，持寸不及尺，握手不及足，人迎趺陽，三部不參，決診九候，曾無髣髴」云云。蓋以古法論，當遍診十二經動脈，而診脈之法，惟手最便，古之簡脱者，畏諸診繁難，或但診寸口，即爲處方施治；其時只用一指，止診一手，非如此書以十二經脈分排，兩寸必分左右、必詳三部也。古經傳方以專診兩寸爲厲禁，此書乃禁絶諸診，而專重寸口；無人不讀，疑者亦多，而終以爲越人之作，莫敢發難。予曾有《扁鵲診法》輯本，絶無診兩手寸、關、尺之説，則此書之僞，不必繁言而可解矣。**以決五藏**《内經》以藏三陰診於寸口，不分部位，不兼診府脈，以脈之一倍、再倍、三倍，躁静分手足三陰，詳《人寸診圖表》。**六府**經以人迎屬府，寸口屬藏，無「六府」二字。**死生吉凶之法，**寸口以三倍、再倍、一倍分三陰，人迎以三倍、二倍、一倍分三陽，不如「二難」之寸、關、尺部位。**何謂也？**此與經《動輸篇》問寸口脈義同。問答俱已見經矣，不當發問。《公》、《穀》二傳凡言「何謂」，皆弟子據文義有相齟齬者乃發問。故凡問，注家皆有引據之義，非如世俗所謂《公》、《穀》體，凡發語皆加「何謂」於前。此乃無疑而加「何謂」。○經言肺屬五藏，胃主六府，寸口與人迎各别。

徐按：首發一難，即與《靈》、《素》兩經①不合。《素問·三部九候論》，明以頭面諸動脈爲上三部，以兩手之動脈爲中三部，以股足之動脈爲下三部，而結喉旁之人迎脈，往往與寸口並重。詳《人寸診篇》。兩經言之不一。獨診寸口者，乃越人之學也。耑診兩手，創於此書，晉、宋以前無之。自是而後，診法精當改作「亂」。而不備矣。此説誤。診法由《難經》而亂，以致古九種診法皆亡。乃謂之精，蓋由徐氏雖知其誤，而古法别無所得，不得不如此説之。○又按：十二經之動脈，《明堂鍼灸圖》、《甲乙經》諸書，指稱動脈者二十餘穴，然與寸口之動微别。隋楊氏《太素》、唐王氏《素問》注，以經之尺爲尺澤動脈。寸口尺澤，皆手太陰動脈，診兩動脈，屬三部九候法，與寸、關、尺之説迴殊。惟《靈樞·動輸篇》帝問「經脈十二，而手太陰、足少陰、陽明何以獨動不休」，下文岐伯之意，蓋指太陰之經渠、少陰之太谿、陽明之人迎言；則可稱動脈者，惟此三穴，此所謂三部，别有九候。亦用以診候。其餘不過因其微動，以驗穴之真僞，俱不得稱動脈也。此説誤。九候爲《内經》一大法，何言不足爲動脈？仲景屢言趺陽與少陰寸口並稱，則仲景原與《内經》同，今篇中亦雜見寸、關、尺者，蓋爲後人所亂。○此書出宋、齊以後，《唐書》乃始著名越人。書出在王叔和《脈經》後，今本同《難經》者小半，餘皆晉以前古法。

丹波元胤《難經疏證》「案」云：一難至二十二難論脈，是爲第一篇。○十二經動脈，

---

① 經：原作「篇」，據中醫藥出版社《難經經釋》改。

呂楊注詳舉之，今不贅也。丁曰「十二經皆有動脈」者，即在兩手三部各有會動之脈也。此據《脈經》此屬僞卷。配藏府脈位於三部者，誤矣，蓋經中未有此說也。經者取經緯之義，言脈之正行者，故其旁流者謂之絡。絡，猶緯也。

然：寸口者，脈之大會，脈不會於寸口。營衛運行之大會，專指營衛耳，諸脈循行，無會時。又誤解「肺朝百脈」句，經言肺氣潮，遂由孫絡而化氣以成血，非有百脈來朝肺及寸口也。手太陰之脈動也。經渠穴以身度言，稱之爲寸口。人一呼脈行三寸，一吸脈行三寸，呼吸定息，脈行六寸。人一日一夜，凡一萬三千五百息，說詳《營衛運行篇》。脈行五十度，五十營乃半日之數，當作「百營」，說詳《營衛運行篇》。舊說皆誤。周於身。鈔寫經文，顛倒字句，在作者爲《難經》，實乃亂經耳。

徐按：經文明言周身十六丈二尺爲一度，何等明白。今刪去此一句，則「五十度」三字何從算起？作難所以明經也，今直寫經文而又遺其要，則經反晦矣。

丹波按：《素問・經脈別論》曰：「權衡以平，氣口成當作「人」。寸，以決死生。」又《陰陽別論》曰：「帝云：氣口何以獨爲五藏主？岐伯曰：胃者水穀之海，六府之大源也。胃乃主府。五味入口，藏於胃，以養五藏氣，氣口亦太陰也。兼指脾言。是以五藏六府之氣味皆出於胃，見於氣口。」又《玉機真藏論》曰：「五藏者，皆稟氣於胃，胃者，五藏之本。藏氣者，不能自致於手太陰，必因於胃氣，乃至於手太陰也。故五藏各以其時自爲而至於手太陰也。」《靈樞・經脈篇》曰：「經脈者，常不可見也，其虛實也，以氣口知之。」又《動輸篇》曰：「經脈十二，而手太陰、足少陰、陽明獨動不休，何也？」岐伯云：是當作「足」。陽明胃脈①也。胃爲五藏六府之海，四引經文，皆以胃氣爲主，肺之脈行，亦由胃氣。人迎爲胃脈，今專言太陰而竟廢陽明，細考《難經》，其誤自見。其清氣上注於肺，肺氣從太陰而行之，其行也，以息往來。故人一呼脈再動，一吸脈亦再動，呼吸不止，故動而不已。」《說文》曰：「寸，十分也。人手卻一寸動脈，謂之寸口，從又從一。」

漏水下百刻，營衛行陽二十五度，行陰亦二十五度，爲一周也。經文如是，然並行一數，則脈度止八丈一尺。一日分爲四時，每半日行二十五度，每半夜行二十五度，共爲百度，一晝一夜各五十營。如作《難經》，則當發明一刻一度，以合並行一數之義，直鈔經文，不知問難之義。故五十度復會經「會」上有「大」字。於手太陰。四字當爲衍文。○按營衛每度二會，如地球私轉爲小會，五十度爲大會。大會當在子午，午爲腦，子爲外腎。寸口者，五藏六府之所終始，此說於經無文。故法取於寸口也。營順行由肺至肝，逆行由肝至肺，而必交會於督、任，而言交會於寸口，非是。

丹波按：《說文》曰「呼，外息也」，「吸，内息也」，「息，喘也」。《漢書·揚雄傳》注曰：「息，出入氣也。」《周禮·司馬》政官之職挈壺氏：「凡軍事，懸壺以序聚櫜；凡喪，懸壺以代哭者。皆以水火守之，分以晝夜。」注：「以水守壺者，爲沃漏也；以火守壺者，

---

① 陽明胃脈：丹波氏《疏證》無「陽」字。按，此句《鍼灸甲乙經》作「足陽明胃脈也」。

夜則火視刻數也。分以晝夜者，異晝夜漏也。漏之箭晝夜共百刻，冬夏之間，有長短焉，太史立成法，有四十八箭。」《説文》曰：「漏，以銅受水，刻節，晝夜百刻。」○又按：此段大旨原於《靈樞・五十營篇》，而其説營衛之行，取諸乎《靈樞・營衛生會篇》曰：「人受氣於穀，穀入於胃以傳肺，五藏六府，皆以受氣。其清者爲營，濁者爲衛，營在脈中，衛在脈外，營周不休，五十而復大會。陰陽相貫，如環無端，衛氣行於陰二十五度，行於陽二十五度，分爲晝夜。」

二難曰：此難分寸、尺，與楊、王診寸口、尺澤二動脈不同，五僞書皆祖之。脈有尺、寸，仲景、《脈經》三部診頭足，稍讀醫書者皆知之；因婦女不便診頭足，故移頸於寸，縮足於尺。初僅行於婦女，久乃徧用之。何謂也？尺、寸字由寸口、尺澤得名。○此難不分部配藏府，但以前後分陰陽。然：尺寸者，脈之大要會也。此説三僞卷皆有之。三僞卷者，《傷寒》之《辨脈》、《平脈》，《脈經》四卷，《千金》《平脈》、《色脈》。

丹波按：《説文》曰：「尺，十寸也。人手卻十分動脈爲寸口。十寸爲尺，尺所以指尺規榘事也。周制：寸、尺、咫、尋、常、仞諸度量，皆以人之體爲法。」《大戴禮・王言①篇》曰：「布指知寸，布手知尺。」是語固與《靈樞・骨度篇》所謂「肘至腕長一尺二寸半」不合，而此段所分尺寸之法復與《骨度篇》不同，按《説文》，寸即在尺之中，分尺内一寸稱寸口，非十一

① 王言：當作「主言」。

寸、除一寸之外別有一尺也，《疏證》誤。蓋以從尺澤至魚際爲一尺一寸，分尺、寸二部之位也。因欲圓誑，乃加「一寸」二字。從關至尺《内經》有「尺」字，不作是解，至於「關」字，則絕無影響矣。是尺内，陰之所治也；此「尺」字本爲誤，下因寸而言尺，不知尺乃尺澤，故隋唐楊、王二注，皆以《内經》之「尺」字爲尺澤也。從關至魚際是寸口内，陽之所治也。駁已詳《釋尺篇》。

徐按：《内經》有寸口、脈口、尺寸，人迎。而無「關」、「尺」①字。「尺」字多爲「人」、「皮」、「足」之誤。蓋寸口以下通謂之尺口。當作：「蓋寸口爲寸，下至尺澤，乃名爲尺。」若對人迎而言，則尺、寸「寸」下當有「口」字。又通謂之寸「寸」當作「氣」。口、脈口也。○又按：關以上至魚際爲寸，則至尺之「尺」當指尺澤言。尺澤在肘中，約文上動脈。楊注《太素》、王注《素問》，皆以經尺字爲尺澤，並無「關」字，其有者，後人所妄補。○《圖書集成・醫部・紀事》有從尺倒數至中指端爲尺之說，尤怪，皆所不取，故不備載。

故分寸爲尺，分尺爲寸。寸口者，合三部之通稱，所分最混淆，反以爲明曉，不學者烏足言哉！故陰得尺中一寸，陽得寸内九分，尺寸終始，一寸九分，作此書者，當日如以上、中、下立名，則不授人以柄。由寸而稱尺，極不通。二千年來，說者雖巧爲立說，極意求通，然皆不能協人心理，由其根基不固也。故曰尺寸也。「尺寸」二字，不

① 關、尺：據《難經經釋》，無「尺」字。

得如此截配，張介賓駁詳《人寸篇》。徐氏耑用《難經》法，故以爲精而不備；丹波、紹翁亦力闢三部，猶盛推此書。徐氏説誤，文義已不可通，何云精細。

徐按：此分別精細，自是越人所獨得，足以輔翼經文①。

丹波按：「一難」説取寸口之法，此段則更就其中分尺寸之位，而復與「十八難」分三部之説不同，學者不可一例而讀也。丹波不信三部，故爲此説。楊注不察此理，妄引諸家《脈訣》以傅會之，併舉藏府配位之説，爲診候之式，不足爲據。《本義》據孫思邈説云：此《千金・平脈》，後人羼補僞卷。「自肘腕入至魚際爲一尺，十分之爲十寸，取第九分之一寸中爲脈尺位。」若此則更與經旨相左，又不可從也。《千金》不用兩寸診法，詳見藏府《脈論》十卷中。二十八卷《平脈》、《翼》之《色脈》，後人妄補之書。《素問・陰陽應象大論》曰：「按尺人。寸，觀浮沉滑澀，而知病所生。」又《脈要精微論》曰：「尺此尺當爲足，詳《釋尺篇》。內兩傍，則季脇也。」次注：「尺內謂尺澤之內也。」可知啟元不用關、尺説。《靈樞・邪氣藏府病形篇》曰：「脈急者，尺之二字衍文，下同。詳《釋尺篇》。皮膚亦急；脈緩者，尺之。皮膚亦緩。」是皆循按皮膚之法。《內經》未有就寸口分尺位之説，此説甚精，不阿《難經》。學者又不可執彼解此也。紀天錫亦

① 此句原脱，據《難經經釋》補。

辨藏府配位之妄，頗爲精當。藏府配位，在本書已有數説，彼此矛盾。後來改易者無慮十數家，詳《脈法彙考》。

三難曰：關、格詳於《人寸診篇》，此難乃移之兩寸，以脈之長短爲關格，最不通，而五僞書皆祖之。脈有太過，有不及，誤以經之候氣法爲診兩寸名詞。有陰陽相乘，經以人寸分陰陽。有覆有溢，有關有格，「關」、「格」二字，經文專詳人寸比例。何謂也？《難》之謬誤，諸家不應注之，然觀舊注，愈形其謬妄矣。然：關之前者，以寸口分三部位，爲此書第一大罪狀。後人分配，至於十數家不同。陽之動也，移頭三部於寸。脈當見九分二字不知取法。而浮。過者，法曰太過；減者，法曰不及。經之「太過」、「不及」，皆爲候氣法，此書移以説脈，實誤。遂上魚爲溢，爲外關内格，馬張駁之已詳，見《人寸篇》。此陰乘之脈也。但以長短分過、不及，不知「長短」二字爲診絡法，診經不必言長短。

關以後者，陰之動也，移足三部於尺。脈當見一寸而沈。過者，法曰太過；減者，法曰不及。遂入尺爲覆，爲内關外格，此陽乘之脈也。《傷寒》《辨脈》、《平脈》，《千金》《平脈》、《色脈》與《脈經》四僞卷，凡與《難經》同者，皆爲後人所補羼，非原書所有。

吕注：過者，謂脈出過一寸，至一分、二分、三分、四分、五分，此大過之脈也；減者，謂不滿一寸，脈見七分、八分，或六分、五分，此爲不及之脈。《四庫提要》以吕注爲真書，不知乃唐宋人所僞託。通考全書，文氣卑弱，全不似魏晉人語。又，叔和、《肘後》、《病原》、《千金》、《外臺》皆不用兩寸三部説，吕如三國人，更當無之。似此爲《難經》辨護，豈不遺笑。

丹波按：吕注有一脈四名之説，誤矣。書果出三國，當與康成、仲景、叔和真本同，安得有此？此段大旨，診尺寸以詳陰陽相乘之候，而察關格之病也。故其設問，謂古之論脈者，曰太過不及、曰陰陽相乘、曰覆溢、曰關格，若是説來，各有所異否？其答辭始舉關之前後申明陰陽之位，而以過之與減解「大過」、「不及」，爲脈之形勢；以上魚入尺解「覆溢」，爲脈之現體，而後結其義曰：是爲關格之病所成。本文原以關格屬脈，與經同。丹波因馬、張駁以關格爲病之誤，欲争其説，遂竟以此經亦爲説病，誤之甚矣。何則？陰陽各乘其位者，非一脈有四名。其關格之稱，與《内經》同指病候，非爲脈名。關格爲病，不妨存此一説，特與人寸比較，各明一義，欲申此説，遂駁經文，大誤。「三十七難」亦據《靈樞・脈度篇》，爲陰陽俱盛之病矣。《素問・脈要精微論》曰：「陰陽不相應，病名曰關格。」即以爲病亦可。《史・倉公傳》曰：「齊侍御史或自言病頭痛，臣意切其脈，得肝氣。肝氣濁而静，此内關之病也。」又曰：「《脈法》云：『病重而脈順清者曰内關。』内關之病，人不知其所痛。」徐幹《中論》曰：「術之於斯民也，猶内關之疾也，非有痛癢煩苛於身，情志慧然，不覺疾之已深也，然而期日即至，則血氣暴竭。故内關之疾，疾之中夭，而扁鵲之所甚惡也。」是皆陰陽不相營運，人不病而死也。與人寸比較之説懸絶。《傷寒論・平脈法》曰：此乃僞書，後人所羼補，在《難經》後。此是其贓證，乃反據以疑經耶？「寸口脈浮而大，浮爲虚，大爲實，在尺爲關，在寸爲格，關則不得小便，格則吐逆。」是據此段而申明其證者也。此段所診，亦是尺寸二部，《本義》爲三部之義，欠妥。此書既經徐駁，紹翁猶爲辨護。試問：此書除直鈔經文以外，有何妙義，足以補經，不可廢？此書卑弱，在僞古文下，閻、惠諸家，既以考明僞古文之非，世人猶欲存之，以爲皆好語，世久通行，存之有益無害。若《難經》則直如莽、操，人之好樂之者，直以此小書可代《靈》、《素》，讀此，雖不讀《内經》可也。種種誤説，殺人無窮。《内經》之旨沉晦，皆此書爲之厲階。漢賊不兩立，王業不偏安。紹翁所事非人，不能擇主，雖極力爲之斡旋，無如其本不可通何？以諂臣媚子逢迎之法著書，則不如不著之爲愈也。

故曰覆溢是其真藏之脈，以此爲真藏，尤不通。説詳《真藏考》。人不病而死也。真藏之説，經本屬死證，特推求真藏以訂短期。非診脈法，亦無無病而言真藏之説。此以關格爲脈名，與經同，「三十七難」以爲病名，與此矛盾。○題目曰有陰陽相乘、有覆有溢、有關有格，何其答辭云「陰陽相乘，即爲關格」之互注？不如直寫經文，不另立寸、關、尺也。

徐案：《素問・玉機真藏論》：五藏各有真藏脈，各詳其形，乃胃氣不能與藏氣俱至於手①太陰，故本藏之脈獨見。謂之真藏，並非關格之謂。關格之説，自詳《靈・終始篇》及《素・六節藏象論》，亦並與真藏無干，何得混並？其辨關格，説詳「二十七難」中。

丹波案：《經釋》據《素問・玉機真藏論》五藏各有真藏脈，以此段爲誤，然觀《本義》所解，則其義自通。楊上善《太素注》曰：「無餘物和雜，故名真也。」見於《玉機真藏論新校正》。此誤説。

四難曰：此難以呼吸分五藏。五僞書祖《陰陽別論》等所言「三陰」。「三陰」共有十八等，皆診人寸法，已具詳《人寸篇》，此乃移之兩寸，無非欲立新法，而不顧經文與義理之安否也。脈有陰陽之法，楊注《太素》以人迎爲陽，寸口爲

① 手：原脱，據《難經經釋》補。

陰，不於寸部分陰陽。何謂也？然：呼出心與肺，肺、心合上。吸入腎讀作膽。與肝，肝、膽合下。呼吸之間，强辭。以呼吸分配藏象，亦爲此書所創。然則上全主呼不吸，下全主吸不呼，有此理乎？凡有吸者必呼，呼者必吸，不能截分兩截，此等怪説，人顧盛稱之，不解是何理由。脾受穀味也。此經三隧之説。○《傷寒·辨脈篇》「呼吸者，脈之頭也」，亦由此轉相販賣。經以呼吸言脈之行動至數，人有口鼻，不必十二經藏府各有一口鼻。又分上、下，上者呼而不吸，下者吸而不呼，此種盲談，無益有損。

徐按：「受穀味」三字，亦屬贅辭。

丹波按：《經釋》以「受穀味」三字爲贅辭，其説似有理。

其脈在中，浮者陽也，沉者陰也，人迎爲陽，寸口爲陰。此不從部位，以脈象易之。故曰陰陽也。萬類萬物，一氣浮沉，爲之正解。心肺俱浮，何以别之？此以浮沉分上下，下又以浮沉分藏府。○藏止五，不言包絡命門。然：浮而大散者，下六脈無此二名。心也；浮診皮名詞。而短澀診絡皮名詞。者，專診寸口，盡廢古法，於是以皮絡筋四方人寸各種診法名詞，全歸之兩寸太陰經脈，無論其可解不可解。如僞《脈經》七表八裏九道二十四脈、濱湖二十七脈之類，遺誤至今。此爲改羼脈名，又爲此書一大罪狀。自移改各種診法名詞，同歸診兩寸經脈，雖徐靈胎、丹波元簡亦受其迷罔，不能自立。肺也。以急、大、緩、澀、沉配五藏，最怪。腎肝俱沉，何以别之？然：牢而長者，肝也；按之濡，評脈名詞。舉指來實者，下六脈無此名。腎也。脾者中州，故其脈在中。以上中下九候爲浮、中、沉，真不可解。是陰陽之法也。經以陰陽爲藏府，此以爲脈體之别。脈有一陰以一陰爲主之三等。

一陽，一陰二陽，一陰三陽；說詳《人寸篇》。有一陽一陽爲主之三等。一陰，一陽二陰①，一陽三陰。經尚有三陰三陽、二陰二陽數等，何以不引而定爲六耶？如此之言，寸口有六脈經共有十八等，以六言之，取配兩手三部耳。俱動耶？此爲人寸合病診法，不以部位分，乃以脈象易之。○今分六脈部位者，實始此。然：此言者，非有六脈俱動也，此條猶不分左心肝腎、右肺脾命。謂浮、沉診經。長、短診絡正名。滑、澀診皮。也。以脈象分六部，不以部地位分。浮者，陽也；滑者，陽也；長者，陽也。以脈象分五藏，陽爲在上藏，陰爲在下藏，真屬奇談。沉者，陰也；短者，陰也；澀者，陰也。經謂人大於寸一二三倍，或寸大於人一二三倍，方是正講。○以此爲基址立七表八裏者，是爲誤盡蒼生矣。所謂一陰一陽者，經謂厥陰病，少陽亦病。謂脈來經凡言來、至者，皆候氣。沉直以兩尺爲沉。而滑也；一陰二陽者，厥陰病，太陽亦病。謂脈來沉滑而長也；一陰三陽者，厥陰病，陽明亦病。謂脈來浮滑而長，以浮滑長配三陽藏。時一沉也。此爲一陰。所謂一陽少陽病。一陰者，厥陰亦病，爲合病。謂脈來浮一陽。而澀一陰。也；一陽二陰者，少陽病，少陰亦病。謂脈來長一陽。而沉、澀二陰。也；一陽三陰者，少陽病，太陰亦病。謂脈來沉、澀而短，以沉、澀、短配三陰。時一浮也。以浮爲陽，一陰三陽，一陽三陰，爲人寸合病候脈之法，非以脈象言之。○徐注過於袒護。各以其經所在，經之所謂三陰三陽指十二經，《内經》明文具在，今乃以六脈象代之。前所指藏止有五，不足以配六脈。太陰爲三陰，陽明爲三陽，又經之明文，非以三陰三陽爲六。脈象陰陽，指人寸藏府，又非以五藏上、下自分陰陽，種種違經背道，且亦不能自圓其

① 此句首原衍「有」字，下句亦然，俱據《難經經釋》刪。

說。名病逆順也。「順逆」二字，不知所指，由不知順逆之有實義也。

五難曰：經之浮沉，何等明切，乃創立菽法，轉成迷罔。凡祖此者皆僞書，可以決定之。脈有輕重，浮沉可言，輕重不可言。何謂也？經無此說。然：初持脈如三菽以菽爲說，《內經》無此文，創於此書。以下《傷寒・辨脈》有之，僞《脈經》有之，《千金》《平脈》、《色脈》有之，皆作俑於此書。之重，與皮毛相得者，肺部也；如六菽之重，與血脈相得者，心部也；如九菽之重，與肌肉相得者，肌肉與血脈，深淺如何分？脾部也；如十二菽之重，浮沉二字，經取物浮於水之象，何等明白！以菽數重輕言之，反使人迷罔。試問自來診浮沉者，誰人實驗菽豆？與筋平者，肝部也；按之至骨，舉指來疾者，無脈不有浮沉，方以寸、關、尺分配六府，又以浮、中、沉分配六藏，教人何所適從？腎部也。經五診法，由皮毛而肉絡，由絡肉而經，由經而筋，由筋而骨。此血脈與肌肉顛倒。故曰輕重也。耑以輕重分配五藏，不但經無此法，而後學者亦不能分。○以浮沉分藏府，特假菽以文飾其非耳。

徐案：《傷寒論・平脈法》此篇全僞，其書主《難經》附仲景，而以分部位改脈名爲最大罪狀。○其書出《難經》後可知。引此數語，稱爲「經說」，其所謂經，疑即《難經》。《傷寒》《辨脈》、《平脈》二篇，與《千金》《色脈》、《平脈》二篇，同爲後人所僞羼，非仲景原書，其所引經即《難經》，其爲唐、宋人僞造無疑。至《難經》之所本，則不知其何所出也。由心自造，以求新異，有何用處！

丹波案：《脈經注》僞卷第一，非叔和書。曰：「菽者，小豆，言脈輕如三小豆之重。」呂氏作大豆，據此，《集注》所引誤脱「大」字也。自生荆棘。考《說文》曰：「尗，豆也，象尗豆生之形也。」《詩・采菽》鄭玄注曰：「菽，大豆也。」又《閟宮》「稙穉菽麥」，《釋文》曰：「菽音叔，大豆也。」《禮・檀弓》「啜叔飲水」，《釋文》曰：「『叔』或作『菽』，音同，大豆也。」蓋古人未以菽爲小豆。《傷寒論》舊注亦曰「菽，小豆」，誤矣。《平脈》爲僞羼，亦祖此說。此段借菽以稱輕重者，特約略言之，謂醫之以指案脈，在病者膚肉上，覺得其有輕重若此也。蓋三部之上各有一菽之重，故合三部而稱三菽，非一部之上，若有三菽之重也。以三乘之，則若六菽之重者，三部各有二菽之重也；九菽之重者，三部各有三菽之重也；十二菽之重者，三部各有四菽之重也。按之至骨，則其深至矣，更不復言輕重矣。東奥服子温良。亦嘗有此說，先子每稱其精核。徒有其說，不能實行。且「難」之意，在以此別五藏，後世又不用此說。虞庶、謝縉孫並謂寸、關、尺各有三菽之重，乃知肺氣之至，餘當以類推之。《本義》曰：「腎不言菽，當如十五菽之重。」此說本於「十六難」呂注。《經釋》曰：「浮而無力爲輕，沉而有力爲重。」其說俱乖經旨。徒亂人意，何必改「浮沉」二字耶！

六難曰：此難以浮沉當藏府。診藏府之法，此書已立有數說，自相矛盾；至於《脈經》僞卷分四十八門，而成魔鬼。脈有陰盛陽虚，陽盛陰虚，人迎大於寸口曰陽盛，寸口大於人迎曰陰盛，詳《經脈篇》。何謂也？本文極爲明白，何須發問，不過欲脈象變藏府之陰陽耳。然：浮以爲陽。之損「損」字與「實」字不對。小，虚。沉陰。之實大，「浮沉」二字變爲名詞矣。故曰陰盛陽虚；以浮沉直代陰陽。沉之損小，浮之實大，故曰陽盛陰虚。是陰陽虚實之意也。陰陽之分，莫大於藏府。虚實，名詞也，若脈正名，皆形容詞。今以「浮沉」二字代陰陽，而以「損小實大」四字爲評脈辭，則浮沉與四名不可同稱廿七脈矣。

七難曰：經言少陽少陽當爲陽明，所謂三陽。之至，《六紀正論》篇連用七十二「至」字，皆候氣法。乍大乍小，乍短乍長；此脾脈法，陽明與太陰相表裏，故如此。陽明當爲少陽。之至，浮大而短；少氣少血，故短。太陽之至，與少陰相表裏。洪大而長；少陽一倍，太陽二倍，宜長。○經凡先言經言氣而後言至者，皆候氣，非診法。診脈不可言至與來、去。○按所引三陽，出《平人氣象論》，而無三陰之文。太陰之至，以下爲《難經》所補。緊大而長；少陰之至，緊細而微；厥陰之至，沉短而敦。「敦」字尤怪。《至真要大論》有三陰三陽，文與此又不同。○顛倒陰陽字義，徐以附和褒注。此六者，是平脈也？凡「至」皆非診脈名詞。將病脈也？

徐案：所引經，見《至真要大論》。經云：「厥陰之至其脈弦，少陰之至其脈鈎，太陰之至其脈沉，少陽之至大而浮，陽明之至短而澀，太陽之至大而長。」又，《平人氣象論》：「太陽脈至，洪大而長；少陽脈至，乍數乍疏，乍短乍長；陽明脈至，浮大而短。」與此大同小異。

俞氏《癸巳類稿·持素持①篇》云：案②《難經》「七難」有「太陰之至，緊大而長；少陰之至，緊小而微；厥陰之至，沉短而敦」，後之論者謂《素問》古本所有，今乃脱落。不知《素問》此條言人迎六陽脈，並無六陰，若寸口六陰，則有弦鈎平體，安得謂肺脾緊大而

---

① 持素持：下「持」字原脱，據《癸巳類稿》卷五補。

② 「案」原在「云」字上，據《癸巳類稿》卷五改。

長？豈不死乎？以此知《難經》不可用，後之《素問》注説，多由之致昧。然：皆王脈也。如此説，亦入運氣法門，非診經脈。其氣此「氣」字最宜著眼。以何月？各王幾日？此候氣法，説詳《運氣篇》。然：冬至之後得甲子，少陽王；此運氣之説，以四時爲五態人之符號，非一人，脈經四時有如此之變。復得甲子，陽明王①；復得甲子，太陽王；復得甲子，太陰王；復得甲子，少陰王；復得甲子，厥陰王。王各六十日，六六三百六十日，以成一歲。此三陽三陰之王時日治病而誤襲運氣之説；誤診脈而言運氣，尤誤中之誤。説詳丹波《素問識》。大要也。脈不因四時變異，詳《四方異論》。此《陰陽大論》中運氣法，引以説脈，則誤矣。

八難專重腎，創立命門名目，皆丹家之説，而竊以爲醫説。《内經》專重胃，此書乃以腎代之，遂致千載迷誤。曰：此「難」推卸寸口，別有生死之原，而不詳診法。寸口脈平而死者，何謂也？經無此文，亦無此理。既專診兩寸，今又以爲無關生死，何也？然：諸十二經既提出腎，則當如經文作「十一經」。脈者，皆係於生氣之原。十二經如十二諸侯，其根原在中宫之督、任。所謂生氣之原者，謂十二經之根本也，督、任如京師、元首。謂腎間動氣也。此陰襲其説，而以腎當之。此五藏六府之本，十二經脈之根，經曰心主，爲十二經之主，謂腦髓。呼吸之門，三焦之原。此即後人命門之説。一名守邪之神。耑重腎，與《上古天真論》不合，非經旨，乃晚近之説。故氣者，此謂宗氣，非氣血之氣。人之根本也，《内經》以胃爲水穀之海，十四經皆資於胃，如東垣之《脾胃論》是也，又以

---

① 「陽明王」下原有「六十日」三字，《難經經釋》所無，當係衍文，因删。

衝脈爲十二經之海，不主腎。根絶則莖葉枯矣。以形言之，胃爲主；以神言之，腦爲主。寸口脈平而死者，生氣獨絶於内也。若三部九候，弁髦寸口猶可也。專診寸口，又以寸口爲無關生死，是非狐埋而狐搰之乎？且既爲生命之原，於寸口外又如何診法？必如仲景之詳少陰乃可，試問何術以求之？

徐按：脈之流行，氣實主之。内則宗氣，外則空氣。未有生氣已絶而寸口脈尚平者，況生氣之絶不絶，亦必診脈而後見。若生氣絶而脈猶平，則生氣自生氣，脈自脈，不相連屬，有是理乎？若《内經》，則必無此語病也。

丹波按：腎間動氣，《補注》、《經釋》爲命門之氣，《本義》爲人所得以生之氣，不若呂注之長矣。呂注：十二經皆係於生氣之原，所謂生氣之原者，爲十二經本原也。夫氣衝之脈者，起於兩腎之間，主氣。故言腎間動氣；挾任脈上至喉咽，通喘息，故云呼吸之門。上係手①三陰三陽爲支，下係足三陰三陽爲根，故聖人引樹以設喻也。呂氏去古不遠，必有師受，且考之經文，其言鑿鑿可據矣。夫腎間則衝脈所出之地，外當乎關元之分，而三焦氣化之所原也。其所稱動氣者何？靜者爲陰，動者爲陽，動氣則陽氣之謂也。《素問·陰陽離合論》曰：「太衝之地，名曰少陰。」《次注》：「太②衝者腎脈與衝脈合而盛大，故曰太衝。」又《舉痛論》曰：「衝脈起於關元，隨腹直

---

① 手：原作「乎」，此與下句「足三陰三陽」對言，據《難經集注》改。

② 太：原作「則」，據丹波氏《疏證》改。

上，寒氣客則脈不通，脈不通則氣因之，故喘動應手矣。」又《骨空論》曰：「衝脈者起於氣衝，並少陰之經俠臍上行。」《靈樞·海論》曰：「衝脈者，爲十二經之海。」《逆順肥瘦篇》曰：「衝脈者，五藏六府之海也，五藏六府皆禀焉。其下者，注少陰之大絡，出於氣街。」《動輸篇》曰：「衝脈者，十二經之海也，與少陰之絡起於腎。」《百病始生篇》曰：「虚邪之中人也，其著於伏衝之脈者，揣之應手而動。」是則衝脈所出之地，在於兩腎之間，實爲十二經脈之根本也，故名曰原。三焦者，原氣之別使也，主通行三氣，經歷於五藏六府。原者，三焦之尊號也。是則與此段之義互相發揮，可見動氣者，衝脈所主之氣，真元之陽，三焦氣化之原，而生命係焉。衝脈俗醫所略，故録丹波説，餘詳《診衝任篇》。楊玄操曰：「腎間動氣，則丹田也。道士思神，比丘坐禪，皆行心氣於臍下者，良爲此也。」是説亦爲有理。苟悦《申鑒》曰：「鄰臍二寸謂之關。關者，所以關藏呼吸之氣，以禀授四氣也，故氣長者以關息①。」是與此段所謂呼吸之門其義相符。丹訣固與醫同，若謂《内經》藏府不備，尚待此書補足，則大誤矣。

九難曰：此又以遲數分藏府，與前以浮沉分藏府重犯，與後以部位分藏府、微甚分藏府者，又重至三犯。且「浮沉」、「遲數」四字，乃診經脈之大名，藉此以知虚實表裏，今以四字當部位，則別無診經脈之正名矣，所以必挪用各種之名詞

---

① 息：原作「息氣」，據《叢書集成初編》本《申鑒》卷三，「氣」字屬下句，因删。

而蒙混之也。何以别知藏府之病耶？人寸診法，經言已詳，何以發此問？○以上皆言藏，此乃及府。然：數者府也，遲者藏也。以「遲數」二字更人、寸二穴。數則爲熱，府病不皆熱，經有虚實之分。遲則爲寒。藏病亦有寒熱不同。諸陽爲熱，諸陰爲寒。總之無一説可通。故以别知藏府之病也。下以六府分配六部，與五藏同。後來以部位分者至於數説相反，皆自以爲是，以無經文可正也。

徐案：以遲數别藏府，亦未盡然。蓋府病亦有遲，而藏病亦有數者。但言其所屬陰陽大概，則可耳。然終有語病。

十難曰：此難又以微、甚分藏府，大抵每「難」皆爲僞五書所祖。詳《脈法删僞篇》。一脈爲十變者，安造此等僞説，徒亂人意，試問杜撰此書之人有絲毫明白事理耶？何謂也？經無「十變」二字，惟有診道十度，與此不同。○此書不工於作僞，使我爲之，必云「十二變」。《内經》「十二」字最多，隨便皆可假借，「十」字則無可依託。然：五邪經之言邪皆指外邪，此乃以五藏自相邪。剛柔剛日五，柔日五。相逢之意也。一脈十變，以五藏言五十變，以十二經言，共百四十四，若加入奇經八脈，則共有二百變。試仿其法，推演細草，非數十紙不能盡，不幾如河洛律吕之圖表乎？甚矣！脈之難學也。假令心脈不知何所指，忽然而出，豈即指左寸耶？急甚者，肝邪以急爲肝，奇。干心也；以甚、微分藏與府，襲《邪氣病形篇》之文而誤者也。心脈微急者，以微爲府。膽邪干小腸也；小腸亦候於心脈。心脈大甚者，以心爲大，奇。心邪心又自相邪。自干心也；自干，尤奇。心脈左寸藏府併候。微大者，小腸邪自干小腸也；又自干，奇。心脈緩甚者，脾邪緩亦爲邪，可怪。干心也；《月令》、《五行傳》、《時則訓》只言四干，此又添出六干。《月令》乃言政令乖時，此言藏府自相干。藏府實同一血肉，如何分五質？如何相干犯？迷於五行家言，乃至於此。心脈微緩者，胃邪干小腸也；此之言干，不分生尅制化，平排五門，奇。〇此又以「甚」、「微」二字分藏府。心脈澀此又以澀爲肺。甚者，肺邪干心也；糾纏五行，至於如此乖謬！後人乃尊之爲經，可怪。心脈微澀者，大腸邪干小腸也；藏干藏，府干府，各不相犯。心脈沉甚者，腎邪干心也；此又以沉爲腎，真屬韓信亂點兵。心脈微沉者，膀胱邪干小腸也。水尅火，此爲正干。五藏各有剛柔邪，又添出「剛」、「柔」二字，山陰道上，令人應接不暇。剛柔本十日之名詞，此又以五府爲剛，五藏爲柔，以十日主十變，故不用十二經也。〇既明有十二藏府之文，止言十變，則當取二藏，試問何藏在取消之例，則以包絡、三焦當之。前八難於十二經獨舉三焦，何其榮幸，至十難而三焦乃獨取消，加厀退淵，三焦亦曾念及乎？故令一脈輒變爲十也。治絲而棼，作種種法，使人顛倒。自此書出，脈法則成幻術矣。

十一難曰：經言此略取《根結篇》。營衛運行，《内經》專篇有七，已極明白，無須再難，所難又非要義。脈不滿五十動經之「五十動」一作「五十營」，專言營衛周行每日夜百刻百周，五十營寤，五十營寐，不指診脈而言。而一止，一藏無氣者，説詳《營衛篇》。何藏也？當爲之答：人藏有五，營衛之行度亦以五分，故舉配以示例，十周爲一藏。亦如《禹貢》田賦之九等，《周禮》封建諸侯之五四三二一，非實數也。然：人吸者隨陰入，呼者因陽出。今吸不能至腎至肝而還，牽引呼吸，已屬臆造，由肝乃至腎，尤爲贅談，全未讀《營衛運行》各篇之言。使稍溜覽《内經》，當不至此。故知一藏無氣者，腎氣先盡也。即以五藏論，人之受病各有不同，何得定爲必腎先無氣？〇貴腎之學，始於魏伯陽。以後必以一藏配十周，已誤解經文，至以腎爲一藏，尤屬誤中之誤。

徐案：《靈·根結篇》「四十動一代，一藏無氣」至「不滿十動一代，五藏無氣」云云，並不指明先絶之藏。蓋必審其何藏受病，則何藏先絶，此定理也。若此所云，則一腎二肝三脾四心五肺，不必以受病之藏爲斷，恐無是理。○又按：以呼吸驗無氣之義未確，若以吸不能至腎，則第五動即當止矣，何以能至四十動而一代耶？

十二難曰：此難以肺心肝腎分内外，與前以浮沉分四藏者同。作此書，心中毫無主見，乃欲創法，自我作故，真無忌憚之小人。釀爲殺劫，千年不衰，其罪豈止白起而已哉！經言《靈樞・九鍼十二原》。「五藏氣脈已絶於内，用鍼者反實其外」，「五藏氣脈已絶於外，用鍼者反實其内」，内外之絶，經文本極明白，無須發問，此欲借經以明其外心肺、内肝腎之僞説耳。何以别之？經以肩胸四末分内外，僞説乃以四藏高下分陰陽内外。然：五藏脈經原作「氣」。已絶於内者，腎肝脈絶於内也，徐駁最明。而醫反補其心肺；五藏脈氣。已絶於外者，心肺脈絶於外也，而醫反補其腎肝。陽絶補陰，陰絶補陽，竟以四藏硬排陰陽。經原文具在，必改之反之，造此無稽之談。是謂實實虚虚，經言實實虚虚者詳矣，絶無以藏自分陰陽，如水火冰炭者。損不足而益有餘。如此死者，醫殺之耳。此書之殺人，亦將如恒河沙數矣。

徐案：《九鍼十二原篇》云：「五藏之氣已絶於内，而用鍼者反實其外，是謂重竭。重竭必死，其死也静。治之者輒反其氣，取腋與膺。五藏之氣已絶於外，而用鍼者反實其内，是謂逆厥。逆厥則必死，其死也躁。治之者反取四末。」蓋内絶爲陰虚，故補腋與膺，以其爲藏氣之所出也；外絶爲陽虚，故補四末，以其爲諸陽之本也。治法曉然可見。今易「氣」字作「脈」字，已屬支離。又以心肺爲外，腎肝爲内。夫既云五藏之脈，則心肺腎肝，皆在其中。乃外絶指心肺，内絶指腎肝，文義如何可曉？夫陰陽内外，各有所當，大抵以人寸藏府分之。不可執定心肺爲外、腎肝爲内之一説也。最乖經旨。要之，五藏分言之則腎肝内而心肺外，合言之則五藏又各有内外也。末數語又徐回護詞，經有明文，必删除之而別創僞説，奈何尚回護之？

吕注：心肺所以在外者，其藏在膈上。上氣外爲營衛，浮行皮膚血脈之中，故言絶於外也。腎肝所以在内者，其藏在膈下，其氣内養筋骨，故言絶於内也。似此注，則注與正文如同出一手，《難經》之文既已卑弱，非漢晉文字，吕注尤爲鄙陋，有同《孟子疏》，何嘗似三國時人語！《七録》有《衆難經》，當屬《素問》别本。吕氏注之梁已亡，後人因以《衆難經》爲即今本《八十一難》，而僞託吕氏名注此。《提要》乃以爲真三國人書，豈非目不識丁哉！

十三難曰：《内經》「脈」字，有總稱，有分屬，總稱無論色皮氣血、經絡筋骨，皆統曰脈。此書盡廢古診法，無論何種名詞，全移之兩寸，創爲種種僞法，以自圓其誑。細考經文，其僞自見。經言見其色而不得其脈，反得相勝之脈當作「色」。者，色乃可定藏府，無此説。即死；經無以一脈定一藏之文，如前之心浮腎沉，其有「毛」、「石」、「弦」、「鈎」字，皆四方符號，非真實脈名。自《難經》專以一脈定一藏，乃有此等僞説，《内經》且爲校者改易矣。得相生之脈當作「色」。者，病即自已。色之與脈，《内經》「脈」字多指皮，有直作「皮」者。當參相應，詳《診皮篇》。爲之奈何？氣口所占地位不多，何必分書之？然：五藏有五色，藏色可定，藏脈不可定。皆見於面，亦當與寸口經之言脈指「絡」，此改作「寸口」。尺内經之「皮」，此改「尺」。相應。診皮詳色、絡、皮三者合診之法，楊氏《太素注》所謂三法也，《診皮篇》詳矣。○所引「尺」字皆「皮」字之本文，徐氏以經有「尺」字，緣此兩誤。蓋經謂「臂多青脈曰脱血」，此指診皮之脈明矣。

徐案：《靈・邪氣藏府病形論》曰：「夫色一。脈絡脈，非經脈。與尺皮。之相應也，《診皮篇》同有此文。如桴鼓影響之相應也。」三法合診。脈指診言，以絡言之。尺指皮膚言，語便穩當。今改「脈」作「寸口」，字義便混雜難曉，此經文之所以不可易也。紹翁以《難經》別有所據者，誤也。蓋以爲真古書，不知實出六朝之僞本。

假令色青，絡色，非面色，下同。詳《診絡篇》。其脈五方之人，各種不同，此「脈」爲總稱，非專指經之動脈，尤非指兩寸。當弦非脈定名，詳《四方異診篇》。下同。而急；以急爲肝藏定脈，誤。色赤，經有稱赤脈者，脈即指色言。其脈經本謂絡，此以經脈當之。浮大而散；以浮、大、散定心脈。色黃，其脈中緩而大；二十七脈中之「緩」，與仲景中風之「緩」本爲病狀言緩，如平脈之「緩」則不爲病，二「緩」不分平脈、病脈者誤。《三指禪》又以此「緩」字造爲種種新法矣。色白，其脈浮澀而短；以澀、短爲肺，與前同。色黑，其脈沉、澀①而滑。與前小異。此所謂五色絡色。之與脈絡形。當參相應也。參，經原讀作「三」，皮、色、絡三法相併，故曰參。今舍皮不數，則貳而非三。

脈數，尺之皮膚亦數；說詳徐駁。脈急，尺之皮膚亦急；說詳《釋尺篇》，茲不贅。脈緩，尺之皮膚亦緩；脈澀，尺之皮膚亦澀；脈滑，尺之皮膚亦滑。尺之皮膚即尺膚，尺膚即皮膚，是此書作時，經已

---

① 澀：《經釋》、《疏證》均作「沉濡」，當從。

誤「皮」作「尺」矣。

徐案：《靈·邪氣藏府病形論》云：「調其脈絡。之緩、急、大、小①、滑、澀，六字爲診皮絡專名詞。而病變定矣。」脈急者，尺之皮膚亦急；即仲景「緊」字，專爲傷寒汗不出之皮膚診法。脈緩者，尺之皮膚亦緩；多汗，皮膚解緩，非和緩之緩。脈減者，尺之皮膚亦減以代「小」字。而少氣；脈大者，尺之皮膚亦賁而起；賁起惟皮絡乃有之。脈滑者，尺之皮膚亦滑；脈澀者，尺之皮膚亦澀。今去「大」、「小」而易「數」字。數者，一息六七至之謂，若皮膚如何能數？此必傳寫之誤，不然，則文義且難通矣。

丹波案：《經釋》曰：「今去經文『大』、『小』字而易『數』字，數者，一息六七至之謂。若皮膚則如何能數？」此説誤矣。《素問·奇病論》曰：「人有尺當作「皮」。脈數甚，專指脈言。筋急而見。」此診筋法。是尺膚亦有數之候也。皮膚不能言數，徐説是，丹波不知「尺」爲字誤耳。

五藏各有聲、色、臭、味，當與寸口、尺內當爲「皮肉」二字之誤，皮診皮肉，肉分即絡也。相應，其不應者，病也。「尺」字不通，又以「内」字綴其下，最怪。○因「皮」而誤「尺」，因「尺」而加「寸」，因「寸」而加「尺内」，後人傳寫之誤乃紊亂至此。

徐案：經文明言得相勝者死，得相生者病已，此明指有病者言也。今云其不應者病

---

①「大小」原在「緩急」上，據《難經經釋》改。

也，似概爲無病者言。下語頗少斟酌。○又案：上文止言色，此處又增出聲、臭、味，而下文又無發明。夫聽五藏所發之聲，猶曰聞，爲四診之一；若臭、味，不知何等辨法，且何以與寸口尺内相應，不更荒唐乎？至《素・金匱真言論》所云臭、味，則以①五藏之本體言，不得與脈相應也。

假令色青，其脈浮澀而短，肺勝我。若大而緩，上脾作緩而大。爲相勝；脾我勝。浮大而散，心我生。若小而滑，上作沉濡而滑。爲相生也。腎生我。○經之言勝，單指剋我者；經之言生，單指生我者。

經言：知一爲下工②，知二爲中工，知三爲上工。上工十全九，中工十全八，下工十全六，此之謂也。

徐案：《靈・邪氣藏府病形篇》云：「善調尺，當作「皮」。者，不待於寸；當作「脈」。善調脈者，不待於色。能參合皮、脈、色三合。而行之者，可以爲上工，上工十全九；行二者爲中工，中工十全八；行一者爲下工，下工十全六。」何等明白。此處將上文三項錯舉不倫。忽云知一知二，若無經文現存，則此語竟難解矣。況此章答語俱屬經文，並無發明，反將經文顛倒錯亂，使文理次序多不連貫。讀者試將《靈樞・邪氣藏府病形篇》一對觀

① 以：原脱，據《難經經釋》補。
② 下工：原作「上工」，據《難經經釋》改。

之，其語病顯然矣。

十四難曰：改遲數作損至，最爲乖謬，而五僞書皆祖之。《脈經》僞卷並造爲黄帝問岐伯損至之語，則更無忌憚矣。脈有損至，經之遲數，最爲明通，且通行已久，何必改易其名？使果文義優勝，猶可言也，今曰損至二字義不相反對，既已取損，下何不曰益，用二卦名，不與遲數符合乎？至於「至」字，與「數」字又絶不相干，點金成鐵，不足以喻之。真謂之無知妄作而已。何謂也？本「遲數」二字，易作「損至」。然：至之脈，一呼再至曰平，三至曰離經，四至曰奪精，五至曰死，六至曰命絶。此至之脈也。何謂損？一呼一至曰離經，再呼一至曰奪精，三呼一至曰死，四呼一至曰命絶。此損之脈也。「損至」二字爲此書所創絶怪名詞，《傷寒·平脈篇》、僞《脈經》、《千金·色脈篇》皆有之，此如贓證，凡有此名皆爲盗，不待煩言而解。

徐案：《素·平人氣象論》云：「人一呼脈一動，一吸脈一動，曰少氣；人一呼脈三動而躁，皮熱曰病温；皮不熱，脈滑曰病風；脈澀曰痺。人一呼脈四動以上曰死，脈絶不至曰死，乍疏乍數曰死。」蓋遲①不過一呼一動，數不過四動以上，若遲至於四呼一至，至至於一呼六至，恐天下未必有此脈也。

至脈從下上，損脈從上下也，此又以「至損」二字代經之「順逆」字，文義絶不通，真如小兒學語。考經文「順逆」字數十百見，爲陰陽營衛運行之大法；唐、宋以後醫家失傳，此義惟楊氏《太素注》最有發明。今類爲一篇，附《營衛運行

① 遲：《經釋》作「損」，當據改。下「四呼一至」之「遲」字同。

篇》中，觀之自明。此等淺陋之書，不足詳細駁之。損脈之爲病此又以損爲損傷之損。一難之中，三易其説，真屬奇談。○閲此書頗似海外妖怪小説，乃醫家奉之爲經，致煬《内經》之竈，有莽、操遂無漢天子，真爲世界怪事。奈何？然：一損損於皮毛，肺。皮聚而毛落；二損損於血脈，心。血脈虚少，不能榮於五藏六府；三損損於肌肉，脾。肌肉消瘦，飲食不能爲肌膚；四損損於筋，肝。筋緩不能自收持；五損損於骨，腎。骨痿不能起於牀。五損陰襲《邪氣藏府病形篇》而改易其文，致與五勞七傷相類。蓋邪氣本言外感，故分五層，此言内傷，則不必由外至内分層數矣。反此者，三字衍。至於脈。收之。病也。丹波元胤云：「至於收病」，當作「至脈之病」也。從上下者，前所謂損脈。骨痿不能起於牀者死；從下上者，前所謂至脈。皮聚而毛落者死。此又以順逆言之。「順逆」二字，無罪可加。治損之法奈何？竟以損爲病名矣。然：損其肺者，益其氣；損其心者，調其營衛；損其脾者，調其飲食，適其寒温；損其肝者，緩其中；損其腎者，益其精。此治損之法也。治以益精氣，調營衛，節飲食，慎寒温，爲治命絶之損；至若平人，當何以衛生耶？

脈有一呼再至，一吸再至；有一呼三至，一吸三至；有一呼四至，一吸四至；有一呼五至，一吸五至；有一呼六至，一吸六至；有一呼一至，一吸一至；有再呼一至，再吸一至。五六至，經無此文，亦無此脈。脈來如此，何以别知其病也？此又以遲數爲損至。一難之中，三易其説。然：脈來一呼再至，一吸再至，不大不小曰平。一呼三至，一吸三至，爲適得病。前大後小，此前後字不知作何解説，以診經脈言，如何能分前後？經之前後，以四方部位言之，此誤襲其説。○凡此怪論，諸家皆無解説，置之不議不論之列，而不知急當芟鋤者也。即頭痛、目眩；以上下爲前後。前小後大，即胸滿、短氣。後大之病。

一呼四至，一吸四至，八九至矣。病欲甚。脈洪大者此别起，不承上文。苦煩滿，沉細者腹中痛，滑者傷熱，澀者中霧露。澀指傷濕，太無理由。一呼五至，一吸五至，十餘至矣。其人當困，脈十餘至，何以下「困」字？沉細夜加，浮大晝加；不大不小，雖困可治；其有大小者，爲難治。脈至十餘至，何以可治？若不承上文大小言所以爲病，何遂加以「難治」二字？皆不可解。一呼六至，一吸六至，爲死脈也。沉細夜死，浮大晝死。

一呼一至，一吸一至，凡十四難中「至」字經文皆「動」字。名曰損，人雖能行，猶當著牀。所以然者，血氣皆不足故也。謂血氣皆不足，是必當補，何以又分遲寒數熱耶？再呼一至，再吸一至，名曰無魂。無魂者當死也，人雖能行，名曰行尸。上寸。部有脈，下趺。部無脈，此又不分明，上、下何所指？經以頭爲上，足爲下，此書寸、關、尺三部，則以寸爲上，尺爲下，此等處最宜分明，乃囫圇過去。其人當吐，不吐者死。經文明言，「上竟上者，胸喉中事也；下竟下者，膝股足脛事也」。故上當作「寸」，下當作「尺」；此本更寸，然一脈相去甚近，不能遂言有無。上寸。部無脈，下趺。部有脈，以有脈無脈言，則當爲異地，並非寸、關、尺三指部位矣。雖困，無能爲害。所以然者，人之有尺，此又指明「尺」字。譬如①樹之有根，枝葉雖枯槁，根本將自生。脈有根本，人有元氣，故知不死。此又貴腎之説，趙氏《醫貫》專主之。

徐案：脈者，根乎元氣以運行者也。元氣未壞，則脈自能漸生；其所以上部之無脈

① 譬如：此二字《經釋》在「人之有尺」上。參下「丹波案」。

者，特因氣血之偶有滯耳，病去則自復也。○按，「上部有脈」以下，又因上文損至之義而極言之，徐亦爲尺寸所囿。以見無脈之故亦①有兩端，不可概定其死也。

丹波案：澀，脈難流利也，何於一息八至中而現之？「譬如」二字，《本義》謂當在「人之有尺」下，此説是矣，然《脈經》亦與經文同。僞卷，鈔襲此書而成。

十五難此論四時脈象，舊説皆誤，詳《四方異診篇》。曰：經言春東方及木形人。脈包其形體藏府性情言。弦，脈本一條，直不待言，弦非脈象，故下加「如」字。後世之所謂弦脈，皆當作「强」，或作「弱」。詳《脈學輯要評》。夏南方火形人。脈經言五態之人，形狀一切，皆爲「脈」字所包。鉤，此爲符號。秋脈毛，冬脈石，指四實相反者，爲四方符號，非脈正名。《脈學輯要評》有專篇論此。是王脈也？「王」字當作「平」，形近而誤，作「如」字讀者，非。將病脈也？與「七難」同。經無「將病脈也」四字。然弦、鉤、毛、石者，四時人之脈不因四時而變。之脈也。四者以此四方曲直輕重相反，借以爲符號，非實指脈象，如鉤脈是也。

春東球與木形人。脈弦者，直正，與鉤曲反。肝，東方五行家説，以東肝②屬東方。木也，此爲陰陽五行家説，爲九流之一，醫學宜有異同。萬物始生，未有枝葉，方生枝葉之時。故其病《内經》作「氣」，下同。之來，濡

① 「亦」下原衍「云」字，據《難經經釋》刪。
② 東肝：此語不辭，上「東」字恐是衍文。

弱此與强緊之説不同。而長，《二十五人篇》、《五態篇》①「東方人長」是也。故曰弦。但取直，與鈎反耳。

夏脈鈎者，屬曲。心南方，以火，心屬南方。火也，五行説。此書過於糾纏，《内經》雖有，然爲醫國法，不專爲醫人言。萬物之所茂，垂枝布葉，皆下曲如鈎，此皆曲説誤答。故其脈之來疾去遲，經之來疾去遲、去遲來疾，皆行鍼候氣之法，用鍼氣至未至可以考驗，其來去有遲數之分。自此書移以爲診寸口名詞，脈一動耳，如何可加來去？又如何可加疾徐？經文不惟遂成贅疣，且如迷藥害人矣！故曰鈎。不能疾徐，爲鈎。〇附會無理。毛、鈎當互易。此接數，故但以二時相反者言，不相間。

秋脈毛者，以輕比。肺，西方，四時本指四方言。金也，萬物之所終，草木何以三方皆取象草木？華葉皆秋而落，其枝獨在，葉即木之毫毛也，枝爲骨幹矣。若毫毛也，附會，可笑。故其脈之來也，脈不能來，言來者皆氣。〇此書多改經「氣」字作「脈」，移候氣之法以診經，所以難通。輕虚以浮，故曰毛。一人之脈，不因四時而變，拘泥此説以殺人者多矣，不得不爲之辨剖。

冬脈石者，取重，又與毛反。腎北方，水也。萬物之所藏，盛冬之時，水凝如石，不過敷寫「石」字題面，冬氣蟄藏，近於石，不必拘泥文字也。故其脈之來，沉濡而滑，故曰石。不與石義合。三字皆水旁，可笑。豈「石」字耑冬日凝水之冰而言耶？此四時《周禮》四官、《王制》四學，皆以四時爲四方。四方無定，四時亦無定，各就其中氣言之耳。之脈也。如有變，奈何？然：春脈弦，東方木形人，多診定爲公式。經但言平人以立法，四方之異

① 五態篇：《内經》無此篇名，疑廖平稱《通天篇》。

同，經不能預定，故以「弦」、「鈎」、「毛」、「石」四字言其相反耳。反者鈎乃與弦反。爲病。本方之人不得本方之脈，與相衡之方同，乃爲反。何謂反？「反」當爲「病」，讀作「謂何病」。然其氣來望氣，非脈。實强，「弦」當作「强」，《三指禪》以强對弱，是也。是謂太過，先天爲太過。病在外；氣來診動脈，有何來去可言？虚微，懸絶之懸爲陰。是謂不及。後天爲不及。病在内。全與弦、鈎不相照應。氣來望氣。厭厭聶聶，如《二十五人篇》之「二十五」叠字，形容詞。○三言來，不言去，何也？如循榆葉，曰平。非診脈，説詳《如字考》。

徐案：《素・平人氣象論》云：「平肝脈來，耎弱招招，如揭長竿末梢，曰肝平。」此爲相人望氣法，《内經》多言相法，「二十五人」、「五態之人」皆是也，《千金》言醫當通相法。此蓋相書望氣法，不可以爲診脈之言。又云：「平肺脈來，厭厭聶聶，如落榆莢，曰肺平。」蓋形容肺脈如毛之義，今引①爲肝平，恐不合。

益②實評脈。而滑，診皮。如循長竿，此候氣法。曰病。急而勁益强，如新張弓弦，曰死。方以弦爲平脈，後人説弦爲新張弓弦，經忽又以爲死脈。總之，非診經脈之名詞，知此則無疑義矣。春脈微弦此説真藏脈有胃氣，故但取微弦。曰平，三合長生。弦多胃氣少曰病，衰病。但弦無胃氣曰死。五行死墓，非人病死。○經文凡四「微」字皆有「胃」字，未若此本置「胃」字於底，冠「微」字於上。春以胃氣爲本。長生。夏脈鈎，經脈無鈎，

① 引：原作「别」，據《難經經釋》改。
② 益：原作「蓋」，據《難經經釋》改。

經惟絡脈言鈎。反者鈎與弦反。爲病。以直爲病，脈乃有曲，即可以得經言外之意矣。何謂反？讀作「謂何病」，下同。惟鈎乃與弦反。然：其氣來實强，望氣。是謂太過，經言太過不及、先天後天，皆運氣候氣。病在外；襲人迎，候府説。氣來虚微，不足。是謂不及，實弦虚微，即《通評虚實篇》評脈之總名詞，可以謂之虚實，不謂之反，作此書者不知「反」字名義。病在内。襲寸口候藏説。實則内外各自有虚實，不能以内外分虚實。其脈來此相人、候氣與行鍼法。累累如環，如循琅玕，凡《内經》言如、言來至，均非診經名詞。曰平。經文本不易解，難解之經，可不必推衍，學者尚務推衍疑難。○四方例舊誤以一人視之，觀其説反覆支離，全不能達其目的，以如四者之分别，足知其誤。來而益數，如雞舉足，曰病。詳「如字考」及《脈學輯要評》。

徐案：《平人氣象論》云：「病心脈來，喘喘連屬，其中微曲，曰心病。」又云：「實而盈數，如雞舉足，曰脾病。」今引爲心脈之病，亦誤。

前曲後居，讀作倨。如操帶鈎，曰死；何嘗有此脈象？○然此死脈，仍用四「弦」、「鈎」、「毛」、「石」之名詞。

夏脈微鈎，曰平；鈎多胃氣少，曰病；但鈎無胃氣，曰死。夏以胃氣爲本。

秋脈微毛，反者爲病。何謂反？毛與石反，豈有毛與微毛可稱反耶？然：其氣來實强，是謂太過，病在外；氣來虚微，是謂不及，病在内。四時當以「小實虚强微」立説，與「弦」、「鈎」、「毛」、「石」四名全不相照，可悟其非。其脈來，藹藹如車蓋，如何是毛象？按之益大，曰平。誤以候氣爲經診，遂使《内經》如梵語貝字，真爲迷罔。

徐案：《平人氣象論》：「平肺脈來，厭厭聶聶，如落榆莢，曰肺平。」前已誤爲心平之脈，此二語則經所無也。○案：仲景《傷寒論·辨脈法》云：「脈藹藹如車蓋者，名曰陽結也。」此又是一義。《辨脈》僞卷。

不上不下，如循雞羽，曰病；按之蕭索，如風吹毛，毛本秋脈，又以爲死脈，何也？曰死；秋脈微毛，曰平；毛多胃氣少，曰病；但毛無胃氣，曰死。秋以胃氣爲本。說詳《五方異診篇》。

冬脈石，反者與毛反。爲病。何謂反？然：其氣來實强，是謂太過，病在外；氣來虛微，是謂不及，病在内。脈來上大下兑，濡滑如雀之啄，曰平；啄啄連屬，其中微曲，曰病。如字下多與相法望氣二十四形狀相同。病、死，五行之氣，不指人身。

徐案：《素·平人氣象論》云：「喘喘累累如鉤，按之而堅，曰腎平。」「來如引葛，按之益堅，曰腎病。」至於如鳥之啄，乃脾之死脈；啄啄連屬，其中微曲，乃心之病脈。不知其何以錯誤至此。

來如解索，去如彈石，曰死。四時爲託名舉例，此亦當爲託名舉例，可知舊説所列，皆屬狂囈。冬脈微石，曰平。冬爲黑道，下之人，五態之水形。石脈當合俄羅人，彙考而定之。石多胃氣少，曰病。但石無胃氣，曰死。冬以胃氣爲本。一説此五行三合生旺病死之説，詳《淮南·天文訓》。

胃者，兩黄道所生之人。水穀之海，主稟四時，皆以胃氣爲本，是謂四時之變病，譬四方。死生之要會也。脾者，中州也，以地爲主，是其本義。○中央不與一物以名之，可悟「弦」、「鉤」、「毛」、「石」四方相反之義。其平和不可得見，衰乃見耳。來如雀之啄，如水之下漏，經云「如屋之漏，如水之流」，此合二句爲一，新撰此詞。是脾衰之見也。

徐案：《平人氣象論》云：「平脾脈來，和柔相離，如雞踐地，曰脾平。」則脾平之脈亦可見也。惟《素・玉機論》云：「脾者，土也，孤藏以灌四方者也。」「善者不可見，惡者可見。」其説或本此。○又按：《平人氣象論》云：「如鳥之距，如屋之漏，如水之流，曰脾死。」則雀啄屋漏，直是死脈，不特衰脈①也。皆視色法。

案：此一難，不過錯引《平人氣象論》及《玉機真藏論》兩篇語，不特無所發明，且與經文有相背處，反足生後學之疑，不知何以謬誤至此。

十六難此書盡廢古診法，而其名辭見於《内經》、仲景、《脈經》者，不能銷納，則以諸名詞移之兩寸。後來變本加厲，創爲七表、八裏、九道二十四名詞。至李濱湖，又以爲二十七脈，丹波父子雖能去三部之誤，而《脈學輯要》亦用二十七脈。此當一切芟鋤，依仿古診法，各歸部位，乃爲得也。曰：脈有三部九候，《内經》明文，《千金》、《外臺》主之。有陰陽，人、寸。有輕毛。重，石。有六十首曲直②，鈎曲弦直。一脈變爲四時；「六十首」當爲「直曲」二字之誤。輕重直曲連文，即「毛」、「石」、「弦」、「鈎」，爲四時變例。離聖久遠，各自是其法，何以别之？上二門古法。

---

① 衰脈：原作「衰病」，據《難經經釋》改。

② 曲直：《難經經釋》無此二字。

輕重曲直，全爲四方法。然：是其病有内外①證。無脈不分内外。其病爲之奈何？然：假令得肝脈，《内經》所謂肝脈，指色氣言。其外證：善潔，面青，色。善怒。其内證：臍左有動氣，凡以動爲病，皆診絡法。按之牢可見牢非脈名。若痛。其病四肢滿，閉淋，溲便難，轉筋。診筋法。有是者肝也，無是者非也。假令得心脈，色氣。其外證：面赤，色。口乾，善笑②。其内證：臍上有動氣，按之牢，若痛。其病煩心，心痛，掌中熱此心主所循之經，非心。而啘。有是者心也，無是者非也。假令得脾脈，色氣。其外證：面黄色。善噫，善思，善味。其内證：當臍有動氣，按之牢，若痛。其病腹脹滿，食不消，體重，節痛，怠惰嗜卧，四肢不收。有是者脾也，無是者非也。假令得肺脈，其外證：面白，善嚔，悲愁不樂，欲哭。其内證：臍右有動氣，按之牢，若痛。其病喘欬，洒淅寒熱。有是者肺也，無是者非也。假令得腎脈，其外證，面黑，善恐，欠。其内證，臍下有動氣，按之牢，若痛。其病逆氣，小腹急痛，泄如下重，足脛寒而逆。《内經》「尺寒」即「足寒」之誤。有是者腎也，無是者非也。黄氏坤載自命太醫，其《四聖心源》以此書爲聖，比於《靈》、《素》，足見其色厲内荏，毫無黑白。此書稍研究醫經，皆有疑義，所作《懸解》就文敷衍，如應聲蟲，半世聲名掃地矣。

① 内外：原作「同外」，據《難經經釋》改。

② 善笑：《經釋》作「喜笑」。

十七難曰：經言病或有死，或有不治自愈，或連年月不已，其生死存亡，可切脈而知之耶？經説生死者衆矣，此難爲贅。然：可盡知也。診病若閉目不欲見人者，脈當得肝脈，經言「肝脈」二字連文者，多指氣色。强急而長，創立脈名，爲此書大罪。而反得肺脈，即所謂不勝之色。浮短而澀者，死也。病若開目而渴，心下牢者，脈當得緊誤讀仲景「緊」字。實而數，而反得沉、澀而微者，死也。病若吐血，復鼽衄血①者，脈當沉細，而反浮大而牢者，以「牢」爲脈名，出《難經》。死也②。若譫言妄語，身當有熱，脈當洪大，而反手足厥冷，此診皮法。脈沉細而微者，死也。病若大腹而洩者，脈當微細而澀，反緊[大]而滑者，澀滑俱診皮法。死也。此脈象定藏府，《内經》無此法。

十八難至此難方言部位，疑爲後人所補，非本書之原文。以部位爲三部之要，不當至此乃言。曰：脈有三部，部有四經。共爲十二經，以分三部九候，二語是。手有太陰、陽明，營衛運行四經第一次。足有太陽、少陰，營衛運行四經第二次。爲上下部，何謂也？經不以手足分上下。然手太陰、陽明金也，肺金在心火上。豈不銷鑠？足少陰、腎。太陽膀胱。水也。以手金爲上，足水爲下，經無此説。設爲此問，欲自發其金水上下之誤説耳。金生水，水流下行而不能上，其部位本有上下，何必以五行説之。故在下部也。此説經無明文。足厥陰、少陽營衛運行四經第三次。終二木相連爲表裏，豈非怪事。木也，《内經》之陰陽五行爲醫國，經説爲九流陰陽五行家之

---

① 血：原作「死」，據《難經經釋》改。

② 死也：二字原脱，據《難經經釋》補。

專門。若專言醫病，則以考核藏府經絡爲實迹，不貴虛談高遠，與夫無當之五行。自此書誤讀《内經》，附會五行，後來醫家遂以談虛爲能事，藏府搆造，經絡穴道，屏而不習，而專言生尅制化，遂使醫學亦如星命家言，糾纏干支，空造色味，畫狗馬難於鬼神，宜其從之者衆也。生手太陽、少陰火。肝膽如何生心？五行之生尅，氣而非形。火炎上行而不能下，故爲上部。即以脈象分，則不言部位。太陰一脈耳，即有三截，如此分配，殊非。駁見《四診心法》。手心主，此書添設命門，以爲六藏，心主已在取銷之例，惟此略見之，亦如人迎，删除未盡。少陽三焦。火，此又連氣説。生足太陰、陽明土，土主中宫，肝下而心包在中。故在中部也。以上與下文不合，當爲更補。此皆五行五行之説，蕭吉《大義》詳矣。在古爲九流之一，乃黄帝政法，非爲醫立此門。子母更相生養者也。《脈經》無包絡，此乃有之，據此，則左爲心包肝，與近法全異。

丹波案：詳經文，唯説以三部配六經之義，而非左右排位之謂也。强爲辨護。然其言曖昧難識，姑舉楊注以解之，是復掠取王氏《脈經》之説而爲解者，其實叵以確據矣。丹波最闢三部之説，故《脈學輯要》不分三部，此處故力爲回護。然三部分六部，無人不以創始此書爲作俑之罪魁。既知其誤，乃爲之掩護，勢必歸咎於無干之叔和矣。丹波頗知研究古書，似此則自欺欺人矣。

脈有三部九候，各何所主之？《内經》大明，何必發問。然：三部者，寸、關、尺也。縮三部於兩手。〇《千金》首九論，第四論診候，本全引《内經》之原文，今本作三部者，寸、關、尺爲淺人所改，下九候則猶是《内經》原文，乃戴同父《脈訣刊誤》云，今考黄帝無此，思邈假託耳，豈不誤哉。九候者，浮、中、沉也。縮九藏於兩寸。〇以下同經文。但既用經之三部，乃易以寸、關、尺，用經之九候，而以爲脈象。昔之古法全絶，專診兩手，此書大罪也。上部法天，主胸以上至頭之有疾也；中部法人，主膈以下至臍之有疾也；下部法地，主臍以下至足之有疾也。審而刺之者也。《脈訣刊誤》云：「《素問》曰人有三部，部有九候，乃各於動脈現處候之，分九候。今《脈訣》所歌，以寸、尺、關三部，每三部内有浮、中、沉三候，浮以候府，中以候胃氣，沉以候藏，通一手三部爲九候也。」

戴元和《脈經刊誤》①引索氏曰：諸家論脈部位，或曰尺寸，或曰寸、關、尺，或曰三寸爲三部，或尺寸三部，通論其不同者，何也？四者皆作俑此書。《素問》言脈之部位，只言尺、寸，尺皆爲字誤，無寸、關、尺之「尺」字。未言關也。關則絶無影響。至扁鵲《難經》六朝僞書，《新唐書·志》乃署越人。乃言有關部，在尺、寸之交。蓋扁鵲假設關位，而寓於尺、寸之交，以爲三部也，其實止有尺、寸而已。隋楊上善、唐王啟元有尺寸之説，以尺爲尺澤，兩動脈同屬手太陰，與寸、關、尺之「尺」，名同實異。逮仲景及王叔和言脈之部位，或以尺、寸通論仲景真書，叔和真卷，皆詳人迎、趺陽、少陰診法，則絶不專診兩手分三部，一定之理。今二書皆有僞卷附行，乃專分寸、關、尺，而不及趺陽、少陰、人迎；真僞有如黑白，一望而知者也。某藏某府受病者，是確言諸藏府之脈只一之意也，各藏診各脈，不在兩手。而合黄帝之説矣。以真卷合《内經》。或以三部分論某藏某府受病者，是假言諸藏府之脈各出之意也，不知根源，爲此依稀之論。乃合扁鵲之説矣。扁鵲書有傳本，今輯爲一卷，與此書全反。今究仲景、叔和，既宗黄帝言，只有尺寸，當曰寸口、趺陽、少陰。又從扁鵲三部之説，何哉？

① 脈經刊誤：當作「脈訣刊誤」。

此說已萬不可通。蓋黃帝言尺寸者，約度之義，誤。扁鵲言三部者，亦約度之義，誤。仲景、叔和所以兼取並用，尤誤。非疑而兩存之也。不知真僞，故爲此調停。○《千金》此見卷首《診候論》中。載黃帝問曰：「何謂三部脈也？」岐伯曰：「寸、關、尺也。」今考黃帝書無此說，淺人改之，下九候仍原文。思邈假託耳。謂《千金》爲假託，則此書之假可知。○通真子曰：「《素問·三部九候論》所述三部，言身之上、中、下三部，非謂寸、關、尺也。」此說凡有目者，皆知辨之，無如積疑太深，故千載不明耳。

徐案：《脈要精微論》：「尺内兩旁，則季脇也；尺當作「足」。外以候腎，尺足。裏以候腹。詳《釋尺篇》。中附上，左外以候肝，内以候鬲；右以候胃，内以候脾。上附上，右外以候肺，内以候胸中；左外以候心，内以候膻中，前以候前，後以候後。」其診法與《難經》、《脈經》互異。迥然不同，說詳《釋尺篇》。此篇所論六經部位，乃《素問·血氣形志論》所謂「足太陽與少陰爲表裏，少陽與厥陰爲表裏，陽明與太陰爲表裏，是爲足陰陽也；手太陽與少陰爲表裏，少陽與心主爲表裏，陽明與太陰爲表裏，是爲手之陰陽也。」以此爲據，而後世《脈經》、僞卷。《脈訣》因之。自宋以下皆主之。但《素問》只言經絡表裏如此，並不指明爲診脈之位，亦並不分手上、足下。今乃以右尺診心主、少陽，及第八難以爲三焦之原，三十九難又謂命門氣與腎通，皆互相證明也。自相矛盾耳，不得爲互證。

案，《三部九候論》「三部」指上部、中部、下部；《千金·診候論》淺人改爲「寸」、「關」、「尺」三字。

九候，謂上部天，兩額之動脈；上部地，兩頰之動脈；上部人，耳前動脈。中部天，手太陰也；中部地，手陽明也；中部人，手少陰也。下部天，足厥陰也；下部地，足少陰也；下部人，足太陰也。《千金·診候論》以上未經改羼，與此同。今乃以寸、關、尺爲三部，以浮、中、沉爲九候，總無一合。變亂古法，作俑專在此書。蓋《内經》診脈之法，脈字總稱，不專指經動脈。其途不一，今訂爲九種。而《難經》則專以寸口爲斷，於是將經中診法盡附會入之，改立名辭，爲一大障。此又别有所得①，不可盡議其非。因婦女不能診頭足，縮之兩寸，非有古書。考《千金》、《外臺》自得。然既取經文以發其議，自當悉本乎經也。徐氏但駁其僞，不能考明古法，故其言如此耳。

丹波案：楊注以後，以此段爲左右三部分配藏府之義，然《内經》誠無之。及《難經》未嘗有其説，實此書所特創。蓋出於《脈經》僞卷第一、二。《兩手六脈所主藏府陰陽逆順篇》此皆承襲此書誤説而作之僞卷。所引《脈法讚》，《傷寒》附「平脈」首段，亦出《脈法讚》，後人以爲仲景原文，其誤同。《千金·平脈》本爲後人羼補，其引《脈法讚》四字句者，僞《脈經》卷一引其首段二十八句，稱爲《脈法讚》；五卷首一段，其後全文，以爲張仲景，今本《傷寒論》所附「平脈論」即以此段爲首。後人以爲仲景原文者，實即《千金·平脈》之《脈法讚》。紀天錫《集注》極辨其碎義難據，實爲精當。凡稍知醫理，無人不疑，特不敢倡言攻之，而移禍於《脈經》也。其實攻《脈經》、《脈訣》，即攻此書也。《脈經》又有《分别三關境界脈候篇》，曰與《内經》

---

① 此又别有所得：《難經經釋》作「此必别有傳授」，當據改。

天懸地隔，與仲景、叔和真卷亦如冰炭水火之不同。寸主射上焦，出皮毛竟手，關主射①中焦腹及腰，尺主射下焦，少腹至足，義與此段同。全祖此書而出，有如贓證，可以覆查。○徐不能出其範圍。紹翁之誤，亦與徐同。《四診心法》所云古法既亡，不得不姑存其説，今既力張古法，則不能仍聽其遺誤矣。

人病有沉滯久積聚，可切脈而知之耶？此等問法，其程度可知。然：診病一本無「病」字。在②右脇有積氣，得肺脈結。結乃《内經》診筋名詞，因廢古診筋法，故以結屬經脈。此廢古診，創脈名，此書大罪狀。脈結甚則積甚，結微則積微。診不得肺脈，而右脇有積氣者，何也？然：肺脈雖不見，右手當沉伏。明以右寸爲肺，而丹波謂其不排三部，何也？其外痼疾同法耶？將異也？然：結者，詳《診筋篇》。脈來去時一止，經言「來」者，爲候氣法。脈動何以分來去？此又移候氣法於診脈之誤。無常數，名曰結也。駁詳《輯要評》。伏當作「沉」。者，脈行筋下也。浮沉，形容脈深淺之詞。伏又何以對浮？脈有定次，何能行筋下？此全不知五診之深淺矣。浮者③，脈在肉上行也。經脈又何能在肉上？經稱絡爲肉分，經不可見，惟絡乃可見。左右表裏，不知所指。法皆如此。假令脈結伏者，不動乃爲伏，非深淺之謂。内無積聚，脈浮結者，外無痼疾；有積聚脈不結伏，有痼疾脈浮結，爲脈不應病，病不應脈，是爲死病也。

① 射：原脱，據《難經經釋》補。
② 在：原作「左」，據《難經經釋》改。
③ 浮者：二字原脱，據《難經經釋》補。

徐案云：「人病」以下至末，與前文不類，疑是五十二、五十五、七十六等難内錯簡。

十九難此難論男女脈異，五僞書皆祖之。曰：經言脈有逆順，經言營衛運行之順者，無慮數十見，唐以後幾無人論及，則由僞《難經》引之，入於魔道耳。男女有恒，而反者，男女脈不相反，此爲誤説。何謂也？然：男子生於寅，此説出《淮南·氾論訓》，經無此文。丹波《考證》以此書多采用漢儒淮南、董子、許、鄭之説，以爲出於晚近，是也。寅爲木，陽也。男女之爲陰陽，誰不知之，何必引寅申立命之説？女子生於申，申爲金，陰也。此推命家所用，詳《五行大義》，移以論脈，真屬張冠李戴。故男脈在關上，女脈在關下。此書之所以作僞，大抵以女子不便三部九候耳。是以男子尺脈恒弱，女子尺脈恒盛，是其常也。反者，男得女脈，女得男脈也。男女之分病證，惟在生殖一門，其餘皆從同。《内經》不言男女異診之法，此書雖有是説，後不能遵用。古法以一指診，則何有尺寸之别，大抵僞創三部於兩寸，而以男女之分爲其點染材料耳。皮之不存，毛將安附？不如一筆删之爲愈。其爲病何如？然：男得女脈爲不足，病在内；左得之病在左，右得之病在右，關分兩片，頗似解剖學説。隨脈言之也。女得男脈爲太過，病在四肢。此等説不足駁。左得之病在左，右得之病在右，隨脈言之，男女若如此反對，則醫法無一可同矣。此之謂也。凡古書言「此之謂也」，上皆古經傳成語，私創謬説，加以此之謂也，爲不識古書文義。

二十難此難言伏匿，五僞書皆祖之。曰：經言脈有伏匿。引經無考。伏匿於何藏而言伏匿耶？因伏加匿，因匿又加藏，文義迂謬。然：謂陰陽更相乘，更相伏也。實止一「伏」字。脈居陰部，陰部當全見陰脈耶？而反陽脈見者，爲陽乘陰也；此以脈象分陰陽，又以部分陰陽。以陰部見陽脈爲伏匿，是陰部有一陰脈居之，而陽部之陽脈又是一物。從陽部到陰部，陰脈畏之而逃避，此等説法，真是全不知脈理者。脈雖時沉、澀而短，此謂陽中伏陰也。脈居陽部，而反陰脈見者，爲①陰乘陽也；謂脈盛變陽可也，不能謂陽脈畏陰伏匿，蓋陰陽只一脈。脈雖時浮滑而長，此謂陰中伏陽也。重陽者狂，重陰者癲，脱陽者見鬼，脱陰者目盲。總之，作此書者不明文義，不知脈理，間引經文，無不誤解錯讀，此難尤無意趣。

徐案：引經言無考。

丹波案：《本義》爲五十九難之錯文，然《脈經》文亦如是。僞《脈經》即由此書鈔襲而成，淺言之爲贓證，深言之爲反狀，有如今日之亂黨違禁危險物，學者當細心偵探。

二十一難問答俱無所取，何必立此一難，不過取盈以湊八十一數目耳。曰：經言僞造經文。能自立法，徑自立法可也，何必挂羊頭賣狗肉！人形病脈不病，曰生；脈病此「病」字重讀，謂死脈。經原有病脈、死脈之分。形不病，曰死。何謂也？然：謝注：答文詞意不屬，似有脱誤。人形病脈不病，非有不病者也。謂息數不應脈數也。拘於寸、關、尺，方有是説。此大法。

徐案：形病脈不病，乃邪氣之受傷猶淺，不能變亂氣血，故生；脈病人不病，則邪氣已深，伏而未發，血氣先亂，故死。何等直切！此答辭甚不中窾，疑有脱誤。〇又按，《傷寒論·平脈法篇》：此篇乃僞書，爲《難經》之子孫，與《千金·平脈》同。「脈病人不病，名曰行尸，以

---

① 爲：原誤作「謂」，今改。

無王氣①，卒眩仆不識人者，短命則死。人病脈不病，名曰內虛，以無穀氣②，雖困無苦。」其義亦明曉。[補]脈病人不病者，內傷證也。元氣之消亡，以漸而至；譬如大木中腐，枝葉如故，其顛可立待也。人病脈不病者，卒有外感，或不嗜食，以致倉廩空虛，困憊若甚，診其脈無狀，蓋藏府血氣未傷也。

二十二難曰：經言脈有是動，絡乃以動爲診候。有所生病，經病。下文以經取之，是也。一脈輒變爲二病者，何也？按《經脈篇》十二經脈皆云「是動則病」云云，下云是主某所生病者，如大腸是主津液所生病③者、胃曰是主血所生病者，乃總結上文之言，以下乃傳記。嘗怪前人解經以「是動」爲一類，「生病」爲一類，文義齟齬，不知乃依僞《難經》所致。撰僞書者託名越人，其不能讀古書，乃如此可笑之甚。○徐注亦分爲二，不知乃結上文之語，下所列病爲傳記，故解不及。然：經言是動者，氣也；所生病者，血也。與原文大反。邪在氣，氣爲是動；邪在血，血爲所生病。經於三焦云「是主氣所生病者」，於胃云「是主血所生病者」，分血、氣於三焦、胃二經，別有十經。蓋經於藏以屬藏，六府則以血氣津液骨脈等代之。氣主呴之，血主濡之。氣留而不行者，爲氣先病也；血

---

① 王氣：原作「主氣」，據《難經經釋》及廣西人民出版社《傷寒雜病論》卷一改。

② 穀氣：《傷寒雜病論》卷一作「穀神」，似當從。

③ 病：此字原脱，據《靈樞》補。

壅而不濡者，爲血後病也。故先爲是動，後所生病①也。生爲經病，動爲絡病，詳《診絡篇》。

徐案：《經脈篇》是動諸病乃本經之病，所生之病則以類推而旁及他經者。經文極明曉，並無二氣分屬之説。馬、張諸家皆有駁義。

《靈樞識》引張云：「動言變也，變則變常而爲病也。如《陰陽應象大論》曰『在變動爲握』、『爲噦』之類，即此之謂。」又引馬云：「是皆肺經所生之病耳。按《難經》二十二難，以是動爲氣，所生爲血，即『動』、『生』二字分爲氣血，乃《難經》之臆説耳。」張云：「按二十二難云云，若乎近理，然細察本篇之義，凡在五藏，則各言藏所生病；凡在六府，則或言氣，或言血，或脈，或筋，或骨，或津液。其所生病，本各有所主，非以『血氣』二字統言十二經者也。《難經》之言非經旨。」志云：「是動者病因於外，所生者病因於內。凡病有因於外者，有因於內者，有因於外而及於內者，有因於內而及於外者，有外內之兼病者。本篇統論藏府經氣，故曰肺手太陰之脈，曰是動，曰所生。治病者當隨其所見之證，以別外內之因，又不必先爲是動，後及所生，而病證之畢具也。」簡按：「馬以此一句爲結文，張則按下節爲解，楊珣則肺下爲句。蓋是動②所生，其義不明晰，亦未知孰是。」

① 後所生病：按《難經經釋》無「病」字。

② 動：此字原脱，據《靈樞識》補。

《脈學輯要評》云：經脈常動不休，不以動爲候；絡不動者也，故以動爲病。考《經脈篇》十二經絡脈之動，各有病狀不同，病由絡分，非以一「動」字可占一定之病。仲景所謂絡脈賁起，非寸脈有此。

又《經脈篇》云：「絡不動者，卒然動者，以邪客之。」以飲酒爲比例，醉後絡漲色紅，跳動爲動，非經脈之動。

經脈本動，動不足以占病，諸家必於動之外，羅致罪名。動之名詞既不能立，其餘皆爲妄説矣。

二十三難曰：手足三陰三陽，脈之度數，可曉以不？然：手三陽之脈，徐注：三陽。《靈・脈度篇》作「六陽」。從手至頭，徐注：手三陽之脈，皆從指末起而終於頭。長五尺，五六合三丈。徐注：五六合兩手言之也。手三陰之脈，從手至胸中，徐注：手三陰之脈，亦從指末起而至胸中。長三尺五寸，三六一丈八尺，五六三尺，合二丈一尺。足三陽之脈，從足至頭，徐注：足三陽從足指起至頭。長八尺，六八四丈八尺。足三陰之脈，從足至胸，徐注：足三陰從足趾、足心起，至胸。長六尺五寸，六六三丈六尺，五六三尺，合三丈九尺。人兩足蹻脈，蹻脈主營衛，故奇。惟此二脈入脈度。從足至目，長七尺五寸，二七一丈四尺，二五一尺，合一丈五尺。徐注：蹻脈屬奇經。○《補證》：兩蹻有四脈，一丈五尺爲兩脈之量數，則以二蹻上下雖分爲二，其在腹中則一也。考解剖，血、氣二管在腹中頸以上，股以下雖分，在中則一，故四脈止以二脈計算。

徐案：蹻脈有陰陽之分，左右共四脈，不知此何所指。徐不知二管上下分歧在腹則一之故。○又按：陰蹻在内不在外。爲少陰在外不在内。之別，此別與經別之絡不同。陽蹻爲太陽之別。謂其相近。《靈・脈度篇》論蹻脈起止，專指陰蹻言，而不及陽蹻，則其長短之數乃陰蹻之數也。徐説大誤，陰陽二蹻在腹中止一脈，故一短一長，合爲一丈五尺。故帝問「蹻脈具有陰陽，蹻分則有四，合則爲二。何脈當其數？據督、任有絡，而蹻亦當有絡。岐伯答曰：男子數其陽，左爲陽爲經，右則爲絡。以右爲經，以左爲絡，四脈分經絡，則同爲二。女子數其陰」。蓋陽蹻與陰蹻雖有内外表裏之殊，其長短亦大約相等者也。按《脈度篇》十四經外，合算二蹻共十六丈二尺，乃十四經中，督、任有絡而二蹻無絡，不合經絡之數，故此以其分者，一爲經，一爲絡，以合十六經、十六絡之數耳。

督脈、任脈，徐注：亦屬奇經。督脈在背，任脈在腹。詳《素・骨空論》。《補證》：督、任有本穴，不爲奇經。奇經八脈，全出此書，《内經》無。各長四尺五寸，督長任短，亦如二蹻，合計折算作二脈，長短同。二四八尺，二五一尺，合九尺。凡脈長十六丈二尺，經云合行，並數前後左右分行折算，止得八丈一尺。此所謂十二經脈長短之數也。舊説就此長短立説，每日止能五十周，不能百周。張氏《類經注》照經立算，乃止得廿五周，皆誤。一刻一周，百刻百周，經云二刻一周者，合十六丈二尺言之，分之則爲一刻一周。詳《營衛運行篇》。○徐注：按，以上皆《脈度篇》原文，全無發明。經脈十二，當作「四」。絡脈十五，亦當作「四」，經絡數同。何始何窮也？然：經脈者，但言經脈，不分衛氣，大誤。行血氣，即營衛。通陰陽，以營於身者也。其始從中焦，注手太陰、由督、任、兩蹻乃至肺。陽明；徐注：營出於中焦，故脈從中焦始。陽明注足陽明、太陰；太陰注手少陰、太陽；太陽注足太陽、少陰；少陰注手心主、少陽；少陽注足少陽、厥陰；厥陰復還注手太陰。尚無字誤，此順行一周之次。

徐按：《靈・營氣篇》論營氣行次如此①，然止論營氣，非論脈也。經文更爲詳備，此則略舉言之，以爲脈之終始。蓋以營行脈中，營氣之行，即脈之行也，義亦可通。

別絡十五，皆因其原，徐注：脈所注爲原。《靈・九鍼十二原篇》云：「原者，五藏之所以稟三百六十五節氣味也。」蓋謂五藏之氣皆會於此，而別絡之氣亦因乎此也。如環無端，轉相灌溉，既曰循環無端，何有獨朝寸口之理。朝「朝」字誤。脈不相朝，此誤讀「肺朝百脈」句而然。百脈指孫絡，肺朝孫絡，非百脈朝肺於寸口。徐注誤。於寸口、人迎，徐注：寸口，見第一難。人迎即左手之寸口脈也。駁義見《人寸比較》。朝，如朝覲之朝，謂會聚於此，復稟氣以出也。○人迎説詳《人寸補證篇》。以左寸爲人迎者，以經之人迎顯著，不能埋没，故存其名而異其實。以處百病而決死生②也。此爲平人常度，診病又見別篇，不必牽混。

丹波案：《靈樞・經脈篇》曰：「經脈者，所以能決死生，處百病，調虛實，不可不通。」《經釋》以處爲揆度，未妥。蓋處者，處分之謂也。《大戴禮・諸侯遷廟篇》曰：「聽其聲，處其氣，考其所爲，觀其所由。」義與此同。

---

① 如此：原作「不如此」，誤衍「不」字，據《難經經釋》删。

② 死生：原作「生死」，據《難經經釋》改。

經云：明知終始，陰陽定矣，何謂也？徐注：見《靈・終始篇》。然：終始者，脈之紀也。徐注：《終始篇》云：「終始者，經脈爲紀。」寸口、人迎，此「人迎」二字兩見，爲刪削未盡者。左爲人迎之説，始於晚近，古無此説，即《難經》亦無此明文。陰陽之氣，通於朝使，徐注：「朝，見上。使，言相爲用也。寸口爲陰，人迎爲陽。」徐注誤，「朝使」二字不可通。如環無端，既曰如環無端，何可言朝？由不熟《運行》，乃有此誤。故曰始也。既曰無端，何有終始？此誤解經文。終者，三陰三陽之脈絶，此又誤引絶脈之「終」，以解此「終」字，大誤。絶則死。死各有形，此別篇言五絶，與脈度無干。故曰終也。此以脈行終始爲五藏絶終之終，大誤。○脈之終始，不過言其行度之起止，與死絶之「終」天懸地隔。

徐案：《靈・終始篇》云：「凡刺之道，畢於終始。明知終始，五藏爲紀，陰陽定矣。」下文云：「陽受氣於四末，陰受氣於五藏，故寫者迎之，補者隨之。」此終始，蓋指十二經之所起止，以迎隨之而補寫焉，非謂氣行爲始，脈絶爲終也。其《終始篇》末，亦載十二經脈絶病形，與《素問・診要經終論》同，此又一義，並非終始之終也，豈可因篇末有十二經經終病形，遂誤以終始之終，爲即此終耶？何其弗深思也！○按：此節人迎，非指兩經所言結喉兩旁之人迎脈也。第一難單舉寸口，則兩手脈俱在①其中。此節兼舉人迎，則右爲寸口，左爲人迎，徐説誤甚。正《脈經》、《脈訣》之所本也。《脈經》、《脈訣》爲後人所亂，如以左

---

① 在：原作「存」，據《難經經釋》改。

右異名，經當有明文。左爲腎，右爲命門，《難經》有明文。○駁詳《人寸診篇》。

滑伯仁曰：《靈樞》第九篇云：「凡刺之理，畢於終始。明知終始，五藏爲紀，陰陽定矣。」又曰：「不病者，脈口人迎應四時也。」「少氣者，脈口人迎，人迎俱少，而不稱尺寸也。」此一節，因上文寸口、人迎處百病、決死生而推言之，謂欲曉知終始於陰陽，爲能定之。蓋以陽經取決於人迎，陰經取決於氣口也。朝使者，朝謂氣血如水潮，經之朝百脈，謂肺主氣，氣蒸鬱久，乃由孫絡吸收，其氣由大絡至經化血耳。應時而灌溉，使謂陰陽相爲用也。始如生物之始，終如生物之窮。欲知生死，脈以候之。陰陽之氣，通於朝使，如環無端，則不病；一或不相朝使，則病矣，況三陰三陽之脈絕乎！絕必死矣。其死之形狀，則具如下篇①。

丹波案：《經釋》曰：《靈樞·終始篇》云：「終始者，經脈爲紀。」此終始蓋指十二經之所起止也，非謂氣行爲始，脈絕爲終也。其《終始篇》篇末亦載十二經脈絕病形，豈因此遂誤以終始之終爲即此終耶？至此亦不能爲之辨護矣！然則著此書固文義不通之人可知。

二十四難曰：手足三陰三陽氣已絕，何以爲候？徐注：候，以證驗之②。可知其吉凶不？

然：足少陰氣絕，則骨枯。徐注：以下皆言其候也。《素·六節藏象論》云：腎「其充在骨」。少陰者，冬脈

① 按，據丹波氏《疏證》，此則乃滑伯仁引「謝氏」語。

② 以證驗之：原作「以寸口驗之」，據《難經經釋》改。

也，伏行而温於骨①髓。徐注：腎脈應冬，其氣斂②藏於内。故骨髓不温，即肉不著骨。骨肉不相親，即肉濡而卻。徐注：濡，即滯也。經作「軟而卻」。卻，退縮也。肉濡而卻，故齒長而枯，徐注：枯，經作「垢」。齒肉卻則齗③上宣，故齒長。枯，不澤也。齒者，骨之餘，故以此驗之。髮無潤澤。徐注：《六節藏象論》：腎，「其華在髮」。無潤澤者，骨先死，戊日篤，己日死。徐注：按《靈·經脈篇》與此章全文所異不過數字，而經文此句之下有「土勝水也」四字，尤明。

足太陰氣絶，則脈不營其口脣。徐注：口脣，經作「肌肉」。口脣者，肌肉之本也。徐注：《六節藏象論》：脾，「其華在脣四面，其充在肌」。脈不營，則肌肉不滑澤；肌肉不滑澤，則肉人中。滿；肉人中。滿則脣反。徐注：滿，浮腫也。肉腫，則脣亦腫而反出於外也。

徐案：《經脈篇》云：「脈不營，則肌肉軟；肌肉軟則舌萎，人中滿；人中滿則脣反。」極爲明白，此云「肉」則難解矣。

脣反，則肉先死。甲日篤，乙日死。徐注：經文有「木勝土也」四字。

足厥陰氣絶，即筋縮引卵與舌卷。徐注：引，牽引也。《經脈篇》云：厥陰之脈，「循陰器」。又云「循喉嚨

---

① 骨：原脱，據《難經經釋》補。
② 斂：原作「故」，據《難經經釋》改。
③ 齗：原作「斷」，據《難經經釋》改。

之後」,又云「環脣内」。《六節藏象論》云：肝,「其華在爪,其充在筋」。厥陰者,肝脈也。肝者,筋之合也。筋者,聚於陰器而絡於舌本。徐注：《素問・厥論》：「前陰者,宗筋之所聚。」故脈不營則筋縮急,筋縮急,即引卵與舌①,故舌卷卵縮,此筋先死。庚日篤,辛日死。徐注：經文有「金勝木也」四字。

手太陰氣絶,即皮毛焦。徐注：《六節藏象論》云：肺,「其華在毛,其充在皮」。太陰者,肺也,行氣温於皮毛者也。氣弗營,則皮毛焦;皮毛焦,則津液去;津液去,則皮節傷;皮節傷,則皮枯毛折;徐注：皮枯之皮,經文作「爪」。折,萎也。毛折者,則毛先死。丙日篤,丁日死。徐注：經文有「火勝金也」四字。

手少陰氣絶,則脈不通;脈不通,則血不流;徐注：《六節藏象論》：心②,「其華在面,其充在血脈」。血不流,則色澤去,故面色黑如黧。此血先死。壬日篤,癸日死。徐注：經文有「水勝火也」句。

三陰氣俱絶,則目眩轉、目瞑。徐注：《靈・大惑論》云：「五藏六府之精,皆上注於目而爲之精。」前二十難云「脱陰者目盲」,亦此意也。眩,經作「玄」。○按：三陰,經作「五陰」,蓋胞絡與心同候也,故經文亦無手厥陰之候。目瞑者爲失志,徐注：《靈・大惑論》云：「目者,五藏六府之精也,營衛魂魄之所常營也,神氣之所生也。故神勞則魂魄散,志意亂。」失志者,則志先死,死即目眩也。徐注：經文作「志先死,則遠一日半死矣」。

---

① 「舌」下原衍「本」字,據《難經經釋》删。

② 心：原脱,據《難經經釋》補。

六陽氣俱絶，則陰與陽相離；徐注：陽不附於陰也。陰陽相離，則腠理泄，絶汗乃出，徐注：《靈・終始篇》：「太陽終者，絶皮乃絶汗，絶汗則終矣。」大如貫珠，轉出不流，徐注：此二句明絶汗之狀，此經文之所無也。即氣先死。徐注：氣屬於陽也。旦占夕死，夕占旦死。

徐案：《靈・經脈篇》無三陽分候之法，止有總論六陽氣絶一段，若《終始篇》及《素・診要經終論》俱有三陽絶候法；今既以三陰三陽爲問，則當並引經文以證明之，始爲詳備。〇又按：此篇直是《靈樞・經脈篇》原文，所易不過數字，並無發明。

二十五難曰：有十二經，五藏六府，十一耳，經言心主之官，即謂元首之腦。心當讀作囟，别於十二官，所謂股肱耳目。若肺心之心，與膽對，又爲心，分内腎、外腎爲二，則足數矣。其一經者，何等經也？徐注：《靈樞・九鍼論》：「五藏：心藏神，肺藏魄，肝藏魂，脾藏意，腎藏精與志也。」六府：小腸、大腸、胃、膽、膀胱、三焦，主出納水穀，如府庫之司出入，故曰府也。〇藏府腦與心同名，内外腎又同名，五六合十二，必有一同名者。腦在十二經之外，心主即内腎，與外腎同名，分則爲二。舊以心外黄脂爲包絡，非也。然：一經者，手少陰心。與心主别脈也。非一藏，名目相似耳。〇人心當爲腦，心爲小心，包絡、心主爲内腎，合膽爲六藏。心爲一藏，腦之宫城，内腎又爲一藏，以外腎與膽易，則爲六藏矣。腦爲藏，經有明文，即《書》之「元首」，西人之説是也。心包内腎屬於腦，能代腦行事，兩枚如二伯然。心主與三焦爲表裏。徐注：《靈・九鍼論》：「足陽明、太陰爲表裏，少陽、厥陰爲表裏，太陽、少陰爲表裏，手陽明、太陰爲表裏，少陽、心主爲表裏，太陽、少陰爲表裏。」别脈，謂心主本心之宫城，宜與心爲表裏，乃反别與三焦爲表裏，别爲一經，故成十二經也。三焦：上焦、中焦、下焦也。俱有名而無形，謂其周匝胸背，不如他藏府一地一形，可以實指。若謂以爲無形，作僞書者亦不至是，此又言者之過。故言經有十二也①。

徐案：言三焦爲無形，已屬未當，言手心主爲無形，則斷無是説。心主者，即心包絡，有脂膜以衛心者也。此誤説。安得無形？其所以不得謂之藏者，蓋心主代心當作「腦」。行事，本無所藏，故不以藏名也。以十二經言，藏本六也，因配天地，乃以五、六爲文。《經・六節藏象》外六藏之文多矣，此説殊誤。三焦辨，詳三②十八難。○《難經》言手心主三焦凡八，見第八、三十一、三十六、三十八、三十九、六十二、六十六及此篇，俱當參觀。

二十六難曰：經有十二，絡合督、任爲十四，則經亦當合爲十四，一經配大絡，合爲廿八。絡有十五，絡當作「十四」，言「十五」者，蓋由誤會脾大絡數之。《類經》注又合胃之大絡，以爲十六，皆誤也。餘三絡者，作此書時，十四已誤爲五矣。是何等絡也？徐注：《靈・九鍼十二原篇》云：「經脈十二，絡脈十五，凡二十七氣以上下。」然：有陽絡，有陰絡，有脾之大絡。徐注：《靈・經脈篇》：「脾之大絡，名曰大包③，出淵液下三寸，布胸中。」陽絡者，陽蹻當作「橋」，言丹谿訣者有上下鵲橋之説，即指督、任言，故以督爲陽蹻，任爲陰蹻，若奇經二蹻者，書當誤不至此。○此陽蹻當指督，名同實異。之絡也；陰絡者，陰蹻當指任。之絡也，故絡有十五焉。

---

① 此句原脱，據《難經經釋》補。
② 三：原作「二」，據《難經經釋》改。
③ 大包：原作「大包絡」，據《難經經釋》改。

徐案：十五絡，《靈·經脈篇》明指十二篇之別與督、任之別，及脾之大絡，共十五絡，皆有穴名及病形治法，此以二蹻當之，未知何出。

二十七難曰：脈有奇經八脈，八脈，經無明文。據有穴爲經，無穴爲奇，則奇止有六，督、任有穴，合爲十四經，如滑氏《十四經發揮》是也。不拘於十二經，何謂也？徐注：奇，讀如奇偶之奇，謂無手足配偶如十二經也。詳見下篇。然：有陽維，有陰維，有陽蹻，有陰蹻，有衝，有任有督，有專穴，不得爲奇。有帶之脈。凡此八當作「六」。脈者，經無此稱，創於此書，後人承用不察耳。皆不拘於經，故曰奇讀作寄寓之寄。經八六。脈也。此難八脈有任有督，豈不與上難陽絡陽蹻之絡、陰絡陰蹻之絡相矛盾耶？經有十二，合中數任、督則爲十四。絡有十五，當作「四」。凡二十七當作「八」。○《内經》二十八，以配列星之數。氣，相隨上下，誤中又誤。何獨不拘於經也？謂奇經無本穴，寄行各經，如羈旅傳舍。然：聖人圖設溝渠，通利水道，以備不然。徐注：不然，猶不虞也。○此如十四經各有脈絡，不相差。天雨降下，溝渠溢滿，當此之時，霶霈妄作，此如奇經，可以串通各經，無一定地點。聖人不能復圖也。徐注：此以水道喻人身血脈之道也。此絡脈滿溢，諸經不能復拘也。徐注：言血脈充盛，十二經不足以容之，則溢出而爲奇經，故奇經爲十二經之別脈也。○謂奇經寄行各經，而自無本經道路。

二十八難曰：其奇經八十四經如經星，不動者也，奇脈爲寄行，如緯星之以經爲傳舍。二者行止不同，經緯相反。○「八」當作「六」。脈者，既不拘於十二經，皆何起何繼也？徐注：繼，續也。《脈經》作「繫」。然：督脈者，起於下極之俞，徐注：俞，即穴也。下極，即長强穴，屬督脈，在脊骶骨端。並於脊裏，徐注：脊裏，背脊中也。上至風府，徐注：風府屬督脈，在項上，入髮際一寸，大筋内宛宛中。入屬於腦。徐注：《靈・經脈篇》：「督脈之别，名曰長强，挾膂，上項，散頭上，下當肩胛左右，别走太陽，入貫膂。實則脊强，虚則頭重。」《素問・骨空論》：「督脈者，起於少腹，以下骨中央，女子入繫廷孔，其孔，溺孔之端也。其絡循陰器，合篡間，繞篡後，别繞臀，至少陰，與巨陽中絡者合少陰上股内後廉，貫脊屬腎，與太陽起於目内眥，上額交顛上，入絡腦，還出，别下項，循肩髆内，挾脊，抵腰中，入循膂絡腎。其男子循莖下至篡，與女子等。其少腹直上者，貫臍中央，上貫心，入喉，上頤環脣，上繫兩目之下中央。此生病從少腹上，衝心而痛，不得前後，爲衝疝。其女子不孕，癃，痔，遺溺，嗌乾。」○經脈凡言絡某者爲表裏，屬某者爲本藏。此言屬腦，即以督脈屬腦，爲腦之經脈。

任脈者，《太素・任脈篇》有引吕廣注《八十一難》與皇甫謐等語百餘字，證以《甲乙》，皆爲宋《新校正》語。考當時校正《素問》、《傷寒》、《脈經》、《金匱》、《甲乙》、《太素》、《千金》、《外臺》，《素問》校語最詳，《傷寒》、《甲乙》、《脈經》有可考，此書皆混入正文，不可分别，非楊氏當時已師用《八十一難》也。起於中極之下，徐注：中極穴，屬任脈，在臍下四寸。中極之下，蓋指會陰穴也。以上至毛際，徐注：前陰之上。循腹裏，徐注：即中極穴。上關元，徐注：關元穴，在臍下三寸。至咽喉。徐注：《素問・骨空論》「至咽喉」之下有「上頤循面入目」六字。《靈・經脈篇》：「任脈之别，名曰尾翳，下鳩尾，散於腹。實則腹皮痛，虚則癢搔①。」

衝脈以下爲奇經。以上中央二經，合兩旁爲十四經。者，起於氣衝，徐注：足陽明經穴，在毛際兩旁。並足陽明之經，依傍門户，如旅客。○徐注：《素・痿論》云：「衝脈者，經脈之海，主滲灌谿谷，與陽明合於宗筋，陰陽總宗筋

---

① 癢搔：原作「搔癢」，據《難經經釋》改。

之會，會於氣衝，而陽明爲長，皆屬於帶脈，而絡於督脈。」俠齊上行，至胸中而散。《太素·衝脈注》引吕廣注《八十一難》「本云」至「其義並同也」三百十餘字，與《甲乙》校語同，皆爲宋校語。

徐案：氣衝，《骨空論》作「氣街」，即氣衝別名也。「並足陽明之經」，《素問·骨空論》作「並少陰之經」。《靈·順逆肥瘦論》云：「衝脈者，五藏六府之海也，五藏六府皆禀焉。其上者，出於頏顙，滲諸陽，灌諸精；其下者，注少陰之大絡，出於氣街。」雖陽明與少陰經文互異，然兩經不甚相遠，皆衝脈所過，義無害也。又《靈·五音五味篇》：「衝脈、任脈皆起於胞中，上循背裏，爲經絡之海。」

帶脈者《太素注》「帶脈」下有「八十一難」云云兩行，此宋校語也。○衝、任、督一源而三脈，帶與督合，泰西所謂腦之神氣，筋以脊爲主。起於季脇，徐注：季脇，屬足厥陰章門穴之分。迴身一周。徐注：謂周身圍轉，如人束帶之狀，以束諸脈也。《靈·經別篇》：「足少陰之正，至膕中，別走太陽而合，上至腎，當十四椎出，屬帶脈。」○又按：帶脈穴，在季脇下一寸八分，屬足少陽膽經。

陽蹻脈者，《太素》注「《九卷》與《八十一難》左右並具，兩蹻丈尺義皆同也」百餘字，與《甲乙》宋校語同，非原文也。起於跟中，循外外陽。踝上行，徐注：外踝，大骨下申脈穴。○按：《素·繆刺論》「邪客於足陽蹻之脈，令人目痛，從内眥始，刺外踝之下半寸所」，即此穴也。入風池。徐注：風池，在耳後寸半，屬膽經。○陽蹻分左右，經以一脈數其長短者，上下雖分支，中則合爲一也。此脈在腹内，泰西所謂氣管也。十四經絡皆在外，奇經在内，中醫詳外，西人詳内，以離合出入求之則通矣。陰蹻脈者，亦起於跟中，循内踝内陰。上行，徐注：内踝骨下照海穴。至咽喉，交貫衝脈。徐注：衝脈亦至咽喉也。《靈・脈度篇》云：「蹻脈者，少陰之別，起於然骨之後，上内踝之上，直上循陰股入陰，上循胸裏入缺盆，上出人迎之前入頄，屬目内眥，合於太陽、陽蹻而上行，氣並相還，則爲濡目；氣不營，則目不合。」又云：「蹻脈有陰陽，何脈當其數？岐伯曰：男子數其陽，女子數其陰，當數者爲經，其不當數者爲絡也。」○陰蹻與陽蹻同，一主瘖，一主痳，泰西以爲血管。在腹内，故外無穴以求之，而寄蹟於各陰經諸穴也。陽維、陰維者，維絡於身，溢畜，不能環流灌溢諸經者也。徐注：此二句未詳，滑氏《本義》謂當在「十二經亦不能拘之」之下。○按：「維絡於身」之下，必有缺文，後人誤以此二句移入此處，故難通也。故陽維起於諸陽會也，陰維起於諸陰交也。《太素・陰陽維脈篇》注引《八十一難》云：「陽維起①於諸陽之會，則諸陽脈會也；陰維起於諸陰之會，則三陰交也。」當爲宋校語混入正文者。○徐注：按二維之脈，經無明文，其起止蓋不可考。比於聖人圖設溝渠，溝渠滿溢，流於深湖，故聖人不能拘通也。而人脈隆盛，入於八六。脈，而不還周，徐注：不還周，言不復歸於十二周也。故十二四。經亦不能拘之。其受邪氣，畜則腫熱，徐注：言邪氣入於其中，則鬱滯不通，而爲腫、爲熱。砭射之也。徐注：此言治之之法。蓋奇經之脈不能還周，故邪氣無從而出，惟用砭石以射之，則血氣因血以瀉，病乃已也。

二十九難曰：《太素》注奇經皆引《八十一難》，他卷不如此也。奇經之爲病，何如？然：陽維維於陽，徐注：陽，陽經，身之表也。陰維維於陰，徐注：陰，陰經，身之裏也。陰陽不能自相維，則悵然失志，溶溶不能自收持。筋病。陽維爲病，苦寒熱；徐注：陽主外，陽氣不和，故生寒熱也。陰維爲病，苦心

---

① 起：原作「維」，據衛生出版社《内經太素校注》卷一〇改。

痛。徐注：陰主内，心爲少陰，陰氣不和，故心痛也。〇《素問·刺要痛論》曰：「陽維之脈，令人腰痛，痛上怫然腫。刺陽維之脈，脈與太陽合腨下間，去地一尺許。」飛揚之脈，令人腰痛，痛上拂拂然，甚則悲以恐。刺飛揚之脈，在内踝上五寸，少陰之前與陰維之會。

陰蹻爲病，瞀病。陽緩而陰急；徐注：言陽脈弛緩，而陰脈結急也。陽蹻爲病，衛病。陰緩而陽急。徐注：言陰脈弛緩，而陽脈結急也。蓋蹻者，蹻捷之義，故其受病則脈絞急也。〇按《素問·繆刺論》曰：「邪客於足陽蹻之脈，令人目痛。從内眥始，刺外踝之下半寸所。」《靈·熱病篇》：「目中赤①痛，從内眥始，取之陰蹻。」又《寒熱病篇》曰：「足太陽有通頂②入於腦者，正屬目本，名曰眼系，頭目痛取之，在項中兩筋間，入腦乃别。陰蹻、陽蹻，陰陽相交，陽入陰，陰出陽，交於目鋭眥，陽氣盛則瞋目，陰氣盛則瞑目。」以上諸證，皆蹻脈所過之地也，觀前篇論蹻脈起止之法自明。衝之爲病，氣逆而裏急。徐注：「衝脈從氣衝至胸中，故其爲病，氣逆而裏急也。」〇按《素問·舉病論》曰：「寒氣客於衝脈，衝脈起於關元，隨腹直上，寒氣客則脈不通，脈不通則氣因之，故喘動應手。」即此意也。〇衝爲十二經人海，人之宗氣所發，專主生殖事，泰西所謂淋巴管。以腹爲主，而兼行於背。故楊氏《太素》以衝、任、督三脈合爲一也。督之爲病，脊强而厥。徐注：督脈行背，故脊强而厥。厥亦逆也。任之爲病，其内苦結。徐注：結，堅結凝滯也。任脈起胞門行腹，故爲内結。男子爲七疝，徐注：七疝者，一厥、二盤、三寒、四癥、五附、六脈、七氣。或云寒、水、筋、血、氣、狐、㿗也。女子爲瘕聚。徐注：瘕者，假物成形；聚者，凝聚不散也。蓋男陽屬氣，女陰屬血，故病亦殊也。《素問·骨空論》：

① 赤：原作「亦」，據《難經經釋》改。
② 頂：原作「項」，據《難經經釋》改。

「任脈爲病，男子内結七疝，女子帶下瘕聚；衝脈爲病，氣逆裏急；督脈爲病，脊强反折。」與此正同。帶之爲病，腹滿，腰溶溶若坐水中。徐注：帶脈二穴，主治腰腹之疾。溶溶如坐水中，寬慢不收而畏寒也。此奇經八脈之爲病也。

徐案：此章以上，皆論①脈法起止及診候之要。

① 論：原作「診」，據《難經經釋》改。

難經經釋補證卷下

三十難曰：營氣之行，常與衛氣相隨不？徐注：相隨，言相合而並行也。〇分順逆兩路，亦所謂夫婦同道不同途，並非相隨而行。相隨則不能言會，徐誤。喻嘉言竟以營、衛同爲一脈，以内外分名，尤誤。然：經言人受氣於穀，穀入於胃，乃傳於五藏六府，先行督、任。五藏六府皆受於氣。徐注：言受穀氣。其清者爲營，氣化之血。濁者爲衛，穀化之氣。營行脈中，即經脈。衛行脈外。即絡脈。氣不盡入絡中，故言外，與血中對。〇徐注：營主血，故在脈之中；衛主氣，故在脈之外。《素問・痺論》云：「營者，水穀之精氣也，和調於五藏，灑陳①於六府，乃能入於脈也。衛者，水穀之悍氣也，其氣慓疾滑利，不能入於脈也。」營周不息，五十而復大會。五十營而一會，即五十動而不一代之義也。陰陽相貫，如環之無端，大會有二，子在屏翳，午在腦，由督、任乃至十二經，左右並行一數，非由左行已終，乃行於右，故十六丈二尺止作八丈一尺計算，故五十營當爲百營。故知營、衛相隨也。一順一逆，故五十營而一大會，如陰陽家之九宮法，雌雄二神如相隨，則一前一後，無相會之可言。順逆兩行，楊氏《太素》注猶詳言之，不謂秦越人乃不知之。

① 陳：原脱，據《難經經釋》補。

徐案：此段即《靈・營衛生會篇》中語。經文「穀入於①胃」句下，有「以傳於肺」四字，下文云「五藏六府皆以受氣」，義尤明白。今删去四字，則胃何以便入於五藏六府？此處關係最大，豈可少此一語，致乖藏府傳道之法？

三十一難曰：三焦者，何稟何生？何始何終？經有明文，何待問？其治常在何許？如他藏府可實指。可曉以不？然：三焦者，水穀之道路，《蘭臺祕典》以膀胱主津液，三焦主水道，乃誤易。氣之所終始也。上焦者，在心下，下膈，徐注：膈，隔也。心下有膜，遮隔濁氣，謂之膈。在胃上口，主內而不出。其治在膻中，玉堂下一寸六分，直兩乳間陷者是。徐注：膻中穴也，屬任脈。下句是指膻中之所在，言在玉堂穴下一寸六分。直，當也。中焦者，在胃中脘，徐注：中脘穴亦屬任脈。不上不下，主腐熟水穀。其治在臍傍。徐注：臍傍，天樞穴也，屬腎脈。下焦者，徐注：一本有「在臍下」三字②。當膀胱上口，徐注：膀胱上口，闌門也。主分別清濁，徐注：清者入於膀胱而爲溺，濁者入於大腸而爲滓穢。主出而不內，以傳道也。其治在臍下一寸。徐注：臍下一寸，名陰交穴，屬任脈。故名曰三焦，其府在氣街。

徐案：《素・骨空論》：「衝脈起於氣街。」注云：「足陽明經穴，在毛際兩傍是也。」《靈・營衛生會篇》云：上焦出於胃上口，並咽以上，貫膈而布胸中，走腋，循太陰之分而

---

① 於：原脱，據《難經經釋》補。

② 一本有「在臍下」三字：原作「一本言在臍下三分」，據《難經經釋》改。

行，還至陽明，上至舌，下足陽明，常與營俱行於陽二十五度，行陰亦二十五度，一周也。故五十度而復會於手太陰也。中焦亦並胃中，出上焦之後，此所受氣者，泌糟粕，蒸津液，化其精微，上注於肺脈，乃化而爲血，以奉生身，莫貴於此，故獨得行於經隧，命曰營氣。下焦者，別迴腸，注於膀胱而滲入焉。故水穀者，常並居於胃中，成糟粕而俱下於大腸而成下焦，滲而俱下，濟泌別汁，循下焦而滲入膀胱焉。又曰：「營出於中焦，衛出於下焦。」《素·靈蘭祕典論》云：「三焦者，決瀆之官，水道出焉。」觀此數條，義更明備。

按：三焦當與膀胱互異。

三十二難曰：五行乃符號，取以配藏府，亦專門推衍之說，乃以部位附會。此等僞說，祇足爲醫家之障礙。五藏俱等，而心肺獨在鬲上者，藏府必有所居。黃帝方怪岐伯多立名目，此何待問？陰陽別自名家，醫雖不能離之，要在所不重，今附會五行，殊乖經義。何也？然：心當作「肝」。者血，肺者氣。衛，肺主之；營，肝主之。血爲營，氣爲衛。徐注：《素·五藏生成論》云：「諸血者皆屬於心，諸氣者皆屬於肺。」蓋營行脈中，故血爲營；衛行脈外，故氣爲衛。相隨順逆分行，乃有大會，若同行則不能會。上下，手三陰由胸走手，順行爲衛，若營逆行，則由手走胸，爲上上下下，順逆行之所由分。楊氏《太素》注最詳此法。謂之營、衛。通行經絡，營經衛絡。營周於外，徐注：通行經絡，言十二經無所不通，而周行於藏府之外也。故令心肺獨在鬲上也。此答與下難文意兩歧。

三十三難曰：肝青以色言。象木，肺白象金。此乃五行家專說，詳《五行大義》，醫家不如此穿鑿。肝得水而沉，木得水而浮；木、金有輕重猶可，肝、肺何分？肺得水而浮，肺上肝下，自然部位，何必以得水分之。金得水而沉。浮沉乃取義於水。其意何也？問最無理致。然①：肝者，非爲純木也，乙角也，干支之説，出於運氣，乃治天下之法，爲古之陰陽家專門學業，今以歸入經説，學醫不必苦心求之。庚之柔。干支嫁娶，日家專言之，非醫法。大言陰與陽，小言夫與婦。此十干嫁娶五運化氣之説，不宜附會形質之物。釋其微陽，而吸其微陰之氣，其意樂金，又行陰道多，故令肝得水而沉也。附會，無意。肺者，非爲純金也，辛商也，丙之柔。大言陰與陽，小言夫與婦。自難誤合《内經》人天之學，遂於醫書附會五行，不知五行陰陽家爲九流之一，原爲皇帝治天下之法。若醫書，《漢書・藝文志》稱爲「藝術」，在九流之後，不可混而一之。自《難經》開此派。釋其微陰，婚而就火，其意樂火，又行陽道多，故令肺得水而浮也。此運氣之餘緒，醫家不宜如此牽合，致成迷罔。肺熱而復沉，肝熱而復浮者，以形言，則無升降之分；以氣言，本自有順逆。何也？故知辛當歸庚，乙當歸甲也。推元運之説於藏府，不知國、病之分，最迷誤後人。

三十四難曰：五藏各有聲、色、臭、味，皆可曉知以不？《内經》已明，無須再問。然：《十變》言：《十變》，未詳，「十」疑當作「五」。五，古作「×」，形近。《内經》以「五」名篇者多。肝色青，其臭臊，其味酸，其聲呼，其液泣；心色赤，其臭焦，其味苦，其聲言，其液汗；脾色黄，其臭香，其味甘，其聲歌，其液涎；肺色白②，其臭腥，其味辛，其聲哭，其液涕；腎色黑，其臭腐，其味鹹，其聲呻，其

① 然：原脱，據《難經經釋》補。
② 「其臭香」至「肺色白」五句：原脱，據《難經經釋》補。

液唾。是五藏聲、色、臭、味也。《内經》文有互異，此特舉其一家。

徐案：發難言聲、色、臭、味，而答詞增出「其液」一條，即爲①贅語；若《靈・九鍼篇》、《素・宣明五氣論》有五並、五惡、五禁、五主等語，又俱遺去。既無發明，而問答又不相應，何也？○又案：五藏之聲，《靈・九鍼篇》、《素・宣明五氣論》俱云心噫、肺欬、肝語、脾吞、腎欠，而此則爲呼、言、歌、哭、呻，則本之《素・陰陽應象大論》。蓋彼以病之所發言，此以情之所發言，其理一也。讀經者皆當推測其義，如此則無不貫②矣。

五藏有七神，神藏五，經有明文，「七」字最無理。好倡異説，不顧義理之安否。各有所藏耶？此句與上句不應，當爲五藏五神乃合。然：藏者，人之神氣「氣」字亦衍。神者虚，精、氣皆實象，不得爲神。所舍藏也。與形藏不同。故肝藏魂，肺藏魄，心藏神，脾藏意與智，二字妄添。腎藏精與二字妄增。志也。

徐案：《靈・九鍼篇》云：《九鍼》所言爲五神，《調經》所言爲五形，二者不同，後人互有改變。「心藏神，肺藏魄，肝藏魂，脾藏意，腎藏精與當由後人據《難經》增「精與」二字，別篇無此説。志也。」《素問・調經論》云：「心藏神，當作「脈」。肺藏氣，肝藏血，脾藏肉，腎藏志，此當作「精」。而此成形。」神、形之分。與此頗異。若「七神」二字，經文無見，答語既無所發明，至以腎之精亦謂

① 爲：原脱，據《難經經釋》補。
② 貫：原作「寔」，據《難經經釋》改。

之神，恐未安①。

三十五難曰：五藏各皆不相近，惟肝、膽有之。有所，府皆相近，此據肝、膽爲説，而不知其誤。而心、肺獨去大腸、小腸遠者，何謂也？徐注：肝之府膽，脾之府胃，腎之府膀胱，其位皆相近；心之府小腸，肺之府大腸，皆相遠也。○肝之府外腎膽，腎之府膀胱，亦不近。然：經言心「心」當爲「肝」。營肺衛，徐注：血爲營，心主血，故營屬心②；氣爲衛，肺主氣，故衛屬肺。通行陽氣，故居在上；此書以心、肺居上，不過爲兩寸候之耳，其説皆附會失理。大腸、小腸此書以兩寸診大小腸，明人攻之尤力，幾於無書不然；以其説皆無據，齊失而楚亦未爲得，故不引用。傳陰氣而下，肝乃言陰，二腸穢滓，不得言陰陽。故居在下。因尺部發此怪論。所以相去而遠也。表裏不必相連，全因三部而然。又諸府皆陰③當作「陽」。也，清淨經專指外腎之膽言。之處。此當據膽而言，腎有藏、府之異。今大腸、小腸、胃與膀胱，别有二腎、三焦、膽，乃爲水藏府。皆受不淨，水穀所通。其意何也？問四府與三焦膽不同之故。然諸府者謂是，非也。經言小腸者，受盛之府也；徐注：《素·靈蘭祕典論》：

① 安：原作「妥」，據《難經經釋》改。

② 「心主血」二句：原作「肝主血，故營屬肝」，以廖氏認爲「心營肺衛」之「心」當爲「肝」也；然因此而徑改徐注，似欠妥，兹回改。

③ 陰：《難經經釋》作「陽」，或廖氏所據之本不同。

「小腸者，受盛之官，化物出焉。」言①受胃之物，化其渣滓也。大腸者，傳瀉行道之府也；徐注：《素》：「大腸者，傳道之官，變化出焉。」膽者，清淨之府清淨則不得爲府，經無此稱。也；此句當删，問四府祇應答四府。胃者，水穀之府也；徐注：《素》：「脾胃者，倉廩之官，五味出焉。」膀胱者，津液水道。之府也。徐注：《素》：「膀胱者，州都之官，津液藏焉。」此五藏之府也。○《素問》膀胱、三焦互易，乃誤本，《難經》引與之同，則出在誤本之後矣。一府猶無兩名，内腎、外腎皆名腎，心與腦包絡皆名心，是藏府中有實異名同。膽當爲腎，内腎當名包絡，外腎當名膽。外腎泄精傳種，爲少陽府。故知非也。謂府皆有所受洩，膽爲藏，以外腎易之，府無有不泄者。○膽當爲藏，實而不滿，外腎有施泄，與諸府同，故經曰五藏盛乃能泄。説者皆誤，徐説亦誤，總由不知膽不爲府，屬府則義不可通。

徐案：此又與問意②不準對者。問③謂陽宜清淨，何以反受不淨，非謂其名何以不④稱清淨也。今止約舉經文，以明其不清淨之實，與諸府屬陽之義，仍未分曉。當云：藏府之分陰陽不以清濁言，而以動静、内外言，故陰反清而陽反濁。如此則其義曉然矣。徐誤。説詳《五藏别論》。

---

① 言：原脱，據《難經經釋》補。
② 問意：原作「向章」，據《難經經釋》改。
③ 問：原作「向」，據《難經經釋》改。
④ 不：原脱，據《難經經釋》補。

小腸者，心之府；大腸者，肺之府；膽者，當作「外腎」，睾丸與女子包。肝之府；胃者，脾之府；膀胱者，腎當作「膽」。之府。此下當有「三焦者，心主之府」句。小腸謂赤腸，大腸謂白腸，膽者當作「外腎」。謂青腸，女子包，亦稱子腸。膽有上口，無下口，不得名青腸，外腎主施泄，乃可以名腸。胃者謂黄腸，膀胱者謂①黑腸。徐注：此以五行之色名其腸，以爲配五藏之徵也，蓋皆名爲腸，則俱受穢濁，所以明不淨之故也。下焦之所治也。徐注：《靈·營衛生會篇》云：「水穀者，嘗並居於胃中，成糟粕，而俱下於大腸，而成下焦，滲而俱下，濟泌别汁，循下焦而滲入膀胱焉。」故五府皆由下焦之氣所治也。

三十六難曰：藏皆各有一耳，謂名實各異，非一也。腎誤以脊旁兩旁爲腎。獨有兩者，内腎外腎有兩名，古有此説。上云一府無兩名，謂腎有兩名也。何也？内腎兩屬腦，爲心主，外腎當與膽易名，不得謂之有兩腎者。左右異名，與寸口、人迎同，皆誤説。然：腎兩者，以下則此書之誤解。非皆腎也。謂一爲外腎，一爲包絡，非腎也。其左當讀爲「内」。者爲腎，即爲包絡。右當爲「外」。者爲命門即外腎之别名。命門者，以外腎當之，亦稱膽。諸神精之所舍，原氣之所繫也。男子外腎。以藏精，女子胞即女腎。以繫胞，故知腎有一②也。以左右異名，左爲人迎，右爲寸口，此書尚無此明文，此疑爲後人所改。其父殺人，其子行劫矣。

---

① 謂：原脱，據《難經經釋》補。

② 腎有一：原作「其腎有二」，據《難經經釋》改。

徐案：《靈》、《素》並無①右腎爲命門之説，惟《靈・根結篇》云：「太陽根於至陰，結於命門。命門者，目也。」《靈・衛氣篇》亦云：「命門者，目也。」《素・陰陽離合論》云：「太陽根於至陰，結於命門，名曰陰中之陽。」經文所云止②此。又《靈・大惑論》云：「五藏六府之精氣，皆上注於目，而爲之精。」此目所以稱命門之義也③。若腎之有兩，則皆名爲④腎，不得名爲命門也。駁詳《診衝任篇》中。

三十七難曰：五藏之氣，於何發起，通於何許，可曉以不？然：五藏者，當上關⑤於九⑥竅也。故肺氣通於鼻，鼻和則知香臭矣；肝氣通於目，目和則知黑白矣；脾氣通於口，口和則知五味⑦矣；心氣通於舌，舌和則能言「能言」二字，原作「知⑧五味」。矣；腎氣通於耳，故足少陰經

① 無：原作「與」，據《難經經釋》改。
② 止：原作「正」，據《難經經釋》改。
③ 也：原脱，據《難經經釋》補。
④ 爲：原脱，據《難經經釋》補。
⑤ 上關：原作「關上」，據《難經經釋》改。
⑥ 九：原作「七」，據《難經經釋》改。
⑦ 五味：《難經經釋》作「穀味」。
⑧ 知：原脱，據文意及《難經經釋》補。

絡不至耳，至耳者乃膽少陽經，此腎當指外腎言。耳和則知五音矣。

徐案：此段①乃《靈・脈度篇》全文，止易數字，而病百出矣。經云「五藏嘗内關於上七竅也」，謂鼻二竅，目二竅，耳二竅，口與舌雖分而實合爲一竅，共爲七竅。若九竅則當合二陰竅爲言，蓋腎又②通於二陰也。今除二陰而曰九竅，即口與舌分爲二竅，亦止八竅，不得名九竅也。〇又鼻和、目和五項，經作肺和、肝和，蓋藏氣和則七竅應，以見上關之故。若云鼻和、目和，則七竅豈能自和？此又與發問之意不相顧矣。

五藏不和，則九竅不通；六府不和，則留結爲癰。邪在六府，三陽。則陽脈人迎。不和；陽脈不和，則氣留之；氣留之，則陽脈盛矣。陽脈即人迎，陰脈爲寸口。此書不用人迎，乃襲其説，何也？邪在五藏，則陰脈寸口，主藏。不和；陰脈不和，則血留之；血留之，則陰脈盛矣。

徐案：此段亦《靈・脈度篇》原文，但經文「陽脈盛」、「陰脈盛」，二「脈」字作「氣」字，此處易作「脈」字，本《素問・六節藏象論》篇「人迎一盛，病在少陽；二盛，病在太陽；三盛，病在陽明；四盛以上爲格陽。寸口一盛，病在厥陰；二盛，病在少陰；三盛，病在太陰；四盛以上爲關陰。人迎與寸口俱盛四倍以上，爲關格。」諸語並合成文，亦頗簡到。

---

① 段：原脱，據《難經經釋》補。
② 又：原作「之」，據《難經經釋》改。

陰氣太盛，則陽氣不得相營也，故曰格；陽氣太盛，則陰氣不得相營也，故曰關。陰陽俱盛，不得相營也，故曰關格。關格者，不得盡其命而死矣。

徐案：此篇自首至此，皆《靈・脈度篇》原文，而止易數字，既無發明，又將「關格」二字陰陽倒置，開千古之疑案；不知傳寫之誤，抑真越人之擅易經文也。《脈度篇》云：「陰氣太盛，陽氣不能營，故曰關；陽氣太盛，陰氣不能營，故曰格。」《素・六節藏象篇》曰：「人迎四盛以上爲格陽，寸口四盛以上爲關陰。」《靈・終始篇》又云：「人迎四盛，且大且數，名曰溢陽，溢陽爲外格；脈口四盛，且大且數，名曰溢陰，溢陰爲内關。」經文鑿鑿，並無以陰盛爲格、陽盛爲關者，而越人故違之，何也？

又仲景《傷寒論》云：「寸口脈浮而大，浮爲虛，大爲實，在[尺]仲景「尺」字當「人」字之誤，寸爲寸口，人即人迎。爲關，在寸爲格。」[尺]寸。亦屬陰，[寸]人。亦屬陽，此關、格雖與經文微別，然其配陰陽亦本《内經》，此又一徵也。

經言氣獨行於五藏，不營於六府者，何也？是說只有行陰廿五度，豈不平人之氣，皆爲關格症乎？

然：夫①氣之所行也，如水之流，不得息也。故陰脈營於五藏，營氣周行十二經，不分藏、府。陽脈營

① 夫：原作「其」，據《難經經釋》改。

於六府，衛氣亦周行十二經，不分藏、府。如環無端，莫知其紀，終而復始，而不覆溢，人氣内温於藏府，外濡於腠理。

徐案：營、衛通行藏府，並無行藏不行府之説。此段問答，蓋引《靈·脈度篇》文，而又誤解其義者也。經之原文云：「黄帝曰：蹻脈安起安止①，何氣營水？岐伯答曰：蹻脈者，少陰之别，起於然骨之後，上内踝之上，直上循陰股入陰，上循胸②裏入缺盆，上出人迎之前入頄，屬目内眥，合於太陽、陽蹻而上行。氣並相還，則爲濡目；氣不營，則目不合。黄帝曰：氣獨行五藏，不營六府，何也？岐伯答曰：氣之不得無行也，如水之流，如日月之行不休，故陰脈營其藏，陽脈營其府，如環之無端，莫知其紀，終而復始，其流溢之氣，内溉藏府，外濡腠理。」經文如此，則所謂氣者，指蹻脈之氣，所謂行藏不營府者，以岐伯專明陰蹻之所起止，而不及陽蹻，其所言皆陰經之道路，故疑而發問也。今除去蹻脈一段，則所謂氣者何氣？所謂行五藏不營六府，又何所指也？問答皆引經文，全無發明，已屬無味③，又謬脱至此，豈越人而疎漏如斯也！○又，末二句經文「流溢之氣」四字

---

① 安起安止：原作「安止安起」，據《難經經釋》改。
② 胸：原作「陷」，據《難經經釋》改。
③ 無味：《難經經釋》作「無謂」，當據改。

改作「人氣」二字，更不分曉。

三十八難曰：藏唯有五，藏如唯五，何以分配十二經乎？本屬六府六藏，經以五六標名者，五以配地，六以象天，即《春秋》五石六鷁、《律曆志》五六得天地中和之説。府獨有六者，府陽以配天，藏陰以配地。經曰：天以六爲制，地以五爲節，亦五運六氣，故配十二支，則又爲六藏。何也？此爲失問，讀經未徧，遂發此問義。然：所謂府有六者，謂三焦也。有元氣之别焉，主持諸氣，此書盛推命門與腎，此文主三焦，所謂一國三公矣。有名而無形，三十一難言三焦詳矣。無形，謂無定地部位耳。《經脈篇》云三焦起止皆有穴名，計二十三穴，如實謂無形，作此書者不應迷罔至此，後人變本加厲耳。其經屬手少陽①。此外府也。此謂其地域廣大，與他藏不同，非果謂無形也。故言府有六焉。十二經藏府皆六，豈獨府耶？○此等答語，真屬癡人説夢。

案：《靈》、《素》之言三焦者不一，皆歷歷言其文理厚薄，與其出入貫布。況既謂之府，則明是藏畜②泌瀉之具，何得謂之無形？但其周布上下，包括藏府，非若五府之形，各自成體，故不得定其象；然謂之無形，則不可也。

三十九難曰：經言既自引經，則其書不得再稱經。府有五三字誤衍，果原文有，更不通矣。藏有六者，何也？不學之徒，乃敢大言誣經，徐氏以爲無考，猶屬恕辭。然：六府者，止有五府十二經藏府皆相爲表裏，五藏

① 手少陽：「手」原作「乎」，據《難經經釋》改。
② 畜：原作「府」，據《難經經釋》改。

六府立此名詞，别有取義，今乃反爲六藏五府，顛倒夢想，真屬盲人瞎馬，不可思議。也。五藏亦有六藏者，六府。經言心主包絡者無慮數百見，今乃舍之，而另添命門之名，真屬狂悖。謂腎有兩藏也，一名二實。其[左]内。爲腎，[右]外。爲命門。命門者，左右分爲二名，千古奇談。○改左右爲内外較妥。謂精神之所舍也。男子以藏精，女子以繫胞。此有「胞」字，遂可附會心主包絡耶？其氣與腎通，是説腎可稱府。○十四椎兩旁之腰髓也，非腎，故去外腎則無生育。故言藏有六也。府有五者，何也？然：五藏各一府，三焦亦是一府，《内經》三焦與命門合耶？與包絡合耶？世乃稱之爲經！然不屬於五藏，故言府有五焉。

徐案：上二條發難最爲緊要，但答詞未盡合。蓋三焦與心主爲表裏，但心主爲心之宫城，雖其經屬手厥陰①，實即心之外膜②，與心同體，自不得分别爲一藏。而三焦則決瀆水道，自成一府，誤本之説。三焦主津液，非水道。不得以不偶於藏，遂不以府名之。故五藏六府，不可損益其名也。徐氏亦圓誑耳，大非經旨。若欲出入其論，則包絡亦可與心分爲一藏，並命門爲七藏。若胞絡一指爲府，則又可稱七府矣。徐誤，駁詳《靈蘭祕典篇》。

四十難曰：經言肝主色，心主臭，脾主味，肺主聲，腎主[液]。涎。鼻[者]肺之候，而反知香

---

① 手厥陰：「手」原作「乎」，據《難經經釋》改。

② 心之外膜：原作「心包爲腦之外膜」，據《難經經釋》改。

臭；耳者腎之候，而反聞聲，其意何也？「三十七難」七竅以肺通臭，腎通耳，則與下文同矣。○「三十七難」主七竅，此則不主七竅。然：肺者西方金也，金生於巳，丹波以此爲緯候家說，古經中未有道及者。巳者，南方火，火者心，心者主臭，故令鼻知主臭。腎者，北方水也，水生於申，申者西方金，金者肺，肺主聲，故令耳聞聲。

徐案：此條發問未知所本，至「四十九難」則發揮甚詳，義頗可觀，而此處詮釋，終屬支離。蓋肝與心俱陽，故能視能言，從内出外；肺與腎屬陰，故能臭能聽，從外入内。各有至義，無容穿鑿也。況既以相生之義爲解，則肝木生於亥，目何以不能吐涎？心火生於寅，舌何以不能辨色？脾土生於申，口何以不能聞聲耶？

四十一難曰：肝獨有兩葉，下云七葉，此云兩葉，究非是？以何應也？然：肝者，東方木也。木者，春也。萬物始生，其尚幼小，意無所親，去太陰尚①近，離太陽不遠，以五藏配五行，乃中國一人例。五行家推演之說，如《五行大義》天下事物皆以五行配之，此爲五行配合之言。故五藏配合，今文與古文不同，五行家本以五行指五方之人，如此穿鑿，大誤。猶有兩心，「兩心」二字，當爲舊說。《内經》以腦爲心，讀作囟，又以膻中之心爲心，是有二心。舊説以腰爲腎，是腎亦有二，同名異實，故少陰無腧，指腦而非心，少陰獨下行，指衝而非腎。故令其有

---

① 尚：原作「相」，據《難經經釋》改。

兩葉，亦應木葉①也。此種説法，真魔鬼不如。

四十二難曰：人腸胃長短，受水穀多少，各幾何？然：胃大一尺五寸，徑五寸，長二尺六寸，橫屈，受水穀三斗五升，其中當留穀二斗，水一斗五升。小腸大二寸半，徑八分，分之少半，長三丈二尺；受穀二斗四升，水六升三合，合之大半。迴腸大四寸，徑一寸半。

徐案：以圍三徑一之法約之，則大四寸者，徑當一寸三分，分之少半，此云一寸半，疑誤。

長二丈一尺；受穀一斗，水七升半。廣腸大八寸，徑二寸半②。

徐案：此以圍三徑一之法③約之，則又不止二寸半，當得二寸六分，分之大半。下文云「徑二寸大半」爲是，此疑誤脱「大」字。

長二尺八寸，受穀九升三合八分合之一。

徐案：廣腸止云受穀而不及水，義最精細。蓋水穀入大腸之時，已別泌精液入於膀胱，惟糟粕傳入廣腸，使從大便出，故不云受水多少也。此義諸家之所未及。

---

① 木葉：下原衍「者」字，據《難經經釋》删。

② 徑二寸半：此句原脱，據《難經經釋》補。

③ 圍三徑一之法：原作「圍三徑之一法」，據下文改。

故腸胃凡長五丈八尺四寸，合受水穀八斗七升六合八分合之一。

徐案：總上受水穀之數，《靈①·平人絶穀篇》云「九斗二②升一合合之大半」，乃爲合數，而此數則與上文不符，未知何故。或傳寫之誤。

此腸胃長短，受水穀之數也。肝重二斤四兩，左三葉，右四葉，凡七葉，主藏魂。心重十二兩，中有七孔三毛，盛精汁三合，謂心藏精汁，與膽同，是也。主藏神。脾重二斤三兩，扁③廣二寸，長五寸，有散膏半斤，主裹血，三字當刪。温五藏，主藏意。肺重三斤三兩，六葉兩耳，凡八葉，肺有八葉，何不難云八心耶？不言盛精汁，是。主藏魄。腎有兩枚，誤以腰爲腎，馬玄臺以爲心主，是也。重一斤二兩，主藏志。附肝之膽與心相對，同爲少陰，乃爲真腎，無下口，藏而不寫。外腎一名膽，有寫有不寫，與五府專寫者不同，故曰清淨之府。

徐案：前條以右爲命門，今曰腎有兩枚，前後互異。

膽在肝之短葉間，重三兩三銖，盛精汁三合。肝之精汁藏於膽，主血。合二藏爲一，與心、肺同。胃重二斤十四兩，紆曲屈伸，長二尺六寸，大一尺五寸，徑五寸；盛穀二斗，水一斗五升。小腸重

---

① 靈：原作「是」，據《難經經釋》改。

② 二：原作「一」，據《難經經釋》改。

③ 扁：原作「肩」，據《難經經釋》改。

二斤十四兩，長三丈二尺，廣二寸半，徑八分，分之少半，左迴疊積十六曲；盛穀二斗四升，水六升三合，合之大半。大腸重三斤十二兩，長二丈一尺，廣四寸，徑一寸，當臍右迴疊積十六曲；盛穀一斗，水七升半。膀胱重九兩二銖，縱廣九升，盛溺九升九合。口廣二寸半，脣至齒長九分，齒已後至會厭深三寸半，大容五合。舌重十兩，長七寸，廣二寸半。咽門重十二兩，廣二寸半，至胃長一尺六寸。喉嚨重十二兩，廣二寸，長一尺一寸，九節。肛門重十二兩，大八寸，徑二寸大半，長二尺八寸，受穀九升三合八分合之一。

徐案：《靈・腸胃篇》及《平人絶穀篇》論腸胃大小長短，與此不殊。其論藏府輕重，惟舌十兩、咽門重十兩，《靈・腸胃篇》有之，餘皆不知所本。藏府之輕重，從何考驗，言之亦無實用。且少壯不同，大小異質，創造此等説法，徒亂人意。至中間所論藏府受盛精汁等語，則亦經文所無，不知其別有所受與？抑兩經固有之，而今殘缺也？杜撰臆造。自來説者以爲真書，故以爲別有所傳，其實非也。

四十三難似此何必空勞筆札？欲湊八十一條，故買菜求添，則似此者幾過半。曰：人不食飲七日而死者，何也？然：人胃中當有留穀二斗，水一斗五升。故平人日再至圊，一行二升半，日中五升，七日五七三斗五升，而水穀盡矣。故平人不食飲七日而死者，水穀津液皆盡故也。

徐案：此段與《靈・平人絶穀》後半篇問答俱不易一字，絶無發明。又經文更有論腸胃虛實數語，在此段之前，最有精義。今復遺去，尤爲無識。

四十四難考諸難，非直抄經文，紕謬百出，則捏造謠言，毫無取義。大抵此書專爲兩寸而作，凡爲兩寸診法，是其用心所在，餘則好爲怪談，以示博疋。曰：七衝門曰七門可也，「衝」字尤不通。何在①？然：脣爲飛門，齒爲户門，會厭爲吸門，胃爲賁門，太倉下口爲幽門，大腸小腸會爲闌門，下極爲魄門，故曰七衝門也。

徐案：此條亦未知所本。

四十五難曰：經言②八會者，何也？大抵此難爲「脈會太淵」一句而設，此句既不通，餘更無論矣。然：府會太倉，全如春秋盟會之會。必二人以上乃言會，又各有道路，如雌雄二神、營衛二氣，同類不言會，又不行動不言會，此直不知「會」字之義。藏會季脇，筋會陽陵泉，髓會絶骨，血會膈俞，骨會大杼，脈會太淵，脈不會於太淵，以脈不能行走也，營、衛周流乃可言會，脈無會太淵之理。「肺朝百脈」亦誤解。百脈謂孫絡耳，經脈不得言百脈。亦謂肺朝百脈，非百脈朝肺，且肺亦不指兩手寸口。氣會氣行動之物，可言會。三焦外，一筋直兩乳内也。經有明文，三焦通會元真之處，此本變爲氣會三焦，未知是何意也。熱病在内者，取其會之氣穴也。

徐案：八會於經無所見，然其義確有所③據，此必古經之語，今無所考也。徐誤。

---

① 何在：二字原脱，據《難經經釋》補。
② 言：原作「有」，據《難經經釋》改。
③ 所：原作「可」，據《難經經釋》改。

四十六難曰：老人臥而不寐，少壯寐而不寤者，何也？然：經言少壯者血氣盛，肌肉滑，「滑」字指皮膚言。氣道通，營、衛之行不失於常，故晝日精，夜不寤也。老人血氣衰，肌肉不滑，營衛氣。之道澀，皮膚澀。故晝不能精，夜不寐也。故知老人不得寐也。鈔舊書不解文義，黃氏坤載乃尊之爲四聖之一，豈不可歎。

徐案：此章之失更多。《難經》本以釋經，乃此問答即鈔録《靈・營衛生會篇》語，而改易數字，便多語病。經云：「黃帝問曰：老人之不夜瞑，少壯之人不晝瞑者，何氣使然？」問詞何等簡括！言不晝瞑，則晝之精、夜之安寐俱在其中。今改寐而不寤，似不分晝夜，語便糊塗。又，「營衛之道澀」句，經①文作「氣道澀，其營衛衰少，而衛氣內伐」，蓋營氣少則血不充，而神不能藏，衛氣內伐，則氣不盛，而力易倦，故晝不精，夜不寐。今改作「營衛之道澀」，便不分曉。既無發明，又不能體察經義。每易一字，必多謬失，此其所不解矣。

四十七難曰：經有明文，既非晦隱，何必重出？如此作難，雖百千條不難立就，況止八十一難哉！人面獨能耐寒者，何也？然：人頭者，諸陽之會也。諸陰脈皆至頸、胸中而還，獨諸陽脈皆上至頭耳，

① 「經」上原衍「有」字，據《難經經釋》刪。

徐注：《靈・逆順肥瘦論》云：「手之三陰，從藏走手；手之三陽，從手從頭；足之三陽，從頭走足。足之三陰，從足走腹①。」此之謂也。故令面耐寒也。

徐案：此章問答，亦本《靈・邪氣藏府病形論》。經文云：「十二經脈，三百六十五絡，其血氣皆上於面，而走空竅。」又云：「其皮厚，其肉堅，故天熱甚寒，不能勝之也。」此改作諸陽經之氣皆上於頭。蓋本《逆順肥瘦論》篇義，移作此處注，理極明當。此等處，實與經文異致而同歸也。《逆順肥瘦篇》有別義，《病形篇》舉全經全絡，而言獨陽上頭，陰不上頭，非也。〇按：自「三十難」至此，皆論營、衛、藏、府、形、質、體、用之理。

四十八難曰：人有三虚三實，何謂也？置經之五虚五實，伸己三虚三實，大謬。然：有脈之虚實，有病之虚實，有診之虚實此例不當立，脈病皆診以見之，是二是一，不能別立名目。也。不必如此强爲分別。脈之虚實者，濡者評脈名詞。爲虚，緊②牢者診皮名詞。爲實。病之虚實者，出者爲虚，徐注：出，謂精氣外耗，如汗吐瀉下之類，凡從内而出者皆是。入者經之出入，以經絡内外交通言之，既屬之病，則經明文多矣，何必用此二字？徐亦强爲之説。爲實；徐注：入，謂邪氣内結，如能食便閉、感受風寒之類，凡從外入者是也。言者爲虚，不言者爲實。以言不言分，不可據。緩者爲虚，急者爲實。診之虚實者，濡者爲虚，牢者爲實。徐注：

---

① 腹：原作「胸」，據《難經經釋》改。
② 緊：原作「堅」，據《難經經釋》改。

按《脈經》引此條無此二句，疑因上文而重出也。癢者爲虚，痛者爲實。癢、痛亦病也，何得以爲診之虚實？足見其文理不通。外痛内快，爲外實内虚；内痛外快，爲内實外虚，故曰虚實也。此《脈經》僞①卷，鈔襲此書而誤者，凡引用此書者皆僞卷。

四十九難曰：有正經自病，有五邪所傷，當以内病外因説之。何以別之？然：憂愁思慮則傷心，心謂腦，主思。形寒飲冷則傷肺，恚怒氣逆、上而不下則傷肝，合膽言之。飲食勞倦則傷脾，合胃爲土。久坐濕地、强力入水則傷腎。外腎、女子胞主衝、任。是正經自病也。何謂五邪？然：有中風，有傷暑，有飲食勞倦，四字當爲傳寫之誤，據下傷寒有五，當爲溫。有傷寒，有中濕。此之謂五邪。

徐案：上二段分自病、五邪，甚無別白。飲食勞倦、傷寒、中濕三項，即上段語，則自病即五邪，五邪即自病也，豈不混沓？蓋上段即《靈・邪氣藏府病形篇》及《素・本病論》原文，止易數字，但《靈》、《素》並不分自病與五邪，故心、肝二藏則以憂愁、恚怒言，餘則皆以六淫之邪言，各舉所重。此又一義也。若欲分別，則《内經》自有妙義可尋，《素・陰陽應象大論》云「怒傷肝」，「喜傷心」，「思傷脾」，「憂傷腎」，「恐傷腎」，此真本經自病之證。若外感，則《靈・九鍼篇》云「肝惡風，心惡熱，肺惡寒，腎惡燥②，脾惡濕」，此皆外邪

① 「僞」下原衍一「口」，今删。
② 肺惡寒腎惡燥：原作「肺惡燥腎惡寒」，據《難經經釋》改。

所傷之證，豈不鑿鑿可據？乃既欲分別，而仍只一端，不特義例不明，亦且詞語不順，作書者豈當日未之思耶？抑求而不得其義也？

假令心病①即腦病。何以知中風得之？然：其色當赤。何以言之？肝主色，自入爲青，入心爲赤，入脾爲黄，入肺爲白，入腎爲黑。肝爲心邪，故知當赤色也。其病身熱，脇下滿痛，其脈浮大而弦。强。○《經脈篇》十二經主病詳矣，乃真醫家金丹至寶。何以知傷暑得之？然：當惡臭。何以言之？心主臭，自入爲焦臭，入脾爲香臭，入肝爲臊臭，入腎爲腐臭，入肺爲腥臭。欲於一「臭」突分五藏，是自欺欺人之語。故知心病傷暑得之，當惡臭。其病身熱而煩，心痛，其脈浮大而散。五藏各以一門立説，舉以示例可也。然聲色臭味辨之最難，又每每矛盾，或見或不見。晉宋以下，醫法日繁日亂，大抵五行爲之障。何以知飲食勞倦得之？然：當喜味苦也。虚爲不欲食，實爲欲食，何以言之？脾主味，入肝爲酸，入心爲苦，入肺爲辛，入腎爲鹹，自入爲甘。故知脾邪入心，爲喜味苦也。其病身熱而體重嗜卧，四肢不收，其脈浮大而緩。何以知傷寒得之？然：當譫言妄語。何以言之？肺主聲，入肝爲呼，入心爲言，入脾爲歌，入腎爲呻，自入爲哭。竟以六氣代藏，運氣之説，非可似此迂拘。故知肺邪入心，爲譫言妄語也。其病身熱，灑灑惡寒，甚則喘欬，其脈浮大而濇。何以知中濕得之？然：當喜汗出，不可止。何以言之？腎主濕，入肝爲泣，入心爲汗，入脾爲涎，入

---

① 病：原作「痛」，據《難經經釋》改。下注語「腦病」同。

肺爲涕，自入爲唾。故知腎邪入心，爲汗出不可止也。其病身熱，小腹痛，足脛寒而逆，其脈沉濡「浮大」俄變「沉濡」矣。而大。此五邪之法也。按經診病，以經絡筋脈爲主，每病推十二經之變，如《持素證篇》所言是也。經絡筋脈，有形跡可求，最爲切實，此古法也。此篇舍實求虛，一切以五行了之，此所謂畫鬼神，最誤後學，徐氏反推之，蓋徐亦在魔障中也。

徐案：此以一經爲主病，而以各證驗其所從來，其義與「十難」診脈法同。全爲僞說。以一經爲例，其餘則準此推廣①，使其無所不貫，不特五藏互受五邪，鑿然可曉，凡百病現②證，皆當類測。此真兩經之所未發，此義③一開，而診脈辨證之法至精至密，失在舍實求虛。真足以繼先聖而開來學也。此法一開，而百魔會粹矣。

五十難曰：病有虛邪，有實邪，有賊邪，有微邪，有正邪，何以別之？然：從後來者爲虛邪，此難將太乙徙宮之風爲四十九難，以六淫爲五邪之密補，但經指賊風，故言來，若寒暑濕等，不得言來。○生我何以在後？我生何以在前？賤微不將在左右耶？從前來者爲實邪，從所不勝來者爲賊邪，從所勝來者爲微邪，自病爲正邪，何以言之？假令心病，中風得之爲虛邪，傷暑得之爲正邪，飲食勞倦得之爲實

① 推廣：原作「推之」，據《難經經釋》改。
② 現：原作「觀」，據《難經經釋》改。
③ 此義：原作「此法」，據《難經經釋》改。

邪，傷寒得之爲微邪，中濕得之爲賊邪。生尅承制，經有明訓，何苦將六淫填七情，致自辨不清，俄而傷暑中濕，忽焉前來後來，豈非自病爲癲耶！

徐案：此亦因前章五邪之病而辨其所受之輕重也。專以心病言，亦如前章舉其例而餘可類推也。其義亦兩經之所無，經之所無，未嘗不可有新，特須根據理要，可以施行，若徒推衍五行，則非也。與前章俱爲獨創之論。凡此書之創論皆違經自異，糾纏五行，不能實行，以致遺誤後賢。○按：《素·八正神明論》云：虚邪者，八正之虚邪也；正邪者，身形用力，汗出腠理開所中之風也。其所謂虚邪，即虚風，乃太乙所居之宫，從其衝後來者爲虚風也。正風，汗出毛開所受之風也。其詳見《靈·九宫八風篇》，與此所云虚邪、正邪各不同，然襲其名而義自别，亦無妨也。徐氏猶囿於誤説。

五十一難曰：病有欲得温者，有欲得寒者，有欲得見人者，有不欲得見人者，而各不同。病在何藏府也？經説甚明，何須發問？然：病欲得寒而欲見人者，病在府也；人迎。病欲得温而不欲見人者，病在藏也。寸口。○别藏府，候人迎、寸口，是經之明文。何以言之？府者，陽也，陽病欲得寒，又欲見人。藏者，陰也，陰病欲得温，又欲閉户獨處，惡聞人聲。故以别知藏府之病也。此書言診藏府，立教法自相矛盾，不能施用。以寸口衹能診藏不診府，諸説皆誤。

徐案：《素·陽明脈解篇》：陽明脈「惡人與火」。此云欲見人，意正相反，何也？蓋彼指陽明一經熱甚而煩惋者言，此則統論凡爲藏府病之大概，乃陰陽之正義。蓋經則舉其一端，而此則言其全體，義實無礙也。經專指陽明，此乃以爲義同，非也。

五十二難與下「五十五難」同義，徐氏以爲當合爲一章，是也。曰：府藏發病，根本等否？然：不等也。其不等奈何？然：藏病者，止而不移，其病不離其處；府病者，彷彿賁響，上下流行，居處無常。故以此知藏府根本不同也。

五十三難曰：醫經專詳藏府經絡，實事求是，若推衍五行，有如畫鬼神，一實一虛，一難一易。舍藏府經絡，專言五行，醫學所以日下。經言七僞吕注以爲「次」字之誤。丹波主之。傳者死，間傳者生，何謂也？凡仲景書有與《難經》同者，皆爲後人所羼，非仲景原文。如《金匱》「上工治未病」，《内經》屢言之，皆謂不待已病然後治之，通於治法，所謂消患未形。今乃以病傳解之，《内經》所無，轇轕五行，爲後人祖《難經》之説。然[七]次。傳者，傳其所勝也。謂五行相尅，傳所不勝。間傳者，傳其子也。何以言之？假令心病傳肺，肺傳肝，肝傳脾，脾傳腎，腎傳心，一藏不再傳，故言[七]次。傳者，死也。間傳者，傳其所生也。以五行相生爲傳。假令心病傳脾，脾傳肺，肺傳腎，腎傳肝，肝傳心，是子母相傳，周而復始，如環無端，故曰生也。《内經》政法多言五行，病篇則不言五行，後世醫書有如星命家言，專詳五行生尅制化，《難經》倡之。

徐案：七傳、間傳，經文無考。「七」字不通，讀「次」爲是。《素·玉機真藏論》云：「五藏受氣於其所生，傳之於其所勝；氣舍於其所生，死於其所不勝。病之且死，必先傳，行至其所不勝，病乃死。此言氣之逆行也，故死。」下文釋之云：「肝受氣於心，此即間傳於所生。傳之於脾，氣舍於腎，至肺而死。」所謂死於所不勝之義，乃以所病之藏，傳至所不勝之藏而死，此謂以間傳而至所不勝，如此書之次傳。非此處七傳、間傳之説。與經説不同。其所謂受氣於所生，即「五十難」所云「從前來者爲實邪」也。又《素·標本病傳》及《靈·病傳論》皆以傳所勝之藏，如心傳肺、肺傳肝爲死證。此即次傳所不勝之説。然二、三藏即死，亦無傳遍五藏，至七傳而後死之説。至於間傳之説，《素·標本病傳篇》云：「間一藏止，及至三、四藏者，乃可刺也。」其所稱間藏之義，經文亦以相尅之序爲傳。若傳至第二傳，則間所尅之藏爲生我之藏，三傳則爲我生之藏，四傳則爲尅我之藏。若間此一藏或三、四藏，而病止不復傳，乃可刺之也。與間傳亦微别。

五十四難曰：藏病難治，府病易治，何謂也？經文甚明，此何待問？然：藏病所以難治者，傳其所勝也。誤説。府病易治者，傳其子也。此何可以藏、府分耶？與七傳、間藏同法也。觀此足見作者不通文義，詳徐駁。

徐案：此段不特與經不符，即與前篇亦相矛盾。《靈·病傳篇》有肝傳脾，脾傳胃，胃傳腎，腎傳膀胱等語，是藏府亦有互相傳者；前篇云「脾傳肺，肺傳腎」，是藏亦有傳子者。今乃云藏病傳所勝、府病傳子，其義安在？蓋藏病深而府病淺，以此分難易，最爲明確，否則俱①屬支離也。

① 俱：原作「明」，據《難經經釋》改。

五十五難曰：病有積、有聚，下文言積不言聚，何也？與前後均矛盾，信口開河，最爲謬妄。何以別之？然：積者陰氣也，診寸。聚者陽氣也；診人。故陰沉而伏，陽浮而動。氣之所積名曰積，氣之所聚名曰聚。故積者五藏所生，聚者六府所成也。經則藏、府同名積。積者，陰氣也，其始發有常處，其痛不離其部，上下有所終始，左右有所窮處；聚者，陽氣也，其始發無根本，上下無所留止，其痛無常處。故以是別知積、聚也。

徐案：此節「積」、「聚」二字，剖晰最爲明曉，然當合「五十二難」共成一條，不必分爲兩章也。丹波引《百病始生篇》言「傳①舍於腸胃之外，募原之間，留着於脈②，息而成積」，不分藏、府，與「五十二難」同義，足見其分八十一章之謬。

五十六難曰：五藏之積，各有名乎？違經自異，妄立名號。以何月何日得之？此皆拘泥五行，近於日者家言，非醫之正法，急宜滌除，以清迷障。然：肝之積，名曰肥氣，在左「左」字當刪。脇下，如覆杯，有頭足。久不愈，令人發欬逆、痻瘧，連歲不已。以上言病狀。以季夏戊己日得之。後世因此造僞法，但以干支陰陽生尅治病，無復四診，最爲大害，皆此書作俑。何以言之？肺病就所說已先病矣。傳肝，肝當傳脾，肺、肝二藏先病。脾季夏適王，王者不受邪，肝復欲還肺，此等說真是兒戲！脾既不受邪，則

① 傳：原作「積」，據丹波氏《難經疏證》改。
② 脈：原作「腹」，據《難經疏證》改。

病當已，安得復還肺耶？肺不肯受，故留結爲積。故知肥氣以季夏戊己日得之。肝病已久，何得云於長夏乃得之？心之積，名曰伏梁，起臍上，大如臂，上至心下。久不愈，令人煩心。以秋庚辛日得之。病已久，上稱連歲不解，何得云於此秋日得之？何以言之？腎病傳心，心當傳肺，肺以秋適王，王者不受邪，仲景所謂不傳，則其病已。心復欲還腎，腎不肯受，故留結爲積。肺腎俱不受邪，何以必於秋病？故知伏梁以秋庚辛日得之。僞《脈經》有以日干言病者，因此而誤。

徐案：《靈·經筋篇》："「手少陰之筋，其病内急，心承伏梁。其成伏梁，吐血膿者死，不治。」觀此數語，亦指爲心之病，但不明言其狀。《素·腹中論》云：「病有少腹盛，上下左右皆有根，病名曰伏梁。裹大膿血，居腸胃之外，不可治。治之，每切按之至死。此下則因陰必下膿血，上則迫胃脘，生膈俠胃脘内癰，此久病也，難治。居臍一本作「腎」。上爲逆，居臍一本作「腎」。下爲從。」又曰：「人有身體髀、股、䯒皆腫，環臍而痛，病名伏梁，此風根也。其氣溢於大腸，而著於肓，肓之原在臍下，故環臍而痛也。不可動之，動之爲水溺澀之病。」觀此，則伏梁又不屬心，乃大腸腫如腸胃癰之類。其曰風根，則風毒所結，又不必以秋日得之。越人所指，與此①殆同名而異病也。

脾之積，名曰痞氣，在胃脘，覆大如盤。久不愈，令人四肢不收，發黄疸，飲食不爲肌膚。

---

① 此：原脱，據《難經經釋》補。

以冬壬癸日得之。二日移一藏，經無此説。何以言之？肝病傳脾，脾當傳腎，腎以冬適王，王者不受邪，以十日分配五藏，星卜之符號。脾欲復還肝，肝不肯受，故留結爲積。故知痞氣以壬癸日得之。上文每言一經，以推其餘，此乃備録五藏，信口編造，全無所本，删之爲是。肺之積，名曰息賁。在右脇下，覆大如杯。久不已，令人灑淅寒熱，喘欬，發肺壅。以春甲乙日得之。此五「日」字皆當作「月」字讀。五行之氣，以四時言之可也；若十日一輪，此日家與卜筮則可，以言病狀則不可也。何以言之？心病傳肺，肺當傳肝，肝以春適王，王者不受邪，肺復欲還心，金所畏者火，乃欲投死地，何也？心不肯受，故留結爲積。逆乃還流，如順行，則當積在肝矣。故知息賁以春甲乙日得之。他條以藏病必在其所不勝，如金病於夏，此乃病於所勝之時，可怪。

徐案：《靈·經筋篇》：「手太陰之筋，其病當所過者支轉筋，痛甚成息賁，脇急吐血。」則亦以息賁爲肺之病也。又云：「手心主之筋，其病當所過者支轉筋，前及胸痛息賁。」則又以息賁屬包絡之病。《素·陰陽别論》云：「二陽之病發心脾，有不得隱曲，女子不月①。其傳爲風消，其傳爲息賁，死不治。」是亦以息賁爲心肺所傳，與此心傳肺之義亦符合。

腎之積，蓋五積爲病，讀者不可拘泥此難之説；比若賁豚，《傷寒》云：「臍下有悸，必發賁豚。」其實根積在腎，病發

① 月：原作「得」，據《難經經釋》改。

於肝。前後五積雖命名正大，其發病多不致是。如腎之比例也。猶孔子所謂「天下同歸而殊途」，故謂不可拘泥也。名曰賁豚，發於少腹，上至心下，若豚狀，或上或下無時。久不已，令人喘逆，骨痿少氣。以夏丙丁日得之。何以言之？脾病傳腎，腎當傳心，心以夏適王，王者不受邪，腎復欲還脾，「還」字怪，腎由心至脾爲順行，不得爲還。經則因心不受邪，乃退而逆還至脾耶？總之，文義亦欠通順。脾不肯受，故留結爲積。故知賁豚以夏丙丁日得之。此五積之要法也。

徐案：《傷寒論・太陽中篇》云：「發汗後臍下悸者，欲作奔豚。」又云：「燒鍼令其汗，鍼處被寒，核起而赤者，必發奔豚。」此則似卒然之病，與此處異。《金匱要略》云：「奔豚病從少腹起，上衝咽喉，發作欲死，起而復還止①，皆從驚恐得之。」其說與此相近，而其所載方內，亦引《傷寒論》一條文，則此病得之久而不已，時發作者，即爲腎之積，爲難治。因外感誤治而驟起者，非腎之積，爲易治。蓋病形同而病因異也。〇又按：五藏之積，受病各殊，藏氣雖有衰旺，然四時皆能成病，此故不必拘泥；但以時令生尅，及病情傳變之理推之，則當如此。存之以備一説可也。蓋揆五行於理可也，以病符五行，非也。〇徐氏既知其誤，則不必存兩可之見，游移偏袒，貽誤後賢。

五十七難曰：泄凡有幾？皆有名不？然：泄凡有五，其名不同。有胃泄，有脾泄，有大

① 「復還止」上原衍「起而」二字，據《難經經釋》删。

腸泄，有小腸泄，有大瘕泄，名曰後重。胃泄者，飲食不化，色黃。脾泄者，腹脹滿，泄注，食即嘔吐逆。大腸泄者，食已窘迫，大便色白，腸鳴切痛。小腸泄者，溲而便膿血，少腹痛。大瘕泄者，裏急後重，數至圊而不能便，莖中痛。此五泄之要法也。《千金》、《外臺》與此出入。

徐案：此節分別病情，明曉精當。其小腸、大瘕泄，即後世所謂痢疾。前三者則飧泄之類也。

五十八難曰：傷寒有幾？其脈此「脈」字當統色、聲、皮、絡形狀言。有變不？然：傷寒有五：有中風，有傷寒，有濕温，有熱病，有温病，其所苦各不同。

徐案：王叔和編次仲景《傷寒論》，「略例」云：此即《脈經》之文，叔和取仲景之文入《脈經》，與仲景別行。今人誤讀《甲乙》序，謂仲景書爲叔和編次而成者，大誤。中而即病者，名曰傷寒。以四時氣言，在北爲寒。不即病者，寒毒藏於肌膚，如果冬傷寒，則不必皆病。言「必」則指四氣，非病狀。至春變爲温病，冬傷於寒，春必病温。此以寒、温對文，傷與病同義。積寒生熱，積熱生寒，指四時氣候，非病狀。春當讀作夏，夏必苦熱，冬必苦寒，亦可謂夏傷於熱，冬必病寒。説詳《四方異宜篇》。至夏四時作「四方」讀。變爲暑病。其實經「春必病温」，即此句之義。暑病者，熱極重於温也。温即熱。又第四篇先序痓、濕、暍三證。痓則傷寒之變證，暍即熱病，濕即此篇所謂濕温也。又《傷寒論·太陽上篇》亦首舉中風、傷寒、温病證脈各異之法。不全以脈分。《素·熱病論》云：「今夫熱病者，皆傷寒之類也。」

熱與寒對文，如水火冰炭；以四時四方言，其實一也。又云：「凡病傷寒而成温者，先夏至日爲病温，後夏至日爲病暑。」則此五者之病，古人皆謂之傷寒，與《難經》淵源一轍。後世俗學不明其故，遂至聚訟紛紜，終無一是。是可慨也！其詳須熟讀《熱病論》及《傷寒論》自知之。中風《傷寒》全書俱在，不必牽涉可也，若欲言之，豈草草數語所能？開此苟簡草率法門，遺害無所底止。之脈，傷寒病異而脈同者多矣，經不專據脈以定證。陽人迎。浮而滑，皮。陰寸口。濡而弱；《傷寒》言證脈詳矣，豈此八字所能該括！○陽脈人迎，陰脈寸口，傷寒三陽，以人迎爲主。古書爲後人所亂，言脈法多至不可究詰。濕温之脈，全不言證，大誤。陽濡而弱，陰諸條皆言陰陽，實不知其所指也。小而急；《傷寒》言脈亦有似此者，然乃小變特狀，非以脈爲綱領。徐注大誤。○按：此二句疑在「傷寒之脈」二句下。傷寒之脈，傷寒之分風寒、濕熱，以證爲主，以本經之動脈爲輔。以脈定病，爲《難經》之誤説。陰陽俱盛而緊澀①；皮。○以《傷寒》原文證之，其誤自見。熱病之脈，經不以脈定病。陰陽俱浮，熱病《内經》有數篇，何得以脈斷之？又何得以一「浮」字了之？真如癡人説夢。浮之而滑，皮。沉之散澀②；温病之脈，此以絡言。行在諸經，以熱病六經求之。不知何經之動也，「動」字爲診絡之法，詳見經文，此乃以熱病脈當之，大誤。各隨其經經正與絡對稱。所在而取之。《診絡篇》引《經脈》：「脈之卒然動者，皆邪氣居之，留於本末；不動則熱，不堅則陷且空，不與衆同，是以知其何脈之動也。雷公曰：何以知經脈之與絡脈

---

① 澀：原作「滑」，據《難經經釋》改。

② 沉之散澀：此句原脱，據《難經經釋》補。

異耶？黄帝曰：經脈者，常不可見，其虚實也，以氣口知之。脈之見者，皆絡脈也。」傷寒一部《傷寒》，精密之書，乃以數語了之，後人喜其簡易，故其書盛行，特無如其亂道何！苟趨簡易，則仲景、叔和皆好爲苟難矣。有汗出而愈，下之而死者；在表。有汗出而死，下之而愈者。在裏。何也？所問太淺陋。然：陽虚陰盛，不知所指。汗出而愈，下之即死；陽盛陰虚，虚實亦不知所指。汗出而死，下之而愈。可汗不可汗，可下不可下，詳矣，非二語所盡。

徐案：《傷寒例①》亦有「陽盛陰虚，汗之則死，下之則愈；陽虚陰盛，汗之則愈，下之則死」之文。此當出《平脈》、《辨脈篇》中，爲襲用本書語而推衍者，非仲景原文也。諸家釋之不一。成無己注則以陽邪乘虚入府，爲陽盛陰虚；陰邪乘表虚客於營、衛，爲陽虚陰盛。陰、陽指邪氣言。《外臺秘要》及劉河間《傷寒直格》俱以不病者爲盛，病者爲虚。由藏府分陰陽，又一説。《活人書》以内外俱熱爲陽盛陰虚，内外俱寒爲陽虚陰盛。以寒熱分陰陽，又一説。惟王安道《溯洄集》則以寒邪在外爲陰盛，可汗；熱邪内熾爲陽盛，可下。分寒熱，又分内外。此説最爲無弊②。若不病者實、病者爲虚之説，與表病裏和、裏病表和之説相近。但「虚」、「實」二字，其義終未安也。

① 例：原作「論」，據《難經經釋》改。
② 此句原脱，據《難經經釋》補。

諸家大抵皆圓誑耳。後人因《難經》之文而造《辨脈》、《平脈》附之仲景，徐氏又引以證《難經》，此魔鬼橫行，無如其終不可通何。

寒熱寒熱，經入雜病。之病，候之如何也？然：皮診皮法。寒熱者，皮不可近席，毛髮焦，鼻藁，不得汗；肌診絡法。寒熱者，皮膚痛，脣舌藁，無汗；骨診骨法。寒熱者，病無所安，汗出①不休，齒本藁痛。

徐案：此段不得與傷寒同列一難之中，蓋寒熱之疾，自是雜病不傳經之證，故《靈樞》另列「寒熱病」爲篇目，而詳其刺法，其非上文傷寒之類可知。不知越人以類而旁及之耶？若即以爲傷寒之寒熱，則大誤也。

又案：此即《靈·寒熱論》篇原文，而「骨寒熱」一條，删去數字，義遂不備。經文云：「骨寒熱者，病無所安，汗注不休。齒未藁，取其少陰於陰股之絡；齒已藁，死不治。」可見此證原有輕重之別。今竟云「齒本藁痛」，則骨寒熱止有死證，而無生證矣。此等乃生死關係大端，豈可脱落疏漏若此！

五十九難曰：狂癲之病，何以別之？經文甚詳，何須再問。然：狂疾之始發，少卧而不飢，自高賢也，自辨智也，自倨貴也，妄笑好歌樂，妄行不休是也。癲疾始發，意不樂，僵仆直視。其

① 汗出：《難經經釋》作「汗注」。

脈三部二字當衍。陰陽俱盛是也。作三大部人寸陰陽，亦通。

徐案：《靈・癲狂篇》論癲狂之證及鍼灸之法，因證施治，極爲詳備。此段所引，特經中之一二證，並非二者之疾，其病形止此三四端也。細考經文自明，此又掛一漏萬矣。此書之盛行，後人取其簡略耳。

六十難曰：頭心之病，以腦爲心，心痛即頭痛，非附肺之心。有厥痛，有真痛，何謂也？然：手三陽之脈，以十二經言，心在腦，脈氣附手少陰。受風寒，伏留而不去者，則名厥頭痛。徐注：手三陽：小腸、大腸、三焦也。《素》「手之三陽，從手走頭」，故風寒留滯則頭痛也。入連在腦者，删合併爲一條，則得矣。名真頭痛。徐注：入連在腦，邪進入於腦也。不在絡而在腦，故曰真。其五藏氣相干，誤襲《淮南・時則訓》五行家政治學之說。名厥心痛。其痛甚，但在心，腦中之痛，不得指爲心、胃脘①耳。○徐注：但在心，言無別藏相干也。手足青者②，即名真心痛。其真心痛者，徐注：滑氏《本義》謂「真」字不當欠一「頭」字。旦發夕死，夕發旦死。徐注：心爲君主之宮，故邪犯之即不治也。《靈・邪客篇》：「心者，五藏六府之大主也，精神之所舍也，其藏堅固，邪弗能容，容之③則心傷，心傷則神去，神去則死矣。」即此義也。○按：心指腦，故稱爲大主，非附肺之心，與肺合爲一藏，不

---

① 脘：原作「腕」。
② 青者：原作「青青」，據《難經經釋》改。
③ 之：原脱，據《難經經釋》補。

得更立一心名。五行家推衍二十一家，乃分出肺肝爲四藏，非正義也。

徐案：《靈・厥病篇》厥頭痛之病有數證，其治法或取陽經，或取陰經，則非獨三陽之受病可知。若云從三陽而傳及他經，則得矣。至真頭痛，經文云：「手足寒至節，死不治。」則頭痛亦有死證，與心痛之手足青至節者死不治正同。名異實同，當合爲一條。至厥心痛之證，經文有腎、胃、脾、肝、肺五種心痛之證，病形各殊，亦不得云「五藏相干」。蓋胃府不得稱藏。若心自干心，則真心痛矣，不在厥心痛之列，亦當如經文明著其說，何得糊塗下語，使經文反晦也？

六十一難曰：此難更無味趣。經言望而知之謂之神，聞而知之謂之聖，問而知之謂之工，切脈而知之謂之巧，何謂也？此何待問難，不過欲表專診寸口之謬說耳。

徐案：《靈・邪氣藏府病形篇》云：見其色，知其病，命曰明；按其脈，知其病，命曰神；問其病，知其處，命曰工。與此不同，未知越人何所本也。

然：望而知之者，望見其五色，以知其病。聞而知之者①，聞其五音，以別其②病。問而知之者，問其所欲五味，以知其病所起所在也。切脈而知之者，診其寸口，專診寸口爲此書大謬，不

---

① 者：原作「有」，據《難經經釋》改。

② 其：原脱，據《難經經釋》補。

如改作「氣口」。視其虛實，《脈經》二卷「平人迎神門氣口前後」篇本此。以知其①病在何藏府也。此説大謬，僞《脈經》兩手四十八變，此爲之俑。經言以外知之曰聖，經文由外以知内，指皮絡言。以内知之以色聲分内外，與經不合。曰神，此之謂也。

徐案：發問以望、聞爲神、聖，今引經以望、聞爲聖，以問、切爲神，又失工、巧二端，其引經語亦無考，未詳何故。〇又按：聞、問之法，兩經言之多端，今止以五音、五味爲言，義亦不備。〇按：自「四十八難」至此，皆論虛實邪正傳變生死之道。

六十二難曰：藏井、滎有五，府獨有六者，十二經本藏府各六，此最明瞭者也，無待於問。因天六地五，乃去一藏不足數耳。種種謬説，全不識經意所致。何謂也？糾纏五、六，不知本原。然：府者，陽也。三焦行於諸陽，故置一俞，名曰原。《太素》注中亦有用此説者，與他條矛盾，乃後人所附入②。所以府有六者，亦與三焦共一氣也。合三焦爲六府，與合心主爲六藏同也，今遂推重三焦，將何以處心主乎？

六十三難曰：《十變》前言脈亦有「十變」之文。言③，五藏六府《本輸》十二經藏亦有「六」。滎合，皆以井爲始者，何也？此與經，亦不合。然：井者，東方春也，以四時五行附會五原，非是。藏府自有本行，何必

---

① 其：原脱，據《難經經釋》補。

② 此下原有「合三焦」至「處心主乎」三句注語，顯係涉下文而誤衍，今删。

③ 言：原脱，據《難經經釋》補。

又加添設？萬物之始生，諸蚑行喘息，蜎飛蠕動，當生之物，莫不以春生。故歲當作「時」。數始於春，日數始於甲，故以井爲始也。牽合五行，非本旨。

徐案：《靈・本輸篇》藏之井皆屬木，府之井則皆①屬金，以五原配五行，爲此書特創。《本輸篇》屬木、屬金二語，全無理由。以原配五行，皆爲補母瀉子而出，《内經》無此法。《本輸篇》、《甲乙經》所有五行字，皆爲注語誤爲大字者，疑亦後人因此書而加，非經本文也。即下節亦明言之。今②總釋五藏六府之井皆屬木，則倍經語經乃注記語誤爲正文者。且與下文亦相矛盾。若云惟藏之井屬木，而府不與焉，則府之亦始於井，而又不屬木，義當何居？下語疎漏之甚！

六十四難曰：《十變》直以「十變」爲經篇名矣。考鍼法有十度，十變未詳。又言：陰井木，六藏井水③。陽井金；六府井金。以上見經。陰滎火，陽滎水；陰俞土，陽俞木；陰經金，陽經火；陰合水，陽合土。於義無取。《甲乙》雖有此明文，當爲晚近據此書推補之説。陰陽皆不同，其意何也？

徐案：《靈・本輸篇》藏井屬木，府井屬金，各有明文，其餘滎、俞所屬，俱無明文，《甲乙》各有明文，當爲後人補注。不知《難經》所本何書？抑推測而知之者耶！自此以後，鍼灸家

---

① 皆：原作「該」，據《難經經釋》改。
② 今：原脱，據《難經經釋》補。
③ 井水：疑「水」爲「木」字之誤。

遂相祖述矣。拘泥五行，又以附會其補母瀉子之僞説，後世師之，乃鍼灸家之誤説。○又按：六府又多一原穴，其五者屬五行。原穴與腧相近，宜同屬木。蓋所注爲輸，所過爲原，義亦相似也。此又圓誑。

然：是剛柔之事也。此用十干嫁娶之説，已近星氣家言。五六合十一，以十干推之，豈有合乎？當時何不依經，用十二月以相配？○《五行大義》第七論合德云：「支干三種者，一曰干德，二曰支德，三曰支干合德。干德者，甲德自在，乙德在庚，丙德自在，丁德在壬，戊德自在，己德在甲，庚德自在，辛德在丙，壬德自在，癸德在戊。此十干者，甲、丙、戊、庚、壬爲陽尊，故德自處；乙、丁、己、辛、癸爲陰卑，故配德於陽，有從夫之義，所以不自爲德。」陰井乙木，陽井庚金。陽井庚，庚者，乙之剛也；陰井乙，乙者，庚之柔也。乙爲木，故言陰井木也；庚爲金，故言陽井金也。餘皆仿此。黄氏坤載號曰大醫，乃以此書配《靈》、《素》、仲景，稱四聖。其所著書竟以干代藏府名，流入星命派，此其大謬也。

六十五難曰：經言所出爲井，所入爲合。其法奈何？經言甚明，何待再問？然：所出爲井，井者，東方春也，井皆在手足指上，由外至内，何得爲春出？○井在手足指中，合去井不過尺寸地位，且皆由四肢走胸背。經之「出」、「入」字謂内外相通，不得比於四時①終始。萬物之始生，故言所出爲井也。所入爲合，經言出入非春冬之義，合去指甚近，其脈亦未盡，何得爲冬合？合者，北方水也，陽氣入藏，故言所入爲合也。出入爲内外經絡之行道，不可以四時配合五行；五行猶可，附會六原，則多一輸矣。無知妄作，迷亂視聽，所當屏絶。

① 四時：原作「四昀」，據上下文意改。

六十六難曰：經言肺之原，一。出於太淵。徐注：太淵在手掌後陷中。心當作「心主」。之原，二。出於大陵。徐注：大陵在掌後骨下横文中兩筋之間，此手厥陰之穴也。其餘皆本經穴。肝之原，三。出於太衝。徐注：太衝在足大指本節後二寸陷中。脾之原，四。出於太白。徐注：太白在足大指後内側白肉際陷中。腎此指任衝。之原，五。出於太谿。徐注：太谿在足内踝後五分。少陰以督帶言西人之腦氣節，非附肺之心。之原，六。○前言五藏五行，此乃多出心主一藏，爲六藏矣。夢想顛倒，真不可思議。出於兑骨。徐注：少陰，手少陰也。兑骨，即神門穴，在掌後鋭①骨端陷中。膽之原，一。出於丘墟。徐注：丘墟，在足②外踝下如前陷中。胃之原，二。出於衝陽。徐注：衝陽在足跗上去内庭五寸高骨間動脈。三焦之原，三。出於陽池。徐注：陽池在手表③腕上陷者中。膀胱之原，四。出於京骨。徐注：京骨在足小指外側本節後大骨下白肉際陷。大腸之原，五。出於合谷。徐注：合谷在手大指次指歧骨間陷中。小腸之原六。出於腕骨。徐注：腕骨在手外側腕前起骨下陷中。

徐案：大陵乃手厥陰心主之穴，而此以爲心之原者，何也？《靈·九鍼十二原篇》云：「陽中之太陽，心也，其原出於大陵。」此以心主爲心。《靈·邪客篇》云：「少陰獨無腧，

① 鋭：原作「兑」，據《難經經釋》改。
② 足：原脱，據《難經經釋》補。
③ 表：原作「依」，據《難經經釋》改。

此當謂督無動腧。何也？此少陰指腦而言。心，明堂，有腧，有動脈，惟腦督乃無動脈。曰：心者，五藏六府之大主也，元首爲一身之主。精神之所舍也，指腦而言。其藏堅固，《靈臺祕典》「心主之官」當作「宫」。邪弗能容。經云：心主者，君主之宫。故諸邪之在於心者，於腦。皆在於心囟。之包絡。」兩腰爲包絡。此大陵所以爲心囟。之原也。非附肺之心。其取神門，則又有説。《邪客篇》云：「少陰獨無腧者，不病乎？曰：其外經病，而藏不病，腦。故獨取其經於掌後鋭骨之端。」手厥陰心主。即此所謂兑骨也。然此①乃治病取穴之法，而兑骨並非少陰之原也。誤以經少陰爲附肺之心，而不知與此書少陰同名異實。今乃以大陵爲心之原當作「心主」。又以兑骨爲少陰之原，腦心。心腦與心主同名。即少陰也，《邪客》少陰與此不同。如此則少陰不但有腧，且有兩腧矣。何弗深考也？此爲徐氏小誤。○又按：《靈・本輸篇》云：心當爲「心主」。出於中衝爲井木，溜於勞宫爲滎，注於大陵爲腧，行於間使爲經，入於曲澤爲合，此皆手厥陰之穴，而經以爲心當作「心主」。所出入之處。若厥陰包絡指兩腰。本經經文②，反不指明井、滎等穴，則手少陰之腧，即手厥陰之腧可知。少陰爲心主，不可合爲一。至《甲乙經》出於《明堂經》。始以少陰本經之少衝爲井，少府爲滎，神門爲腧，靈道爲經，少海爲合，至此而十二經之井、滎

① 此：原脱，據《難經經釋》補。
② 本經經文：原作「本難經文」，據《難經經釋》改。

乃備。然此乃推測而定，實兩經之所無也。今以兑骨爲少陰之原，此《甲乙經》之所本也。《黄帝明堂》心有腧爲《甲乙》所自出，《太素》注言之甚詳，徐説誤也。

十二經此句是。皆以俞一作「腧」。爲原者，何也？當云十二經皆有腧，五藏以俞爲原者，何也？

徐案：此又錯中之錯。《靈・本輸篇》五藏止有井、滎、俞、經、合，六府則另有一原穴。然則五藏以腧爲原，六府則腧自腧而原自原，「皆」字何著？至以腧爲原之説，則本《靈・九鍼十二原篇》，云：「五藏有疾，當取之十二原。陽中之少陰，肺也，其原出於太淵，太淵二。陽中之太陽，心也，其原出於大陵，大陵二。陰中之少陽，肝也，其原出於太衝，太衝二。陰中之至陰，脾也，其原出於太白，太白二。陰中之太陰，腎也，此指肝下之膽而言。其原出於太谿，太谿二。膏之原出於鳩尾，鳩尾一。任脈稱膏。肓之原督脈稱肓。出於脖胦，脖胦一。五藏十原，加入督、任乃爲十二原，當補手厥陰、心主二原，共爲十四原。凡此十二原者，主治五藏六府之有疾者也。」則十二原之名，指藏不指府，共十二穴，非謂十二經之原也。但其所指太淵至太谿十穴，則即《靈・本輸篇》所謂腧穴。蓋五藏有腧無原，故曰以腧爲原，豈可概之六府乎？何其弗深考也！

然：五藏俞一作「腧」。者，三焦之所行，氣之所留止也。《太素》以此全歸之衝脈，是也。三焦所行之俞爲原者，何也？然：臍下腎間動氣者，此即任衝脈，經指爲少陰。人之生命也，任、衝即西人所謂淋巴管，生殖器也。〇此《醫貫》所謂命門，實即衝、任外腎主之。後世所謂命門，全爲外腎。十二經之根本，經衝爲五藏六府之海。故名曰原。三焦者，當作「衝脈」。原氣之別使也，主通行三氣，此書重腎，此又重三焦，皆《內經》所無，爲此書杜撰之説。經歷於五藏六府。所謂衝與宗氣。原者，三焦之尊號也，忽以三焦爲十二原之主，又以牽合命門，《內經》決無此説，出於《難經》作俑。後人並以此説羼入《太素》，尤怪誕矣。故所止輒爲原。五藏六府之有病者，皆取其原也。

徐案：《靈·本輸篇》五藏則以所注爲腧，腧即原也。六府則以所過爲原，並無以三焦之氣爲説。蓋各經之氣留注深入之處即爲原。故《九鍼篇》云「十二原出於四關」，其穴皆在筋骨轉接之地，故病亦常留於此。若云三焦主氣，則井、滎亦皆三焦之氣，何獨以所注名爲原？況三焦自有本經道路，何必牽合？

六十七難曰：五藏徐補「六府」二字。募皆①在陰，而俞一作「腧」，腧下有「皆」字。在陽者，何謂也？徐注：募，音暮，氣所結聚處也。俞，《史記·扁鵲傳》作「輸」，猶委輸之義也。陰，腹也。肺募中府，屬本經。心主募巨闕，屬任脈。脾募章門，屬肝經。肝募期門，屬本經。腎募京門，屬膽經。胃募中脘，屬任脈。大腸募天樞，屬胃經。小腸募關元，屬任脈。膽募日月，屬本經。膀胱募中極，屬任脈。三焦募石門，屬任脈。諸穴皆在腹也。陽，背也。《素·氣府論》：「五藏之俞各五，六府之俞各六。」《靈·本輸篇》云：「肺腧在三焦之間，心腧在五焦之間，膈腧在七焦之間，肝腧在九焦之間，脾腧在十一焦之間，腎腧在十四焦之間，皆俠脊相去三寸所。」焦，即椎也，其心包腧在四椎下，大腸腧在十六椎下，小腸腧在十八椎下，膽腧在十椎下，胃腧在十二椎下，三焦腧在十三椎下，膀胱腧在十九椎下。諸穴亦俠脊相去三寸，俱屬

① 皆：原脱，據《難經經釋》補。

足太陽脈，皆在背也。○按：六府募亦在陰，俞亦在陽，不獨五藏爲然。又，下節陰陽並舉爲言，疑五藏下當有「六府」二字。

然：陰足少陰在腹。病行陽，其支絡在背。陽病手少陰，在背。行陰，其支絡在腹。故令募在陰，腧在陽也。徐注：言陰經本皆在腹，而其俞則俱在背；陽經本皆在背，而其募則皆在腹。蓋以病氣互相流傳，由經絡本互相通貫，故其氣之結聚輸轉之處交相會也。

徐案：諸募、輸經無全文，未知何本。《素問・通評虛實論》：「腹暴滿，按之不下，取太陽經絡者，胃之募也。」亦未明指何穴。

六十八難曰：五藏六府皆有井、滎、俞、經、合，皆何所主？徐注：言此諸穴，刺之主治何病也。

然：經言所出爲井，所流爲滎，所注爲俞，所行爲經，所入爲合。井主心下滿，滎主身熱，俞主體重節痛，經主喘欬寒熱，合主逆氣而泄。徐注：由「六十四難」五行所屬推之，則心下滿爲肝木之病，身熱爲心火之病，體重節痛爲脾土之病，喘欬寒熱爲肺金之病，逆氣而泄爲腎水之病。然此亦論其一端耳，兩經辨病取穴之法，實不如此，不可執一説而不知變通也。此五藏六府井、滎、俞、經、合所主病也。此當指刺灸言之，不謂本主篇①。

六十九難曰：據此書五行之法，人人腦中恩仇生尅、捭闔縱横，不啻一戰場，此最大誤。如俗説心火肺金，金上火下，焚如之災，何以當之！因知一家骨肉，火不熱，水不寒。經言虛者補之，實者瀉之，不實不虛，以經取之。此專言經病。何謂也？徐注：虛，血氣虛也；實，血氣實也。補之，行鍼用補法也；瀉之，行鍼用瀉法也。其説詳《素・

---

① 本主篇：「篇」字或爲「病」字之誤。

離合真邪論》等篇。以經取之，言循其本經所宜鍼刺之穴也。

徐案：所引四語見《靈・經脈篇》。又《禁服篇》論關格，亦有此四語，而「以經取之」句下又有「名曰經刺」四字。及考所謂經刺之法，則《靈・官鍼篇》云：「經刺者，刺大經之結絡經分也。」又與下文所解迥別，其虛補實瀉二語，則經文言之不一，亦非如下文所解。

然：虛者補其母，實者瀉其子，經之補、寫多屬本經，此書泥於五行，乃專就子、母立説，非經本旨。當先補之，然後瀉之。「不實不虛，此句説絡。以經取之」者，此句屬經。是正經自生病，不中他邪也，經與絡對言，非與他經對稱。當自取其經，故言「以經取之」。

徐案：《内經》補瀉之法，或取本經，或雜取他經，或先瀉後補，或先補後瀉，或專補不瀉，或專瀉不補，或取一經，或取三四經，其説俱在，不可勝舉，則補母瀉子之法，亦其中之一端。若竟以爲補瀉之道盡於①此，則不然也。

七十難曰：一本有「經言」二字。春東。夏南。刺淺，下乃云深。秋西。冬北。刺深者，下乃云淺。何也？徐注：《靈・終始篇》云：「春氣在毛，夏氣在皮，秋氣在分肉，冬氣在筋骨。刺此病者，各以其時爲齊。」兩經雖各有異同，而此其大較也。○按：此五診之法，兩經屢見，字有異同，當據五診法以求之，又當詳四方分治之法。若拘泥此文，未有

---

① 於：原作「如」，據《難經經釋》補。

不誤者也。然：春夏者，經之春、夏，多指東、南木形火形之人，不實指四時。陽氣在上，當作「外」，下同。人氣亦在上，故當淺取之。秋冬者，指西北金水之人。陽氣在下，當作「內」，下同。人氣亦在下，故當深取之。此互文見義，舉以示例，不可死於句下。春夏各致一陰，誤以經四方爲四時。秋冬各致一陽者，粗心大膽，立名自異。後人喜閱此書，以其簡易。正如《童子進學解》通行鄉塾，實則老師宿儒同受此病。何謂也？然：春夏溫，必致一陰者，此等文義在可通不可通之間，後人專師此書，亦取其簡易耳，不知醫固非簡易能了。初下鍼，沉當作「深」。之在肝腎之部，則必深取乃得之。此又春夏深，深則必由淺地徑過。得氣，引持之陰也。秋冬寒，必致一陽者，初內鍼，淺而浮之，此又秋冬淺。至心肺之部，得氣，推內之陽也。以心肺爲淺，肝腎爲深，爲此書之巨謬。以心肺在上，爲淺爲浮，肝腎在下，爲深爲沉，皆不知五診之法不以藏自分此等級。是謂春夏必致一陰，秋冬必致一陽。此等僞説，妄立名義，實則自相矛盾，義不可通。鍼家魔障，皆此書作俑。

徐案：致陰致陽之説，經無明文。但春夏刺淺，若先至腎肝之分，則仍刺深，於上文義亦難通，未知何據。

七十一難曰：經言無此經文。刺營無傷衛，刺衛無傷營者，經之營主脈，衛主絡，絡爲肉分。經用五診法，「皮」、「肉」、「脈」、「筋」、「骨」五等名詞，今變爲「營」、「衛」二字，大誤經，詳徐駁。何謂也？然：鍼陽者，卧鍼而刺之；刺陰者，先以左手攝按所鍼滎俞之處，氣散乃內鍼。是謂經既無此語，安得言「是謂」？刺營無傷衛，刺衛無傷營也。改易經字，移步換形，最爲誤人。

徐案：卧鍼之法，即《靈·官鍼篇》「浮刺」之法。攝按散氣，即《素·離合真邪論》

「捫而循之，切而散之」之法。然經文各別有義，此取之以爲刺陰刺陽之道，義亦簡當可師。鍼家僞説多出此書，徐每調護，猶囿於僞法。

七十二難曰：經言能知迎隨之氣，可令調之；調氣之方，必在陰陽。經云：手三陰從胸走手，手三陽從手走頭，足三陽從頭走足，足三陰從足走胸。此順行一周之法，陰逆行，則正與此相反。一順一逆，如堪輿家言，故能大會。若皆順行，則不能言全矣。○《標本論》十二經皆以手足指端爲本，此中半爲順行，半爲逆行，學者細考自知。何謂也？徐注：《靈·終始篇》云：「陽受氣於四末，陰受氣於五藏，故瀉者迎之，補者隨之。知迎知隨，氣可令和，和氣之方，必通陰陽。」引經文本此。蓋陽經主外，故從四末始；陰經主內，故從五藏始。迎者，鍼鋒迎其來處而奪之，故曰瀉。隨者，鍼鋒隨其去處而濟之，故曰補。通陰陽者，察其陰陽之虛實，不得誤施補瀉也。詳「七十九難」。然：所謂迎隨者，迎其頭，取來；隨其後，取去。《内經》屢言來去，皆爲行鍼之法。知營、衛之流行，同道不同塗。經脈讀作絡。之往來也。雙起，雌雄異。隨其逆順陰神逆，陽神順。而取之，營、衛順逆，《太素》猶詳其法，唐宋以下失傳矣。故曰迎隨。調氣之方，必在陰陽者，知其内外表裏，此五診深淺法。隨其陰陽而調之，此營、衛順逆法。故曰調氣之方，必在陰陽。陰陽順逆，專指營、衛言。衛爲陽，如北斗順行一周；營爲陰，如月將逆行一周。一日百刻，分爲晝夜五十營，五十營一大會，每刻一小會；大會如二至，小會如地球每日私轉。説詳《營衛運行篇》中。

七十三難曰：諸井者，肌肉淺薄，氣少在手足十指端。不足使也，刺之奈何？經以證分經而施補泄，刺手端者少；此因五行，故井亦古刺之一門。然：諸井者，木也；滎者，火也。火者，木之子，四時則可，言一脈氣流行，忽分爲五概，隨便指呼，亦如堪輿之僞法；藏府能語，其應之耶？當刺井者，以滎瀉之。不直接於一脈中又自分五行，互相恩怨，則分一身爲數十百家胡越矣。

徐案：「六十九難」則以別經爲子母，有彼此，乃有恩怨。此則即以一經爲子母，一脈又自生荆棘。如於兩寸之地分診十二經，或藏或府，造爲種種僞說，在識者不置一笑。義各殊而理極精也。肝膽胡越，久爲笑柄，自生冰炭，有何理？反以爲精，徐氏之誤。

故經言杜撰。補者指本經之母。不可以爲瀉，母不可瀉。瀉者指本經之子。不可以爲補。此之謂也。謂一脈中有生有殺，不可空言補泄，而不分五行耳。

徐案：「故」字上當有闕文，必有論補母當有「泄子」二字。之法一段，故以此二句總結之，否則不成文理矣。〇又案：經言無考。

七十四難曰：經言春以四時爲四方。刺井，夏刺滎，季夏刺俞，秋刺經，冬刺合者，不應以時執定。何謂也？然：春刺井者，邪在肝；此四方之説，不以爲四時，而以爲四方也。夏刺滎者，邪在心；季夏刺俞者，邪在脾；秋刺經者，邪在肺；冬刺合者，邪在腎。又以五原分配五時。

徐案：《靈·順氣一日分爲四時篇》云：「藏主冬，冬刺井；色主春，春刺滎；時主夏，夏刺俞；音主長夏，長夏刺經；味主秋，秋刺合。」與此所引俱隔一穴。其《本輸篇》則云：「春取絡脈諸滎大經分肉之間，夏取諸俞脈絡皮膚之上，秋取諸合，冬取諸井諸腧之分。」《四時篇》云：「春取血脈分肉之間，夏取盛經脈絡，秋取經腧，邪在府，取之合。冬取井滎，必深留之。」俱與此處不合。越人之説，不知何所本也。不過由五行推演耳。

其肝、心、脾、肺、腎而繫「繫」字上當有「並」字。於春夏秋冬者，何也？此以四時爲符號，非實指四時。○以五藏配四時，何待問，此謂一藏有五病。然：五藏一病，輒有五也。五者《脈經》統謂之脈，《内經》亦統以脈言；對文則別，單舉則通。假令肝病，色青者，《内經》所謂主同脈之至。肝也；《内經》諸如字皆爲望氣視色法。其稱脈者色氣。臊臭者，肝也；喜酸者，肝也；喜呼者，肝也；喜泣者，肝也。其病衆多，約言之爲廿五。不可盡言也。推詳則不止此數。四時有數，四時之數，人所易明。而並繫所謂符號、假託。於春夏秋冬者也。此有「並」字，上無，故知脱誤。○以四時配四方五態之人。鍼之要妙，在於秋豪者也。與上文捍格。

徐案：此①謂五藏之病何以與四時相應，則當發明所以感應之理，而答語乃止言病狀如此，與問辭全不對準，甚屬無謂。按：原文與徐氏之意不同。徐深染俗說，猶欲以四時之說敷衍附會，不如符號之説切實圓通。

七十五難曰：經言經文所無，杜撰妄語，而自稱經言，豈止擬經之罪？東方實，西方虚，瀉南方，補北方，大抵鍼灸僞説，以子母爲巨謬，故其文數見，皆爲附會五行。何謂也？然：金木水火土，五行非醫正法，略一言之可也，似此則頗似子平推算。專研究干支，每於實事有礙。當更相平。誤中又誤。東方木也，西方金也。木欲實，金當平之。火欲實，水當平之。土欲實，木當平之。金欲實，火當平之。水欲實，土當平之。此五行家辨方正位，專詳政法之言，非醫學。○五藏亦因五行而得名耳，黄帝嘗怪其多立名目，以爲同實異名，

① 此：《難經經釋》作「問意」。

分方之道不得不如此。至於此書，則一身之中互相水火，彼此讎怨，肝膽胡越，遂使身中如戰國，無一寧静之時。不知五行性情原指五土之民，不謂一身之内果分彼此，果分性情，愛惡親殺，有如蝸角戰争。孟子：「君之視臣如手足，則臣視君如腹心。」皇帝天下一人之例，近取諸身，方以並育萬物立説。而醫家乃於一身自分恩怨，各相讎殺，而以此爲天地自然之理，依附五行家言而變本加厲，致使五藏亦如日家之凶神惡煞，自相戰争，亦大可怪矣。東方者，肝也，則知肝實。西方者，肺也，則知肺虚。瀉南方火，補北方水。南方火，火者，木之子也。北方水，水者，木之母也。水勝火，子能令母實，母能令子虚。故瀉火補水，欲令金不得平木也。

徐案：「子母」二字，諸家俱以木爲火之母、水爲金之子爲言，義遂難曉。觀本文以「水勝火」三字接下，明明即指上文木之子、木之母①也，特爲正之。○又按：「六十九難」云：「虚則補母，實則瀉子。」今實則瀉子補母、虚則反補其子，義雖俱有可通，而法則前後互異，未詳何故。子母爲此書僞法，亦如診脈之寸口，杜撰妄造，不可究詰。

經曰不能治其虚，何問其餘？此之謂也。

七十六難曰：何謂補瀉？此無待問。當補之時，何所取氣？當瀉之時，何所②置氣？鍼灸補瀉各有法度，經已詳明，不須更言取置。然：當補之時，從衛取氣；當瀉之時，從營置氣。補取衛，瀉取營，

---

① 木之母：原作「水之母」，據《難經經釋》改。

② 所：原作「宜」，據《難經經釋》改。

大誤。因各經之盛衰而補瀉之，經無分衛、營之説。其陽氣不足，陰氣有餘，當先補其陽，而後瀉其陰；陰氣不足，陽氣有餘，當先補其陰，而後瀉其陽。以藏爲主，則不分營、衛，盛則營、衛俱盛，虚則營、衛俱虚。如一虚一實，則相併而平，不可以言補瀉。舍藏府而別以營、衛分補瀉，大誤。營、衛通行，此其要也。補瀉自以本經爲主，不別以營、衛言之。

七十七難曰：經言上工治未病，中工治已病者，何謂也？經之所説本極明瞭，因此誤問，乃生障礙。然：所謂治未病者，見肝之病，治未病，所謂治國於未亂、保邦於未危；以已病言，大非經義。則知肝當傳之與脾，此後世防病之所出。故先實其脾氣，無令得受肝之邪，故曰治未病焉。未病而先立防，則無不病①矣，不謂相傳。中工治已病者，見肝之病，不曉相傳，但一心治肝，以病傳立説，大乖經旨。故曰治已病也。《金匱》有「藏府經絡先後病脈證第一」，第三條即祖此難立説。《傷寒》、《金匱》本合爲一書，當從第二痓病起，其首一卷可不用。此因僞爲二書，後人乃於此加入此數條，大抵多用《難經》僞説，爲宋以後人所補也。

徐案：《靈・逆順篇》云：「上工刺其未生者也，其次刺其未盛者，其次刺其已衰者也。下工刺其方襲者也，與其形之盛者也，與其病之與脈相逆者也。故曰方其盛也，勿敢毁傷，刺其已衰，事必大昌。故曰上工治未病，不治已病，此之謂也。」經文所云，不過就本經之病，須及其未生及方退之時，乃可用刺，不指傳經之邪言。徐説亦誤，因附會此書而

① 無不病：玩文意，「無」字似衍。

然。〇又按：《金匱要略》首篇云：仲景書與《難經》同者，多爲後人所羼。「上工治未病，何也？師曰，夫治未病者，見肝之病，知肝傳脾，當先實脾。中工不曉相傳，見肝之病，不解實脾，惟治肝也。」與此正合，想別有所本也。《金匱》首卷總論藏府，爲後人所羼，本依此書而補，是爲贓證。乃徐氏反承襲僞説以疑經文，大誤。

七十八難曰：鍼有補瀉，何謂也？然：補瀉之法，非必呼吸出内鍼也。徐注：「《素·離合真邪論》云：『吸則内鍼，無令氣忤』；『候呼引鍼，呼盡乃去，大氣皆出，故命曰瀉』；『呼盡内鍼，静以久留，以氣至爲故①』；『候②吸引鍼，氣不得出，各在其處。推闔其門，令神氣存，大氣留止，故命曰補。』此呼吸出内之法，越人以爲其道不盡於此。當如下文所云也。」〇後人誤撰，指爲越人補經之未備，大誤。知爲鍼者信其左，不知爲鍼者信其右。誤説，知不知豈在左、右之分？當刺之時，先以左手厭按所鍼滎、俞之處，彈而努之，爪而下之，經作「抓而下之」。其氣之來，鍼灸候氣法。如動脈十二經之動脈。之狀，鍼灸候氣法。乃「二十三難」以前以此爲診經名詞，何也？順鍼而刺之，得氣，所謂至、來。因推而内之，鍼灸候氣。是謂補；動而伸之，是謂瀉。所謂去、止。不得氣，乃與男外女内。分別男女，尤爲誤中之誤。不得氣，是謂十死，不治也。

徐案：本文語氣③，得氣以上似鍼法總訣。推而内之則爲補，動而伸之則爲瀉。若

---

① 故：原作「候」，據《難經經釋》改。

② 候：原作「故」，據《難經經釋》改。

③ 語氣：原作「論氣」，據《難經經釋》改。

《離合真邪論》，則「捫而循之，切而散之，推而按之，彈而努之，抓而下之，通而取之」，皆爲補法，與此亦微似①。

七十九難曰：經言迎而奪之，安得無虛？隨而濟之，安得無實？虛之與實，若得若失；實之與虛，若有若無。何謂也？凡引經發問，其下多與經異説，非以引經爲重，將反經改經耳。然：迎而奪之者，瀉其子也；補瀉子母爲此書僞説，非經所有。隨而濟之者，補其母也。徐注：經語見《靈・九鍼十二原篇》。

徐案：此子母即以本經井、腧所屬五行生剋言，非如「七十五難」指五藏所屬之子母也。

假令心病，瀉手心主俞，是謂迎而奪之者也。以五腧分五行，如《火珠林》法安六親者，此書之僞説。補手心主井，是謂隨而濟之子母之説爲此書僞法，故數見其義，亦如寸口。者也。

徐案：心病取「取」字一本作「瀉」。手心主穴者，《靈・邪客篇》云：「諸邪之在心者，皆在②心之包絡。」又云：「少陰獨無腧者，其外經病而藏不病，故獨取其經於掌後鋭骨之端，其餘脈出入屈折，其行之徐疾，皆如手少陰心主之脈行也。」按：少陰無腧，謂腦也。《明堂》

---

① 微似：《難經經釋》作「微别」。

② 在：原脱，據《難經經釋》補。

少陰有腧，《太素》已言之，惟腦無腧。此十四經絡之説。徐氏不明此義，故所言皆誤。

徐案：經文迎隨，是以經氣之順逆往來。而用鍼者，候其氣之呼吸出入及鍼鋒之所向，以爲補瀉。兩經之法甚備。今乃鍼本經來處之穴，爲迎爲瀉；鍼本經去處之穴，爲隨爲補。蓋經文以一穴之順逆爲迎隨，此以本穴之前後穴爲迎隨；義實相近，而法各殊也。

所謂實之與虚者①，牢濡之意也。經文本明，以牢濡實之，則迷霧萬重。氣來候氣。實牢者爲得，濡虚者爲失也，豈萬病萬象均牢濡而得失耶？故曰若得若失也。全與《小鍼解》相反。

徐案：《靈·小鍼解》云：「言實與虚，若有若無者，言實者有氣，虚者無氣也②。爲虚與實，若得若失者，言補者佖然③若有得也，瀉則怳然若有失也。」有無句主氣言，得失句指用鍼者言。確是二義。今引經與釋經，俱改經文則語複而義難曉，此不精審之故也。

八十難曰：此難鍼灸候氣法，以「來」、「去」、「至」、「止」爲詞，前乃以爲診寸口脈名詞，何也？經言僞造經言，徐

① 者：原脱，據《難經經釋》補。
② 無氣也：「也」原作「是」，據《難經經釋》改。
③ 佖然：原作「攸然」，據《難經經釋》改。

乃以爲别有所本，蓋以爲真越人書也。有見如入，有見如出者，實即氣來内入，氣去出鍼耳，造此二語何所取？何謂也？然：所謂有見如入此下當有「有見如出」四字。者，謂左手見氣來至，乃内鍼；氣至則鍼不能出。鍼入見氣盡，乃出鍼。氣去則鍼躍出，不能留。是謂有見如入，有見如出也。

八十一難曰：經言經文本極明晰，一入此書，便成迷罔。無實實，無虚虚，損不足而益有餘。是寸口脈耶？全書之作，爲此一句而發，故始終以寸口爲主。將病自有虚實耶？二句文理不可通。其損益奈何？經文明了，此則真不通文義之言。然：是病非謂寸口脈也，此句亦不通，病何以與寸口對舉？謂病自有虚實也。本指病之虚實，何須牽引寸口？假令肝實而肺虚，肝者木也，肺者金也，《内經》曰：同實異名，不當拘五行。金木當更相平，當知金平木。徐注：言爲瀉南方補北方也。○竟以日家言説藏府，大誤。肝虚，微少氣，用鍼不補其肝，而反重實其肺，經之所謂陰陽虚實不如此。將藏府七分五，所謂肝膽①。故曰實實虚虚，損不足而益有餘，改易經文，遺害無窮。此二者②何必言「二者」，其實一也。中工之所害也。

徐案：自「六十二難」至此，皆言藏府經穴及鍼刺治病之法。

---

① 此語意不完，似有錯漏。俟考。

② 此二者：《難經》及《難經經釋》俱無「二」字。

巢氏病源補養宣導法

廖平　輯　曹炳章　補輯
邱進之　校點

校點説明

《巢氏病源補養宣道法》爲氣功道引專著。隋代巢元方等《諸病源候論》在所論的絶大部分證候之後，均附有相應的氣功道引治療方法，共計近四百條，可以説是隋代以前醫療氣功道引法的一次總結。這些功法豐富多彩，以姿勢來説，有偃卧、側卧、端坐、跪坐、踞坐、蹲坐、舒足坐等；以動作來説，有伸展手臂、屈伸足部、前屈後仰、旋轉引伸等；以呼吸來説，有練呼的、練吸的，有的還規定呼吸次數等；以煉意來説，有内視丹田、存守五臟、存念引氣等；以動來説，有伸展手臂，有屈伸足部，有前屈，有旋轉，有頭部活動等；以所治病證範圍來説，包括了内、外、婦、傷等各科病證。廖平將上述散見的功法摘録匯編成書，收入其《六譯館叢書》之中。後曹炳章又補輯，收入一九三六年上海大東書局《中國醫學大成》。今以《六譯館叢書》本爲底本進行點校。

目録

風病諸候上

風偏枯候

其湯熨鍼石，別①有正方，補養宣導，今附②於後。

《養生方導引法》云：正倚壁，不息行氣，從頭至足止。愈疽、疝、大風、偏枯、諸風痺。補養宣導，每門皆有此語，今祇③一見。

又云：仰兩足指，五息止。引腰背痺、偏枯，令人耳聞聲。常行，眼耳諸根無有罣礙。

又云：以背正倚，展兩足及指，瞑心，從頭上引氣，想以達足之十趾及足掌心，可三七引，候掌心似受氣止。蓋謂上引泥丸、下達湧泉是也。

又云：正柱倚壁，不息行氣，從口趣令氣至頭始止。治疽、痺、大風、偏枯。

---

① 別：原作「副」，據衛生出版社《諸病源候論校注》改。

② 附：原作「列」，據《諸病源候論校注》改。

③ 祇：原作「祗」，誤，今改。

又云：一足踏地，足不動。一足向側相，轉身欹勢，並手盡急迴，左右迭互二七①。去脊風冷、偏枯不通潤。

風失音不語候

《養生方》云：醉臥當風，使人發瘖。

風口　候

《養生方》云：夜臥，當耳勿得有孔，風入耳中，喜令口喎。

風四肢拘攣不得屈伸候

《養生方導引法》云：手前後遞互拓，極勢三七，手掌向下，頭低面心，氣向下至湧泉、倉門，郤努一時取勢，散氣，放縱。身氣平，頭動，髆前後欹側，柔轉二七。去髆井冷血，筋急，漸漸如消。

---

① 迭互二七：原作「迭三七」，據《諸病源候論校注》改、補。

又云：兩手抱左膝，伸腰，鼻内氣七息，展右足。除難屈伸拜①起，脛中痛萎。

又云：兩手抱右膝著膺，除下重難屈伸。

又云：踞坐，伸右腳，兩手抱左膝頭，伸腰，以鼻内氣，自極七息，展左足著外。除難屈伸拜起，脛中疼痹。

又云：立身，上下正直，一手上拓，仰手如推物勢；一手向下如捺物，極勢。上下來去，換易四七。去髆内風，兩髆井内冷血，兩掖筋脈攣急。

又云：踞坐②，伸左腳，兩手抱右膝，伸③腰，以鼻内氣，自極七息，展左足著外。除難屈伸拜起，脛中疼。

---

① 拜：原作「舞」，據《諸病源候論校注》改。

② 踞坐：原作「屈」，據《諸病源候論校注》改。

③ 伸：原作「生」，據《諸病源候論校注》改。

風身體手足①不隨候

《養生方導引法》云：極力右掖②振兩臂，不息九通，愈臂痛勞倦，風氣不隨。振兩臂者，更互踶蹭，猶言厥，九通中間，偃伏皆爲之，名蝦蟆行氣。久行③不已，愈臂痛勞倦，風氣不隨，不覺痛癢，作種種形狀。

又云：偃卧，合兩膝，布兩足，伸④腰，口内氣，振腹七息。除壯熱，疼痛，兩脛不隨。

又云：治四肢疼悶及不隨，腹内積氣，牀⑤席必須平穩，正身仰卧，緩解衣帶，枕高三寸，握固⑥。握固者，以兩手各自以四指把手拇指，舒臂，令去身各五寸，兩腳豎指，相去五寸，安

---

① 手足：原作「兩足」，據《諸病源候論校注》改。
② 右掖：《諸病源候論校注》據《外臺》改作「左右」，當從。
③ 久行：原在下「風氣不隨」句下，據《諸病源候論校注》移此。
④ 伸：原作「生」，據《諸病源候論校注》改。
⑤ 牀：原作「壯」，據《諸病源候論校注》改。
⑥ 握固：二字原脱，據《諸病源候論校注》補。

心定意，調和氣息，莫思餘事，專意念氣。徐徐漱醴泉①。漱醴泉②者，以舌舐略脣口牙齒，然後咽唾，徐徐以口吐氣，鼻引氣入喉。須微微緩作，不可卒急强作。待好調和，引氣，吐氣③，勿令自聞出入之聲。每引氣，心心念送之，從脚趾頭使氣出，引氣五息、六息一出之，爲一息；一息數至十息，漸漸增益，得至百息、二百息，病即除愈。不用食生菜及魚、肥肉；大飽食後，喜怒憂恚，悉不得行氣。惟須向曉清静時行氣，大佳，能愈萬病。

風痺手足不隨候

《養生方導引法》云：左右拱④兩臂，不息九通。治臂足痛，勞倦風痺不隨。

---

① 醴泉：原作「體泉」，據《諸病源候論校注》改。
② 漱醴泉：三字原脱，據《諸病源候論校注》補。
③ 吐氣：二字原無，依《諸病源候論校注》説補。
④「拱」下原有「手」字，據《諸病源候論校注》删。

偏風候

《養生方導引法》云：一手長舒，仰掌合掌①，一手捉頦，挽之向外，一時極勢二七，左右亦然。手不動，兩向側極②勢，急挽之，二七。去頸③骨急强，頭風腦旋，喉④痺，髆内冷注，偏風。

又云：一足踏地，一手後向長舒努之，一手捉湧泉急挽，足努、手挽，一時極勢。左右易，俱二七。治上下偏風，陰氣不和。

風不仁候

《養生方導引法》云：赤松子曰：偃卧，展兩脛、兩手，足外踵，指相向，以鼻内氣，自極七息。除死肌、不仁，足寒。

---

① 仰掌合掌：《諸病源候論校注》云「不合導引姿勢」，改作「令掌仰」，當從。

② 極：原無，據《諸病源候論校注》補。

③ 頸：原作「頭」，據《諸病源候論校注》改。

④ 喉：原作「候」，據《諸病源候論校注》改。

又云：展兩足，上。除不仁、脛寒之疾也。

風濕痺候

《養生方導引法》云：任臂，不息十二通。愈足濕痺不任行，腰脊痺痛。又正卧，疊兩手著背下，伸兩腳，不息十二通，愈足濕痺，不任行，腰脊痛痺。有偏患者，患左壓右足，患右壓左足。久行，手亦如足用行，滿十方止。

又云：以手摩腹，從足至頭，正卧，踡臂導引，以手持引足住，任臂，閉氣不息十二通。以治痺濕不可任，腰脊痛。

風濕候

《養生方》：《真誥》云，櫛頭理髮，欲得多過，通流血脈，散風濕。數易櫛，更番用之。

風痺候

《養生方》云：一曰以右蹱拘左足拇趾①，除風痺；二曰以左蹱拘右足拇趾，除厥痺；三

---

① 趾：原作「候」，據《諸病源候論校注》改。下「趾」字同。

曰兩手更引足趺，置膝上，除體痺。

又云：因汗入水，即成骨痺。

又云：偃卧，合兩膝頭，翻兩足，伸腰坐，口内氣，脹腹自極七息。除痺痛熱痛，兩脛不隨。

又云：踞坐，伸腰，以兩手引兩踵，以鼻内氣，自極七息，引兩手①布兩膝頭，除痺嘔。

又云：忍尿不便，膝冷成痺。

又云：偃卧，端展兩手足臂，以鼻内氣，自極七息，摇足三十而止。除胸足寒，周身痺，厥逆。

又云：正倚壁，不息行氣，從頭至足止。愈大風、偏枯、諸痺。

又云：左右手夾據地，以仰引腰五息止。去痿痺，利九竅。

又云：仰兩足指，引五息。止腰背痺、偏枯②；令人耳聞聲。久行，眼耳諸根無有罣礙。

---

① 「引兩手」原置句末，據《諸病源候論校注》改。

② 偏枯：「偏」字原脱，據《諸病源候論校注》補。

又云：踞坐①，伸右脚，兩手抱左膝頭，伸②腰，以鼻内氣，自極七息，展右足著外③。除難屈伸拜起，脛中痛疼痺。

又云：左右拱兩臂，不息九通。治臂足疼，勞倦，風痺不隨。

又云：凡人常覺脊背皆④倔强而悶，不問時節，縮咽髆内⑤；仰面努髆井向上，頭左右兩向挼之，左右三七，一住，待血行氣動定，然始更用。初緩後急，不能先急後緩。若無病人，常欲得旦起、午時，日没三辰如用，辰别二七。除寒熱病，脊、腰、頸項痛，風痺。兩膝頸頭，以鼻内氣，自極七息，除腰痺背痛⑥，口内生瘡，牙齒風，頭眩盡除。

又云：大汗勿偏脱衣，喜偏風半身不隨。

《養生經要集》云：大汗急傅粉，著汗濕衣，令人得瘡，大小便不利。

---

① 坐：原無，據《諸病源候論校注》補。
② 伸：原作「生」，據《諸病源候論校注》改。
③ 展右足著外：此句原無，據《諸病源候論校注》補。
④ 背皆：二字原無，據《諸病源候論校注》補。
⑤ 「不問時節」二句：原無，據《諸病源候論校注》補。
⑥ 「兩膝」至「腰痺背痛」：《諸病源候論校注》云此四句「與上下文不貫」，故删。

風驚候

《養生方》云：精藏於玉房，交接太數，則失精。失精者，令人悵悵，心常驚悸。

風病諸候下

風冷候

《養生方導引法》云：一足踏地，足不動，一足向側，如丁字樣，轉身倚勢，并手盡急回，左右迭互二七①。去脊風冷，偏枯不通潤。

又云：蹲坐，身正頭平，叉手安頦下，頭不動，兩肘向上振②搖，上下來去七七，亦持手三七，放縱身心。去乳房風冷腫悶，魚寸不調，日日損。

又云：坐，兩足長舒，自縱身，内氣向下，使心内柔和適散，然始屈一足，安膝下，長舒一足，仰足趾向上使急，仰眠，頭不至席，兩手急努向前，頭向上努挽，一時各各取勢，來去二七，迭互亦然。去腳疼，腰髀冷，血冷，風痺，日日漸損。

又云：長舒足，肚腹著席，安徐看氣向下，知有去處，然使著兩手掌拓席，努使臂直，散脊

---

① 二七：原無，據《諸病源候論校注》補。
② 振：原作「正」，據《諸病源候論校注》改。

背氣向下，漸漸盡勢，來去二七。除藏府内宿冷，脈急，腰髖風冷。

又云：欲以閉①氣出汗，拳手屈膝側卧，閉氣自極，欲息氣定，復閉氣，如此汗出乃止。復轉卧，以下居上，復閉氣如前，汗大出乃止。此主治身中有風寒。欲治股脛手臂痛法：屈一脛一臂，伸所病者，正偃卧，以鼻引氣，令腹滿，以意推之，想氣行至上，温熱，即愈。

又云：肚腹著席，長舒一足向後，急努足指，一手舒向前盡勢，將一手向背上挽足倒極勢，頭仰蹙背，使急。先用手足斜長舒者，兩向自相挽急，始屈手足共頭，一時取勢。常記動手足，先後交番，上下來去二七，左右亦然。去背項腰膝髆井風冷疼悶，脊裹傴强。

又云：正坐②，兩手向後捉腕，反向拓席，盡勢，使腹弦弦③上下，七。左右换手亦然。損腹肚冷風宿氣積，胃口冷，食飲進退，吐逆不下。

又云④：凡人凡學將息人，先須正坐，並膝頭、足；初坐，先足趾相對，足跟外扒。坐上，

---

① 閉：原無，據《諸病源候論校注》補。

② 正坐：原作「坐正」，據《諸病源候論校注》改。

③ 腹弦弦：「腹」原作「復」，「弦弦」原作「眩眩」，均據《諸病源候論校注》改。

④ 又云：原作「凡人」，據《諸病源候論校注》改。

欲安穩，須兩足跟向内相對，足指外扒，坐上①。覺悶痛，漸漸舉身似款②便，坐上。待共兩③坐相似不痛，始④雙竪足跟向上，坐上，足趾並反向外。每坐常學⑤。去膀胱内冷⑥，膝冷、兩足冷疼，上氣，腰痛，盡自消適。

又云：長舒一足，一脚屈，兩手挽膝三里，努膝向前，身却挽，一時取勢，氣内散消，如似骨解。迭互换足，各别三七。漸漸去髆脊冷風冷血，筋急。

又云：兩手⑦向後。倒挽兩足，極勢。頭仰，足指向外⑧努之，緩急來去七，始手向前直舒，足自摇，膝不動，手足各二七。去脊腰悶風冷。

又云：身平正，舒兩手向後，極勢，屈肘向後空捺，四七。轉腰，垂手向下，手掌四面轉

---

① 坐上：二字原在「足指」之上，據《諸病源候論校注》移此。
② 款：原作「疑」，據《諸病源候論校注》改。
③ 兩：原作「内」，據《諸病源候論校注》改。
④ 始：原作「如」，據《諸病源候論校注》改。
⑤ 學：原無，據《諸病源候論校注》補。
⑥ 内冷：原作「内氣」，據《諸病源候論校注》改。
⑦「兩手」上原衍一「手」字，據《諸病源候論校注》删。
⑧ 向外：原作「内外」，據《諸病源候論校注》改。

之。去臂内筋急。

又云：兩手長舒，合掌向下，手高舉與髆齊，極勢，使髆悶痛，然始上下摇之二七。手下至髀還，上下緩急。輕手前後散振，雙手前拓，努手合掌向下七①。去骨髆内風冷疼，日消散。

又云：兩②手掌倒拓兩髆井前，極勢，上下傍兩掖，急努振摇，來去三七，竟。手不移處，努兩肘向③上急勢，上下振摇二七，欲得拳兩手七，因相將三七。去項髆筋脈急。努一手屈拳向後④左，一手捉肘頭，向内挽之，上下一時盡勢。屈手散放，舒指三，方轉手，皆極勢四七。調肘髆骨筋急强。兩手拓，向上極勢，上下來去三七。

又云：手不動，將⑤兩肘向上，極勢七。不動手肘臂，側身極勢，左右迴三七。去頸骨冷氣風急。前一十二件有此法，能使氣。人行之，須在疾中可量。

① 「雙手前拓」二句原在句末「日消散」下，據《諸病源候論校注》移於此。
② 兩：原無，據《諸病源候論校注》補。
③ 向：原無，據《諸病源候論校注》補。
④ 後：原無，據《諸病源候論校注》補。
⑤ 將：原作「時」，據《諸病源候論校注》改。

頭面風候

《養生方》云：飽食仰卧，久成病氣頭風。

又云：飽食沐髮，作頭風。

又云：夏不用露面卧，露下墮面上，令面皮厚，喜成癬。一云作面風。其湯熨鍼石，别有正方，補養宣導，今附於後。

《養生方導引法》云：一手拓頤，向上極勢，一手向後長舒急努，四方顯手掌，一時俱極勢，四七。左右换手皆然。拓頤，手兩向共頭欹側，轉身二七。去臂髆風①、頭風，眠睡。

又云：解髮，東向坐，握固不息一通，舉手左右導引，手掩兩耳。以手復捋頭五，通脈也②。治頭風，令髮不白。

又云：人常須日已没食訖，食訖即更不須飲酒，終天不乾嘔。諸熱食膩物，不飲冷醋漿，喜失聲失咽。熱食枕手卧，久成頭風目③澀。

---

① 風：原無，據《諸病源候論校注》補。

② 「以手復捋頭五」二句原在此節末，當係錯簡，據《諸病源候論校注》改。

③ 目：原作「日」，誤，今改。

又云：端坐伸腰，左右傾頭①，閉目，以鼻内氣，除頭風，自極七息止。

又云：頭痛，以鼻内氣②，徐吐出氣，三十過休。

又云：抱兩膝，自棄於地，不息八通。治胸中上至頭諸病，耳目鼻喉痛。

又云：欲治頭痛，偃卧③閉氣，令鼻極乃息，汗出乃止。

又云：叉兩手頭後，極勢，振摇二七，手掌翻覆安之二七，頭欲得向後仰之，一時一勢，欲得歙斜四角，急挽之，三七。去頭掖髆肘風。

風頭眩候

《養生方導引法》云：以兩手抱右膝，著膺，除風眩。

又云：以兩手承轆轤倒懸，令腳反在其上元。愈頭眩風癲。坐地，舒兩腳，以繩靽之，大

① 傾頭：《諸病源候論校注》作「傾側」。

② 氣：原無，據《諸病源候論校注》補。

③ 偃卧：原作「假卧」，又錯簡置「鼻極」下，均據《諸病源候論校注》改。

繩靽訖，拖轆轤上來下去，以兩手挽繩，使頭上脚下①，使離地，自極十二通。愈頭眩②風癲。久行，身卧空中而不墮落。

又云：一手長舒，令③掌仰，一手④捉頤，挽之向外。一時極勢，二七，左右亦然。手不動，兩向側，極勢，急挽之，二七。去頸骨急强、頭風腦旋，喉痺，髆内冷注，偏風。

又云：凡人常覺脊背倔强，不問時節，縮咽髆内，仰面，努髆井向上，頭左右兩向挼之，左右三七，一住，待血行氣動住，然始更用。初緩後急，不得先急後緩。若無病人，常欲得旦起、午時、日没三辰，如用⑤，辰别二七。除寒熱病，脊腰頸項痛，風痺，口内生瘡，牙齒風，頸⑥頭眩，衆病盡除。

---

① 頭上脚下：此四字原作「脚上而」，據《諸病源候論校注》改。
② 眩：原作「肱」，據《諸病源候論校注》改。
③ 令：原作「合」，據《諸病源候論校注》改。
④ 一手：原作「一足」，據文意改。
⑤ 如用：二字原脱，據《諸病源候論校注》補。
⑥ 頸：據《諸病源候論校注》係衍文，當删。

又云：坐地，交叉兩腳，以兩手從曲腳中入，低頭叉手①項上。治久寒不然能自温②，耳不聞聲。

又云：腳著項上，不息十二通，愈③大寒不覺暖熱，久頑冷患，耳聾目眩病。久行即成法，法身五六，不能變也。

又云：低頭，不息六通。治耳聾，目癲眩，咽喉不利。

又云：伏④前，側牢，不息六通。愈耳聾目眩。隨左右聾伏，並兩膝，耳著地，牢，强意多用力至大極。愈耳聾目眩病。久行不已，耳聞十方，亦能倒頭，則不眩也。八件有此術。亦在病疾難爲。

風癲候

《養生方》云：夫人見十步直墻，勿順墻而卧，風利吹人，必發癲癇及體重。人卧，春夏向

---

① 手：原無，據《諸病源候論校注》補。

② 温：原作「濕」，據《諸病源候論校注》改。

③ 「愈」下原有「又云」二字，且另起一段，據《諸病源候論校注》删併。

④ 伏：原作「大」，據《諸病源候論校注》改。

東，秋冬向西，此是常法。其湯熨鍼石，别有正方，補養宣導，今附於後。

《養生方導引法》云：還向反望，不息七通。治欬逆，胸中病，寒熱癲疾，喉不利，咽乾咽塞。

又云：以兩手承轆轤倒懸，令腳反在上元。愈頭眩風癲。坐地，舒兩腳，以繩靽之，以大繩靽訖，拖轆轤上來下去，以兩手挽繩，使腳上頭下，不使離地，自極十二①通。愈頭眩瘋癲。久行，身卧空中而不墮落。

風邪候

《養生方導引法》云：脾主土，土暖如人肉，始得發汗，去風冷邪氣。若腹内有氣脹，先須暖足，摩臍上下并氣海，不限偏數，多爲佳。如得左迴右轉，三七。和氣如用，要用身内一百一十三法，迴轉三百六十骨節，動脈摇筋，氣血布澤，二十四氣和潤，藏府均調。和氣在用，頭轉動摇振，手氣向上，心氣則下，分明知②去知來。莫問平手、欹腰、轉身、摩氣，屈蹙迴動，盡

---

① 十二：原作「十三」，據《諸病源候論校注》改。

② 知：原脱，據《諸病源候論校注》補。

心氣放散，送至湧泉，一一不失氣之行度，用之有①益。不解用者，疑如氣亂。

鬼邪候

《養生方》云：《上清真人訣》曰：夜行常琢齒，殺鬼邪。

又云：仙經治百病之道，叩齒二七過，輒咽氣二七過。如此②三百通乃止。爲之二十日，邪氣悉去；六十日，小病愈；百日，大病除，三蟲伏尸皆去，面體光澤。又，《無生經》曰：治百病、邪鬼、蠱毒，當正偃卧，閉目閉氣，内視丹田，以鼻徐徐内氣，令腹極滿，徐徐以口吐之，勿令有聲。令入多出少，以微爲之。故存視五藏，各如其形色。又存胃中，令鮮明③潔白如素。爲之倦極汗出，乃止，以粉粉身，摩捋形體。汗不出而倦者，亦可止，明日復爲之。

又云：當存作大雷電，隆隆鬼鬼，走入腹中；爲之不止，病自除去。

又云：封君達常乘青牛，魯女生常乘駁牛，孟子綽常乘駁馬，尹公度常乘青騾。時人莫知其名字爲誰，故曰欲得不死，當問青牛道士。欲得此色，駁牛爲上，青牛次之，駁馬又次之。

---

① 有：原作「導」，據《諸病源候論校注》改。
② 如此：「此」字原無，據《諸病源候論校注》補。
③ 鮮明：「鮮」原作「解」，據《諸病源候論校注》改。

三色者，順生之氣也。故云青牛者，乃柏木之精；駁牛者，古之神示之先；駁馬者，乃神龍之祖也。云道士乘此以行於路，百物之惡精、疫氣之癘鬼，長攝之焉。

風瘙身體隱軫候

《養生方》云：汗出不可露卧及浴，使人身振、寒熱、風軫。

諸癩候

《養生禁忌》云：醉酒露卧，不幸生癩。

又云：魚無鰓，不可食。食之，令人五月發癩。

虚勞病諸候上

虚勞候

《養生方導引法》①云：唯欲嘿氣養神，閉氣使極，吐氣使微。又不得多言語、大呼唤，令神勞損，亦云不可泣淚及多唾洟，此皆爲損液漏津，使喉澀大渴。

又云：鷄鳴時，叩齒三十六通訖，舐脣漱口，舌聊上齒表，咽之三過。殺蟲，補虚勞，令人强壯。

又②云：兩手拓兩頰，手不動，摟③肘使急，腰内亦然，住定。放兩肋頭向外，肘髆氣散，盡勢，大悶始起，來去七通，肘臂勞。

---

① 養生方導引法：《諸病源候論校注》作「養生方」。

② 又：《諸病源候論校注》作「養生方導引法」。

③ 「摟」下原有「肚」字，據《諸病源候論校注》删。

又云：兩手抱兩乳，急努，前後振摇，極勢二七。手不動，摇兩肘①頭上下來去三七。去兩肘内勞損，散心向下，衆血脈偏②身流布，無有③壅滯。

又云：兩足跟相對，坐上，兩足指向下④扒，兩膝頭拄席，兩向外扒使急；始長舒兩手，兩向取勢，一一皆急三七。去五勞、腰脊膝疼，傷冷脾痺。

又云：跪⑤一足，坐上，兩手髀⑥内捲足，努踹向下。身外扒，一時取勢，向心來去二七，左右亦然。去五勞、足背疼悶、膝冷陰冷。

又云：坐抱兩膝，下去三里二寸，急抱向身極勢。足兩向身。起，欲似胡牀，住勢，還坐。上下來去二七。去腰足臂内虚勞，膀胱冷。

又云：外轉兩腳，平踏而坐，意努動膝節，令骨中鼓，挽向外十度，非轉也。

---

① 兩肘：原作「兩肋」，據《諸病源候論校注》改。
② 偏：原作「偏」，據《諸病源候論校注》改。
③ 有：原脱，據《諸病源候論校注》補。
④ 向下：《諸病源候論校注》作「向外」。
⑤ 跪：原作「跑」，據《諸病源候論校注》改。
⑥ 髀：原作「脞」，爲「髀」之俗體，今改。下同。

又云：兩足相踏，向陰端急蹙，將兩手捧膝頭，兩向極勢，捺之二七，竟；身側兩向取勢二七，前後努腰七。去心勞，痔病，膝冷。調和未損盡時，須言語不瞋喜，偏跏，兩手抱膝頭，努膝向外，身手膝各兩向①極勢，挽之三七，左右亦然。頭須左右仰扒。去背急臂勞。

又云：兩足相踏，令足掌合也；蹙足極勢，兩手長舒，掌相向腦項之後，兼至髆。相挽向頭髆，手向席，來去七；仰手七，合手七。始兩手角上極勢，腰正，足不動。去五勞七傷，齊下冷暖不和。數用之，常和調適。

又云：一足踏地，一足屈膝，兩手抱犢鼻下，急挽向身②極勢，左右換易四七。去五勞，三里氣不下。

又云：蛇行氣，曲卧以正身復起，踞，閉目隨氣所在，不息，少食裁通腸，服氣爲食，以舐爲漿，春出冬藏，不財不養。以治五勞七傷。

又云：蝦蟆行氣，正動摇兩臂，不息十二通。以治五勞七傷、水腫之病也。

又云：外轉兩足，十遍引。去心腹諸勞。內轉兩足，各十遍引。去心五息止。去身一切諸勞疾疹。

---

① 向：原無，據《諸病源候論校注》補。

② 向身：原作「回身」，據《諸病源候論校注》改。

虚勞羸瘦候

《養生方》云：朝朝服玉泉，使人丁壯，有顔色，去蟲而牢齒也。玉泉，口中唾也。朝未起，早漱口中唾，滿口乃①吞之，輒琢齒二七過，如此者三，乃止，名曰練精。

又云：咽之三過，乃止。補養虚勞，令人强壯。

虚勞寒冷候

《養生方導引法》云：坐地交叉兩腳，以兩手從曲②腳中入；低頭，叉手項上。治久寒不能自温，耳不聞聲。

---

① 中唾滿口乃：五字原無，據《諸病源候論校注》補。

② 曲：原脱，據《諸病源候論校注》補。

虚勞少氣候

《養生方導引法》云：人能終日不涕①唾，隨有漱漏咽之。若②恒含棗核而嚥之，令人③受氣生津，此大要也。

虚勞裏急候

《養生方》云：正偃卧，以口徐徐内氣，以鼻出之。除裏急、飽食。後小嚥氣數十，令温中④。若氣⑤寒者，使人乾嘔腹痛，從口内氣七十所，咽，即大填腹内⑥，小嚥氣數十，兩手相摩，令極熱，以摩腹，令氣下。

---

① 涕：原無，據《諸病源候論校注》補。
② 隨有漱漏咽之若：此七字原無，據《諸病源候論校注》補。
③ 令人：二字原無，據《諸病源候論校注》補。
④ 中：原無，據《諸病源候論校注》補。
⑤ 若氣：二字原無，據《諸病源候論校注》補。
⑥ 内：原作「後」，據《諸病源候論校注》改。

虚勞體痛候

《養生方導引法》云：雙手舒指向上，手掌從面向南，四方迴之，屈肘上下盡勢四七，始放手向下垂之，向後雙振，輕散氣二七，上下動兩髆二七。去身内臂肋疼悶。漸用之，則永除。

又云：大踑坐，以兩手捉足五指，自極，低頭不息九通。治頸、脊、腰、脚痛勞疾。

又云：偃卧，展兩足指右向，直兩手身旁，鼻内氣七息。除骨痛。

又云：端坐，伸腰，舉右手，仰其掌，卻左臂，覆右手①。以鼻内氣自極七息，息間，稍頓左手。除兩臂、背痛。

又云：胡跪，身向下，頭去地五寸，始舉頭，面向上，將兩手一時抽出，先左手向身前②長舒，一手向身後③長舒，前後極勢二七，左右亦然。去臂、骨、脊、筋陰陽不和，疼悶疠痛。

又云：坐一足上，一足横鋪安膝下押之；一手捺上膝向下，急；一手反向取勢長舒，頭仰向前，共兩手一時取勢，捺摇二七，左右迭互亦然。去髀、胸、項、掖脈血遲澀，攣痛悶疼。

---

① 右手：《諸病源候論校注》作「左手」，當從。
② 前：原作「用」，據《諸病源候論校注》改。
③ 身後：原作「後身用」，據《諸病源候論校注》改。

雙足互跑安穩，始抽一足向前，極勢，頭面過前兩足指，上下來去三七。左右换足亦然。去臂、腰、背、髀、膝内疼悶不和，五藏六腑氣津調適。一足屈如向前，使膀胱著膝上，一足舒向後，盡勢，足指急努，兩手向後，形狀欲似飛仙虚空，頭昂，一時取勢二七，足左右换易一寸，去遍身不和。

又云：長舒兩足，足指努向上；兩手長舒，手掌相向，手指直舒；仰頭努脊，一時極勢；滿三通。動足相去一尺，手不移處，手掌向外①七通。須臾，動足二尺，手向下拓席，極勢，三通。去偏身内筋節勞虚，骨髓疼悶。長舒兩足②，向身角③上，兩手捉兩④指急搦⑤心，不用力，心氣並在足下。手足一時努縱，極勢，三七。去踹、臂、腰疼，解谿蹙氣，日日漸損。

---

①向外：原作「内外」，據《諸病源候論校注》改。

②足：原作「手」，據《諸病源候論校注》改。

③角：原作「用」，據《諸病源候論校注》改。

④捉兩：二字原作「足」，據《諸病源候論校注》改。

⑤搦：原作「揣」，據《諸病源候論校注》改。

虛勞口乾燥候

《養生方導引法》云：東向坐，仰頭不息五通，以舌撩口中，漱滿二七，咽。愈口乾。若引腎水發醴泉，來至咽喉。醴泉甘美，能除口苦，恒香潔，食甘味和正。久行不已，味如甘露，無有飢渴。

又云：東向坐，仰頭不息五通，以舌撩口，漱滿二七，咽。治口苦乾燥。

虚勞諸候下

虚勞膝冷候

《養生方導引法》云：兩手反向拓席，一足跪，坐上，一足屈如，仰面，看氣道①衆處散適，極勢振之四七，左右亦然；始兩足向前雙踏，極勢二七。去胸腹病，膝冷臍悶。

又云：互跪，調和心氣，向下至足，意想氣索索然，流布得所，始漸漸平身②，舒手傍肋，如似手掌内氣出氣不止③，面覺急悶，即起背至地，來去二七，微減。去膝頭冷，膀胱宿病，腰内脊强，臍下冷悶。

又云：舒兩足坐，散氣向湧泉，可三通，氣徹到④，始收右足屈捲，將兩手急捉腳湧泉，

① 道：原作「通」，據《諸病源候論校注》改。
② 平身：原作「平手」，據《諸病源候論校注》改。
③ 止：原作「上」，據《諸病源候論校注》改。
④ 到：原作「倒」，據《諸病源候論校注》改。

挽。足踏手挽，一時取勢，手足用力，送氣向下，三七，不失氣之行度①。數尋，去腎内冷氣，膝冷腳疼。

又云：跪一足，坐上，兩手髀内捲足，努踹向下，身外扒，一時取勢，向心來去二七，左右亦然。去痔，五勞，足臂疼悶，膝冷陰冷。

又云：卧展兩脛，足十指相柱，伸兩手身旁，鼻内氣七息。除兩脛冷，腿骨中疼。

又云：偃卧，展兩脛兩手，足外踵指相向②，以③鼻内氣，自極七息，除兩膝寒，脛骨疼，轉筋。

又云：兩足指向下柱席，兩涌泉相柘，坐兩足跟頭，兩膝頭外扒，手身前向下，盡勢，七通。去勞損，陰疼，膝冷，脾瘦④腎乾。

又云：兩手抱兩膝，極勢，來去摇之七七，仰頭向後。去膝冷。

又云：偃卧，展兩脛，兩足指左向，直兩手身旁，鼻内氣七息。除死肌及脛寒。

又云：立，兩手搦腰遍，使身正，放縱，氣下使得所，前後振摇七七，足並頭兩向，振摇二

---

① 之行度：三字原無，據《諸病源候論校注》補。

② 足外踵指相向：原作「外踵者相向」，據《諸病源候論校注》改。

③ 以：原作「亦」，據《諸病源候論校注》改。

④ 瘦：原作「瘐」，據《諸病源候論校注》改。

七，頭上下摇之七，縮咽舉兩髆，仰柔脊，冷氣散，令藏府氣向湧泉通徹。

又云：互跪，兩手向後，掌合地，出氣向下。始，漸漸向下，覺腰脊大悶，還上，來去二七。身正，左右散氣，轉腰三七。去臍下冷悶，膝頭冷，解谿内病。

虚勞陰痛候

《養生方導引法》云：兩足指向下柱席，兩湧泉相拓，坐兩足跟頭，兩膝頭外扒，手身前向下盡勢，七通。去勞損，陰疼，膝冷。

虚勞陰下癢濕候

《養生方導引法》云：卧，令兩手布膝頭，取踵置尻下，以口内氣，腹脹自極，以鼻出氣，七息。除陰下濕，少腹裏痛，膝冷不隨。

風虚勞候

《養生方導引法》云：屈一足，指向地努之，使急，一手倒挽足，解谿①，向心極勢，腰、足、

---

① 谿：原作「溪」，據《諸病源候論校注》改。下同。

解谿、頭如似骨解氣散，一手向後拓席，一時盡勢三七，左右換手亦然。去手足腰髆風熱急悶。

又云：仰①頭卻背，一時極勢，手向下至膝頭，直腰，面身正。還上，來去②三七，始正身，縱手向下，左右動腰③二七，上下挽背脊七。漸去背脊、臂髆腰冷不和。頭向下努，手長舒向背上高舉，手向上，共頭，漸漸五寸，一時極勢，手還收向心前、向背後，去來和諧，氣共力調，不欲氣强於力，不欲力强於氣，二七。去胸背前後筋脈不和、氣血不調。

又云：伸左脛，屈右膝内壓之，五息止。引肺氣④，去風虛，令人目明。依經爲之⑤，引肺中氣，去風虛病，令人目明，夜中見色，與晝無異。

---

① 仰：《諸病源候論校注》作「抑」，當從。
② 來去：「來」字原無，據《諸病源候論校注》補。
③ 腰：原作「搖」，據《諸病源候論校注》改。
④ 氣：原無，據《諸病源候論校注》補。
⑤ 之：原脱，據《諸病源候論校注》補。

腰背病諸候上

腰痛候

《養生方》云：飯①了勿即卧，久成氣病，令腰疼痛。又曰：大便勿强努，令人腰疼目澀。

又云：笑多，即腎轉腰痛。

又云：人汗次，勿企牀懸腳，久成血痹，兩足重及腰痛。

《養生方導引法》云：一手向上極勢，手掌四方轉迴，一手向下努之，合手掌努指，側身欹形，轉身向似看，手掌向上，心氣向下，散適，知氣下緣上，始極勢，左右上下，四七亦然。去髆并肋、腰脊疼悶。

又云：互跪②，長伸兩手，拓席向前，待腰脊須轉，遍身骨解氣散，長引腰極勢，然始卻跪

---

① 飯：原作「飲」，據《諸病源候論校注》改。

② 互跪：原作「平跪」，據《諸病源候論校注》改。

便急，如似脊内冷氣出許，令臂搏痛，痛欲似悶痛，還坐，來去二七。去五藏不和，背痛悶。

又云：凡人常①覺脊强，不問時節，縮咽髆内②，仰③面努搏井④向上也。頭左右兩向挼之⑤，左右三七，一住，待血行氣動定，然始更用，初緩後急。若無病人，常欲得旦起、午時、日没三辰如用，辰别三七。除寒熱，脊、腰、頸痛。

又云：舒兩足，足指努上，兩手長舒，手掌相向，手指直舒，仰頭努脊，一時極勢，滿三通。動足相去⑥一尺，手不移處，手掌向外七通。更動足二尺，手向下拓席，極勢，三通。去遍身内筋脈虚勞、骨髓疼悶。長舒兩足，向⑦身角上，兩手捉兩足指急搦，心不用力，心氣並在足下，手足一時努縱，極勢三七。去踹、臂、腰痛，解谿蹙⑧氣，日日漸損。

---

① 「常」上原有「須」字，據《諸病源候論校注》删。
② 髆内：原作「轉内」，據《諸病源候論校注》改。
③ 仰：原作「似迴搏内似」五字，據《諸病源候論校注》改。
④ 井：原作「並」，據《諸病源候論校注》改。
⑤ 挼之：原作「按之」，據《諸病源候論校注》改。
⑥ 相去：原作「相向」，據《諸病源候論校注》改。
⑦ 向：原無，據《諸病源候論校注》補。
⑧ 蹙：原作「足」，據《諸病源候論校注》改。

又云：凡學將息人，先須正坐，並①膝頭足，初坐，先足指指相對，足跟外扒，坐上少欲安穩，須兩足跟向内相對，坐上。足指外扒②覺悶痛，漸漸舉身似款便，兩足上待共坐相似，不痛，始雙竪足跟向上③，足指並反而向外。每坐常學。去膀胱内冷、面冷、風膝冷，足疼、上氣、腰疼盡自消適也。

腰痛不得俛仰候

又云：伸兩脚，兩手指④著足⑤五指上。愈腰折不能低著，唾血久疼愈。

又云：長伸兩脚，以兩手捉五指，七通。愈折腰不能低仰也。

---

① 並：原無，據《諸病源候論校注》補。

② 外扒：原作「扠」，據《諸病源候論校注》改。

③ 向上：原作「而上」，據《諸病源候論校注》改。

④ 指：原無，據《諸病源候論校注》補。

⑤ 足：原脱，據《諸病源候論校注》補。

脇痛候

《養生方導引法》云：卒左脇痛，念肝爲青龍，左目中魂神，將五營兵千乘萬騎，從甲寅直符吏，入左脇下取病去。

又云：右脇痛，念肺爲白虎①，右目中魄神，將五營兵千乘萬騎，從甲申直符吏，入右脇下取病去。脇側卧，伸臂直腳，以鼻内氣，以口出之，除脇皮膚痛，七息止。

又云：端坐伸②腰，右顧視目③，口内氣，咽之三十。除左脇痛，開目。

又云：舉手交項④上，相握自極。治脇下痛。坐地，交兩手著不周遍握，當挽。久行，實身如金剛，令息調長，如風雲，如雷。

---

① 白虎：原作「白帝」，據《諸病源候論校注》改。
② 伸：原作「生」，據《諸病源候論校注》改。
③ 目：原作「月」，據《諸病源候論校注》改。
④ 項：原作「頂」，據《諸病源候論校注》改。

消渴諸痛候上

消渴候

《養生法》云：人睡卧，勿張口，久成消渴及失血色。赤松子云：卧，閉目不息十二通，治飲食不消。

法云：解衣惔卧，伸腰膹少腹，五息止。引腎去消渴，利陰陽。解衣者，使無罣礙；惔卧者，無外想，使氣易行。伸腰，使腎無逼蹙。膹者，大努使氣滿小腹者，即攝①腹牽氣使上，息即爲之。引腎者，引水來咽喉，潤上部，去消渴枯槁病。利陰陽者，饒氣力。此中數虚，要與時節而爲避，初食後、大飢時，此二時不得導引，傷人。亦避惡日，時節不和時亦避。導已，先行一百二十步，多者千步，然後食之。法不使大冷大熱，五味調和，陳穢宿食，蟲蝎餘殘，不得食。少眇著口中，數嚼少湍咽。食已，亦勿眠。此名穀藥，並與氣和，即真良藥。

① 攝：原作「懾」，據《諸病源候論校注》改。

傷寒病諸候上

傷寒候

《養生方導引法》云：端坐伸腰，徐以鼻内氣，以右手持鼻，閉目吐氣。治傷寒頭痛洗洗，皆當以汗出爲度。

又云：舉右手①，頓左足，仰掌，鼻内氣四十息止②，除身熱背痛。

---

① 右手：《諸病源候論校注》作「左手」。

② 止：原作「之」，據《諸病源候論校注》改。

温病諸候

温病候

《養生方導引法》云：常以鷄鳴時，存心念四海神名三遍，辟①百邪，止②鬼，令人不病。

東海神名阿明　南海神名祝融

西海神名巨乘　北海神名禺强

又云：存念心氣赤，肝氣青，肺氣白，脾氣黄，腎氣黑，出周其身，又兼避邪鬼。欲避卻衆邪百鬼，常存心爲炎火如斗，煌煌光明，則百邪不敢干之。可以入「瘟疫」之中。

---

① 辟：原作「解」，據《諸病源候論校注》改。

② 止：原作「小」，據《諸病源候論校注》改。

疫癘病諸候

疫癘病候

《養生方》云：封君達常乘青牛，魯女生常乘駮牛，孟子綽常乘駮馬①，尹公度常乘青騾。時人莫知其名字爲誰，故曰欲得不死，當問青牛道士。欲得此色，駮牛爲上，青牛次之，駮馬又次之。三色者，順生之氣也。云古之青牛者，乃柏木之精也；駮牛者，古之神示②之先也；駮馬者，乃神龍之祖也。云道士乘此以行於路，百物之惡精，疫氣之癘鬼，將長揖之焉。延年之道③，存念心氣赤，肝氣青，肺氣白，脾氣黄，腎氣黑，出周其身，又兼辟邪鬼。欲辟卻衆邪百鬼，常存心爲炎火如斗，煌煌光明，則百邪不敢干之。可以入「瘟疫」之中。

---

① 駮馬：原作「駿馬」，據《諸病源候論校注》改。下「駮馬」同。

② 示：原誤作「宗」，據《四庫全書》本《巢氏諸病源候總論》改。示，同「祇」。

③ 自「延年之道」以下，《諸病源候論校注》另作一條，並冠「養生方導引法云」於上。

冷熱病諸候

病熱候

《養生方導引法》云：偃卧，合兩膝，布兩足而伸①腰，口内氣，振腹②七息。除壯熱疼痛，通兩脛不隨。

又云：覆卧去枕，立兩足，以鼻内氣四十所，復以鼻出之。極令微氣入鼻中，勿令鼻知。除身中熱，背痛。

又云：兩手卻據，仰頭向日，以口内氣，因而咽之數十。除熱身中傷、死肌。

---

① 伸：原作「生」，據《諸病源候論校注》改。

② 「振腹」下，《諸病源候論校注》有「自極」二字。

冷熱候①

《養生方導引法》云：一足向下踏地，一足長舒向前，極勢，手掌四方取勢，左右換易四七。去腸冷、腰脊急悶、骨疼，令使血氣上下布潤。

又云：兩足相合，兩手仰捉兩腳，向上急挽，頭向後振，勢極三七。欲得努足，手兩向舒張，身手足極勢二七。去竅中生百病，下部虛冷。

又云：叉跌，兩手反向拓席，漸漸向後，努齊腹向前散氣，待大②急還放，來去二七。去齊下冷，腳疼，五藏六府不和。

又云：兩手向後拓腰，蹙髆極勢，左右轉身來去三七。去腹肚臍冷，兩髆急，胸掖不和。

又云：互③跪，兩手向後，手掌合地，出氣向下。始漸漸向下，覺腰脊大悶還上，來去二七；身正，左右散氣，轉④腰三七。去臍下冷，解谿內疼痛。

---

① 《諸病源候論校注》作「冷病候」。
② 大：原作「火」，據《諸病源候論校注》改。
③ 互：原作「牙」，據《諸病源候論校注》改。
④ 轉：原作「髆」，據《諸病源候論校注》改。

寒熱厥後

《養生方導引法》云：正偃卧，展兩足，鼻内氣，自極，摇足三十過止。除足寒厥逆也。

氣病諸候

上氣候

《養生方》云①：飲水勿急咽，久成氣病。

《養生方導引法》云：兩手向後，合手拓腰向上，急勢，振摇臂肘，來去七。始得手不移，直向上向下，盡勢，來去二七。去脊、心、肺氣，壅悶散消。

又云：凡學將息人，先須②正坐，並膝頭、足；初坐，先足指相對，足跟外扒。坐上③，少欲安穩，須兩足跟向内相對。坐上④，足指外扒，覺悶痛，漸漸舉手似款便，坐足上。待共兩⑤

① 云：原脱，據《諸病源候論校注》補。
② 「又云」至「先須」：原無，據《諸病源候論校注》補。
③ 上：原作「止」，據《諸病源候論校注》改。
④ 上：原無，據《諸病源候論校注》補。
⑤ 兩：原作「内」，據《諸病源候論校注》改。

坐相似，不痛，始雙竪腳跟向上，坐足上，足指並反向外。每坐常覺。去膀胱内冷，膝風冷。足疼、上氣、腰痛盡自消適也。

又云：兩足兩指相向，五息止①。引心肺，去厥逆②上氣。極用力，令兩足相向，意止引肺中氣出，病人行肺内外，展轉屈伸，隨適③，無有違逆。

卒上氣候

《養生方導引法》云：兩手交叉頤下，自極，致補氣，治暴氣欬。以兩手交頤下，各把兩頤脈，以頤句交中，急牽來著喉骨，自極三通，致補氣充足，治暴氣、上氣、瀉喉等病，令氣調長，音聲弘亮。

---

① 止：原作「正」，據《諸病源候論校注》改。
② 厥逆：《諸病源候論校注》作「欬逆」，當從。
③ 適：原無，據《諸病源候論校注》補。

結氣候

《養生方》云：哭泣悲來，新①哭訖，不用即食，久成氣病。

《養生方導引法》云：坐，伸②腰，舉左手，仰其掌，卻右臂，覆右手，以鼻内氣，自極七息。息間，稍頓右手。除兩臂背痛結氣。

又云：端坐，伸腰，舉左手，仰掌，以右手承右脇③，以鼻内氣，自極七息。除結氣。

又云：兩手拓肘頭，柱席，努肚上極勢，待大悶始下，來去上下五七。去脊背體内疼，骨節急强，肚腸宿氣。行忌太飽，不得用肚編也。

逆氣候

《養生方導引法》云：偃卧④，以左足踵拘右足拇指，鼻内氣，自極七息，除癖逆氣。

---

① 新：原作「訢」，據《諸病源候論校注》改。
② 伸：原作「生」，據《諸病源候論校注》改。
③ 脇：原作「脤」，據《諸病源候論校注》改。
④ 偃卧：二字原無，據《諸病源候論校注》補。

脚氣病諸候

脚氣緩弱候

《養生方導引法》云：坐，兩足長舒，自縱身，内氣向下。使心内柔和適散；然後屈一足，安膝下，長舒①一足，仰足②指向上便急；仰眠，頭不至席，兩手急努向前，頭向上努挽。一時各各取勢，來去二七，遞互亦然。去腰疼，腰髆冷，血冷，風痺，日日漸損。

又云：覆卧，傍視，立兩③踵，伸腰，以鼻内氣，自極七息。除脚中弦痛，轉筋，脚酸疼，脚痺弱。

又云：舒兩足坐，散氣向湧泉，可三通。氣徹到④始收；右足屈倦，將兩手急捉脚湧泉，

---

① 「長舒」上原衍「努」字，據《諸病源候論校注》删。
② 足：原作「取」，據《諸病源候論校注》改。
③ 立兩：原作「内」，據《諸病源候論校注》改。
④ 到：原作「倒」，據《諸病源候論校注》改。

挽。足踏手挽，一時取勢。手足用力，送氣①向下，三七，不失氣。數尋。去臂内冷氣、膝冷、脚疼也。

又云：一足屈之，足指仰，使急；一足安膝頭②。散心，兩足跟出氣向下。一手拓膝頭向下急捺，一手向後拓席。一時極勢，左右亦然，二七。去膝髀疼急。

又云：一足踏地，一足向後，將足解谿安踹上。急努兩手，偏相向後，側身如轉，極勢二七，左右亦然。去足疼痛、痺急、腰痛也。

---

① 送氣：原作「逆氣」，據《諸病源候論校注》改。

② 膝頭：原作「席頭」，據《諸病源候論校注》改。下「膝頭」同。

欬逆病諸候

欬逆候

《養生方導引法》云：先以鼻内氣，乃閉口欬，還復以鼻内氣，欬則愈。向晨，去枕正偃①卧，伸臂脛②，瞑目閉口無息，極脹腹兩足，再息③，頃間，吸腹仰兩足，倍拳，欲自微息定，復爲之。春三、夏五、秋七、冬九。蕩滌五藏，津潤六府。

又云：還向反望，倒望④，不息七通。治欬逆，胸中病，寒熱也。

---

① 偃：原作「倍」，據《諸病源候論校注》改。

② 脛：原作「頸」，據《諸病源候論校注》改。

③ 息：原無，據《諸病源候論校注》補。

④ 倒望：「望」字原脱，據《諸病源候論校注》補。又，《外臺》作「側望」。

五藏六府病諸候

肝病候

《養生方》云：春三月，此謂發陳，天地俱生，萬物以榮。夜卧早起，闊步於庭。被髮緩形，以使春志生。生而勿殺，與而勿奪，賞而勿罰，此春氣之應也，養生之道也。逆之則傷於肝，夏變爲寒，則奉長生者少。

又云①：肝藏病者，愁憂不樂，悲思嗔怒，頭旋眼痛，呵氣出而愈。

心病候

《養生方》云：夏三月，此謂蕃莠。天地氣交，萬物英實。夜卧早起，無厭於日。使志無怒，使華英成秀，使氣得泄，若所愛②在外。此夏氣之應，養長之道也。逆之則傷心，秋爲痎

① 又云：《諸病源候論校注》作「養生方導引法云」。
② 所愛：原作「所受」，據《諸病源候論校注》改。

瘧。

《養生方導引法》云：心藏病者，體有冷熱。若冷，呼氣出①；若熱，吹氣出。

又云：左卧，口内氣，鼻出之。除心下不便也。

脾病候

《養生方導引法②》云：脾藏病者，體面上遊風習習，痛，身體癢，煩滿③疼痛，用嘻氣出。

肺病候

《養生方》云：多語則氣争，肺脹口燥。

又云：秋三月，此謂容平。天氣以急，地氣以明。早卧早起，與鷄俱興。使志安寧，以緩秋形。收斂神氣，使秋氣平。無外其志，使肺氣清。此秋氣之應也，收養之道也。逆之則傷

---

① 出：原作「入」，據《諸病源候論校注》改。

② 導引法：三字原無，據《諸病源候論校注》補。

③ 煩滿：《諸病源候論校注》作「煩悶」。

肺，冬爲飧①泄。其湯熨鍼石，別有正方。補養宣導，今附於後。

《養生方導引法》云：肺藏病者，體胸背痛滿，四支煩悶，用噓氣出。

又云②：以兩手據地覆之，口內氣，鼻出之，除胸中、肺中病也。

腎病候

《養生方》云：冬三月，此謂閉藏。水冰地坼③，無擾乎陽。早卧晚起，必待日光。使志若伏匿，若有私意，若已④有得。去寒就温，無泄皮膚，使氣亟奪。此冬氣之應也，養藏之道也。逆之則傷腎，春爲痿厥⑤。

《養生方導引法》云：腎藏病者，咽喉窒塞，腹滿耳聾，用呬氣出。

又云：兩足交坐，兩手捉兩足解谿，挽之，極勢，頭仰，來去七。去腎氣壅塞。

---

① 飧：原脱，據《諸病源候論校注》補。

② 又云：原無，據《諸病源候論校注》補，並據右引另作一條。

③ 坼：原作「圻」，據《諸病源候論校注》改。

④ 已：原作「已」，據《黄帝内經素問・四氣調神大論篇》改。

⑤ 痿厥：原作「萎厥」，據《黄帝内經素問・四氣調神大論篇》改。

膀胱病候

《養生方導引法》云：蹲坐，欹身，努兩手向前，仰掌，極勢，左右轉身腰三七。去膀胱內冷血風，骨節急强。

又云：互跪，調和心氣，向下至足。意裏想氣索索然。流布得所，始漸漸平身，舒手傍肋，如似手掌內氣出氣不止，面覺急①悶，即起，皆至地，來去二七。微減膝頭冷，膀胱宿病②，腰脊强，臍下冷悶。

① 急：原作「即」，據《諸病源候論校注》改。
② 宿病：原作「病宿」，據《諸病源候論校注》改。

腹痛病諸候

腹痛候①

《養生方導引法》云：治股、脛、手臂痛法：屈一脛、臂中所痛者，正偃卧，口鼻閉氣。腹痛，以意推之，想氣往至痛上，俱熱即愈。

又云：偃卧，展兩脛、兩手，仰足指，以鼻内氣，自極七息。除腹中弦急切痛。

又云：偃卧，口内氣，鼻出之，除裹急。飽，咽氣數十，令温中。寒氣吐嘔腹痛。口内氣七十所，大振腹；咽氣數十，兩手相摩，令熱，以摩腹，令氣下。

又云：偃卧，仰兩足、手，鼻内氣七息。除腹中弦切痛。

腹脹候

《養生方導引法》云：蹲坐，住心，捲兩手，發心向下，左右手摇臂，遞互欹身，盡髆勢，捲

① 腹痛候：原作「腹病候」，據《諸病源候論校注》改。

頭築肚，兩手衝脈至臍下，來去三七。漸去腹脹肚急悶，食不消化。

又云：腹中苦痛，有寒，以口呼出氣，三十過止。

又云：若腹中滿，食飲苦飽，端坐伸①腰，以口内氣數十，滿吐之，以便爲故，不便復爲之。有寒氣，腹中不安，亦行之。

又云：端坐，伸腰，口内氣數十。除腹滿，食飲過飽，寒熱，腹中痛病。

又云：兩手向身側一向，偏相極勢；發頂足，氣散下，欲似爛物解散。手掌指直舒，左右相皆然，來去三七；始正身，前後轉動髆腰七。去腹肚脹，膀胱、腰脊臂冷，血脈急强，悸也。

又云：若腹内滿，飲食善飽，端坐伸腰，以口内氣數十，以便爲故，不便復爲。

又云：脾主土，土②暖如人肉，如始得發汗，去風冷邪氣。若腹内有氣脹，先須暖足，摩臍③上下並氣海，不限遍數，多爲佳。始得左迴右轉，三七。和氣如用，要用④身内一百⑤一

---

① 伸：原作「生」，據《諸病源候論校注》改。下二條「伸」同。

② 土：原無，據《諸病源候論校注》補。

③ 臍：原脱，據《諸病源候論校注》補。

④ 要用：原作「腰」，據《諸病源候論校注》改補。

⑤ 一百：原作「一日」，據《諸病源候論校注》改。

十三法，迴轉三百六十骨節，動脈摇筋，氣血布澤，二十四氣和潤，藏府均調，和氣在①用。頭動摇振，手氣向上，心氣向下，分明知去來。莫問平手②，欹腰，轉身，摩氣，蹙迴動，盡，心氣放散，送至湧泉，一一不失氣之行度。用之有益，不解用者，疑如氣亂。

① 在：原無，據《諸病源候論校注》補。
② 莫問平手：原作「闔乎乎」，據《諸病源候論校注》改。

心腹痛病諸候

心腹痛候

《養生方導引法》云：行大道，常度日月星辰。清淨以鷄鳴，安身卧，嗽口三咽之。調五藏，殺蠱蟲，令人長生，治心腹痛。

心腹脹候

《養生方導引法》云：伸右脛，屈左膝，内壓之，五息。引脾，去心腹寒熱，胸臆邪脹。依經爲之，引脾中熱氣出，去心①腹中寒熱，胸臆中邪氣脹滿。久行，無有寒熱時節之所中傷，名爲真人之方。

① 心：原無，據《諸病源候論校注》補。

痢病諸候

水穀痢候

《養生方》云：秋三月，此謂容平。天氣以急，地氣以明，早卧早①起，與鷄俱興。使志安寧，以緩秋刑②。收斂神氣，使秋氣平。無外其志，使肺氣清。此秋氣之應也，養收之道③也。逆之則傷肺。冬爲飧④泄。

又云：五月⑤勿食未成核果及桃棗，發癰癤；不爾，發寒熱，變黄疸⑥，又爲泄痢。

---

① 此「早」字原脱，據《諸病源候論校注》補。
② 刑：原作「形」，據《諸病源候論校注》改。
③ 養收之道：原作「收養之氣」，據《諸病源候論校注》改。
④ 飧：原作「餐」，據《諸病源候論校注》改。
⑤ 五月：原作「正月」，據《諸病源候論校注》改。
⑥ 黄疸：原作「黄疸」，據《諸病源候論校注》改。

冷熱痢候

《養生方導引法》云：泄下有寒者，微引氣，以息内腹，徐吹；欲息，以鼻引氣，氣足復前，即愈。其有熱者，微呼以去之。

濕䘌病諸候

濕䘌候

又云：有天行之濕，初得不覺，行坐不發，恒少氣力，或微利，或不利，病成，則變嘔吐，即是蟲内食①於藏。

又云：有急結濕，先因腹痛下利，膿血相兼出；病成，翻大小便不通，頭項滿痛，小腹急滿，起坐不安。亦是内食五藏。凡如此，雖初證未發於外，而心腹亦常煩懊，至於臨困，脣口及肛門方復生瘡，即死也。

疳䘌候

又云：五疳，一是白疳，令人皮膚枯燥，面失顔色；二是赤疳，内食人五藏，令人頭髮焦枯；三是蟯疳，食人脊膂，遊行五藏，體重浮腫；四是疳䘌，食人下部，疼癢，腰脊攣急；五是

① 食：原作「入」，據《諸病源候論校注》改。

黑疳，食人五藏，多下黑血，數日即死。凡五疳，白者輕，赤者次，蟯疳又次之，疳𧏾又次之，黑者最重。皆從腸裹上食，咽喉齒斷①並生瘡，下至穀道傷爛，下利膿血，嘔逆，手足心熱，腰痛嗜睡。秋冬可，春夏極。

又云：面青頰赤，眼無精光，脣口燥，腹脹有塊，日日瘦損者是疳。食人五藏，至死不覺。

又云：五疳緩者，則變成五蒸。五蒸者，一曰骨蒸，二曰脈蒸，三曰皮蒸，四曰肉蒸，五曰血蒸。其根源初發形候雖異，至於蒸成，爲病大體略同，皆令人腰疼心滿，虚乏無力，日漸羸瘦，或寒熱無常，或手足煩熱，或逆冷，或利，或澀，或汗也。五蒸別自有論，與虚勞諸病相從也。

三蟲候

《養生方導引法》云：以兩手著頭相叉，長引②氣，即吐之。坐地，緩舒兩腳，以兩手從③

① 斷：原作「齗」，據《諸病源候論校注》改。
② 引：原無，據《諸病源候論校注》補。
③ 從：原無，據《諸病源候論校注》補。

外抱膝中，疾低頭，入兩膝間，兩手交叉頭上，十三通①。愈三尸也。

又云：叩齒二七過，輒咽氣二七，如此②三百通乃止。爲之二十日，邪氣悉去；六十日，小病愈；百日，大病除，三蟲伏尸皆去，體面光澤也。

---

① 十三通：《諸病源候論校注》作「十二通」。

② 此：原無，據《諸病源候論校注》補。

積聚病諸候

積聚候

《養生方導引法》云：以左足踐右足上，除心下積。

又云：病心下積聚，端坐伸①腰，向日仰頭，徐②以口内氣，因而咽之，三十過而止，開目作③。

又云：左脇側卧，伸臂直腳，以口内氣，鼻吐之，通而復使，除積聚，心下不便。

又云：以左手按右脇，舉④右手極形。除積及老血。

---

① 伸：原作「生」，據《諸病源候論校注》改。

② 徐：原作「除」，據《諸病源候論校注》改。

③ 作：原無，據《諸病源候論校注》補。

④ 舉：原脱，據《諸病源候論校注》補。

又云：閉口微息，正坐向王氣，張鼻取氣，逼置臍下，小口微出氣①十二通，以除結聚；低頭不息十二通，以消飲食，令身輕强。行之冬月，令人不寒。

又云：端坐伸②腰，直上，展兩臂，仰兩手掌，以鼻内氣閉之，自極七息，名曰「蜀王喬」。除脇下積聚。

又云：向晨③，去枕，正偃卧，伸臂脛，瞑目閉口不息，極張腹、兩足，再息。頃間吸腹仰兩足，倍拳，欲自微息定，復爲之④；春三、夏五、秋七、冬九。蕩滌五藏，津潤六府，所病皆愈。腹有疾積聚者，張吸其腹，熱乃止，癥瘕散破，即愈矣。

---

① 「氣」字原在「通」下，據《諸病源候論校注》改。
② 伸：原作「生」，據《諸病源候論校注》改。
③ 晨：原作「辰」，據《諸病源候論校注》改。
④ 之：原無，據《諸病源候論校注》補。

癥瘕病諸候

癥瘕候

《養生方》云：飲食大走，腸胃傷，久成癥瘕，時時結痛。

《養生方導引法》云：向晨，去枕，正偃卧，伸臂脛，瞑目閉口無息，極張腹、兩足，再息。頃間吸腹仰兩足，倍拳，欲自微息定，復爲之；春三、夏五、秋七、冬九。蕩滌五藏，津潤六府，所病皆愈。腹有疾積聚者，張吸其腹，熱乃止，癥瘕散破，即愈矣。

鼈瘕候

《養生方》云：六月勿食澤中水，令人成鼈瘕也。

魚瘕候

《養生方》云：魚赤目，作鱠食之，生瘕。

疝病諸候

寒疝候

《養生方導引法》云：蹲踞，以兩手舉足，蹲極横。治氣衝腫痛，寒疝入上下。致腎氣法：蹲踞，以兩手捉趾令離地，低跟極横挽，自然一通，愈榮衝中痛。

疝瘕候

《養生方導引法》云：挽兩足指，五息止，引腹中氣。去疝瘕，利孔竅。

又云：坐，舒兩腳，以兩手捉大拇指，使足上頭下，極挽，五息止，引腹中氣遍行身體。去疝瘕病，利諸孔竅，往來易行。久行精爽，聰明修長。

痰飲病諸候

痰飲候

《養生方導引法》云：左右側卧，不息十二通，治痰飲不消。右有飲病，右側卧；左有飲病，左側卧。又有不消，以①氣排之，左右各十有二息。治痰飲也。

諸飲候

《養生方導引法》云：行左之右之側卧，閉目，氣不息十二通，治諸飲不消。右有飲病，左不息，排下消之。

又云：鶩行氣，低頭倚壁，不息十二通，以意排之，痰飲宿食從下部出，自愈②。鶩行氣者，身直頸③曲，排氣下行而一通，愈宿食。久行自④然能出，不須孔塞也。

---

① 以：原無，據《諸病源候論校注》補。
② 自愈：原作「息」，據《諸病源候論校注》改。
③ 直頸：原作「置脛」，據《諸病源候論校注》改。
④ 自：原作「息」，據《諸病源候論校注》改。

癖病諸候

癖候

《養生方》云：卧覺，勿飲水更眠，令人作水癖。

又云：飲水勿①急咽，久成水癖。

又云：舉兩膝，夾兩頰邊，兩手據地蹲坐，故久行之，愈伏梁。伏梁者，宿食不消成癖，腹中如杯如盤。宿癰者，宿水宿氣癖②數生癰。久行，腸化爲筋，骨變爲實。

① 勿：原作「忽」，據《諸病源候論校注》改。

② 癖：原作「癰」，據《諸病源候論校注》改。

脾胃諸病候

脾胃氣不和不能飲食候

《養生方導引法》云：欹身，兩手一向偏側，急努身舒頭，共手競扒相牽，漸漸一時盡勢。氣共力皆和，來去左右亦然，各三七。項前後兩角緩舒手，如是似向外扒，放縱身心，摇三七，遞互①亦然。去太倉不和、臂腰虚悶也。

① 互：原作「牙」，據《諸病源候論校注》改。

嘔噦諸病候

嘔吐候

《養生方》云：八日勿食薑，一云被霜瓜，向冬發寒熱及温病，食欲吐，或心中停飲不消，或爲反胃。

《養生方導引法》云：正坐，兩手向後捉腕，反向①拓席，盡勢，使腹絃絃，上下七，左右換手亦然。除腹肚冷風，宿氣積，胃口冷，食飲進退吐逆不下。

又云：偃卧，展脛兩手，左右②蹻兩足踵③，以鼻内氣，自極七息。除腹中④病，食苦。

又云：坐，直舒兩腳，以兩手挽兩足，自極十二通。愈腸胃不能受食，吐逆。以兩手直叉

---

① 向：原無，據《諸病源候論校注》補。

② 左右：「右」字原無，據《諸病源候論校注》補。

③ 踵：原作「腫」，據《諸病源候論校注》改。

④ 腹中：原作「腰中」，據《諸病源候論校注》改。

兩足底，兩腳痛，舒。以頭枕膝上，自極十二通，愈腸胃不能受食，吐逆。

宿食不消候

《養生方導引法》云：凡食訖，覺腹内過飽，腸内先有宿氣，常須食前後，兩手撩膝，左右欹身，肚腹向前，努腰就肚，左三七，右二七，轉身按腰脊極勢。去太倉腹内宿氣不化，脾痺腸瘦，藏府不和。得令腹脹滿，日日消除。

又云：閉目微息，正坐向王氣，張鼻取氣，逼至臍下，小口微出氣①十二通，以除結聚；低頭不息十二通，以消飲食，令身輕强。行之，冬月不寒。

又云：端坐伸②腰，舉右手，仰掌，以左手承左脇，以鼻内氣，自極七息。所除胃寒，食不變，則愈。

又云：端坐伸③腰，舉右手，承左脇，以鼻内氣七息，除胃中寒食不消。

---

① 出氣：「氣」原在句末「通」字下，據《諸病源候論校注》改。
② 伸：原作「生」，據《諸病源候論校注》改。
③ 伸：原作「坐」，蓋《四庫全書》本《諸病源候總論》卷二一作「生」，以形近致誤；今改作「伸」。

又云：鷲行氣，低頭倚壁，不息十二通。以意排之①，痰飲宿食從下部出，自愈。鷲行氣者，身②直頸曲，排氣下行十二通，愈宿食。

① 之：原無，據《諸病源候論校注》補。
② 身：原脱，據《諸病源候論校注》補。

真藏見考

廖平　撰

楊世文　校點

校點説明

《素問》有《玉機真藏論》，廖平認爲「真藏」二字以此爲本。「見」爲用目望氣色診脈，經謂之捫循經脈，深不可見，經有明文。《内經》診法以脈爲總名，凡皮絡色氣形體皆在所包，故《脈經》以脈爲名，諸診皆在所統，非獨以經之動脈爲脈。如真藏見，據王啓玄注本，謂色。惟《内經》或言「真藏」，無「脈」字，間有于「真藏」下加「脈」字者，自《難經》以下，遂以真藏爲診經脈專名，所有脈象不能指實，則以諸「如」字當之。雖託名于此，以決生死，實則不能指實，徒以供游談而無實用。不知真藏在經脈之外，故《玉機真藏篇》言胃氣不能至手太陰，乃爲真藏獨見，則真藏不指脈。《真藏見考》分「真藏見見爲觀色非診經脈」、「脈不能至手太陰」、「脈懸絶以後乃言真藏」、「死證無脈以真藏定短期」、「《太素注》以真藏屬人迎」諸篇，結合《素問·五藏生成論》、《邪氣篇》、《六元正紀論》、《玉機真藏論》、《平人氣象論》、《陰陽别論》等篇，討論真藏見的問題。民國四年（一九一五）《國學薈編》第三、四期刊載。今即以此爲底本進行點校。

目録

真藏見考

見爲用目望氣色診脈，經謂之捫循經脈，深不可見，經有明文。

真藏見見爲觀色非診經脈

王注以面黄爲有胃氣，以面無黄色爲無胃氣，最爲大豁，且與「見」字互相發明。若以脈言，有無胃氣雖老醫不能言其形狀。

《素問・五藏生成論》：此篇爲望色專書，故見字若干見。凡相五色之奇脈，《甲乙》無此三字。面黄目青、面黄目赤、面黄目白、面黄目黑者，皆不死也。王注：奇脈，謂與色不相偶合也。凡色見黄皆爲有胃氣，故不死也。○《新校正》云：按《甲乙經》無「之奇脈」三字。面青目赤、面赤目白、面青目黑、面黑目白、面赤目青，皆死也。王注：無黄色而皆死者，以無胃氣也。五藏以胃氣爲本，故無黄色，皆曰死焉。

《邪氣篇》：岐伯曰：色青者木其脈此脈指形體言，下同。弦，春木形，所謂肝不弦者不得青色，反變爲白。色赤者火其脈鉤，夏火形。色黄者土其脈代，長夏土形。色白者金其脈毛，秋金形。色黑者水其脈石。冬水形，所謂腎不石者不得本黑色。見言見者主色。其色五色。而不得其脈，色與形體相反。反得其相勝之脈言真藏主脈者指此。則死，得其相生之脈則生。

青脈色五診亦稱五脈，是聲色及皮絡筋骨可稱脈，非獨寸口經脈乃稱脈。之至望色法。喘而堅，絡皮。診之經有積氣在中。

真肝脈至，與上青脈之至同診。○《六元正紀論》分六經共十二變，連見七十二「至」字，皆候氣法，非診脈名詞。中外急，此視色法。如言「如」，皆望氣視色，非診脈。循刀刃相書望色氣有刀劍形。責責然，皆言氣之形狀，不指脈。以下同。○《二十五人篇》形容形狀用連語數十見，與此同。如按琴瑟弦，氣色如弓形狀。○按此以弦鈎手石爲起例，非真脈象也。此乃言治術五方合一，皆取交會合和于地中，故五五二十五，皆以爲主，若孤立閉關不通，則爲真藏獨至，故四方「如」字，皆非診脈，以爲運氣候氣之法。色以下乃治病。青先青肝屬。白變白爲所不勝之色。不澤，又死白色如枯骨。毛折乃死。死于庚辛。上爲候氣，下爲診病。

真心脈南方人不交通。至，《六元正紀》稱爲「少陰之至」。堅而搏，如三言「如」。循薏苡子相法云連珠。累累然，氣色之狀。相書觀氣色，亦有此法。色赤心本色。黑水尅火。不澤，如炲色死。毛折乃死。死于壬癸。

真肺脈太陰之至。○西方西極，不交地中。至，大而虛，候氣法，如飛葭律管行鉞，亦古候氣法。如四言「如」。以毛羽中人膚，相法鳳毛。○凡如，皆形容氣至之狀，非脈形，脈亦無此形狀。色白肺本色。赤火尅金。不澤，如壞血死色。毛折乃死。死于丙丁。

真腎脈至，少陰之至也。○北方北極，不交地中。搏而絶，如五言「如」。指彈石候氣與相色，凡弦、鈎、毛、石，皆非脈名詞。羣羣然，三見連語。色黑腎本色。黄土尅水。不澤，黄如枳實。毛折乃死。死于戊己。

諸真藏脈「脈」字因上文而衍。見者，此指諸色言，故曰「見」。皆死不治也。此定爲死證，不及短期。

《素問·平人氣象論》：肝見所謂真藏見，先青後白色見。○此「見」字明文專主色言，不謂脈，脈不可言見，見者用目。經脈不可見，以手捫循其動耳。庚辛死，期日也，所謂短期。心見先赤後黑色見。壬癸死，見者自見于面。醫家察色而知之，故「見」字非診脈名詞。脾見先黄後青色見。甲乙死，黄爲有胃氣。脾之本色黄，後又轉青，則爲所不勝之色而死矣。○言病狀者則五色見，言治天下則止四方。肺見先白後赤色見。丙丁死，腎見先黑後黄色見。戊己死，是謂真藏見。經云「真藏雖不見」，又云「真藏見」，則「見」即上篇之五藏所不勝之色，又不澤可知矣。皆死。楊注：真藏各見被剋之時，故皆死也。○案：脈既不可考，故專于色求之。人以水穀爲本，故人絶水穀則死。楊注：反四時之脈，無水穀之氣者致死。脈指色言。無胃氣亦死。王注：所謂面不黄爲胃，胃氣也。無胃氣者，以脈言，手太陰已絶，不能至。但得真藏，五藏五色。脈見所不勝之色。不得胃氣也。面不黄。所謂肝不弦、《邪氣篇》：色青者其脈弦。肝不弦，謂由青變白，毛折乃死。腎不石也。楊注：雖有水穀之氣，以藏有病，無胃氣者，肝雖有弦，以無胃氣，不名乎弦也。腎雖有石，以無胃氣，不名乎石，故不先死也。○《邪氣篇》：色黑者其脈石，腎不石，謂不得本色之黑，而變爲所勝之黄，不澤，毛折乃死。

脈不能至手太陰寸口無脈，乃言真藏。

《素問·玉機真藏論》：「真藏」二字以此爲本。黄帝曰：「見診家以目見病人曰「見」。真藏本藏之氣獨至無胃氣曰「真藏」。曰死，《五藏生成》：曰此五色之見死。何也？」岐伯曰：「五藏者，皆本氣于胃，胃者五藏之本也。藏氣者不能自致于手太陰，此專指寸口言。診五藏本在寸口，不在人迎。必因于胃氣乃至于手太陰也。手太陰脈因胃氣衰不能至，則寸口無脈，或懸絶，故楊氏《太素注》乃以真藏指人迎言之，肺既不至，故求之人迎耳。故五藏各以其時自爲而至于手太陰也。如三陰三倍二倍一倍大于寸口是也。○《内經》診法以脈爲總名，凡皮絡色氣形體皆在所包，故《脈經》以脈爲名，諸診皆在所統，非獨以經之動脈爲脈也。如真藏見，據王啓玄注本，謂色也。惟《内經》或言真藏，無「脈」字，間有于「真藏」下加「脈」字者，自《難經》以下遂以真藏爲診經脈專名，所有脈象不能指實，則以諸「如」字當之。雖託名于此，以決生死，實則不能指實，徒以供游談而無實用。不知真藏在經脈之外，故《玉機真藏篇》言胃氣不能至手太陰，乃爲真藏獨見，則真藏不指脈明矣。故邪氣勝者邪氣之至緊以急。精氣衰也，穀氣之至緩以徐。故病甚者，胃氣不能與之俱至于手太陰，此《陰陽别論》所謂懸絶寸口，既無脈，則本經可知矣。故真藏之氣經但云氣，則非脈可知。○氣包色、脈二門而言。寸口脈既不至，則于色求，所謂能合色、脈，可以萬全。獨脈不與色相應，故曰「獨」。見，王注：《五藏生成論》以面黄爲有胃氣，面不黄爲無胃氣，專以面黄診胃氣。獨見者病勝藏也，《五藏生成論》：面青目赤、面赤目白、面青目黑、面黑目白、面赤目青，皆死也。故曰死。」色、脈均可定生死，尚非短期之謂。

脈懸絶以後乃言真藏

《素問·陰陽别論》：凡持真脈之藏脈者，二脈皆指色。肝至木病色青。○《五藏生成篇》：青脈之至也，長而左右彈，有積氣在心下支胠，名曰肝痺。得之寒濕，與疝同法，腰痛足清頭痛。懸絶懸絶已極爲無脈，即上胃氣不至手太陰。急，此字衍文。十八日死；心至夏病色赤。○《五藏生成篇》：赤脈之至也，喘而堅，診曰有積氣在中，時害于食，名曰心痺。得之外疾思慮而心虚，故邪氣從之。懸絶，胃不能至手太陰，故懸絶。九日死；肺至金病色白，氣與色可言至，脈不得云至。○《五藏生成篇》：白脈之至也，喘而浮，上虚下實，驚，有積氣在胸中，喘而虚，名曰肺痺寒熱。得之，醉而使内也。懸絶，十二日死；腎至水病黑色。○《五藏生成篇》：黑脈之至也，上堅而大，有積氣在小腹與陰，名曰腎痺。得之，沐浴清水而卧。懸絶，寸口。七日死；脾至土病黄色。〇《五藏生成篇》：黄脈之至也，大而虚，有積氣在腹中，名曰厥疝，女子同法。得之，疾使四支汗出當風。懸絶，四日死。此專以脈言，故無「見」字。一説肝至即見所畏之色，如脾病見青色至也。

死證無脈以真藏定短期

《素問・玉機真藏論》：大骨枯槁，大肉陷下，胸中氣滿，喘息不便，其氣動形，期六月死，必死之證。真藏脈此脈字衍，下文皆無。見，死色見。予之期日。日不過十，定其于數日之内死，乃爲短期日。大骨枯槁，大肉陷下，胸中氣滿，喘息不便，内痛引肩項，期一月死，真藏見，死色見，如《平人氣象論》之「見」字。乃予之期日。以日計。大骨枯槁，大肉陷下，胸中氣滿，喘息不便，内痛引肩項，身熱，脱肉，破䐃，真藏見，四見皆無「脈」字，可知爲色。十月當作「日」。之内死。大骨枯槁，大肉陷下，五藏皆同，以下乃各小異。肩髓内消，動作益衰，真藏不見，此不言脈已懸絶矣，無死色。期一歲死，見其真藏，我以視色見之。乃予之期日。大骨枯槁，大肉陷下，胸中氣滿，腹内痛，心中不便，肩項身熱，破䐃，脱肉，目匡陷，以上皆死證。真藏見三字當爲衍文，如此則不計真矣，所謂真藏雖不見死也。目不見人，立死，較死色尤怪速。其見人者，至其所不勝之時則死。所謂知期、期日，必在旬之内。急虚，身中卒至，五藏絶閉，脈道不通，氣不往來，譬于墜溺，卒然而死，如墜巖溺水。不可爲期。時日不可定。其脈絶不來，脈絶一死證。〇前云懸絶，猶有絲毫之象；絶不至，則生氣已盡，脈不動來。若人一息四五至，陽氣浮散爲脱證。〇脈至數，又一死證。其形肉不脱，以形言，二者之死亦如墜溺至速。真藏以色言。以脈言則絶與數太過及不及，而真藏在其外，此非指脈明矣。雖不見，不見死色。猶死也。可見真藏在脈之外，非以脈爲真藏，故四言真藏，皆無「脈」字。

《太素注》以真藏屬人迎

舊來言真藏者皆指寸口，寸口候五藏，言藏脈必在寸口，一定之例。楊氏《太素注》乃以歸之人迎，是非違經反傳，最不可通之説哉？楊氏于《内經》深得古法，爲唐宋以下所不及，何爲而有此説？考《玉機真藏》言真藏之見，在胃氣不能至手太陰之後。胃氣既不能至手太陰，則寸口之脈必至懸絶，不能施診，故避寸口不言，以爲胃氣雖不能至手太陰，或者其本經之脈尚可見，故舍寸口而别求人迎，此其用心之專，經例之熟，迥非後賢所及。惟寸口既無脈可診，而診之人迎，若人迎有脈，是有胃氣，何能于一脈之中辨其有無胃氣？且胃氣可見，終是府脈，而于真藏之説更不相干，此楊氏之莫可如何者也。惟因楊氏求之人迎，可以悟真藏之決非在于寸口。後人以候真藏于寸口，心粗氣浮，于真文毫無理會。楊氏雖誤，猶爲君子之過，其誤處亦非後賢所及。今因楊氏求之人迎而不得，王啓玄以面黄爲有胃氣，面不黄爲無胃氣，真藏以色論，不以脈論，乃迎刃而解矣。

《素問·平人氣象論》：《分方異宜篇》同。春胃微弦曰平，楊注：胃者，人迎胃脈也。五藏之脈弦、鉤、代毛、石，皆見于人迎胃脈之中。胃脈即足陽明脈，主于水穀，爲五藏、六府、十二經脈之長，所以五藏之脈欲見之時，皆以胃氣將至人迎也。胃氣之狀柔弱是也，故人迎五脈見時，但弦、鉤、代毛、石各各自見，無柔弱者，即五藏各失胃氣，故脈獨見，獨見者死。春脈胃多弦少曰微，微曰平人。弦多胃少曰肝病，楊注：弦多胃少即肝少穀氣，故曰肝病也。但弦無胃曰死，楊注：肝無穀氣，故令肝脈獨見，故死也。胃而有毛曰秋病，楊注：春胃見時，但得柔弱之氣，竟無有弦。然胃中有毛，即是肝時有肺氣來，來以胃氣弦，故至秋有病。毛甚曰金病。楊注：春得毛脈，甚于胃氣，以金尅火，故曰金病也。藏真散于肝，肝藏筋之氣。楊注：藏真者，真弦脈也。弦無胃氣曰散，弦脈不能自散，以其肝藏散，無胃氣，所以真藏散于肝也。故肝藏神，藏于魂也；肝藏氣者，藏筋氣也。

夏胃微鈎曰平，楊注：夏脈人迎，胃多鈎少曰微鈎，微鈎曰平也。鈎多胃少曰心病，楊注：心病食少，穀氣少。今脈至人迎，鈎多胃少，故知心病也。但鈎無胃曰死。楊注：心病害食，心無穀氣，致令鈎無胃氣，故死。胃而有石曰冬病，楊注：心，火也。夏心王時，遂得腎脈，雖有胃氣，惟得石，冬時當病，以水尅火。石甚曰今病。楊注：夏有胃氣，雖得石脈，至秋致病。今夏得石脈，甚少胃氣，賊邪來尅，故曰「今病」。藏真痛于心，心藏血脈之氣。楊注：心無胃氣，即心有痛病，致令藏真脈見人迎，故曰「藏真痛于心」也。故心藏神，藏于神氣也；心藏氣，藏血脈之氣也。長夏胃微耎弱曰平，胃少弱多曰脾病，楊注：耎，柔也。長夏，六月也。脾行胃氣以灌四藏，故四藏脈至于人迎皆有胃氣，即四藏平和也。若脾病，不得爲胃氣行至于人迎，即四藏之脈，各無胃氣，見時微有不足，名曰平好。若更至少腹虚弱者，即是脾病，致使胃氣少而虚弱也。但①代無胃曰死。楊注：人之一呼出，心與肺脈有二動，一吸入，肝與腎脈有二動。人呼吸已定，息之時脾受氣于胃，資與四藏以爲呼吸。故當定息，脾受氣時其脈不動，稱之曰「代」。代，息也。當代之時，胃氣當見。若脈代時無胃氣，則脾無穀氣，所以致死也。弱甚曰今病，楊注：脾胃之脈虚弱，其穀氣微

---

① 但：原作「矣」，據《四庫全書》本《黄帝内經素問·平人氣象論》改。

少，故即今病也。藏真傳于脾，脾藏肌肉之氣。楊注：脾藏真脈謂之代，若無胃氣，惟代之脈從脾傳來，至于人迎也。故脾藏藏神，藏于意也，脾藏藏氣，藏肌肉氣也。

秋胃微毛曰平，楊注：秋時人迎胃多毛少，曰平人也。胃少毛多曰肺病，楊注：穀氣少也。但毛無胃曰死。楊注：真藏見脈。毛而有弦曰春病，楊注：肝來乘肺，是邪來乘不已，至春木王之時，當病。弦甚曰今病，楊注：有胃無毛，但有弦者，是木反尅金，故曰「今病」。藏真高于肺以行營、衛，陰洩曰死。楊注：藏真之脈時高于肺，藏和平之氣。高，過也。肺爲陰也，無胃之氣既過肺之和氣，即是肺傷。肺主行營、衛，肺既傷，已即是陰氣洩漏，故致死也。

冬胃微石曰平，楊注：冬人迎脈胃耎弱氣多，石脈微者名曰平人。胃少石多曰腎病，楊注：腎少穀氣，故令耎弱。氣少堅石脈多，故知腎病。但石無胃曰死。楊注：藏真脈見，故致死也。石而有鈎曰夏病，楊注：石脈水也，鈎脈火也。石脈見時，有鈎見者，微邪來乘不已，至夏當病也。鈎甚曰今病，楊注：雖有胃氣，鈎甚，所以今病也。藏真下于腎，腎藏骨髓之氣。楊注：腎爲五藏和氣之下，今腎無胃氣，乃過下于腎也，故腎藏藏神，藏于志也，腎藏藏氣，骨髓氣也。自此以上，即是人迎胃脈，候五藏氣也。

太陽脈至洪大以長，楊注：以手按人迎脈洪大以長者，是太陽脈也。即手足太陽、小腸膀胱之狀也。少陽脈至，乍疏乍數，乍短乍長，楊注：按之乍疏乍數、乍短乍長者，少陽脈也。即手足少陽三焦及膽脈之狀。陽明脈至浮大而短，是謂三陽脈也。楊注：按之浮大而短者，陽明脈也。即手足陽明，胃及大腸之候也。是謂三陽脈之形。

素問靈臺秘典論篇新解

廖平 撰
楊世文 校點

校點說明

《素問》中有《靈蘭秘典論》篇，專題討論六臟六腑各自的功能及其相互間之相使關係。靈蘭，即「靈臺蘭室」之簡稱。清高士宗《素問直解》云：「謂神靈相接，其氣如蘭。」秘典，即秘藏之典籍，爲珍重之辭。本篇末有「藏靈蘭之室，以傳寶焉」之語，故篇名「靈蘭秘典」。廖平此篇所謂「靈臺秘典論」，當作「靈蘭秘典論」爲是。廖氏首引《漢書·藝文志》「論病以及國，原診以知政」，以及《國語》「上醫醫國，其次疾」之說，以一身比一國，就形體臟腑中分官職，專以「六臟六腑」之説發揮其「天下一人」之本義，是其經學六變時期的代表作。據廖宗澤《六譯先生年譜》，《素問靈臺秘典論篇新解》作於民國四年（一九一五）。但該篇曾刊于民國三年（一九一四）《四川國學雜誌》第八號，則最遲在民國三年廖平已完成此篇之作。後印入《六譯館叢書》。今據《六譯館叢書》本整理。

目録

素問靈臺秘典論篇新解天下一人例之本義。

《藝文志》：「論病及國，原診知政。」《國語》：「上醫醫國，其次疾。」又《國語》：晉平公①有疾，秦伯②使醫龢視之，出曰：「疾不可爲也。是爲遠男而近女，惑以生蠱；非鬼非食，惑以喪志。良臣不生，天命不祐。若君不死，必失諸侯。」趙子聞之，曰：「武從二三子以佐君爲諸侯盟主，於今八年矣，内無苛慝，諸侯不二，子胡曰『良臣不生，天命不祐』？」對曰：「自今③之謂。和聞之曰：『直不輔曲，明不窺闇，木④不生危，松柏不生埤。』吾子不能諫，惑至於生疾，又不自退，而寵其位，八年之謂多矣，何以能久？」文子曰：「醫及家國乎？」對曰：「上醫醫國，其次疾人，固醫官也。」沈作喆《寓簡》云：「《内經·素問》，黄當作皇。帝之遺書也。學者不習其讀，以爲醫之一藝耳。殊不知天地人理

---

① 晉平公：原作「晉景公」，據《國語·晉語》改。
② 秦伯：《國語·晉語》作「秦景公」。
③ 今：原作「知」，據《國語·晉語》改。
④ 木：《國語·晉語》作「拱木」，一作「榣木」。

皆醫國，至言妙道存焉。」桑悦《素問鈔序》云：《素問》乃先秦戰國之書，非岐黄手筆，其稱上古、中古，亦一左證。玩其詞意，汪洋浩汗，無所不包。其論五藏四時收受之法，吕不韋《月令》祖之。其論五氣鬱散之異，董仲舒、郭景純災異祖之。其論五藏夢虚所見之類，《楞嚴經》説地獄彷之。論氣運則可爲曆家之準則，論調攝則可爲養生者之龜鑑。擴而充之，可以調和三光、燮理陰陽，而相君之能事畢矣，豈特知而已耶？

黄帝曰：「願聞十二藏十二經爲臣，合數腦則爲十三矣。之相使十二經脈中分君臣。○本爲十二經，推腦爲君，則爲十三。督、任在十二經脈之外，腦爲主，又以内外腎分數之，則爲十三經。貴腦爲督、任居中御外。賤手足十二經拱衛督、任。何如？」以一身比一國，就形體藏府中分官職。孟子「心之官則思」，耳目之官不思。《洪範》五事例，視、聽、言、動、思譬五方。又「明四目，達四聰」、「汝視」、「汝聽」，爲心、腹、腎、腸，「股肱」、「左右」同爲天下一人例，以身比天下也。岐伯對曰：「悉乎哉問也！請遂言之。發明經傳義例，不專爲醫病立論。心者，讀爲囟，於脈爲督、任。手足十二經爲左右督、任，在中爲地中京師。經傳言心，皆爲京師。《尚書》「元首明哉」，心。「股肱良」，《易》曰「首出庶物」。《素問・方盛衰論》云方士以腦與腸、膽爲臟。君主《内經》心與囟同有心名。凡以心爲五藏六府之主者，皆指腦言，不指肺下之心。配十二經，不得獨主藏府。腦屬督、任，位在十二經之外，故爲君主。之官也，《四海論》云：「腦爲髓海。」又云：「衝爲十二經之海。」按，皇帝居高臨下，經書之心多爲京師。○汪訒菴云：「金正希言人記性皆在腦中。凡人外見一物，必有一形影留在腦中。小兒腦未滿，老人腦漸空，故皆健忘。愚思凡人近憶往事，必閉目上瞪而思索之，此即凝神於腦之意也。」出《本草備要・辛夷》注。○王惠源《醫學原始》亦云：「人之一身，五藏藏一身内，止爲長生之具。五官居於身上，爲知覺之具。耳、目、口、鼻聚於首，最顯最高，便於接物。耳、目、口、鼻之所道，最近於腦，必以腦先受其象，而覺之、而寄之、而剖之也、而近之也。故云心之記正記於腦耳。」《黄庭内景》亦以腦爲泥丸宫，元神居焉，是必有本。又日本《醫賸》云，荷蘭説人之精神在於腦中，故人斷頭立死。亦與《内景》之説合矣。○○英國合信氏《全體新論》云：「凡人在藏府之司，各適其用，以互相濟而養身形。更有主宰覺悟動作之司，以應外事者，即腦是也。」古人云：「人爲物之靈。」萬事皆發於心，實未知腦之靈。又云：「腦爲元神之府。」亦未知腦之功用。夫腦爲靈魂所用之機，以顯其思慮行爲者耳。及能記今古、憶萬事者，無非腦之權也。或問：腦在頭顱之内，何能運用偏身？答曰：腦在至高，爲一身之主，但其氣筋分派如繩如絲者，總名之曰腦。氣筋纏繞周身，無處不到，故全體聽腦之驅使，無不如意。又西國書有量腦之法，以九十度爲率。大抵度愈多，則人愈智；度愈少，則人愈愚。因度多者則腦骨闊，而腦必大，若度少者其腦亦小矣。故智者腦必重且大。以全體之血計之，腦得七分之一。腦雖主使百體，賴多血養之。脊背髓由大小兩腦直生而下，爲腦之餘。蓋承腦之驅使，分派衆腦氣筋之本也。凡人百體之能運動及有覺悟者，是皆屬腦筋所爲，而腦爲之主使也。神明《孟子》：「心之官則思。」《洪範》五事中，五主思。《説文》思字從囟從心，囟謂腦也。出焉。腦爲君主，十二藏爲官司。○以上督、任在十二經之外，合爲十二經。舊作十四經者非。肺者，四海，肺爲氣海，配金，在西①，而司文②，如西方喜。相傅之官，在上司文，治與肝比。治節出焉。與心爲偶藏。肝四海，肝爲血海。考十二經表裏配合，部位上下不同，則肝膽相連，表裏相合者爲非是。爲將軍配木，在東，而司武，如東方怒。之官，肝司血，在右，爲兵謀之官。謀慮出焉。與膽連爲合藏。《大學》「如見其肺肝然」，舉肺肝以包心膽，次序與此同。膽脾爲孤藏，以其不相連也。心、肺當與肝、膽同爲藏，膽當配心爲水藏乃合。

---

① 「在西」下原有「方喜」二字，蓋涉下文而衍，據文意及下條文例删。

② 文：原作「之」，據文意改。

《全體新論》云：下部各面血管入肝，化生膽汁。者，爲正藏。舊以爲府屬。足少陽與外腎互易。中正之官，膽有上口，無下口，留而不泄，正與藏名義相合。外腎專主泄，故經曰腎。五藏盛乃能泄。《内經》每多別解，膽藏、腎府爲正説，膽府、腎藏爲別解。決斷出焉。與膻中心同主神智，配五行則當爲水。膻中《經》膽中字，有指頭者則屬腦，有指中焦者則屬心，名同而實則異。者，《經》文心有與膻中並見者。心爲腦氣真心，膻中爲肺下之小心，又每爲淺人所校改。臣使之官，《難經》言包絡三焦無形。無形者，謂不似他藏府有一定部位、一定形體，故曰無形。若謂人身中無此藏府，作僞者雖愚，亦萬不至此。考藏、府二物而同名者，曰腎、曰心。○考内腎守而不泄，無關生育，此當爲藏。若外腎專主生育，在男子爲睪丸，在女爲子户，閹割則生機斷絶。此當爲府。外腎爲府，與内腎爲藏，二實一名，此不可不辨者也。肺下之心稱心，腦亦可稱心。心爲五藏六府之大主，與此篇君主之官是也。以二名相比，腦屬督、任，在十二經外爲髓海，即所謂君主之官。此腦亦可稱心，所謂元首、心君與臣使之官，喜樂出焉之膻中別爲一藏，有貴賤尊卑之分。舊説不知包絡爲何藏，多用無形之説。自滑壽伯仁乃以裹心之黄脂當之。藏府各有所附脂膏，不能於本藏府外別立名稱，何得以附心之脂別爲一藏？考《靈樞·四海篇》以氣、血、水穀三海爲三部衝脈，則統十二經爲髓海，以形體三部三焦分之，肺、心在上主氣，肝、膽在下主血，脾、胃在中主水穀。此上、中、下分部之三海也。而別有統十二經之大海，則腦髓是也。考《内景圖》，髓由腦貫尾閭爲督脈，内腎附於十四椎，又從毛際上行承漿。前人以衝脈兼行任、督是也。而内腎主督、任之氣，得通管全身，與三焦爲表裏，爲衝脈之主，故一名包絡。自女子言之爲包，男子言之爲絡。衝脈以内腎爲少陰，外腎配少陽，一藏一府。故《靈素》之腎有指内腎者，如衝脈旁腎脈而行是也；有指外腎泄精之腎言者，五藏盛乃能泄是也。内腎一名心主，一名包絡，一藏二名。故手厥陰之心主當爲内腎，起於中指，入掌中。經每稱手心主，以其動脈勞宫在手心也。與腦同有主稱，一指穴，一指動氣也。喜樂出焉。《經》：「心氣有餘則喜樂。」舊以護肺、心之脂爲包絡，非也。凡藏府多有脂膏，不能別爲一藏。脾脾以上爲藏，脾獨居，與心、膽異，無所連屬，故經以爲孤藏。胃者，四海，胃爲水穀之海，主中部，胃以下爲府，由此分界。倉廩之

官，脾、胃爲中部，心與肺爲上部二藏，肝與膽爲下部二藏，此人身三部、三焦大界劃。腦居上，上爲元藏；腎居下，下爲元府。**五味出焉。**水穀之海。**小腸者，受盛之官，化物出焉。大腸者，傳道之官，變化出焉。**《易》「通變化」、「通神明」。**腎者**，內腎爲包絡，屬手心主。按《五藏别論》以膽與女子胞爲奇恒之府。《骨空論》：「督脈者，起於少腹以下骨中央。女子入繫廷孔。其孔溺孔之端也。其絡循陰器，會篡間，繞篡後①，别繞臀，至少陰與巨陽中絡者合。」「其男子循莖下至篡，與女子等。」按，經屢以女子胞與男子睪丸相比。男子睪丸在外，女子則隱而不見，謂之包中，二者皆繫於內腎。竊謂包絡即指此包絡而言。按，五藏六府以配十二經，外腎專主生化，既非五藏之固守不泄，又不如六府之傳化水穀，故在可詳可略之例。滑伯仁附心之脂爲包絡。附脂，《經》所未詳，外腎、女胞則《經》説甚詳，其不能遺外腎而數附脂可知。又外腎本無關人之生死，而《經》以衝脈屬之。所謂衝脈，多指外腎，《上古天真論》以天癸生絶責之衝脈是也。蓋十四經穴爲恒，如恒星。奇經六脈爲寄宿傳舍，則如行星，周行終始，無定穴，故謂之奇。六奇脈，衝爲長。衝爲循行往反之名，謂營衛流行之真氣。考任、督爲十二經之總歸，凡《營衛生會篇》、《營氣篇》、《衛氣運行篇》、《五十營篇》、《脈度篇》共五篇所云「行」者，即衝也。以衝爲營衛循行，非有定穴。**作强之官**，內腎腰屬髓，爲腦部，外腎屬府，有出入，專司傳種，如《上古天真論》。〇《難經》云腎有兩藏，非謂內腎有二，謂一內腎、一外腎也。《靈樞·經脈篇》言十二經爲六合。以手少陽配手心主，爲五合；足太陽配足少陰，爲六合。此心主與三焦合，腎與膀胱合，一藏一府相合之正例也。而《本輸篇》云少陽屬腎，腎上連肺。三焦者，中瀆之府，水道出焉，屬膀胱，是孤之府也。自來説者皆謂腎一藏屬膀胱、三焦、二府，創爲種種誤説。今按，腎與包絡分配膀胱、三焦，所以爲六合。一腎屬二府，理不可通，此當用《經别篇》分屬二府。包絡與外腎相連，內、外同名腎，內腎爲藏，屬三焦。膽爲水藏，與腎互易，屬膀胱。內外同名腎，故以五藏六府爲十二經。腎有內外，故以二府屬於

---

① 此上六字原作「會篡後别繞後」，據《骨空論》原文改。

一腎之下。是腎有二，而三焦、膀胱反合爲一，其何以配六合乎？故下文曰「三焦者，是孤之府也」，謂三焦屬包絡，膀胱别屬腎，指膽言。各立門户，不相比耦，故曰「是孤之府也」，與「脾爲孤藏」文同義異。按，以膽爲藏，當配足少陰，而以外腎配足少陽爲府，外腎泄爲府。《内經》名實參差，故以别名者八篇，原非一家之説。伎巧出焉。專司傳種，如草木花實。

（三焦）《本輸篇》：「三焦者，中①瀆之府。（解三焦）水道出焉。（解膀胱）」是孤之府也。（分屬兩藏）前人誤讀，遂致此顛倒。膀胱者，三焦與膀胱誤倒，今移正。決瀆之官，專司泄水。水道出焉。膀胱專主水道，不藏津液。舊説誤。

（膀胱）據《五癃津液篇》，津液當屬三焦，水道當屬膀胱。三焦者，三焦即三倉，無口下泄，故津液藏之。總上、中、下三焦而言，曰藏。州都之官，分上、中、下三垣，三京州都不一其地。津液在身中乃名津液，若膀胱溺便乃穢水，何得云津液。藏焉，按，三焦與心主相表裏，皆主全身，不似他藏府地位之狹。氣化則能出矣。故《五癃津液别論》云：三焦出氣以溫肌肉，充皮膚。十二官同有「出」文，三焦無口，其出也，以皮膚氣蒸，則汗孔泄出穢炭，故又爲府。凡此十二官者，手足爲四支在外，共爲十二支。十二諸侯，督、任居中，爲君主，統十二州，故君主在十二官之外。不得相失也。《荀子·敘官》由天官以推各官，與此同意。《四海論》篇言氣、血、髓與水穀爲四海，下引四海有氣、髓、水穀，十二經而無血海。舊説以衝脈爲血海，非也。蓋經不詳血海，以氣統血。衝與腦同爲髓海，一經二傳，重見。衝爲督、任之統名，爲五臟六府之海，亦云十二經之海，居尊統屬藏府。以五六配十二經，當有一藏同名者，腎是也。故主衝脈通主周身，髓部爲髓海。明則下十二經爲輔。安，《帝謨》：「元首明哉，股肱良哉，庶事康哉。」○《全體新論》云：腦大則聰明，然須賴多血養之。

① 中：《素問·靈蘭秘典論》作「決」。

其經管遍周身，聞香臭、觀萬物、司運動、覺痛癢、聽聲音、别五味。腦適，百司皆適，苟反常，則周身不安。以此養生則壽，小以治身。《大學》：「自天子以至於庶人，壹是皆以修身爲本。」没世不殆。《大學》：「以能保我子孫。」又：「有斐君子」，「終不可諠」，「是以没世不忘。」主不明《帝謨》：「元首叢脞哉。」《邪客篇》「心者（當作「囟者」），五藏六府之大主也，精神之所舍也。其藏堅固，邪弗能容也。容之則心（囟）傷，心（囟）傷則神去，神去則死矣。故諸邪之在於心（囟）者，皆在於心（囟）之包絡。包絡者，心（囟）主之脈也，故獨無腧焉。」則十二十二官爲臣，心主爲君，共十三。內有五運，外爲六氣，此運氣五六之説也。五爲五氣，合十干，六氣合十二支，五運合六氣爲二十二人，一支干之法，皆以地域言之。衝與任、督屬腦，則在五運六氣之外而别有主宰，故十二之外别有主人。官危，《帝謨》：「股肱惰哉，萬事墮哉。」使道神。閉塞而不相通，衝脈以通行爲主。《痿論》曰：「衝脈者，經脈之海也。」《五音五味篇》：「衝脈與任脈皆起於胞中，上循背裏，爲經絡之海。」《逆順肥瘦篇》曰：「衝脈者，五藏六府之海也。」《動輸篇》曰：「衝脈者，十二經之海。」《海論》曰：「衝脈者，爲十二經之海。」○張景岳《類經注》：「按諸篇之義，則衝脈之下行者雖會於陽明之氣衝，而實旁於足小陰之經。且其上自頭①、下至足，後自背，前自腹，內自谿谷、外自肌肉，陰陽表裏，無所不涉。」又按《歲露篇》云：「入脊內於伏衝之脈。」《百病始生篇》曰：「傳於伏衝之脈。」所謂「伏衝」者，以其最深也，故十二經之氣血此皆受之，以營養周身，所以爲②五藏六府之海也。○按，西人腦氣筋别爲一部，即古經衝脈之説。其所云血管、回血管者，於經在內則爲營衛，在外則一爲經脈，一爲絡脈。中醫言經絡，略內詳外，不知營衛固不止在外也。形乃大傷，《內經》治平學説，兼言病狀，亦如《月令》、《五行傳》之言民病，非

① 頭：原作「足」，據《類經》卷九《經絡類》二十七改。
② 爲：原無，據文意補。

尋常之病態。○《全體新論》云：腦中或骨壓則失本性，而蒙昧不明，或卒遭跌蹹，震動其腦，則頭目迷懵。推而言，眼無腦氣筋則不能視，耳無腦氣筋則不能聽，鼻無腦氣筋不分香臭，舌無腦氣筋不知其苦。倘手足肉之無腦氣筋，壞則癈而無用矣。他如中風、癱瘓、發羊弔、思慮傷神、狂癲、癡癲、頭暈痛等症，源皆出於腦髓。腦與髓其要害若此。以此養身則殆，以爲天下者《内經》分小、大爲二派。其宗大危。治天下。戒之戒之！以上如人事。《尚書》治平事業以下天學，如中庸、中和思想。至道《中庸》「至道」屬《詩》、《易》天學。在微，《中庸》：「莫見乎隱，莫顯乎微。」變化無窮，《易》説鬼神學。孰三「孰」字爲問解。知其源！《莊子·天運》、《楚詞·天問》與此同。窘乎哉！窘與昭對，即幽隱之義。由小推大，由人推天，至於無量、無極，故爲幽微。消者瞿瞿，《詩》：「良士瞿瞿。」孰知其要！天道，以管窺天。閔閔之當，冥冥，不可見聞。以道視聽之，不用目耳。孰者爲良！地道，以錐測地。恍惚不可聞、不可見。之數，《老子》師説。生於毫氂。隱爲空即是色。毫氂有形名可擬。之數，起於度量。度天量地，皆以日月之景推之。十之萬之，《數術拾遺》：數分三等，人事小數，爲本位。《詩》用中數，《易》用大數。可以益大，由小推大。推之大之，其形乃制。」至聖制作，以垂法無窮。人道如《春秋》、《尚書》，天道如《詩》、《易》。《易》由隱以之顯，《春秋》則推見至隱。黄皇。帝曰：「善哉！余聞精光之道，天道。大聖之業，人學。而宣明大道，通天人。非齋戒擇日，不敢受也。」乃擇良兆吉日，而藏靈蘭之室，以傳保焉。

君主十二官新考訂部位表裏圖

肝膽同居，不爲表裏。腎膀同位，不爲表裏。

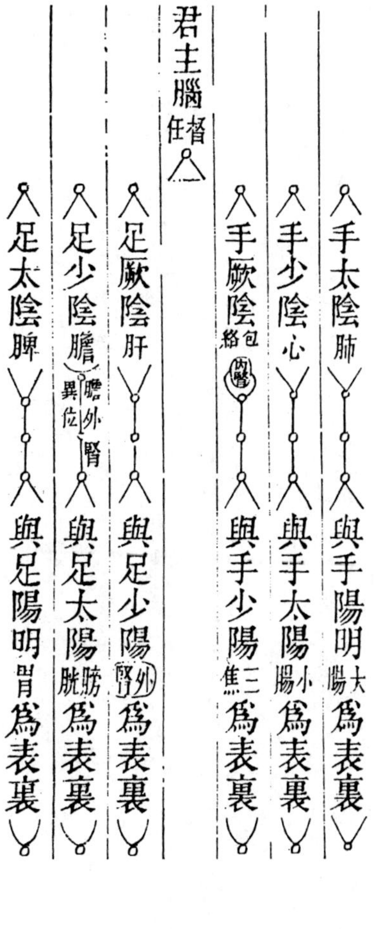

附論説十題

督、任爲有穴之經，合十二經爲十四經。奇無穴，專主營衛運行。

內腎與腦相連。腦爲心主，內腎爲心主之包絡，外腎泄精爲府屬，少陽。與膽當互易藏府。

膽與心皆爲藏，同屬少陰。

衝、帶、二蹻、二維爲奇經六脈，無專穴。營衛以衝爲主。十四經如傳舍，六奇流行爲奇寓。

表裏必異位。肝與膽相連，不應以爲表裏。

包絡主腦髓、脊背，三焦屬三倉，皆通全身，無一定部位，故《難經》以爲無形，以爲與他藏不同。

膽與膀胱之關繫。膽以水藏，與心屬火藏同，與膀胱爲表裏。

肝與外腎之關繫。肝爲藏，與外腎爲表裏。

腦爲髓海，號心主，居中，故手心主在中指。内腎爲腦部屬，故爲心主之包絡。

心、腎皆二藏一名。肺下之心名心。囟與心音同，故《經》之「心」字多指囟而言，凡謂心爲藏府主者是也。内外兩腎皆名腎，故有一藏屬三焦、膀胱二府之説。